근현대 중국의 중화민족과 그 사상

일러두기

• 이 책은 2023년도 동북아역사재단 기획연구 수행 결과물임(NAHF-2023-기획연구-30).

동북아역사재단
연구총서 149

근현대 중국의
중화민족과 그 사상

손장훈 편

동북아역사재단
NORTHEAST ASIAN HISTORY FOUNDATION

중화사상의 근대적 변용 '중화민족'

현대 중국과 중화민족

2017년 4월 12일, 당시 미국 대통령이었던 도널드 트럼프(Donald Trump)는 중국 시진핑(習近平) 주석과의 정상회담 후 가진 언론 인터뷰에서 "시진핑 주석이 … 한국은 실제로 중국의 일부였다더라"라고 발언하였다. 트럼프 대통령이 시진핑 주석의 언사를 오해하지 않았다는 전제 아래 '한국은 중국의 일부였다'라는 말은 다음과 같은 인식 아래에서 나왔을 가능성이 높다.

먼저 고구려와 발해와 같이 동북 지방에서 한반도 북부에 걸쳐 있던 고대국가들을 중국의 지방정권으로 간주한 것이다. 동북공정(東北工程)으로 우리에게 익히 알려져 있듯이 중국은 그들의 국토 안에 존재했던 모든 왕조와 그 역사들의 독립성을 부정하고 자국사의 일부로 편입시키려는 시도를 하고 있다. 다음으로 한국의 역대 왕조, 특히 조선왕조가 중국의 명, 청조와 맺고 있었던 조공-책봉 관계를 일컬은 것이다. 전근대의 유가적 '천하' 세계관 속에서 맺어진 조공-책봉은 근현대적 의미의 종주국-속국 관계와는 엄연히 다름에도 불구하고 이 개념을 억지로 적용시킨 것이다.

조공-책봉을 근현대적인 종주국-속국 관계로 아전인수 하였건, 현재 중국 영토에 존재했던 역사상의 국가들을 모두 중국의 지방정권으로 파악하였건 '한국은 중국의 일부였다'라는 주장의 오류는 지극히 명확하다. 전근대 동북아시아의 중화(中華) 세계를 근현대의 민족국가(nation-state)로 해석하며 저지른 왜곡인 것이다. 그리고 이 왜곡은 아편전쟁 이후 현대까지 두 세기가 넘는 시간의 결과물이며 놀랍게도 중국이 강대국이 아닌 몰락한 피식민지 국가로서 분투한 결과이기도 하다.

근현대의 중화민족 이념

'중화'라는 개념 자체는 전근대 왕조 시절부터 존재해 왔다. 중원만이 유일한 문명이고 주변부는 모두 야만의 상태라는 화이관은 '중화'의 원형이다. 전통시대의 '중화'는 문명과 야만의 구분을 넘어 하나의 우주관이자 세계관이었다. 이 '중화'에 다소 협소한 민족(nation)이라는 개념이 덧씌워지며 주권이 발효되는 국토의 개념이 결부되기 시작한 것은 근대 이후의 일이다.

이런 의미에서 중화민족의 근현대적인 기원은 청말 량치차오(梁啓超)의 사상으로 봐야 한다. 그는 중국사를 한족(漢族)이 주변 종족을 동화시켜 온 역사로 파악했으며 한족을 중심으로 각 종족이 갈등, 경쟁하며 융합을 통해 탄생시킨 유기체를 중화민족으로 정의 내렸다. 량치차오는 단일민족국가보다는 복수의 인종이 경쟁을 통해 성립시키는 다민족국가가 보다 강력하고 선진적인 국가라고 보았다. 그리고 한족을 중심으로 여타 민족이 융화된 중화민족은 충분히 그런 국가를 건설할 수 있다고 보았다. 그는 심지어 조선, 일본, 베트남, 미얀마처럼 전근대 '중화' 세계관에 속해 있던 민족과 그들의 국가까지 모두 근대국가 중국의 영토와 역사 속으로 통합시키려 하였다. 이후 쑨원(孫文)은 중화민국을 수립할 때 량치차오의 사상에 기반하여 한족, 만주족, 몽골족, 회족, 장족이 결합한 '오족공화'를 청사진으로 내세웠다.

1931년 9월 18일 만주사변 이후 일본의 군사적 침략이 본격화되면서 민족주의 정서에 기반한 중화민족 의식 역시 발전했다. 특히 항일전쟁 시기 일본으로 인해 상실한 만주, 몽골과 같은 변강(邊疆) 지역을 중국의 고유한 영토로 인식하고자 하는 욕구가 강해졌다. 푸쓰녠(傅斯年)은 변강의 민족과 그들의 역사를 중국사 내부에 포함시킨 중화민족 이론으로 이 욕구의 타당함을 입증하려 하였다. 예를 들면, 그는 한반도와 만주의 경우 이 지방에 거주하는 동이(東夷)족은 고대 중국과 동류이며 한무제 이래 중국인이 대대로 이 지역을 군장으로서 통치해 왔다고 주장했다. 항일전쟁 시기 중화민족은 국토에 대한 인식이 유독 크게 돌출된 영토 민족주의의 산물이었으며 조선, 베트남, 태국, 미얀마와 같은 과거 조공국들의 역사와 영토마저 민족국가 중국의 품으로 끌어들이려 한 것이었다.

한편 후일 중국의 유일한 집권 정당이 되는 중국공산당은 창당 이후 한동안 중화민족의 이념을 계승하려는 자세를 보이지 않았다. 그들의 마르크스-레닌주의 이데올로기는 '민족'보다 '계급'을 우선할 것을 강요했고 코민테른 역시 중국공산당에게 '민족자결'을 존중하라고 권고했기 때문이다. 코민테른의 지시를 존중해야 했고 또 혁명 과정에서 소수민족의 협조가 절실했기 때문에 중국공산당은 각 민족의 자결을 바탕으로 한 연방제를 약속했다. 하지만 2차 국공합작 이후부터 중국공산당 내부에서 중화민족에 대한 논의가 등장했다. 일본의 침략을 계기로 민족을 계급보다 앞세울 수 있는 기회가 도래했기 때문이다. 마오쩌둥(毛澤東)

은 전시 상황인 중국에게 우선순위는 '민족'이라고 강조했다.

국공내전에서 승리를 거둔 후 중국공산당은 본격적으로 중화민족을 이용하기 시작했다. 중화민족은 하나의 운명공동체 개념이 되어 1949년 신중국에게 티베트와 신장위구르를 병합하는 대의명분으로 기능했다. 당시 중국공산당은 이 두 지역이 제국주의자들의 영향력을 극복하고 신중국이라는 '대가정(大家庭)'의 품으로 돌아와야 마땅하다고 선전했다. 그렇지만 문화대혁명이 보여 주듯 마오쩌둥 시대 중국의 지도부에게 중요한 이념은 아직 '계급'이었다.

중화민족은 마오쩌둥이 사망하고 난 후에야 그의 뒤를 이은 중국 정치가들에 의해 국가적인 명제로 부상할 수 있었다. 마오쩌둥 시대에 대한 재평가가 이루어지며 시장경제를 포함해 사회주의의 이름 아래 철저하게 부정되거나 경시되었던 이념들도 비로소 주목받기 시작했던 것이다. 중화민족도 그중 하나였다. 특히 20차 당대회 이후 '제2의 마오쩌둥'으로 자리매김한 시진핑은 미-중 패권경쟁과 함께 중화민족 개념을 본격적으로 부상시켰다. 2019년 9월 그는 중화민족을 이루는 모든 구성원들의 교류 융합을 통해 14억 국민이 진정으로 '다원일체(多元一体)'와 운명공동체의 대가정을 이루어야 한다고 발언했다.

중화민족의 계승

'중화민족'은 전통적 세계관인 중화(中華)를 민족국가(nation-state)라는 근대 세계의 거푸집을 통해 주조한 가공의 개념이다. 가공의 개념임에도 중화민족은 근현대 중국에서 계승과 추숭의 대상이었다. 특히 '역사'와 직면한 자들-이를테면 역사학자나 정부 당국-은 모두 중화민족을 수용하고 각자의 논리로 발전시켜 왔다.

이 책의 저자들은 근현대 역사 사업(工作)을 담당했던 주체들이 중화민족을 어떻게 주조했는지 각자 천착해 보았다. 먼저 지관순은 량치차오의 공민(公民) 개념을 살펴보면서 근대가 막 시작되었을 무렵부터 서양의 가치를 중국적 가치로 대체하려는 전문적인 시도가 이루어지고 있었음을 논증하였다. 량치차오가 주장한 공민은 서양의 지식인(intellectual)에 해당하는데, 특징적인 점은 이 공민이 입헌정체에 참여할 수 있는 서구 지식인의 품성에 더하여 중국의 전통적인 유학적 소양까지 갖추고 있어야 한다고 보았던 그의 관점이다. 량치차오는 공민이야말로 구시대의 군자(君子)를 대체할 수 있는 이상적인 개념이며 중국의 현실과 나아가 미래를 바꿀 수 있는 주체라고 보았다. 그의 사유방식은 시대의 변화와 더불어 새로운 가치관을 모색하면서도 중국의 전통적인 도덕관과 세계관을 근거로 삼으려고 했던 근현대의 보편적인 노력을 보여준다는 점에서 그 의의를 가진다. 즉, 량치차오의 공민은 근대적인 민족국가(nation-state) 개념을 전근대적인 중화(中華)로 해석하여 '중화민족'이라는 결론을 도출해 내게 되는 명확한 사상적 전조인 셈이다.

근대 민족국가 관념이 중국에 정착하는 최초의 순간을 통찰하기 위해서는 서구의 학술 및 사상의 수용 기조가 가장 격렬하게 형성되었던 5·4운동부터 고찰해야 한다. 김하림은 5·4운동 시기부터 1930년대까지 근대 중국을 대표하는 역사학자 구제강(顧頡剛)의 '중화민족론'을 탐색함으로써 이 작업을 수행했다. 5·4운동 당시 구제강은 학문적 엄밀성을 바탕으로 다원적 민족론을 주장했다. 하지만 난징 국민정부 수립 이후, 학술로써 나라를 구한다(學術救國)라는 목표 아래 역사지리학 연구에 매진하면서 기존 입장을 수정하고 단일민족론으로서의 중화민족 정립을 시도했다. 비한족의 역사를 중화민족의 일부로 보는 시야를 통해 다원적 민족론과 결별하고 '가공된 단일민족'인 중화민족의 증명에 진력한 것이다. 구제강의 학문과 민족담론 변화는 당대 중국 사상계의 내적 긴장과 변화의 추이 그 자체라고도 볼 수 있다.

이후 일본의 군사적 침략과 함께 민족주의가 고조되었을 때 중화민족은 다시 한 번 각광을 받게 되는데 이 시기에 대해서는 이재령이 항일전쟁 시기 우공학회(禹貢學會)의 정기간행물인 『우공(禹貢)』을 분석하여 그 연구 작업을 수행하였다. 그에 의하면 본래 고대 역사지리 연구에 집중하던 『우공』은 중일전쟁 이후 변경의 역사지리와 민족 문제 연구로 전환하여 구국(救國)이라는 민족주의적 과제에 기여하려 했다. 다만, 이러한 변화는 당대 사회적 위기에 대한 학문적 대응이자 민족주의적 경향으로 해석되는 게 일반적이지만, 보다 엄밀히 따지자면 『우공』을 실질적으로 이끌고 있던 구제강의 개인적 관심이 작용했다고 볼 수 있다. 중화민족의 근간을 '민족국가' 혹은 '제국주의 침략'이라는 근대적 요소에서만 찾아봐서는 안 되는 이유를 이재령의 연구는 제시해 주고 있다.

한편, 곧 중국의 새로운 핵심 이데올로기가 될 마르크스주의 역시 이때 '계급'이 아닌 '민족' 담론에 눈길을 돌리고 있었다. 최은진의 글은 마르크스주의 역사학자 뤼전위(呂振羽)의 민족사 연구를 통해 중국 마르크스주의 역사학의 민족담론이 어떤 특징을 지니고 있는지 분석한다. 뤼전위는 마르크스주의를 수용한 후 스탈린의 민족 문제 이론과 중국의 현실을 결합하여 민족담론을 형성했다. 그는 중국공산당의 민족정책을 지지하며 소수민족의 역할을 강조하고 이들을 중화민족의 이름 아래 통합하고자 하는 국민당의 민족담론을 비판했다. 하지만 중화인민공화국 건국 후에는 소수민족을 통합하고 구역자치의 형태로 그들의 자율성을 제약하는 일이 역사적 합리성을 지니고 있음을 규명하며 민족융합을 강조했다. 뤄전위의 연구는 혁명과 건국 과정에서 마르크스주의 역사학이 민족 문제에 대응해 나가는 모습을 보여 준다. 중국의 마르크스주의 역사학은 민족평등의 이념과 중화민족이라는 현실적 요구의 부조화 속에서 이데올로기화를 선택하며 일정하게 변질된 것이다.

중화민족을 대하는 태도에 있어 마르크스주의의 변질은 그 이데올로기를 주관하는 중국공산당의 행보와 밀접한 관련이 있다. 손장훈의 연구는 중화민족에 대한 중국공산당의 행보를 관찰하는데, 이는 앞서 말한 마르크스주의 역사학자들과 흡사하다. 초기 중국공산당은 중화민족 대신 소수민족의 자결권과 연방제를 주장했으나, 이후 중일전쟁 등을 거치며 '중화민족대가정'이라는 개념으로 본격적으로 당 내에 자리를 잡았다. 건국 후에는 소수민족에게 오로지 자치구역만을 허용하며 중앙정부의 통일적 영도에 따를 것을 요구해 한때 부정했던 '중화민족'을 현실화시켰다. 이러한 변화는 반제국주의, 융합, 마르크스-레닌주의라는 세 가지 이론적 토대 위에 정당화되었다. 반제국주의는 소수민족 독립을 제국주의의 책략으로 규정하고, 융합은 강제적 동화가 아닌 점진적 통합을, 마르크스-레닌주의는 계급 연대를 우선시하여 민족자결을 제한하는 논리를 제공했다. 결국, 중국공산당은 '중화민족' 개념을 통해 국민국가를 건설하는 과정에서 민족 문제에 대한 입장을 변화시켰으며, 이는 마르크스-레닌주의 정당의 중국화로 해석될 수 있다.

이와 같은 흐름을 볼 때 '중화민족'이 마오쩌둥 시대 이후 개혁개방을 계기로 중국 당국에게 주목받는 관념이 된 것은 자연스러운 수순이라고 볼 수 있을 것이다. 장영석은 중국공산당의 민족정책 변화를 개혁개방 이후 세 시기로 나누어 분석하고 있다. 초기에는 단순히 경제 발전 중심을 외치던 민족정책이 서서히 중화민족 개념을 강조하기 시작했다. 시진핑 시대에는 이르러서는 민족 통합을 최우선 과제로 삼고 '민족융합'을 핵심으로 내세우며 중화민족 중심의 역사 재서술을 강화하고 있다. 이러한 변화는 소수민족 지역 발전과 국제 정세에 대한 중국공산당의 판단에 따른 것이다. 이러한 국가 주도의 역사 재구성은 단일한 사관을 강조하여 중국인들이 민족과 역사의 복잡성을 이해하는 데 지장을 줄 수 있다고 장영석은 진단한다.

'중화민족'은 특히 '중화민족공동체'라는 이름으로 시진핑 정권에서 각광받고 있는데 조경란은 시진핑의 '중화민족공동체' 구상을 비판적으로 분석한다. 그에 따르면 이 구상은 공자가 주장한 '화이부동(和而不同)'의 진정한 의미를 간과한 채 '화하-이적 일체론'을 내세워 소수민족의 이탈 방지 및 통일을 추구하는 것이다. 이는 한족 중심의 인종 국가 건설 의도와 맞닿아 있으며, 대일통 사상과 레닌주의적 당 영도 원칙, 중화적 종주권 의식이 맞물려 작동한 결과이다. 조경란은 중화민족 중심의 통합이란 소수민족에게 억압이었으며, 건국 이후 국민화는 '다원성'을 삭제하는 과정에 다름 아니었다고 주장한다. 또한 '동일성의 제국'을 지향하는 대일통 사상과 시진핑 정부의 중화민족공동체 정책은 '사상 통일'을 강화하여 기술 발전과 결부되어 '동일성의 디지털 제국'으로 이어질 가능성이 있다고 경고한다. 이는 중국의 국익과도 거리가 먼 행보이며 국내의 다원성을 존중하여 국제 사회에서도 주변국의 목소리를 경청하는 자세로 임할 수 있어야 그들이 목표로 하는 세계 패권에 가까워질 수 있을 것이라고 주장한다.

21세기의 중화민족

이 책은 근현대 중국의 중화민족이 발아한 후 성장하여 현재의 모습을 갖추게 되는 과정을 살펴보았다. 수천 년을 영속해 온 전통 세계의 우주론을 그 십 분의 일도 안 되는 시간 동안 민족국가 관념으로 급격하게 변용시켜야 했던 배경에는 강력한 정치적, 현실적 동기가 자리잡고 있었다. 그리고 그중 중심축은 민족주의였다. 제국주의의 침입으로부터 중국의 위상과 영토를 보호해야 한다는 방어적 민족주의부터 천하의 중심 국가로서의 위치를 되찾겠다는 공세적 민족주의까지 모두 전례가 없던 개념인 중화민족을 탄생시키는 데 중대한 동인으로 작용했다. 그 주된 방향성은 중국의 국토를 역사 강역으로 바꾸어 그 내부에 존재하는 모든 민족을 중화민족이라는 가공의 단일민족으로 통합하는 것이었다.

이 책에서는 근현대 중국의 '중화민족'을 분석하며 이를 조형해 낸 주체를 두 개의 범주로 나누었다. 량치차오, 구제강, 뤄전위 같은 역사학자들과 중국공산당이라는 권력 기구다. 구체적으로 1949년 이전 중화민족은 역사학자들의 사상에 초점을 맞추어서, 그리고 1949년 이후 중화민족은 중국공산당의 동향에 주목하여 분석했다. 이렇게 하면 1949년 이후 통일되고 근대화된 중앙집권국가가 출현하며 중화민족을 중심으로 한 민족주의적 시야가 정립되어 가는 과정을 보여 줄 수 있다고 판단했기 때문이다.

중화민족은 민족주의라는 강력한 방향성이 있음에도 그 내용은 근대의 '한족 중심'에서 현대의 '다원일체격국'까지 일정한 변화를 겪어 왔다. 하지만 이 책의 연구들을 살펴보면 그 변화상보다는 연속성을 보다 용이하게 관찰할 수 있을 것이다. 근대부터 현대에 이르기까지 중화민족은 소수민족의 역사를 중국의 역사로 편입시키는 논리적 자력(磁力)을 생성시키는 기제로 생장해 왔다. 이는 국가 통합이라는 시대적 요구를 충족시키기 위해서였다. 그럼에도 이 책 후반부의 연구를 수렴해 보면 '중화민족'과 중국공산당의 일당독재가 과연 공존할 수 있는가라는 질문을 던져 볼 수밖에 없다. 일당독재 체제 아래 집권 정당이 특정 종족-이를테면 한족-으로 편중된다면 중화민족 또한 다민족의 조화와 통합으로부터 이탈할 수밖에 없다.

중화민족은 우리나라와도 직접적인 연관이 있다. 서두에서 언급하였듯이 고구려를 중국의 지방정권으로 편입시키려는 시도는 중화민족과 이념적으로 관련되어 있다. 1931년 만주사변 이후 동북 지역의 영토를 그 역사까지 모두 중국의 강역으로 귀속시키고자 하는 민족주의적 시도는 중화민족의 논리를 그 준거로 삼고 있었다. 이 노력이 21세기의 동북공정까지 이어진 것이다. 이처럼 중화민족은 영토 민족주의와도 밀접한 연관을 맺고 있다. 따라서 그 온전한 이해를 위해서는 중국의 각 지역 및 그 역사를 중화민족으로 포섭하려는 이론적 시도 또한 살펴봐야 할 필요가 있는데 이는 향후 과제로 남겨 둔다.

2025년 10월

저자들을 대표하여

연구책임자 손장훈 씀

| 차례 |

1부

근대 중국 역사학과 중화민족

1장

청말민초 량치차오(梁啓超)의 유교관 변천과 공민 양성

지관순 연세대학교 글로벌한국학연구소 학술연구교수

Ⅰ. 머리말

현재 중국은 미국과 함께 G2로 부상하였고 이어 G1을 목표로 하고 있다. 더 나아가 중국식 경제 발전을 강조한 '중국모델론'을 넘어 문화·사상 면에서 서구를 능가할 '보편적 가치' 창출에 힘쓰고 있다. 이에 발맞춰 중국 지식인들 사이에 '천하체계(天下體系)', '신천하주의(新天下主義)', '문명(文明)' 등의 논의가 활발하게 이뤄졌다.[1] 왕후이(汪暉)와 쉬지린(許紀霖) 등의 지식인은 근대 중국의 역사 흐름이 서구식 '국민국가 건설'에서 중국식 '문명국가 건설'로 나아갔다고 주장한다.[2] 이는 현재 시진핑(習近平) 정부가 앞으로 '문명국가'가 될 중국을 뒷받침할 존재로 '중화민족' 나아가 '중화민족공동체'를 강조한 것과 관련이 있다. 이러한 분위기 속에서 캉유웨이(康有爲)와 량치차오(梁啓超) 등의 문화 보수주의자들이 재조명되었다. 특히 캉유웨이는 현대는 물론 미래 중국의 보편

---

1 예를 들어 후진타오(胡錦濤) 정부의 '조화로운 사회(和諧社會)'에 의거한 '문화산업정책(2009)'의 일환으로 유교 가치의 복원으로 새롭게 중국을 구상하려는 작업이 추진되었다. 이후 시진핑(習近平)은 2013년 '중국몽(中國夢)'을 어젠다로 내걸고, 문화강국으로서의 중국을 모색하였다. 이에 중국 지식인들 사이에 '중국의 길(中國之道路)'이 논의되고 '천하체계(天下體系)', '신천하주의(新天下主義)', '문명(文明)' 논의 등이 파생되었다. 이 배경에는 2000년대 이후부터 큰 붐을 일으키고 있는 '국학열풍'의 주역인 '유학(儒學)'이 자리 잡고 있다. 현재 중국의 학술계에서는 국가·지식인·사상(유교) 세 흐름이 호응하며, 중국의 길(中國之道路)을 모색하고 있다. 중국의 '문화 대국' 구상과 유교적 가치에 입각한 천하주의의 재구성에 대해서는 백영서, 2013, 「1장 변하는 것과 변하지 않는 것: 한중관계의 과거·현재·미래」, 『핵심현장에서 동아시아를 다시 묻다』, 창비, 199~203쪽, 중국의 유학 부흥에 대해서는 지관순, 2022, 「中華民國 初期 '再儒化' 硏究」, 연세대학교 박사학위논문의 서론에서 다뤘다.

2 汪暉, 2014, 『文化與政治的變奏: 一戰和中國的"思想戰"』, 上海人民出版社, 12~17쪽; 許紀霖, 2015, 「新天下主義與中國的內外秩序」, 許紀霖·劉擎 編, 『新天下主義在當代世界』, 上海人民出版社.

적 가치의 토대를 제공했다는 점에서 각광을 받고 있다. 량치차오는 대민족주의의 제창 및 국수(國粹)·국성(國性)의 보존 및 양성을 통해 중화민족의 신질서를 재구축하려 했다는 점에서 긍정적으로 평가되었다.

그렇다면 "유학을 활용해 중화민족을 결집하고 나아가 '국민국가 건설'에서 '문명국가 건설'로 향한다"라는 사유는 언제부터 등장한 것일까? 필자는 량치차오에게서 그 시발점을 찾을 수 있다고 본다. 즉, 청말 민국 초기, 량치차오의 국민국가 형성 및 국민 양성을 위한 노력, 그리고 이후의 유학(儒學)을 활용해 공민을 양성하고자 한 활동에서 그 실마리를 찾고자 한다.[3]

주지하다시피 량치차오의 국민,[4] 중화민족, 그리고 유교 및 전통관에 관한 연구는 상당히 많이 진행되었다. 그중 청말 민국기 량치차오의 근대성 인식 및 지향에 관한 연구가 다수를 점하고 있다. 이는 중국의 근대성을 어떻게 볼 것인가와도 연계되었기 때문이다. 당대인이 량치차오에게 붙인 '선변(善變)'이란 칭호에서 알 수 있듯이, 그는 청말민초

3 이종민은 시진핑 시대에 중화민족의 위대한 부흥을 추구하는 문명과 문명화된 법치국가 구현이 주요한 정치 목표로 부각된 상황을 짚으며 "근대 문명국가 건설의 꿈을 입헌 운동과 연결 지어 사유한 시작이 청말이며, 그 대표적인 인물이 량치차오"라고 보았다. 이를 전제로 이종민은 량치차오의 『신중국미래기』가 개혁개방 이후 중국몽과 직간접적으로 연계된 점, "『신중국미래기』는 미래 신중국에 대한 구상과 청말 중국 현실에 대한 고뇌가 잘 표출된 미완의 정치소설로서 량치차오의 중국몽을 살펴보기 위해 반드시 독해해야 할 텍스트"라는 점을 짚었다. 이종민, 2015, 「양계초(梁啓超)의 중국몽(中國夢)과 『신중국미래기(新中國未來記)』」, 『중국학보』 71, 187~188쪽.

4 본디 '국민'이라는 용어는 『좌전(左傳)』에서 유래하여 통치자에게 지배당하는 신민의 개념으로 많이 사용됐다. 이후 서양의 'nation'이 근대 일본에서 '국민'으로 번역되어 소개되고, 이것이 일본에서 망명 혹은 유학 생활을 하던 지식인들을 통해 중국에 역으로 수입되었다(鄭大華·鄒小站 主編, 2005, 『思想家與近代中國思想』, 北京: 社會科學文獻出版社, 133~134쪽).

중국 전통과 서구 사상이 교차하고 대치하는 다변적인 상황에 기민하게 대처하고자 한 지식인이었다. 이로 인해 량치차오의 일생으로 중국근대사를 설명하는 연구들이 많이 등장했다.[5] 스승인 캉유웨이가 유교의 대동주의에 입각한 종교 및 세계주의를 펼친 것과 달리 량치차오는 이것에서 탈피해 서구의 민족과 국민 개념을 도입하여 중국에서 국민국가를 창출하려 했기 때문이다.

량치차오가 중국의 전통(또는 유교)과 서구의 근대성 사이에서 어느 쪽을 더 지향했는가를 두고 연구자별로 의견이 다르다. 이는 그가 중국의 근대성을 어떻게 이루려 했던가와 연계된다. 먼저 량치차오의 전통관 및 유교관과 관련해서는 조지프 R. 레벤슨(Joseph R. Levenson)과 장하오(張灝)의 연구를 들 수 있다. 레벤슨은 '서양의 충격과 대응'이란 전제하에 근대 중국 지식인의 인식이 천하에서 국가로 전환되었고 이 속에서 유교는 죽었다는 관점하에 량치차오를 분석하였다. 레벤슨은 서양의 근대적 가치와 중국의 전통적 가치의 충돌 속에서 량치차오가 전자를 선택해 중국의 전통을 재구성하려 했다고 보았다. 이는 중국의 근대성이 서구의 충격에 의한 것임을 전제로 한 서구 중심적인 시각에서 비롯된 것이었다. 그는 량치차오의 사유 방식을 다룸에 있어, '중국적 전통과 서구 문명'의 대립 속에서 중국 지식인들이 유교로 서양 사상에 대응하려 했지만 실패하고, 이어 "전통을 대신하는 것으로서의 유교적 질서"를 지양하기에 이르렀다고 보았다.[6]

---

5 량치차오와 중국의 근대성 해석에 관한 연구 경향의 변화는 백지운, 2003, 「近代性 담론을 통한 梁啓超 啓蒙思想 재고찰」, 연세대학교대학원 박사학위논문, 12~82쪽 참고.

6 Joseph R. Levenson, 1953, *Liang Ch'i Ch'ao and the mind of modern China*,

장하오는 레벤슨의 연구를 비판하며 '전통의 연속'됨과 '중서문화 절충 및 수용'이란 측면에서 량치차오의 인식을 서술하였다. 장하오는 레벤슨의 '서구의 충격과 대응'이란 구도를 비판하며, 그가 유교 자체의 복잡성과 내재적 발전이란 측면을 간과했다고 보았다. 그는 량치차오가 서구의 우위를 인정하였지만 그렇다고 그의 인생에서 전통 자체를 폐기한 것은 아니라고 보았다. 장하오는 량치차오가 개명전제 및 공덕과 사덕을 연결함으로써 동서의 문화를 결합하려 했다고 보았다.[7]

걸출한 두 연구자의 연구에 기반하여 중국 지식인의 전통 및 서구관에 관한 연구가 많이 진행되었다.[8] 그중 왕판썬(王汎森), 황커우(黃克武) 등의 연구자는 량치차오를 "유가 사상을 핵심으로 해서 중국이 절대로 망하지 않는다는 신념을 동시대인에게 심어 주었으며, 동시에 미래 중국

Harvard University Press. 레벤슨은 '서구의 충격과 대응'이란 존 K. 페어뱅크(John K. Fairbank)의 사유를 이어받아 중국 지식인이 '서양의 충격' 이후 이성과 감성이 분리되었고, 이후 전통적 감수성은 가지고 있으면서도 이를 버리고 이성적 측면에서 서양 문화를 포용했다고 보았다. 그는 장즈둥(張之洞)과 량치차오의 '유교 인식'의 변천 과정을 다루면서 서구의 충격을 받은 중국인이 어떻게 그 자존감을 회복해 가는가를 다루며, 이들이 중국의 서양화를 통해 서양과 동등한 지위를 유지하는 근대화를 추구했다고 보았다. 또한 레벤슨은 중국으로 대표되는 전통과 진보로 대표되는 서구 가치의 대립 속에서 유교는 그 효용성과 지위를 잃고 박물관화 되어 죽었다고 보았다.

7 Hao Chang, 1971, *Liang Ch'i-ch'ao and Intellectual Transition in China, 1890~1907*, Harvard University Press.

8 관련 연구 성과는 토머스 메츠거(Thomas A. Metzger) 지음, 나성 옮김, 2014, 『곤경의 탈피: 주희·왕양명부터 탕쥔이·펑유란까지 신유학과 중국의 정치 문화』, 민음사, 15~25쪽 참고. 메츠거는 서구의 충격이란 요소보다 중국적 자체의 내재적 요소를 강조하는 시각을 가지고 있다. 황커우(黃克武)는 토머스 메츠거의 "전화(轉化, transformative approach)"와 "적응(調適, accommodative approach)"의 분석 구조를 가지고 량치차오의 일생을 설명했다(黃克武, 2006, 『一個被放棄的選擇: 梁啓超調適思想之硏究』, 北京新星出版社). 이 밖에 레슨파와 반레벤슨파의 연구 성과를 정리한 황커우의 다음 연구가 있다. 黃克武, 2024, 『文字奇功: 梁啟超與中國學術思想的現代詮釋』, 廣西師範大學出版社, 26~32쪽.

인이 중서의 장점을 결합하여 새로운 문화를 창조할 수 있다는 낙관적인 전망을 한 지식인"이라고 보고 있다. 또한 중국의 유교문화는 지역과 계층 그리고 유파에 따라 다원성을 가지고 있으며, 덧붙여 강력한 생명력과 우여곡절을 거쳐 발전했다고 보고 있다.[9]

장하오와 왕판썬, 황커우로 이어지는 량치차오 연구는 레벤슨의 서구중심주의적 관점을 비판하면서 동시에 량치차오 사상에서 동서문화의 결합과 상호 보완 관계를 강조하고 있다. 이들은 문화 절충론적이고 문화 보편주의적인 관점을 상정하고 있다. 또한 서구의 가치를 보편적 가치로 상정한 상태에서 중국적 가치를 대등한 위치로 격상시키려는 시도도 보인다. 이 논의에서 중국의 내재적 요소를 보다 강조한 연구자가 쉬지린과 왕후이이다. 쉬지린은 청말 사대부 내 신분과 사상적 변화를 논하면서, 량치차오가 중국적 사유 그중 유교를 기반으로 하여 서구의 사상과 제도를 어떻게 수용했는가에 초점을 두었다.[10] 왕후이는 량치차오가 조화와 절충에서 나아가 서구의 보편적 가치를 성찰하고 이를 넘어서는 새로운 가치와 문명을 구상했다고 보고 있다.[11]

---

9 黃克武, 2024, 위의 책, 31~32쪽. 황커우는 량치차오가 국민 관념을 빌려 주조한 '중국혼(中國魂)'에는 서양(과 일본)에서 온 문명 정신과 중국 고유의 정신적 자원이 내포되어 있으며 동시에 양자는 상호 보완하면서 완성을 한다고 한 주장을 짚었다(黃克武, 2024, 앞의 책, 43쪽).

10 쉬지린 지음, 송인재 옮김, 2013, 『왜 다시 계몽이 필요한가』, 글항아리의 서론과 2장 참고.

11 이는 2023년 9월 11일 인문칭화(人文清華)에서 량치차오 탄생 150주년을 기념해 열린 왕후이의 강연에서 확인할 수 있다. 이 밖에 그는 『단기 20세기』란 저작에서 20세기 중국의 정치와 혁명의 경험이 1·2차 세계대전과 냉전을 거치면서 실패한 서양의 20세기와 구별됨을 강조했다. 그는 신문화 창출을 위한 20세기 중국식 노선의 특수성을 량치차오 등 청말민초 사상가들에게서 찾았다. 그는 캉유웨이와 량치차오 세대는 서구화를 내부로 끌어들여 자신의 역사를 전 세계적 범위로 놓았다고 보았

상술한 연구에서 알 수 있듯이 쉬지린과 왕후이 등의 학자를 제외하고 연구자 대다수는 량치차오의 유학에 기반한 문명 담론이 '국민국가 건설'을 전제로 하고 있다고 상정한다. 그러나 필자는 이 역시 량치차오가 맞이한 시대적 과제에 따라 그의 문명 담론 및 그가 추구한 국가 형태가 달랐음을 고려해야 한다고 본다.

위의 연구사와 문제 제기를 염두에 두면서 이 글에서 다루고자 하는 것은 다음과 같다.

먼저 량치차오의 『음빙실문집(飮氷室文集)』에 수록된 국민국가, 국민, 민족주의관, 유학관에 관한 글들을 무술변법 시기부터 중화민국(中華民國) 4년(1915년)까지 시기 순으로 그 사상의 변천 과정을 고찰할 것이다.[12] 그 주된 변화의 기점을 1911년으로 잡아 이전의 서양 일변도였던 그의 국가관·국민관이 점진적으로 '유학'을 결합한 '대민족주의', '대중화' 등으로 나아가는 과정을 분석하고자 한다.[13]

다. 이 시기 량치차오는 20세기에 구미동서 문명의 절충을 넘어 새로운 문명을 구상하였으며, 이 구상이 제1차 세계대전 이후 중국식 '문명국가' 구상의 기반이 되었다고 보았다(왕후이 지음, 송인재 옮김, 2021, 「세기의 탄생: 20세기 중국의 역사적 위치」, 『단기 20세기: 중국 혁명과 정치의 논리』, 글항아리).

12 필자가 무술변법기와 신해혁명 그리고 1915년 이전으로 시기를 한정한 까닭은 다음과 같다. 먼저 무술변법 실패 후 일본으로 망명한 량치차오는 서양의 민족주의·공화, 국민국가 등을 제창하며 혁명노선을 걸었다. 그러나 1911년 신해혁명과 1912년 중화민국 혁명정부를 겪으면서 량치차오의 사상은 서양 일변도에서 중국 사상을 보다 중시하는 경향을 보인다. 1915년 이후에는 량치차오의 유교관과 서양 문명관이 제1차 세계대전이란 사건을 맞이하면서 다시 변한다. 제1차 세계대전 발발 이전까지만 하더라도 량치차오의 목표는 영국의 입헌군주제를 중국에서 실행하는 데 있었다. 그러나 세계대전 이후에는 서양의 제도 문명 일변도에서 동서 문명의 융합과 동양 문화의 역할을 강조하여 동서문화 논쟁을 일으켰다. 량치차오의 서양 문명관의 변화 계기와 그 의미에 대해서는 백영서, 1999, 「20세기형 동아시아 문명과 국민국가를 넘어서」, 『창작과비평』 27(4), 14쪽 참고.

13 1900년대 전후로 량치차오의 사상이 소민족주의에서 대민족주의로 향했다는 연구

그 다음으로 신해혁명 이후 량치차오가 유학을 활용해 국민국가의 '국민' 개념에 대응하면서 그 개념이 가진 한계를 넘어서는 공민을 양성하려 했음을 소개하려 한다.[14] 이를 통해 량치차오의 유학적 소양을 갖

가 다수 존재한다. 특히 량치차오가 일본으로 망명한 이후 민족주의 국가관 그리고 전통관 내 사상적 변화가 이뤄졌다는 연구들이 많다. 대표 연구로 김택경과 다카야나기 노부오(高柳信夫), 하자마 나오키(狹間直樹) 등의 연구가 있다. 김택경은 량치차오의 생애를 변법유신 시기·일본 망명 초기·일본 망명 후기로 나누어 그의 민족관의 변화 과정을 살폈다. 다카야나기 노부오와 하자마 나오키는 량치차오가 '국수', '국학' 민족 사상 및 '중국식 개화'를 추구하는 과정에서 일본의 국학 및 사상가들의 영향을 많이 받았다는 점을 짚으며, 이를 기반으로 하여 그가 계몽 사상가로 거듭날 수 있었다고 보았다[김택경, 2012, 「梁啓超의 民族主義思想(1894~1911)」, 『인문논총』 24; 高柳信夫, 2007, 「梁啓超の「孔子」像とその意味」, 高柳信夫 外, 『中國における「近代知」の生成』, 東方書店; 狹間直樹, 2014, 『梁啓超: 東アジア文明史の転換』, 岩波書店; 狹間直樹 編, 1999, 『(共同硏究)梁啓超: 西洋近代思想受容と明治日本』, みすず書房]. 신해혁명기를 기점으로 량치차오의 사상적 지향이 변화함을 다룬 연구로 有田和夫, 1993, 「辛亥革命後の梁啓超の思想--士人主導の運動から國民運動へ」, 『東京外國語大學論集』 47의 연구가 있다. 아리타 가즈오(有田和夫)는 량치차오가 신해혁명 직후에도 사인(士人) 주도 형태의 사고가 여전히 작동하고 있었음을 짚었다. 그는 "량치차오가 정치적으로는 정당 내각제 확립과 반혁명론을 추진하였고, 사상적으로는 중국을 일체화시키기 위해 공자 교의를 주축으로 한 정신문화 재구축을 제창하면서도, 공자 교의를 포함한 모든 복고주의에 반대했음"을 짚었다. 그리고 이는 "새로운 가치관과 윤리관을 창조하려 한 의지의 표현이었다"라고 하였다. 그는 신해혁명 직후 량치차오의 사상은 사인 주도의 운동이며, 세계대전 이후 사(士) 의식에서 국민운동으로 향했다고 보았다. 필자는 아리타 가즈오의 의견에 일견 동의하나 량치차오의 사상이 국민운동으로 향했다고 보지 않는다. 량치차오는 어디까지나 전통적 사대부관에서 발달한 개명된 사대부의 입장에서 '즉, 개명된 공민'이란 틀 안에서 민을 통치해야 한다는 생각을 가지고 있었다.

14 관련 연구로 吳炳守, 2008, 「民初梁啟超中堅政治論與研究系知識分子的形成」, 『史林』 3이 있다. 오병수(吳炳守)는 민국 초기 량치차오의 중견 정치론(中堅政治論)을 중심으로 그의 국가 건설 구상과 실천을 종합적으로 평가하며, 연구계 지식인의 형성과 그 역사적 의미를 분석했다. 그는 량치차오가 국가와 사회의 유기적 결합을 강조하고, 정치의식·도덕적 권위를 갖춘 지식인, 즉 중견 세력이 중심이 되어야 함을 주창한 점에 주목했다. 이 외에 량치차오의 '국성(國性)'론을 분석하여 그가 '국성'의 표상(表象)으로 공자의 사상을 어떻게 재해석했으며, 이를 통해 '중화민족(中華民族)'의 신질서를 모색하였음을 다룬 정지호, 2020, 「량치차오(梁啓超)의 '국성(國性)'론과 '중화민족(中華民族)'의 신질서(新秩序) 모색(摸索)」, 전인갑·왕위안저우

춘 공민 양성의 궁극적인 목표가 과연 무엇이었는가를 밝히고자 한다. 마지막으로는 상술한 량치차오의 주장과 행보가 비단 당대의 활동으로 그친 것이 아닌, 현대 중국의 '서구를 능가할 문명국가 건설'과 신중국을 뒷받침할 '중화민족주의'로 전유되는 점 등을 살피고자 한다.

Ⅱ. 1911년 이전: 개혁 추진 도구로서의 유학

이 장에서는 량치차오의 일본 체류 전후의 '보교(保敎)' 및 '공교(孔敎)' 활동에서의 유교관과 공민 양성관을 살펴보고자 한다. 그리고 이것이 민족관 및 국민주의[15]와의 연계를 다룰 것이다. 량치차오는 초지일관

편, 『한중 역사인식의 공유』, 동북아역사재단의 연구와 량치차오의 민족주의가 공민민족주의와 세계 민족주의 사이에 있음을 짚은 가오리커(高力克)의 2016, 「梁啟超: 在公民民族主義思與國家主義之間」, 『自由與國家』, 浙江大學出版社의 연구, 그리고 민족주의와 유교가 어떻게 결합이 되는가를 다룬 黃斌, 2014, 「第四 章梁啓超の「大民族」論の構築」, 『近代中國知識人のネーション像: 章炳麟 · 梁啓超 · 孫文のナショナリズム』, 東京 : 禦茶の水書房이 있다.

15 량치차오가 받아들인 '국민'이란 용어는 일본 근대 사상가들이 사용한 '국민'이었다. 이 '국민' 개념은 독일의 '국민' 개념의 영향을 받았다. 독일의 국민 개념은 프랑스 · 영국의 개념과는 상당히 달랐다. 프랑스와 영국은 개인을 중시하는 '공민(公民)' 개념이라면, 독일의 '국민' 개념은 국가 중심적 성향이 매우 강했다. 량치차오와 양두(楊度) 등은 일본에 체류하면서 독일학파의 국민 개념의 번역본을 접했다. 그러면서 독일의 '국민'에 입각한 국가주의와 군주입헌을 체화하였다. 혁명파 역시 대다수가 일본 체류의 경험으로 인하여 공민과 국민의 개념을 혼용하고 있었다(鄭大華 · 朱蕾, 2012, 「論辛亥時期的國民觀」, 鄭大華 外, 『辛亥革命與清末民初思想』, 北京: 社會科學文獻出版社. 146~148쪽). 량치차오는 인민과 국민과 공민을 후기로 갈수록 구별하였다. 그는 인민을 '백성' 또는 'people'의 의미로 사용하였고, 국민은 노예에 반대되는 말이자 근대적 의미의 'nation'에 해당하며, 민권을 가지고 자유와 평등 그리고 독립을 숭상할 줄 아는 집합적 의미로 썼다. 여기에 공민은 독립된 개체성이 강조되며 참정과 법률적인 측면에서의 권한을 가진 'citizen'의 의미로 사용했다. 량치차

‘유학’이 기존 전통을 상징하며 낙후될 사상이 아닌, 미래에도 가치와 가능성이 있는 사상이라 믿었다. 이는 무술변법기 그의 공교 활동을 살펴보면 알 수 있다. 다만 여기서 량치차오가 말하는 유학은 ‘원시 유학’을 말한다. 그는 공자의 본래 취지가 후대로 오면서 오용되고 변질되었다고 믿었다. 따라서 유학의 본의를 찾는 것이 급선무라 여겼다.[16] 그리고 무술변법 시기에는 개혁을 추진할 방안이 ‘공교’라고 보았다.

캉유웨이가 기독교를 모방하여 종교 형태의 공교를 제창하고 활동해 나가는 시기에 량치차오 역시 대외적으로 이를 지지하며 열성적으로 보교 활동을 이어 나갔다. 그러나 량치차오는 스승인 캉유웨이와 생각이 달랐다. 그는 공교가 당시 시대를 개혁하기 위한 수단이지 실제로 종교가 될 수 있다고 믿지 않았다. 이는 그가 옌푸(嚴復) 및 지인과 주고받은 편지에서 잘 드러난다.

당시 옌푸는 보교 자체가 중국에 필요하지 않다고 주장하는 여러 편의 글을 써서, 캉유웨이의 공교운동을 반대하였다. 량치차오는 옌푸에게 보낸 서신에서, 그의 우려를 충분히 이해한다는 내용을 쓰며, 자신의 본의를 밝혔다. 그는 “(캉유웨이 제자 내부에서도) 사적으로는 옌푸의 공교 반대 의견에 동의하지만, 감히 말하지는 못한다”라고 이야기하면서도 “현재 나라의 강하고 약함이 모두 민주에 달려 있지만, 지금으로서는 중국의 민지(民智)가 막혀 있고 민정(民情)은 흩어져 있으니, 민정을 모아야만 민지를 통하게 할 수 있다”라고 밝혔다. 따라서 “민정(民情)을 모으

오는 중국 인민의 국민 만들기를 추구하는 과정에서 공민의 역할을 강조했다. 이는 4장에서 설명할 것이다.

16 양계초 지음, 이혜경 옮김, 2014, 『신민설』, 서울대학교출판문화원, 475~476쪽(이하 ‘『신민설』’).

는 방법으로 사람들의 눈에 띄고 마음을 붙잡는(目光心力) 술(術)을 선택해야 하는데, 그 술이 바로 공교이며, 민주라는 제도가 비록 시대를 구할 좋은 계획(善圖)이지만 지금으로서는 민의(民議)를 말할 수 없으니, 먼저 군권(君權)을 빌려서 제도를 전환하는 것이 좋다"라는 점을 옌푸에게 거듭 강조했다.[17]

이 밖에도 친구에게 보낸 답서에서 "공교가 중국 역사에서 나라의 안정과 국력의 관건이었음"을 강조하며 "서양인들의 분류에 따르면 유교(有教), 무교(無教) 그리고 반교(半教)가 있는데 그중 중국은 아프리카의 흑인과 아메리카의 인디언과 같은 반교(半教)의 상태"로 인식됨을 짚었다. 그리고 보교(保教)를 통해 힘을 길러야 하는 점과 보교를 국가 건설의 기초로 활용해야 함을 강조했다. 그는 "천하에 교가 없이 세워진 국가가 없다"라는 점과 기독교의 성립 과정에서 많은 교도들의 희생이 있었음을 이야기하며 중국도 보교공회(保教公會)를 설립하여 헌신적으로 보교 활동을 해야 한다고 주장했다.[18]

그는 유학이 서양의 신도덕을 보조로 삼아 변화한다면, 서세동점의 상황 속에서도 중국의 본의를 잃지 않게 해 줄 요소로 작용할 것이라 확신했다.[19] 그는 일본 체류 기간에 「중국의 종교개혁을 논하다」라는 글에서 캉유웨이의 종교개혁론을 간단히 설명하였다. 그는 해당 글에서 "중국과 세계는 연동되어 있으며, 중국에서 가장 먼저 착수해야 할 것은

17 梁启超, 1989, 「與嚴幼陵先生書」(1897), 『飲氷室文集』 卷1, 臺北: 中華書局, 109~110쪽(이하 '『飲氷室文集』').

18 梁启超, 「復友人論保教書」(1897), 湯志鈞·湯仁澤 編, 2018, 『梁啟超全集』 第19集 函電1, 北京: 中國人民大學出版社, 674~676쪽(이하 '『梁启超全集』').

19 『신민설』, 542~543쪽.

종교개혁이며, 세계에서 가장 먼저 착수해야 할 것은 종교 통합이다"라고 하였다. 또한 국가의 흥폐 여부는 지식과 능력에 달려 있는데 이를 종교가 보완할 수 있다고 보았다. 그는 "종교는 국민 뇌질(腦質)을 주조하는 약과(藥科)"라고 말하며 중국이 진대(秦代)까지는 서양의 그리스에 버금갔으나 한대(漢代) 이후 공자의 진면목(眞面目)을 잃어 낙후되었음을 짚었다. 그리고 이러한 공자의 진면목을 밝히는 것이 캉유웨이의 공교임을 주장하였다.[20]

옌푸 및 지인에게 보낸 답서, 그리고 종교개혁을 논하는 량치차오의 글에서 다음과 같은 사항을 유추할 수 있다. 량치차오는 유학이 종교됨의 여부보다 국민의 '민지' 혹은 '뇌질'을 개선할 수 있는 요소로 발전될 수 있음에 초점을 두었다. 그러나 일본에서 체류하며 일본의 변화 및 서구 사조의 변화 과정을 몸소 겪으면서, 그는 유학에서의 '종교'라는 요소를 배격하게 된다. 량치차오는 무술변법이 실패로 돌아간 후에 공양학 해설에 기반한 유교에서 탈피하고 있었다. 이는 무술변법 운동이 실패한 후에 쓰인 량치차오의 여러 글에서 확인할 수 있다.

얼마 되지 않아 량치차오는 『신민총보(新民叢報)』에서 보교를 부정하고 공교를 제창하는 캉유웨이의 행보를 비판하여 결국 스승과 척지게 되었다. 그는 「보교는 존공론이 아니다」(1902)를 지어 스승의 공교운동에 첨예한 비판을 가했다. 그는 여기서 공자는 교주가 아니며, 공교 역시 종교가 아니라는 점을 거듭 강조하였다. 그는 해당 글에서 종교라는 것이 비이성적이고, 미신의 영역에 있으며, 진화에 방해가 된다고 적었다. 또한 그는 "공자가 말한 '교(敎)'는 오직 세계 국가의 일(事)과 윤리 도덕

20 「論支那宗教改革」(1899), 『飲氷室文集』 卷1, 55~56쪽.

의 원천에 있을 따름이다. 미신·예배가 없으며 의문을 품는 것(懷疑)을 금하지 않고 외부의 '교'를 원수로 여기지 않았다. 공교와 종교의 차이점이 여기에 있다"라고 주장하였다. 더불어 량치차오는 "공자는 철학가요 경세가이자 교육가지만 종교가는 아니다. 서양인들은 항상 공자를 루소와 병칭하지 석가모니나 예수와 같은 존재로 병칭하지 않는다"[21]라는 점을 강조했다. 심지어 량치차오는 보교론(保敎論)을 지지하는 사람들이 서양과 같이 교회 및 교당을 지으면서 모방하는 것을 비판하면서, 이는 진정한 의미의 공교가 아니라는 점을 강조했다.

1902년 량치차오는 캉유웨이에게 편지를 보내 공교운동은 사실상 무의미하다고 말하며 그 이유를 상세히 설명한 바 있다. 량치차오는 파나마와 싱가포르에서 공교 활동이 유익한 것인지와 일본의 요코하마(橫濱)에서 벌이는 공자 탄생 행사에 매년 2천여 금을 쓰는 것이 과연 공교에 무슨 영향이 있으며 대국(大局)과 어떤 관계가 있는지를 물었다. 더 나아가서는 이 모든 것이 헛되이 쓸데없는 문장(虛文)을 지어 금전만 낭비할 따름이 아닌지 반문했다.[22] 량치차오는 이러한 공교 사업에 종사하는 것보다 차라리 공공사업에 투자한다면 이득이 많을 것이라 보았다. 또한 그는 보교와 강국(強國)은 과연 연계되는 것인가에 직접적인 의문을 표했는데 이는 아래 량치차오가 캉유웨이에게 보낸 편지 내용에서 확인할 수 있다.

선생께서 각국의 보교(保敎)를 말하면서 교(敎)가 강해지면 나라가 강해

21 「保敎非所以尊孔論」(1902), 『飮氷室文集』 卷9, 52쪽.

22 「梁啓超致康有爲」(1902.5), 張英華 編校, 2012, 『康有爲往來書信集』, 中國人民大學出版社, 592쪽.

진다고 하셨습니다. 제자(량치차오-필자)가 이를 보건대 [오히려] 정반대입니다. 보교와 교를 강화(敎強)하는 것은 본디 있었던 것이지만, 그렇다고 교를 강화(敎強)하는 것이 나라의 이익(利)을 의미하지는 않습니다. 서구 라틴 민족은 교를 지키려는 힘(保敎力)이 가장 강했지만 인종은 퇴화하였고, 나라는 날로 쇠약해졌습니다. 스페인·포르투갈·이탈리아 역시 마찬가지입니다. 튜턴(Teutonen)민족인 영국·미국·독일 각국은 모두 정교가 분리되어 있기에 나라가 강합니다. 지금 유럽에서 보교를 말하는 자들은 모두 어리석고 못난(下愚) 사람들이거나, 혹은 교(敎)를 빙자하여 의식(衣食)을 해결하려는 자들뿐입니다. 사실상 기독교도 오늘날이라면 어찌 강해질 수 있겠습니까, 조금 뒤면 멸망하여 사라질 겁니다. … 지금 제자가 실로 유럽의 오늘날이 있게 된 까닭을 보건대, 모두 교주의 속박에서 벗어났기 때문입니다. 그렇지 않았다면 사상은 자유롭지 못하고 민지(民智)는 열리지 못 했을 것입니다.[23]

량치차오는 위의 편지에서 보교를 하고 '교'를 강화(敎強)하는 행위가 나라를 이롭게 만드는 것이 아니라는 점을 신랄하게 짚었다. 더불어 그는 스페인과 포르투갈 그리고 이탈리아 등 보교와 '교'를 강화한 나라들이 오히려 인종은 퇴화하고 국력은 쇠락하였다고 지적했다. 더불어 보교를 말하는 자들은 모두가 어리석고 못난 자들이며, 더 나아가서는 자신들의 이익을 위해 '교'를 활용한 자들이라는 점을 들고 기독교마저 곧 있으면 사라질 마당에 공교 활동이 무용하다는 점을 밝히고자 했다. 량치차오는 종교가 인간을 속박하고 사상을 자유롭지 못하게 만들며 동

23 위의 글, 592~593쪽.

시에 민지(民智)를 열리지 못 하게 한다는 점을 들고, 오늘의 유럽이 강성한 이유는 종교의 속박에서 벗어났기 때문이라는 점을 들어 공교 활동이 무용함을 스승에게 강조했다.

더불어 량치차오는 오늘날 중국을 구할 방도로 크게 두 가지를 들었는데, 이는 아래의 내용에서 찾을 수 있다.

> 제자가 생각건대 오늘날 중국을 구하고 싶다면 새로운 학설로 우리 사상을 변화시키는 것보다 급한 일은 없다고 봅니다[유럽의 흥성함과 온전함(興全)은 바로 여기에 있습니다]. 새로운 학문에 공학(孔學)이 적합하지 않은 점이 많습니다. 이를 더욱 제창하고 보호하려 한다면, 이는 마치 북쪽으로 가려 하면서 남쪽으로 수레를 모는 것(北行南轅)과 같습니다. 선생님께서는 자유와 복종 두 뜻을 보여 주셨고, 저도 어떤 일을 함에 있어 마땅히 두 가지는 겸해야 한다고 생각하지만 사상은 오직 자유로워야 한다고 생각합니다. 사상이 자유롭지 못하면 민지는 더욱이 진보할 것이라는 희망은 없을 것입니다. … 민주·박만(撲滿)·보교(保敎) 등의 뜻은 진실로 말하기 어려운 것들입니다. 제자가 오늘 만약 스승의 가르침을 눈앞에서만 복종한다면, 다른 날에는 반드시 실행할 수 없을 것 같으니, 흉금을 터놓고 한말씀 올리는 것이 나을 듯합니다. 오늘날은 민족주의가 가장 발달한 시대입니다. 이러한 정신이 없다면, 결코 나라를 세울 수가 없기에 제자는 맹세컨대 혀를 태우고 앙상한 붓을 들어 그것을 제창하는 것을 절대로 포기할 수 없습니다. 따라서 민족정신을 환기하기 위해서는 어쩔 수 없이 청조(滿)를 공격해야 합니다.[24]

24 위의 글.

위의 편지에서 량치차오는 중국을 구할 방도의 첫 번째는 새로운 학설로 중국의 사상을 변화시키는 것이고, 두 번째는 민족주의를 수용하고 청조를 배격해야 한다는 것이었다. 그는 공교는 변혁을 일으켜야 하는 시점에서 적합하지 않으며, 오히려 공교를 활용하려 할수록 지향한 목표에서 이탈한다고 보았다. 량치차오는 서양의 학문 수용과 민족주의 수용을 통해 사상과 정체(政體), 두 방면에서 모두 변혁을 이뤄야 한다고 주장했다.

이러한 량치차오의 사유 변화는 단순히 일본 체류 기간에 일어난 것이 아닌, 무술변법 시기 개혁을 우선시하는 과정에서 보류하고 있었던 그의 유교관이 나온 것이었다. 그는 유학을 종교로 만들어 개혁의 수단으로 하는 방법은 서구 민족 제국주의라는 조류를 맞이한 상황에서 효용성이 없다고 보았다. 즉 지금의 단계는 사상의 자유를 우선시하여 민족주의를 비롯한 서양의 선진 사상을 수용해 소화하는 것이 급선무라고 본 것이다.

그렇다고 해서 공학(孔學)의 유효성과 미래 자원으로서의 가능성을 버리지는 않았다. 그는 유학을 종교가 아닌, 민족주의와 결합하여 공민을 양성할 교육 수단으로 활용해야 한다고 생각했다. 특히 량치차오는 일본 체류 동안 『신민설(新民說)』에서 공덕(公德)과 사덕(私德)에 관한 글[25]을 다수 서술하였는데, 이는 메이지 시기 일본 '공덕 양성'

---

25 량치차오에 따르면 도덕의 본체는 하나인데 이것이 발동해서 밖으로 드러나면 공덕(公德)과 사덕(私德)이 된다고 보았다. 여기서 그는 "사덕은 사람이 홀로 자기를 선하게 하는 것(獨善其身)이며, 공덕은 사람이 그 사회를 좋게 하는 것이며, 이 둘은 모두 사람 사는 데 없어서는 안 된다. 사덕이 없으면 바로 설 수 없으니, 사덕이 없는 사람들은 합하면 나라를 이루지 못한다"라고 보았다. 또한 "공덕이 없으면 단체를 이룰 수 없어 자신만을 위해 청렴 및 수양하는 사람들만으로는 나라를 이룰 수 없다"

운동의 영향을 받은 것이었다.[26] 그는 사덕과 공덕의 관계를 논함에 있어, 사덕이 양성되어야 비로소 공덕이 효과를 볼 수 있다고 보았다. 따라서 국민을 주조하려면 사덕의 배양을 우선시해야 한다고 주장했다.[27]

이 시기 량치차오는 '사덕'의 개발을 통해 민지와 민력(民力)을 양성할 수 있다고 보았다. 그리고 이것은 유학을 중심으로 새로운 서구 사상 등 신도덕을 보조로 받아들여 발전시킨 것을 의미했다. 이러한 량치차오의 유학관은 중화민국 성립 이후에 그가 잠시 잠깐이지만 공교활동에 참여한 것, 그리고 이후의 국가 방침을 논함에 있어 유학을 교육의 종지로 활용해야 함을 주장한 것에서 알 수 있다.

량치차오가 사상적 변화와 함께 중시한 것은 '국민의 각성'이었다. 그는 1903년 「정치학의 대가 블룬출리의 학설」이란 글에서 콘라트 보른하크(Conrad Bornhak)의 논의를 가져와 중국과 같이 전제군주제의 역사가 뿌리 깊은 나라에서는 혁명이 아닌 군주전제 정치제도를 거쳐 민주 전제정치로 나아가야 한다고 주장했다. 해당 글에서 량치차오는 보른하크의 "공화정체는 특별한 구조를 가진 국가에서 다른 폐단 없이 시

라고 보았다. 따라서 량치차오는 공덕과 사덕은 항상 같이 존재해야 한다고 역설하였다. 『신민설』, 86~87쪽.

26 이행훈, 2017, 「동아시아 공덕·사덕 담론과 근대 주체 기획」, 『동양철학연구』 90, 104~112쪽. 차태근은 량치차오의 공덕과 사덕의 구분, 그리고 사덕에서 공덕으로 발전시켜야 하는 문제 등이 후쿠자와 유키치(福澤諭吉)의 지덕론의 영향이라 보고 있다. 다만 후쿠자와 유키치의 중점이 문명의 발전에서 사덕의 편향된 시각을 비판하고 인간 지력의 중요성을 강조하는 데 있었다면, 량치차오는 공덕을 보다 세분화하고 국민 자질의 핵심으로 간주했다는 점에서 차이가 있음을 차태근은 짚었다. 차태근, 2021, 『제국주의 담론과 동아시아 근대성-현대 중국의 정치적 무의식을 찾아서』, 소명출판, 246~247쪽, 249~250쪽.

27 『신민설』, 501~502쪽.

행될 수 있는데, 그 조건은 크게 두 가지로, 하나는 동일한 종교 신봉·동일한 민족·협소한 국경 등으로 인해 사회상의 각종 이해관계가 그다지 충돌하지 않게 되어야만 공화정체가 성립 이후에도 장기적으로 지속될 수 있다"라는 주장을 소개했다. 나아가 그는 "수백 년 동안 전제에 학습된 인민은 이미 자치의 습관이 없고 오로지 개인주의에 의한 사익만을 도모하게 된다"라고 보고, 이처럼 "공화제를 향유할 자격이 되지 않는 인민이 주체가 된 나라가 망함"을 서술한 보른하크의 논지에 동조하였다.[28]

량치차오는 특히 프랑스의 사례를 들며, 행복과 자유를 위해서 공화에 심취했고 숭배해 왔으나 결국 혁명으로 혼란과 멸망만 초래해 자유는 얻지 못하고 전제로 돌아간 것을 짚었다. 이를 통해 공화가 이론적으로는 아름다우나 현재 중국에 있어서 적합한 제도는 아니라고 주장했다. 이는 중국의 국민이 공화국의 국민으로서 반드시 갖추고 있어야 할 것을 하나도 갖추지 못했기 때문이었다.[29]

이에 량치차오는 중국 국민의 각성과 그 자질 양성이 필요하다고 주장했다. 그는 특히 중국 지식인들의 '정치 능력'이 부재하다는 점을 지적하면서, 구국(救國)을 원한다면 국민의 능력을 양성하는 데 힘써야 함을

---

28 「政治學大家伯倫知理之學說」(1903), 『飮氷室文集』 卷2, 85~86쪽; 강중기, 2011, 「량치차오, 「정치학 대가 블룬칠리의 학설」」, 『개념과 소통』 8, 280~281쪽 참고. 필자 일부 수정.

29 량치차오의 국민성 담론에 대해서는 차태근의 「량치차오(梁啓超)와 중국 국민성 담론」을 참조했다. 차태근은 량치차오에게 있어 중국이 당면한 문제는 중국 국민의 정치적 각성이었으며, 근대국가를 형성하는 데 필요한 국민으로서의 자질과 성격을 양성하는 것이었다고 보았다. 이에 차태근은 량치차오가 말하는 중국 국민성은 "전근대적/전제주의하의 인민 상"이라 보았다[차태근, 2008, 「량치차오(梁啓超)와 중국 국민성 담론」, 『中國現代文學』 45, 19쪽].

거듭 강조했다. 더불어 량치차오는 국민이란 길러져야 할 객체이고 이 객체를 양성할 수 있는 주체가 반드시 있어야 한다고 보았다.[30] 그렇다면 여기서 말하는 주체란 누구를 의미하는 것인가. 량치차오는 이 주체는 권력자도 아니고 대다수의 일반 백성도 아닌 '이미 사상을 가진 중등 사회'에 있다는 점을 강조했다. 그는 중국의 국민이 능력이 없는 이유에는 중등 사회가 능력이 없기 때문이라는 점을 짚으며, 중국의 엘리트들이 자신들의 능력을 배양하여 국민을 이끌어야 한다고 주장하였다.[31]

량치차오는 일찍이 「아리스토텔레스의 정치학설(亞裏士多德之政治學說)」(1902)이란 글에서 아리스토텔레스가 언급한 상등·중등·하등 사회의 특성을 언급하며, 공화정체를 이끌어 가야 할 계급은 중간계급이라고 주장했다.[32] 여기서 량치차오가 말한 '중간계급'은 민력(民力)·민지(民智) 등을 갖춘 사대부 및 지식인 계급이었다. 즉, 량치차오가 언급한 중간계급의 정의는 '신민(新民)'에 가깝다. 량치차오는 일찍이 『신민총보』(1902)에서 신민은 '신과 구'의 조화 속에서 자신이 원래 가진 것을 담금질 및 연마하고 없는 것은 수용하여 보완하는, 스스로 새로워지는 주체이자 민덕(民德)·민지·민력을 자질로 갖춘 자라고 보았다.[33] 그리고 량치차오는 이러한 민덕·민지·민력을 갖춘 '신민'이 의회를 이끌고, 중국을 이끌어 갈 존재라고 판단했다.

다만 여기서 량치차오의 신민은 어디까지나 일반 인민을 의미한 것이

30 『신민설』, 634쪽.

31 『신민설』.

32 「亞裏士多德之政治學說」(1903), 『飮氷室合集』 卷2, 76~77쪽.

33 「釋新民之義」(1902.2.8), 『新民叢報』 一號; 『신민설』, 61~66쪽 참고.

아닌 민력·민지 등을 갖춘 지식인 계급이었다.[34] 그는 지식인 계급이 서양에서 들어온 새로운 사상을 수용하여 민과 국정을 변화시킬 주체라 본 것이다. 그가 기대를 걸었던 이른바 '중등계급'의 지식인은 유교적 소양에 기반하여 서구의 새로운 사조를 받아들일 수 있는 존재였다. 이는 량치차오의 무수히 많은 사상적 변화 속에서도 유학의 효용성에 대한 믿음과 함께 끝까지 변화하지 않은 것 중 하나였다.

Ⅲ. 1911년 이후: 중화민족주의와 유학의 결합

무술변법운동 시기 량치차오의 사상에는 보편적 세계주의와 범황색 인종주의 그리고 종족주의가 존재했다. 이러한 세 가지 사상이 혼재됨에 따라 그의 사상은 전통 중화민족주의 사상으로 분류된다.[35] 일명 종족 보존과 천하주의에 입각한 그의 사상은 1898년 무술변법 실패 이후 일본으로 망명하면서 변화를 겪게 된다. 선행연구의 대다수는 1903년을 기점으로 량치차오가 보편적 세계주의와 천하주의를 비판하고 근대 민족주의 국가를 지향했다고 보고 있다.[36] 그러나 민국 정부가 들어서고 제1차 세계대전을 겪은 이후에 량치차오는 다시 보편적 세계주의와 천하주의를 가지고 오게 된다. 이를 다시 대동 사회에 입각한 스승의 사유

34 지관순, 2023, 「中華民國 初期 開明保守主義者의 政體 인식과 지향」, 『중국근현대사연구』 99, 123쪽.

35 김택경, 2012, 앞의 글, 224쪽.

36 량치차오가 일본으로부터 받은 영향에 관한 연구는 崔志海, 2005, 「梁啟超與日本: 學術回顧與展望」, 鄭大華·鄒小站 主編, 『思想家與近代中國思想』, 北京: 社會科學文獻出版社 참고.

및 유교 보편주의와 중화주의로의 선회로 볼 수 있을까?

민국 성립 이후의 혼란한 국내외 상황이 그의 사상적 변화의 주요 원인으로 작용했다. 신해혁명 이후 정국은 안정되기 쉽지 않았다. 정치 세력 간 갈등과 경제 불황 등 여러 가지 불안정한 요소들이 존재했다. 한 예로 다이지타오(戴季陶)가 1912년 3월에 "만주 황실만 제거되었을 뿐 '나쁜 정치(惡政治)'를 제거하지 못해 전제 부패가 여전하다"라는 것을 지적하며 신해혁명을 '실패한 혁명'으로 규정한 것을 들 수 있다.[37] 또한 민국 전기에는 국가와 민족을 통합시킬 정치공동체 또는 문화적 공동체를 유지하게 할 '중심'이 부재했다.[38]

따라서 신해혁명이 성공한 이후 귀국한 량치차오의 과제는 혼란한 정국을 단시간 내에 빨리 안정시키고 나아가 국가와 민족을 통합하는 방안을 찾는 것이었다.[39] 그는 1913년 이전까지 민족, 국민성,[40] 교육에 관

---

37 백영서, 1997, 「共和에서 革命으로」, 『동양사학연구』 59, 48~49쪽.

38 김승욱은 민국 전기의 상황이 국가와 민족의 통합이라는 과제에 대한 해결 방안을 찾기 어려운 환경이었다는 점을 들었다. 한 예로 쑨원은 '오족공화'의 한계를 지적하면서도 '중화민족'이라는 하나로 융합된 민족을 형성하는 것이 필요하다고 했지만, 이들에게 정치적 공동체로서 공유할 가치나 권리, 또는 문화적 공동체로서 공유하는 특성을 부여, 보장해 주는 '중심'이 없었다고 한다(김승욱, 2022, 「근현대 중국에서 민족 담론의 전개~다양한 지식 기반과 내적 긴장」, 『東北亞歷史論叢』 78, 414~415쪽.

39 청말민초 량치차오의 정치적 행보에 관해서는 오병수, 2007, 「清末 民初 梁啓超의 權勢脈絡과 그 歷史的 性格」, 『중국근현대사연구』 33 참고. 오병수는 신해혁명 이후 량치차오의 정치노선과 그 관계망(연구계를 중심으로)을 그가 창간 주편한 『용언(庸言)』을 통해 규명하였다. 특히 『용언』을 중심으로 형성된 연구계 세력을 량치차오가 어떻게 정치 자원으로 활용하였으며 공화정의 좌절 과정에서 이들이 어떻게 변모하였는지를 상세히 서술하였다.

40 리디아 리우(劉禾)에 따르면 '국민성'이라는 용어는 18~19세기에 걸친 지적 움직임과 연관된 'National character'라는 유럽의 용어를 일본에서 번역하여 사용했다고 한다. 이 용어에 독일의 낭만주의 민족주의 담론이 지배한 민족혼 사상이 담기고 이것이 다시 중국으로 건너갔다. 리디아 리우는 이 국민성이라는 개념이 "국민적 정체

한 이야기보다 주로 정치경제와 관련된 글들을 많이 내놓았다.[41] 그러나 위안스카이(袁世凱)의 집권하 관료의 부패 및 정쟁 등이 심화되고 이로 인해 정국이 불안정해지자, 량치차오는 공화에 깊은 회의를 느끼게 된다. 이러한 상황 속에서 1912년 교육 총장인 차이위안페이(蔡元培)가 교육 강령에서 '존공(尊孔)'을 삭제한 것, 그리고 이어 교육 차장인 판위안롄(範源濂)이 소학교에서 독경을 폐지(小學讀經廢止)하는 일 등이 발생하자 량치차오는 다시 한 번 공교운동에 참여하게 된다.[42]

공교운동의 진행 속에서도 량치차오는 공자의 교의를 국가 사회의 중심으로 삼아 국가와 민을 근대 국가와 국민으로 양성하는 데는 동의했다. 그러나 공자를 교주로 삼고 유가를 종교로 삼는 '공교'는 반대했다. 그가 공교 국교 청원서에 이름을 올린 것은 실질적으로 캉유웨이와 사제 관계에서 벗어나지 못했기 때문이었다. 더불어 '유학의 위기'이자 '존공의 위기'라는 당시 사회적 분위기를 바꾸고자 한 점도 있었다.

량치차오는 기본적으로 민국 이후의 '공교 국교화 운동'을 부정적으

성이라는 통합적 범주 아래 개별 인간들의 차이를 포섭하면서 서구 제국주의의 팽창과 세계 지배에 매우 유용하게 기능했다"라는 점을 강조했다. 여기에 서구 유럽 국가들이 자신들의 민족적 우월성을 강조하는 주장이 담겨 있다고 말했다. 그는 또한 이러한 서구 민족의 우월성이 담긴 국민성이라는 개념을 국민국가 이론을 만들려 한 청말 지식인들이 사용하기 시작했고, 여기에 량치차오와 쑨원(孫文)은 서구 제국주의를 비판하면서도 동시에 사용했다는 점, 그리고 이것이 1917년 이후 '신청년'의 국민성의 근본적인 개조 분위기로 이어졌음을 설명했다[리디아 리우(劉禾) 지음, 민정기 옮김, 2005, 『언어횡단적 실천』, 서울: 소명출판, 96~99쪽].

41 高柳信夫, 2007, 앞의 글, 225쪽.

42 신해혁명 이후의 불안정한 정국과 민의 도덕 문제가 불거진 사회적 배경, 그리고 이 속에서 공교운동이 등장하게 되는 과정은 지관순, 2021, 「中華民國 初期 保守派의 再儒化 시도-1911년 이후 孔教派 및 淸末 遺老의 활동을 중심으로」, 『東洋史學研究』 154, 279~281쪽 참고.

로 평가하였다. 그는 공자의 교의가 현 중국에 여전히 유효하고 국가와 사회의 중심을 잡아 줄 수는 있지만, "수천 년의 역사 속에서 공자의 기치가 단체를 결집하여 분연히 일어나는 것"을 보지 못하였음을 지적했다. 또한 공자 및 유가의 교의는 여러모로 서양의 교회 및 다른 종교들의 성향과 다르다는 점을 짚었다. 더 나아가 량치차오는 "공교라는 것이 수고롭기는 하나 공이 없다"라는 말로 유가를 종교화하는 것을 반대했다.[43]

그는 공자를 종교로 해석하는 것이 아닌, 공자 본연의 사상으로 돌아가 철학·정치학·사회학 그리고 윤리학·도덕학 교육학적 범주에서 해석해야 한다고 주장했다. 더욱이 다른 사상과 섞어서 해석해서는 안 된다고 강조했다.[44] 결과적으로 그는 교육적이고 인문학적인 측면에서 유교와 공자를 다룰 뿐, 종교적인 측면에서 다루는 것을 강하게 반대했다. 즉, 유교의 역할을 교육적 측면에만 한정 지은 것이었다.

그렇다고 량치차오가 공자를 비롯한 전통 사상의 가치를 저버린 것은 아니었다. 그는 전통 보호의 영역과 개혁의 영역을 나누고 있었다. 량치차오는 유학을 시대적 맥락에 따라 개혁하고 연구할 필요성이 있다고 느꼈다. 그러나 유학의 개혁 및 연구는 서양 제도 및 사상에 맞선 '공교'의 형태가 아니어야 한다고 주장했다. 즉, 학문의 영역·윤리의 측면에서이자 중국의 전통 및 가치를 지킬 수 있는 '공학(孔學)'의 영역에서 이루어져야 한다고 량치차오는 보았다.

그렇다면 학문의 측면에서 공학을 활용한다는 것은 무엇인가. 국민윤

43 「孔子教義實際裨益於今日國民者何在欲昌明之其道何由」(1915), 『飮氷室文集』 卷33, 62쪽.

44 정지호, 2020, 앞의 글, 276~277쪽, 279쪽.

리를 향상한다는 것이며, 윤리가 향상된 국민을 배양함으로써 정치를 개선한다는 것과 연관된다. 이는 량치차오의 「일 년간의 정치적 상황과 국민 도정의 반영」(1913)이란 글에서 잘 드러난다. 이 글에서 그는 "국가의 정치 현상은 국민의 사상과 품격을 반영한다. 전제 정치하에서도 그러할 것이며, 자유정체하에서는 더욱이 그러할 것이다", "국민의 품격과 사상에 결점이 없다면 전제정체가 조성되지 않을 것이라 보았다"라는 등의 말로 국민의 품격이 존재한다면 정체를 바꿔 나갈 수 있음을 언급하였다.[45]

량치차오는 중국의 국민이 아직은 부족하지만, 그 중화민족 내에는 우수한 "국성(國性)'의 요인이 있어, 추후 교육을 통해 이를 끌어낼 수 있다고 보았다. 량치차오는 특히 '국성' 배양에 유학이 도움이 될 수 있음을 강조하였다. 그는 「중국 도덕의 큰 근원」(1912)이라는 글에서 중국 고유의 국성을 강조하며, "국성의 개량과 조정을 통해 민족의 정체성을 확립할 수 있다"라고 주장했다. 그는 슝시링(熊希齡) 내각에서 서술한 「정부 대정 방침 선언서」(1913)의 교육 방침 부분에서 외국 교육에 의존하는 것이 아닌 고유의 유학 사상을 활용할 것을 권고했다. 그는 "우리나라는 2천 년간 사회에서 공자의 교의(教義)를 결합의 중심으로 삼아 왔다. … 공자를 알지 못하면 공화 역시 알지 못한다. 따라서 정부가 주장하는 바는 한편으로는 인민의 신교의 자유를 존중하며, 다른 한편으로는 공교를 통해 풍속을 교화하는(風化) 본(本)으로 삼는 것이다"[46]라고 선언서에 서술하였다.

---

45 「一年來之政象與國民程道之影射」(1913), 『飮氷室文集』 卷30, 16쪽.

46 「政府大政方針宣言書」(1913), 『飮氷室文集』 卷29, 122쪽.

량치차오는 국성이 국민성과 연계되며, 국민성은 국가의 흥망성쇠와도 연결된다고 보았다. 그는 「『여한십가문초』의 서문(『麗韓十家文抄』序)」(1914)이라는 글에서 국성의 여부에 따라 각 국가의 흥망성쇠가 좌우됨을 나열하며, 그 중요성을 강조하였다. 그리고 국성을 상실하지만 않는다면 나라는 언제든 다시 세울 수 있음을 세르비아와 조선을 예로 들어 이야기하였다.[47]

이러한 량치차오의 국성과 국민성을 연계하려는 시도는 스승인 캉유웨이와 신청년 및 연구계 인사들과의 논쟁 과정에서 또 한 번 드러난다. 1914년 캉유웨이와 개혁적 성향을 지닌 청말 유로 세력이 결합하여 진행한 공교운동은 천두슈(陳獨秀) 등 신청년 세력에게 시대착오적인 복고 세력의 부활이라는 비판을 받았다. 이 속에서 유교는 사상적 자원이 아닌 폐기되어야 할 인습으로 저평가되었다.

여기에 중서융합(中西融合)의 시각에서 유가 사상의 활용을 긍정적으로 보던 연구계 인사들[48]마저 공교운동을 비판하였다. 대표적인 예로 란공우(藍公武)와 우관인(吳貫因) 등을 들 수 있다. 먼저 란공우는 『대중화(大中華)』에 「근일 복고의 오류를 논박한다」란 글을 실어 공교파(孔教派)의 공교운동의 핵심은 충효절의(忠孝節義)를 강조하여 선대(先代)의 치세로 돌리려 하는 복고 사조로, 이는 시대착오적인 발상에서 비롯된 것이라고 비판했다. 란공우는 "열강은 과학지식을 기반으로 하는데 중

47 정지호, 2020, 앞의 글, 262~267쪽.

48 여기서 연구계는 량치차오가 진보당(進步黨) 출신을 중심으로 헌법연구회를 만들었을 때 참여한 란공우(藍公武), 장둥쑨(張東蓀), 우관인(吳貫因), 장쥔마이(張君勱), 장위안지(張元濟) 등을 포함한다. 연구계 지식인과 량치차오의 관계에 관해서는 오병수, 2007, 「清末 民初 梁啓超의 權勢脈絡과 그 歷史的 性格」, 『중국근현대사연구』 33 참조.

국만이 충효절의를 내세워 각축을 벌이려는 시도에 곤혹스러운 동시에 이해할 수 없다"라며 충효절의를 국성(國性)이라 보는 발상 역시 규탄했다. 란공우는 공교는 바로 예교이며, 이 예교를 주창하는 것은 최근 근대국가 문화에 맞지 않는 시대착오적인 행위라며 공교 세력의 행위를 조목조목 비판했다. 그는 예교가 현대 국가조직·현대 경제조직·현대 법치·교육제도와 맞지 않는다고 하였다. 나아가 글의 말미에서 "개혁의 길(道)은 복고와 예교에 있는 것이 아닌 혁신과 과학에 있다"라고 강조하였다.[49]

란공우에 이어 우관인 또한 『대중화』에 「존공과 독경」이란 글을 실어 공교가 당대 시류에 부합하지 않는다는 점을 열거하였다. 그는 본격적인 비판에 앞서 공교파(孔敎派)의 취지가 "존공 제창을 통해 세상의 도리(世道)와 인심을 유지하고 국민의 품격을 배양하며, 더 나아가 민덕(民德)의 근본으로 삼으려는 데 있다"라는 점을 짚으며 이는 좋은 방안이라 긍정하였다. 그러나 공교파의 독경이라는 수단이 과연 현대에 유효한가란 질문을 던졌다. 그는 공교파가 독경이라는 행위를 통해 "사회의 풍기를 바로 잡고(矯正風紀), 강상을 뿌리내리게 하며(扶植綱常), 통치를 원활하게 한다(通達治理)"라고 하지만 이는 모두 불가하다는 점을 밝혔다. 그는 경전에 실린 말이 모두 공자의 말인지 신뢰할 수 없다고 보았다. 더군다나 공자의 사상이 시류에 따라 변하는데, 독경을 하는 것이 과연 의미가 있는가 반문했다. 그는 독경은 이미 구학문이자 형이상학적인 학문이며 현대 사회 변화의 풍조에 적합하지 않기에 학생들에게 독경을

---

49 藍公武, 1915, 「闢近日復古之謬」(1915.1.20), 『大中華』 第一卷 第一期, 1~8쪽.

강요해선 안 된다고 주장했다.[50]

이와 같은 란공우와 우관인의 글을 시작으로 『대중화』에는 “공교가 당대 중국에 가치가 있는가”란 내용의 논쟁이 벌어졌다. 특히 란공우의 글은 같은 헌법연구회 일원이자 공교운동에 참여한 량치차오를 당황하게 했다. 량치차오는 곧바로 「공자의 교의가 오늘날 국민에게 실질적으로 도움이 되는 바는 어디에 있으며 이를 창명하려면 어떤 방법을 따라야 하는가」란 글을 실어 “국교(종교)로 삼을 것은 아님이 분명하지만, 공자의 교의는 오늘날에도 유용하며 국가와 사회의 견고한 토대가 될 것”이라 서술하였다. 그는 해당 글에서 “공자 인격 양성의 종지와 궁극적 핵심(鵠)은 바로 ‘사람들에게 사군자의 행실을 갖게 하는 데’ 있다”라고 하며, “나라 안에 사람들이 사군자의 행실을 갖추게 된다면 국가주의가 어찌 실행되지 않겠는가”라고 반문했다.[51]

더불어 량치차오는 바로 그 다음 호에 「복고사조평의」(1915)란 글을 써서 상술한 란공우의 발언을 인용하였다. 그는 해당 글에서 란공우의 논조가 신랄하고 정곡을 찌르는 내용이라 변명의 여지가 없지만, 그럼에도 그의 논조가 너무 격하고 편파적인 부분이 있음을 먼저 지적했다. 그리고 량치차오는 ‘충효절의’가 국가에 애국하는 민을 양성할 요소가 될 수 있으나, 무조건 복고와 결합하는 것은 맞지 않다고 지적했다. 그런데도 그는 “만약 중국에 공자가 없다면 과연 민족을 하나로 붙들 수 있는가”를 반문했다. 량치차오는 글의 말미에서 “신과 구는 서로 어느 하나를 패퇴시키는 것이 아닌 같이 가야 하는 것”이라는 점을 강조하며 서구

---

50 吳貫因, 1915, 「尊孔與讀經」(1915.2.20), 『大中華』 第一卷 第二期, 1~6쪽.

51 「孔子教義實際裨益於今日國民者何在欲昌明之其道何由」(1915.2.20), 『飮氷室合集』 卷33, 60~66쪽.

의 사상과 유가를 적절히 절충하여 활용할 것을 강조했다.[52]

더불어 영국의 의회에 중심에는 젠틀맨(gentleman)이 있고, 이 젠틀맨은 중국의 군자와 유사하다는 점을 들어, 중국 역시 신민의 인격을 양성한다면 영국에 버금갈 수 있음을 짚었다. 더불어 신민의 인격을 양성하는 데 공자와 유학이 유효하다는 점을 역시 강조하였다.[53] 이러한 그의 주장은 반대 세력으로부터 과거 왕조로의 회귀 혹은 복고로의 회귀라는 비판을 받았다. 이에 그는 「복고사조평의」라는 글에서 공자의 가치를 재조명하는 행위를 단순 복고로 규정하고 시비를 가리는 주장을 비판했다. 그리고 그는 "공자의 교본(教本)은 '시중(時中)'을 존중하는 것", 즉 적기 적소에 올바르게 행동하는 데 있다는 점을 짚으며, 유학이 국민의 진취(進取)에 장애가 되지 않고 오히려 인격을 양성하는 데 도움이 된다는 점을 강조하였다.[54]

량치차오의 국성과 유학의 강조는 크게 두 가지로 이어진다. 하나는 불안정한 내외적 정국 속에도 국성만 잘 보존하면 보종(保種)과 보국(保國)을 하여 "중국은 망하지 않는다(中國不亡論)"라는 것이었다. 두 번째는 국성의 보존은 민의 도덕을 배양하는 데 있다고 본 것이다. 즉, 그는 도덕적 국성을 갖춘 국민만이 정치와 사회를 바꿀 수 있다고 보았다.

이와 같은 주장은 량치차오의 지향이 민국 성립 이후에 변화하였음을 보여 준다. 즉, 서양 민족 제국주의 일변도에서 중화민족의 유학에 기반한 '국성'을 강조하는 방향으로 나아갔다. 이후 1914년 제1차 세계대전

52 「復古思潮評議(1915)」, 『飮氷室文集』 卷33, 68~69쪽.

53 지관순, 2023, 앞의 글, 122~123쪽.

54 「復古思潮評議(1915)」, 『飮氷室文集』 卷33, 68~69쪽.

의 발발과 전후 '서구 문명의 몰락'이라 불리는 전후 유럽의 '참상'은 량치차오의 위와 같은 신념을 굳히는 데 일조하였다.

그렇다면 량치차오의 이러한 행보를 유교 보편주의와 중화주의로의 선회로 볼 수 있을까? 황커우는 제1차 세계대전을 기점으로 이전 량치차오의 민족주의관을 '정치민족주의'로, 이후를 '문화민족주의'로 구별하였다.[55] 필자는 황커우의 구분에 동의하지만, 신문화운동이 기점이 아니라 1911년 신해혁명기에 그의 '문화민족주의'적 요소가 이미 진행되

55 제1차 세계대전 이후 량치차오의 사상 전환에 대해서는 여러 해석이 존재한다. 최근 연구에서는 제1차 세계대전 시기, 량치차오가 서양의 문명 재고를 통해 중국의 '신문명을 구상' 혹은 적어도 그 구상의 토대를 제공했다고 본다. 제1차 세계대전 이후부터 5·4신문화운동기 량치차오의 사상 전환에 대해 크게 두 가지 관점이 있다. 하나는 세계주의의 확산 속에서 량치차오의 사상 전환을 보는 것이다. 국내 대표 연구로는 오병수, 2023, 「일차세계대전 후, 양계초의 사상전환과 세계 국가론」, 『중국학보』 103이 있다. 오병수는 량치차오가 제1차 세계대전 전후 세계 동향을 참고로 새로운 국가 건설을 구상했다고 보았다. 그것은 칸트주의에 기초하여, 이성적이고 창조력을 갖춘 윤리 시민의 자치 능력을 연방제의 원리로써 통합하고, 공화정의 핵심인 의회의 대표성을 제고하여 공화 정치를 복원하는 것이자 이러한 국가에서 시민은 인류에 공헌하는 것을 이상으로 하는 세계시민을 의미하며, 그것은 시민과 세계가 국가를 매개로 유기적으로 연결된 체계를 의미한다고 주장했다. 궁극적으로는 량치차오가 서구 근대의 사상적 유산과 방법은 채용하되, 중국적 현실 조건을 반영하여 새로운 세계 문명을 창출하는 것이자 장기적인 사회운동을 지향하는 것이었다고 오병수는 보았다. 두 번째는 량치차오의 사상을 '적응'과 '회통'이란 키워드로 보며 이것이 5·4신문화운동기 '새로운 문명을 구상하는 데 토대를 제공했다'라는 견지를 펼친 황커우의 연구가 있다(黃克武, 2024, 앞의 책, 35~36쪽). 황커우는 청말부터 5·4까지 량치차오 등의 지식인들이 서구의 충격하에서도 '회통(會通)'의 정신으로 중국의 가치를 설명하며 중국은 망하지 않을 것이라는 신념을 이어 왔으나 5·4를 전후로 변화했다고 보았다. 청말에는 주로 '국민'으로 '국혼'을 주조하였고, 5·4를 전후로는 '국성', '국수', '입국정신(立國精神)', '민족정신'을 강조하였는데, 전자는 정치민족주의로 후자는 문화적 민족주의로 구별된다고 보았다. 다만 두 민족주의는 중시하는 바의 차이일 뿐 방향이 다른 것은 아니라고 보았다. 그리고 이러한 근대의 '고국을 위해 혼을 불러오는(故國招魂)' 행위가 이후 연속적으로 발전하였고 그중 량치차오의 원초성에 대한 탐색은 나아가 20세기 지식인들 사이에서 '전통문화의 현대적 의미'를 둔 토론의 기본 방향을 형성했다고 보았다(黃克武, 2024, 위의 책 36쪽).

었다고 본다.

1903년 량치차오는 「정치학의 대가 블룬칠리의 학설」에서 국민과 민족을 구별하며, 민족이란 지역과 혈통, 종교와 풍속 그리고 생계를 같이 하는 것이자 이 '동일한 정신과 성질'을 바탕으로 '동일한 마음'을 발달시켜 국가를 건설하는 사다리라고 보았다. 그는 당시 한족 중심의 배만(排滿) 풍조를 경계하며 중국 민족은 소민족주의가 아닌 대민족주의로 향해야 함을 주창했다. 그는 소민족주의가 한족을 중심으로 국내 다른 민족과의 관계만을 중시한다면, 대민족주의는 국외 본국과 속국의 여러 민족과의 관계를 염두에 두는 것이라 보았다.[56] 여기서 량치차오는 만주족을 비롯해 중국 내외 여러 세력이 중국에 '동화'되어 있음을 강조하였다. 그는 이러한 중국의 '동화력'을 통해 대민족주의를 이루고 이어 국가를 건설할 수 있다고 보았다. 여기서 중국의 '동화력'이라 하는 것의 중심에는 공자, 즉 유교가 있었다.[57]

그는 신해혁명 이후에는 '중화'라는 요소 외에 '국성'을 거듭 강조하며 그 중심에 유교를 두었다. 여기서 량치차오의 국성론은 유교적 보편주

56 「政治學大家伯倫知理之學說」(1903), 『飮氷室文集』 卷13, 71~77쪽.

57 량치차오가 공자를 애국심과 문화의 근원으로 설명하는 것은 신해혁명 이전의 여러 저작에서 쉽게 찾아볼 수 있다. 「보교는 존공론이 아니다」(1902)에서 유교를 종교로 삼는 것을 비판했지만, 공자를 종교로 삼으려는 자들에게 죄가 있지, 공자에게 죄가 있는 것은 아니라고 하였다. 더불어 그는 "공자는 장래 세계 덕육(德育)의 숲(林)에서 가장 중요한 위치를 점하고 있다"라고 하며 그 가치를 종교에 한정 짓지 말 것을 주장했다. 나아가 량치차오는 "공교의 정신은 전제가 아닌 자유에 있으니, 이러한 정신에 기반을 두고 세계 여러 종교들의 장점을 채택해 공교를 새로운 문명 진보의 자원으로 활용할 것"을 주장했다[「保教非所以尊孔論」(1902), 『飮氷室文集』 卷9, 57~58쪽]. 이 밖에 그는 유묵(儒墨)은 '인민 이익의 표준'이라고 설명하고 그중 공자는 인민 이익을 중시한 개명전제가(開明專制家)라고 칭한 바 있다[「開明專制論」(1906), 『飮氷室文集』 卷17, 23~24쪽].

의에 서양의 민족주의 사상을 결합함으로써 '근대국가'에 걸맞는 '국민'을 양성하는 데 그 목적이 있었다. 이로써 그는 당면한 시대적 과제를 해결하고자 했다. 이 지점에서 정지호의 평가, 즉 "량치차오가 말하는 '국성'이란 단지 과거의 전통에 매몰되는 것이 아니라 현실적 변화에 대응해 나가는 현재적 의의를 지니고 있는 것이다"란 견해에 주목할 필요가 있다.[58]

신해혁명 이전의 량치차오는 국가와 체제의 전복에 중점을 두었으며, 중국의 서구화 방안을 적극적으로 추진하고자 했다. 이 시기 그는 민족주의, 국민국가 형성, 그리고 국민국가 체제에 어울리는 국민을 양성하기 위한 구상 등을 다수 제시하였다. 이 당시 량치차오에게 유교는 중국의 서구화 추진의 보조 역할이자 중국에 맞는 개혁을 더욱 순조롭게 추진하기 위한 하나의 수단이었다. 그러나 신해혁명 이후 국정운영의 방안에 본격적으로 참여하게 되었을 때, 그는 생각이 달라졌다. 혁명 정국 이후의 혼란한 상황과 국정운영 논의 과정에서 마주한 정치 세력 간 갈등과 경제 불황 등의 여러 난제, 그리고 인민의 도덕적 타락을 운운하는 사회 풍조 등은 그가 국정운영을 경험하기 이전의 구상만으로는 해결할 수 없었다. 여기에 사상·교육의 측면에서 중국 인민의 국민 만들기의 목표는 단순히 서구의 제도와 사상을 중국에 이식하는 것으로 해결되지 않았다.

따라서 량치차오는 신해혁명 이후 시대적 과제를 해결하는 방안으로 '국혼·국성'이라는 '무형의 신조'이자 '공공의 신조'[59]를 소환했다. 그리

58 정지호, 2020, 앞의 글, 98쪽.

59 량치차오가 제창한 국성이 무형의 신조이자 공공의 신조였다는 것은 정지호, 2020, 위의 글, 97~98쪽 참조.

고 그 신조의 중심에 공자를 두었다. 이로써 공자를 중국 민족의 정신적 뿌리로 두어 중화민족이라는 틀을 형성하면서 여기에 서구적 제도와 사상과의 결합을 시도했다. 가오리커(高力克)는 유가 윤리를 문화정체성의 토대로 삼고 여기에 서양의 민족주의를 결합하여 중화민족주의를 강화해 국민국가를 형성하려는 량치차오의 구상을 "공민민족주의와 국가주의 사이"에 있는 것으로 평가했다. 그리고 그의 민족주의를 '공민민족주의'로 명명하였다.[60] 그렇다면 여기서 '공민'은 과연 누구인가. 이를 다음 장에서 다루고자 한다.

Ⅳ. 유학에 기반한 공민 양성

량치차오는 도덕적 국성을 갖춘 국민이 정치를 바꿀 수 있다고 주장하였으나, 그렇다고 모든 국민이 정치에 참여하는 것은 원치 않았다. 상술했듯 그는 무술변법 운동기부터 민지와 민력을 갖춘 신민, 즉 '중간계급'에 의한 정치를 주장했다.[61] 량치차오는 1902년 『신민설』에서 '이미

60 가오리커는 량치차오의 민족주의 개념에는 '신민설'을 제창하던 시기부터 세 가지가 내포되어 있다고 보았다. 이는 바로 종족정체성(族裔認同: 동족·동포가 같은)·문화정체성(언어와 종교 습속이 같은)·주권공민의 정치인식(공민의 독립적인 자치와 정부를 조직하는)이었다. 가오리커는 량치차오의 민족주의 목적은 인민의 공민화였으며, 그의 신민의 도(道)에는 문화정체성과 공민 자격이란 양대 요지가 있었음을 짚었다. 高力克, 2016, 앞의 글, 38~40쪽.

61 「亞裏士多德之政治學說」(1902), 『飮氷室合集』 12, 76~77쪽. 량치차오의 중간계급론에 관해서는 지관순, 2023, 앞의 글, 123쪽이 있으며, 그리고 앞서 소개한 오병수(吳炳守), 2008, 앞의 글이 있다. 오병수는 민국기 량치차오의 중견정치론과 그 실천적 전개를 분석하면서, 민국 성립 이전에는 량치차오가 "강력한 도덕적 주체에 기반한 개명전제정치"를 주장했던 반면, 민국 성립 이후에는 공화정체의 존속을 위해 필

사상을 가진 중등 사회'[62]를 강조하면서 이 사회의 핵심 인사로 신민(공민)을 상정하였다. 여기서 신민으로 설명되기도 하는 공민은 일반 인민을 의미하지 않았다. 이들은 중국의 정치에 참여하여 국정을 운영할 수

수적인 전제로서 공공의 도덕을 갖춘 국민과 사회에 주목하게 되었음을 규명하였다. 이러한 사유의 연장선에서 량치차오는 중견 세력으로서 연구계 지식인을 조직하고 활동했으며, 오병수는 그 형성과 전개 과정 및 역사적 맥락을 면밀히 고찰하였다. 이러한 오병수의 연구를 참고하여, 필자는 무술변법기부터 민국 초기까지 량치차오가 고민했던 '정치도덕적 요소를 갖춘 지식인'으로서의 중견 세력을 중간계급, 즉 '공민(公民)'으로 규정하고자 한다. 또한, 량치차오가 제시한 정치적 의식과 도덕적 권위를 갖춘 중견 세력 또는 중간계급으로서의 공민 개념이 유교 사상을 기저로 하여 형성되었음을 규명하고자 한다. 이를 통해, 량치차오가 유교적 전통을 공화정 체제 속에서 어떻게 재구성하고, 정치적 실천과 연계하여 활용했는지를 고찰하는 데 연구의 초점을 두고자 한다. 이와 연관하여 량치차오의 중등사회 및 중등계급론의 탄생 배경 및 그 실질적 목적에 대해 다룬 위하이잉(於海英)의 논문이 있다. 위하이잉은 량치차오가 1903년 이후, 일반 인민이 입헌 정치를 실행할 능력이 없다는 판단하에 '신민' 양성론을 중단하고, 상류와 하류 계층을 연결하는 중등계급, 즉 중등사회의 역할에 주목하게 되었다고 보았다. 그는 량치차오의 개명전제론의 핵심이 중등사회를 중심으로 한 입헌 정치의 실현에 있으며, 이 구상이 유가의 현인정치 전통과도 연계되어 있다는 점을 지적하였다. 이에 따라 위하이잉은 량치차오의 중등계급론에는 역사의 추진력 혹은 정치의 주체로서의 일반 민중이 배제되어 있다고 평가하였다(於海英, 2017, 「梁啓超の「中等社會」論における賢人政治思想: 民權論の新たな発展の一環として」, 『東アジア研究』 15, 89~90쪽). 량치차오의 중등계급론에 역사적·정치 주체로서의 일반 인민이 배제되었다는 위하이잉의 지적에는 동의한다. 그러나 량치차오는 초지일관 일반 민을 정치의 주체로 상정하지 않았다. 그가 제창한 『신민설』에서의 '신민'은 일반 인민이 아닌 중등계급 내 사대부 계층이었다. 량치차오가 중시한 중간계급이자 '신민'에 대해서는 2장에서 상세히 다룬 바 있다.

62 『신민설』, 634쪽. 중등사회는 청말에 등장한 신개념으로 전통적 신사 사회 등의 순수한 사대부 계층이 아닌 상(商)과 사(士)를 넘나드는 신상(紳商)과 기술과 사류(士流)를 넘나드는 자유 지식인들을 포함한다. 쉬지린은 이들이 프랑스의 신흥 계급인 부르주아와는 다르다고 보았다. 중등사회의 인사 중 진정한 주연은 사(士)이자 여론 주도권을 가진 사대부였다고 보았다. 그리고 쉬지린은 량치차오는 상등 사회에 속하면서도 체제 밖의 신식 사대부였기에 중등사회와 그 주체를 강조했다고 보았다. 청말 '중등사회'란 개념이 지식인 사이에 유행하게 된 배경과 신상(紳商)의 등장, 유학생의 급증, 이어 과거제 폐지에 따른 사대부 내 신분 분화에 대해서는 쉬지린, 2013, 앞의 책, 93~94쪽 참고.

있는 자이자 인민을 국민 나아가 공민으로 이끌 존재였다.[63]

량치차오는 「입헌정체와 정치도덕」(1910)에서 정치를 하는 자, 즉 위정자(爲政者)의 범주를 정의하며, 어느 정체인지 간에 위정자는 덕(德)과 지(智)를 겸비하는 것이 필수 불가결함을 다음과 같이 주장했다.

> 공자께서 말씀하시기를 "정치는 사람에게 달려 있으니, 그 사람이 존재하면 그 정치가 거행되고, 그 사람이 망하면 그 정치 역시 종식된다"라고 하셨다. 이처럼 천하 고금의 통의(通義)는 치도(治道)가 쉽지 않은 것임을 말하고 있다. … **정치를 한다는 것이 사람에게 달려 있다고 한 것은 한두 사람을 일러 말하는 것이 아니다. 대저 정사와 관련된 사람들 모두를 총괄한다.** 전제정치의 나라에서 군주 및 그 소부(疏附) 선후(先後)는 모두 위정자(爲政者)이다. 귀족정체의 나라에서 국가의 호족(巨室)은 모두 위정자이다. **입헌정체의 국가에서는 집정대신(執政大臣)부터 소리(小吏), 국회의원에서 사선(司選)의 공민(公民)까지 모두 위정자이다. 진실로 그 사람을 얻으면, 어떤 종류의 정체를 막론하고, 모두 치치(致治)를 충족할 수 있지만, 사람을 얻지 못한다면 어쩐 종류의 정체를 막론하고 응당 폐단이 생기기 충분하다.** 다른 정체에 비해 입헌정치가 우월하다 하는데, 그 본질은 확실히 우열에 있다고 말할 수 있는 것이 아니라, 입헌정체의 위정자가 그 사람을 얻기가 비교적 쉽다고 할 수 있을 따름이다. **위정자가 반드시 갖춰야 할 것은 두 가지인데, 덕(德)과 지(智)이다.** 그러나 덕이 우월

63 가오리커(高力克)는 량치차오의 민족주의는 공민민족주의의 색채를 띠며, 그의 공민민족주의 의식은 전통의 화이 의식을 초월하여 민족 정체성과 공민의 신분이 하나로 융합되어 혁명파들이 주장하는 종족민족주의(한족민족주의) 또는 장타이옌(章太炎)의 문화민족주의와는 다른 현대적 색채를 갖추고 있다고 보았다(高力克, 2016, 앞의 글, 40~41쪽).

한데 지가 부족하다면 늘리기가 상당히 쉬우며, 진실로 구할 수 있다. 빈 것을 채우고, 일취월장(緝熙光明)하는 것은 손바닥을 뒤집는 것과 같이 간단한 일이다. … 대저 지를 갖췄음에도 덕이 결핍되어 있으면, 지식을 늘어놓기만(獺祭) 할 뿐이다. … 따라서 정치 지식이 날로 진보해도 정치 도덕이 날로 후퇴하면, 사람들이 반대로 그 이전을 그리워하게 된다.[64] (강조는 필자)

위의 글에서 량치차오는 입헌정체에서 공민은 국정을 운영하는 국회 의원은 물론 이들을 선발하는 사람이라고 정의하였다. 그는 위정자가 덕과 지혜를 겸비해야 하지만, 덕이 지혜보다 우위에 있음을 강조하였다. 량치차오는 프랑스의 법학자 몽테스키외(Montesquieu, 1689~1755)의 "입헌정체는 도덕에 근간한다"라는 말을 가져와서 입헌정체에서의 위정자 역시 덕을 우선하는 자가 되어야 한다고 주장했다.[65] 이 외에도 그는 중국인의 도덕 수준이 국가의 흥망과 연계된다고 보았다.

위와 같이 량치차오가 대상으로 하는 위정자의 범위는 전제정치하에서의 '위정자'의 범주보다 훨씬 넓다는 점에서 의의가 있다. 그러나 량치차오의 위정자 범주는 일반 대중을 대상으로 한 것이 아닌, 덕과 지를 겸비하고 정치에 관심을 가지는 특정 대상에 한정되어 있다. 이는 1911년 베이징(北京)의 공민회와 만주족이 공동 주최한 연합회에서 그가 한 연설에서 잘 드러난다. 해당 연합회에서 량치차오는 이전 전제정치와 달리 공화정치의 핵심은 공민이 국가정치에 의사를 행사하는 데 있다고 하였다.

---

64 「立憲政體與政治道德」(1910), 『飮氷室文集』 卷23, 52~53쪽.

65 위의 글, 55쪽

따라서 그만큼 민이 주인 의식을 가져야 한다고 주창하며 다음과 같이 말하였다.

> 본인은 오늘 이 성회(盛會)에 참석함에 일종의 특별한 감상이 있다. 즉, 평민정치에 대한 감상이다. **공화국은 공민을 기초로 한다. 대총통에서 공무원 및 기타 공직에 이르기까지 일개 기관에 지나지 않는다. 따라서 전국의 주인(主人翁)은 사실 공민이다.** 팔기동포(八旗同胞: 만주족-필자)에 이르면, 예전에는 비록 일종의 특별계급으로 불렸지만, 특별계급이 되는 인물은 높고 낮은 곳에 위치함을 막론하고 모두 대동(大同)의 경지에 들어갈 수 없었다. 옛날 전제 시대에서 다른 사람들이 볼 때는 그들(八旗同胞)은 너무 높았고, 팔기인(八旗人)이 스스로가 그 자신을 볼 때는 너무 낮았다. 혁명 이후에 이 계급은 국체 변경으로 인해 더욱이 일반 국민과 동등하게 되어 일종의 공민일 뿐이다. 공민의 공화국에서의 그 책임의 막중함은 군주 전제 국가의 인민에게 비할 것이 아니다. 옛날에는 한두 사람에게 의뢰하여 국사에 신경 쓰지 않았는데, **오늘날 국가 대정(大政)은 전국 공민의 의사에 따라 결정한다. 이는 공민의 지위가 신성하다고 여기기 때문이다. 그런즉 이러한 신성한 지위를 유지하기 위해서, 첫 번째로 국가 및 세계 대세에 관한 지식이 응당 요구된다.** 두 번째로는 강국독립(強國獨立)의 지기(志氣)가 응당 있어야 한다. 일본과 구미(歐美)의 지방 단체는 종종 강연회를 자주 개최하여 인민의 지식을 개발한다. 이 일이 비록 어렵지만 공화국의 기초를 공고하게 하려면 어렵다고 해서 방치해서는 안 된다. 소위 지식을 구하려면 이와 같다. … **대저 나라 안에 정당이 항상 하나로 그치는 것이 아닌 각자의 소견을 가지고 시비로 삼는다. 우리 공민이 이미 지식이 있어야만 그 시비를 판단한다. 더욱이 강건**

한 지기(志氣)를 갖춰야 한다. 판단한 후에는 나아가서 그 소신을 실현해야 한다. 대저 다만 지식을 갖추고 있다 하더라도 이러한 지기가 없다면 결코 공화국의 황하 속의 지주(中流砥柱)가 될 수 없다.[66] (강조와 밑줄은 필자)

그의 중간계급론은 민국이 성립된 이후에도 이어졌다. 그는 「다수정치의 시험」(1913)이란 글에서 다수에 의한 민치(民治)가 아닌 중견계급, 즉 중간계급에 의한 정치를 주장하였다. 그는 중견계급에 대해 다음과 같이 적시하였다. 즉, "나라 안에는 중견계급(中堅之階級)이 있는데, 소위 중견계급이란 요컨대 '소수의 특별하게 우수하고 명망 있고 존귀한(異小數優異名貴之輩)' 무리를 말한다"라고 정의했다. 량치차오는 이들만이 "특별한 자격을 가지고 공인으로 활동하며 국가와 운명을 함께할 수 있으며 유력한 여론을 형성할 수 있다"라고 보았다. 그는 이러한 "유력한 여론이 다수의 정치의 근본이 되며, 이를 다수의 세력이 따를 때 국가가 이상적으로 굴러갈 것"이라 판단하였다. 나아가 나라의 흥망 여부는 중견계급의 유무에 달려 있다고 보았는데, 이와 같이 극소수의 특별계급을 그는 '공민(公民)'이라 명명하였다.[67]

그는 이 특별계급인 '공민'이 여론을 선도하여 올바른 정치를 형성하고 이후 중국의 미래를 책임질 것이라 보았다. 이는 「정치의 기초와 언론가의 지침」(1915)이란 글에서도 찾아볼 수 있다. 그는 현대정치를 운용하는 데 필요한 여러 조건을 나열하였다. 중요 부분만 발췌하면 다음

---

66 「莅北京公民會八旗生計會聯合歡迎會演說辭」(1911), 『飮氷室合集』 卷29, 31쪽.

67 「多數政治之試驗」(1913), 『飮氷室文集』 卷30, 35~36쪽.

과 같다.

1. 소수의 능력 있는 정문관 혹은 정당 수령이 담당해야 한다. 그들은 기량·학식·재능·명예와 인망(譽望)이 모두 우월하여 국인(國人)이 본보기로 삼을 수 있어야 한다(矜式)(소수라는 것은 단수가 아니니 오해하지 마라).

(중략)

4. 대저 정치 활동을 하는 자는 모두 상당한 정도의 생업과 재산(恒産)을 가지고 있어, 정치를 구실로 하여 의식(衣食)의 자원으로 삼지 않아야 한다.
5. 대저 정치 활동을 하는 자는 모두 수준 이상의 도덕을 가져야 한다. 양심을 떨쳐 버리는 주장에 이르러서 애석해지는 바가 없어야 한다.
6. 일종의 정치 습관을 양성하여 비열하고 용렬한 자가 정치 사회에서 자존(自存)할 수 없어야 한다.
7 특별한 세력이 상식적인 규범(常軌)에서 벗어난 행동을 하면 정치가의 능력(力能)으로 이를 억눌러서 바로잡을 수 있어야 한다.
8. 정치 사회 이외의 사람은 각자 상당한 실력을 갖추어서 정치가를 후원하면서 동시에 견제할 수 있어야 한다.[68]

위의 량치차오가 나열한 정치를 운용할 정치가의 특성을 요약하면 기량과 학식, 명망 등을 겸비한 것은 물론, 정치로 자산을 불리지 않을 일정 정도의 생업과 재산을 갖추고 있으며, 동시에 수준 이상의 도덕을 갖

68 「政治之基礎與言論家之指針」(1915), 『飮氷室文集』 卷33, 39쪽.

춘 자여야 했다. 이는 앞서 말한 특별계급으로서의 '공민'을 상정하는 것이다. 즉, 량치차오는 정치 제도상에서 서양의 국가를 모방하는 것보다 '도덕을 갖춘 공민'을 양성 및 선발하여야 입헌을 유지 혹은 기약할 수 있다고 보았다.

여기서 량치차오가 상정한 공민은 비단 중국의 전통적 사대부만이 아닌 유럽 귀족 또는 지성인의 품성도 갖추는 것을 의미했다. 그중에서도 영국 의회의 중심에 있는 젠틀맨을 염두에 두고 한 것이었다. 이는 량치차오가 일찍이 「서양 정치 혁진의 원인」(1913)이란 글에서 "유럽 정치의 혁신에는 중세 귀족 무사의 품격을 갖춘 사군자(士君子) 계급이 있다. 영국의 칭송받는 정치가의 대다수는 귀족에게서 나왔다"라고 하며, "이들은 가문의 명예를 중시하고 일반 민보다 국가와 운명을 함께한다는 의식이 있으며 학문과 상식을 갖춘 자들로 국가의 위기 및 폭군의 폭정에 항거한다는 점" 등을 나열한 것에서 알 수 있다.[69]

따라서 량치차오가 지향한 공민(公民)이란 중국 유학적 사상에 근간한 국성(國性)을 갖추고 있으면서, 여기에 서양 지식인의 품성까지 겸비한 자를 의미했다. 이들에 의해서만 정치와 나라가 바로잡힐 수 있다고 량치차오는 생각했다. 이러한 소양을 모두 갖춘 중간계급인 공민은 사실 당대 중견 사대부(中堅士大夫)를 가리키는 것이었다. 이는 량치차오의 「『대중화』 발간사」(1915년 1월)에서 확인할 수 있다. 그는 해당 글에서 상류 사대부부터 시작해서 일반 민중, 심지어 중견의 사대부까지 망국의 분위기를 자각하고 비관에 빠진 것을 비판하였다. 그는 사대부들이 망국의 상황을 반성하고 자각하는 것은 맞지만 무기력에 빠져서 이

69 「歐洲政治革進之原因」(1913), 『飮氷室文集』 卷30, 41쪽.

를 일반 민중에게까지 전파하는 것은 잘못이라고 비판하였다. 그는 국가와 사회의 중심은 사대부라는 점을 언급하며 그들의 각성을 촉구했다. 이어 나라의 성립은 국성을 믿는 데 있으며 국성이 사라지면 자망(自亡)한다고 주장했다.[70] 량치차오는 국성이 있고 없음에 따라 국가의 흥망성쇠가 이뤄짐을 나열하면서, 국성만 있다면 나라가 망했어도 재건될 수 있으며 주관적인 측면에서도 객관적인 측면에서도 중국은 절대로 망하지 않는다고 단언했다.[71] 이러한 량치차오의 주장은 사대부에게 국성의 양성과 유지는 물론 국성을 일반 인민들에게 전하는 사명감이 그들에게 있음을 일깨우는 데 그 목적이 있었다.

또한 량치차오는 망국의 비관 분위기를 조장하면서 민국 정치를 이끌어 나가지 못하는 공민, 즉 중견 사대부들을 「통정죄언」(1915)이란 글에서 통렬히 비판하였다.

> 최악의 정부는 오직 최악의 인민들이 그것을 낳은 것이며. 선량한 정부 역시 오직 선량한 인민들이 그것을 만든 것이다. 우리 인민들은 그렇다면 선량한가? 아니면 선량하지 않은가? 내가 감히 답하자면 대다수의 지위가 낮고 보잘것없는 인민의 십 중 아홉은 모두 선량한 자들이다. 소수의 지위가 높고 우월한 인민의 십 중 아홉은 모두 선량하지 못한 자들이다. 그렇다면 중국 장래의 한 줄기 희망은 누가 유지하고 이을 것인가? 가장 힘쓰고 수고로우면서 질박하고 정직한 뭇 백성, 바로 그들이다. 그렇다면 이 한 줄기 희망을 끊는 자는 누구인가? 바로 우리가 사대부라 칭하는

---

70 「大中華」發刊辭」(1915.1), 『梁啟超全集』 第9集, 147~149쪽.

71 위의 글, 150쪽.

자들, 바로 그들이다(바로 전국의 상류와 중등 사회의 인들을 지칭한다). 대저 한 나라 운명의 중추는 모두 사대부에게 달려 있다.[72]

량치차오는 해당 글에서 당대 상층 및 중등 사대부들의 태만함과 책임감 결여를 강하게 질책하였다. 그의 책망은 단순히 이들이 인민을 그르친다는 데에만 초점이 있었던 것은 아니다. 오히려 그는 중국의 미래를 짊어질 인민을 보좌해야 할 이들 계층이 각성하여, 책임의식과 사명감을 갖출 것을 촉구한 것이었다.

이러한 중등계급인 공민이자 사대부에 대한 기대 및 사명감 촉구는 비단 량치차오에게서만 찾을 수 있는 것은 아니다. 량치차오가 중심이 된 연구계 인사들에게서 쉽게 찾아볼 수 있다. 그 예로 장스자오(章士釗)는 "소수가 다수의 행복을 책임진다"라고 보았고, 리다자오(李大釗)는 국가를 구원하고 사회 중추가 되는 군자형 인물에 달려 있다고 보았다. 장둥쑨(張東蓀)은 '중견 세력'에 대한 지론을 펼치면서 당대 중국은 민주정치가 아닌 현인정치를 해야 하며 세습 전제와 함께 형편없는 대중에 의한 정치(庸衆政治)를 피해야 한다고 주장했다.[73] 따라서 량치차오의 이와 같은 중등계급과 공민에 대한 인식은 당시 혁명파 및 입헌파 간에 공유된 논의에서 비롯된 것이었다.

---

72 「痛定罪言」(1915.6), 『梁啟超全集』 第9集, 266~268쪽.

73 쉬지린 지음, 송인재 옮김, 2013, 「소수자의 책임: 지식인의 사대부 의식」, 『왜 다시 계몽이 필요한가』, 글항아리, 102~104쪽. 이 밖에 평민주의와 대중의 정치 참여를 독려하는 혁명 세력과 용중(庸衆)에 의한 폭정을 우려하는 입헌파와 중간 세력의 엘리트 현인정치의 주장과 양자 간 논쟁에 대해서는 鄒小站, 2023, 「清末民初思想界關於平民政治與精英政治的爭論」, 2023年 6期를 참고.

V. 맺음말

이 글은 현대 중국의 "유학을 활용해 중화민족을 결집하고 문명국가 건설로 나아간다"라는 사유의 근간이 량치차오에서부터 시작된다고 보았다. 따라서 무술변법 시기부터 중화민국기에 이르기까지, 그가 유학에 기반하여 국민국가 형성과 국민 양성을 도모한 사유의 흔적들을 모아 밝히고자 하였다. 그 결과 량치차오의 종족·민족·국가·국민에 관한 인식은 시기별로 변화하였지만, 그의 유학의 효용성에 대한 신념은 일관되게 유지되었음을 확인하였다.

그는 처한 시대적 상황에 따라 유학을 종교로 간주하거나(무술변법기 대외적 발언상에서) 그리고 교육의 기반으로 삼아야 한다는 주장을 펼쳐왔다. 그러나 그 주장의 근간에는 유학이 중국에서 국민국가를 형성하고 국민을 양성하는 데 도움이 될 것이란 신념이 자리하고 있었다. 이러한 인식이 민국 성립 이후에는 공교운동 참여 및 국성(國性) 양성의 제창을 통한 도덕적 국민, 즉 공민을 양성하는 것으로 이어졌다. 여기서 량치차오가 추구한 공민은 중국의 유학적 소양에 근간하여 서양의 '군자라고 부를 수 있는 지식인'의 품성을 겸비한 중간계급이었다. 그는 이러한 이상적인 형태의 공민만이 중국의 현실과 나아가 미래를 바꿀 수 있다고 보았다.

량치차오의 중등사회·중견계급인 공민들에 의한 참정과 정국 운영론은 사실상 엘리트 정치와 현인 정치의 지향으로 이해할 수 있다. 이는 당시 대중의 교육 수준과 정국의 혼란함을 고려할 때, 공민을 통한 인민의 지도 내지는 정치적 선도는 나름의 현실적이며 단시간 내에 시대적 과제를 해결할 방안이었을 것이다. 여기서 간과하지 말아야 할 것은, 량치차오는 인민이 공민이 될 수 있다는 낙관적인 전망을 놓지 않았다는 점이다. 그는 '인민의 공민화'라는 중장기적 과제를 항상 염두에 두고 이를 평생에 걸쳐 실현하고자 했다. 이러한 그의 사유는 인민에게 정치를 맡겨서는 안 된다고 본 옌푸 등의 입헌파와는 확연히 구별된다.

또한 주목할 점은, 량치차오의 유교적 소양에 기반한 공민 개념에는 서양의 사상과 가치의 '겸비'가 상정되어 있다는 것이다. 량치차오의 이러한 사유는 다변적인 시대를 맞이한 한 지식인의 치열한 고민의 산물이었다. 량치차오가 "중국식 문명국가 구상의 기반을 제공한 자"이자 "중화민족주의의 제창자"로서의 측면이 부각되는 오늘날, 그의 사유는 우리에게 시사하는 바가 크다.

현대 중국에서는 중국적 보편을 모색하는 과정에서, 근현대 역사에서 서양의 민주적 가치를 중국적 가치로 대체하려는 경향이 있다. 대표적인 예로, 5·4운동의 역사적 의미와 이를 기리는 행사 등이 현대로 올수록 점차 축소되는 있는 점에서 이를 확인할 수 있다.[74] 따라서 기존의 서구 중심의 보편을 중화주의로 대체하는 "'재중국화화(再中華化)'·'강국몽'"의 일환,[75] "'서양 벗어나기'와 '서구 중심적 위치의 전도'에만 관심을 가진 중국몽"이란 비판에 직면하였다.[76] 이러한 상황에서 동서양의 가치를 겸비함으로써 대내외적 변화를 모색한 량치차오의 사유를 재고찰하는 일은 현대 중국의 행보를 비판적으로 검토하는 데 유효하다고 본다.

---

74 전인갑, 2019, 「오사 100년, 「신화」에서 「역사」로: 현대 중국 문화담론의 반전」, 『현대중국연구』 21(2).

75 전인갑, 2016, 『현대중국의 제국몽』, 경기도: 學古房, 336쪽.

76 조경란, 2016, 「중국 탈서구중심주의 담론의 아포리아-20세기 국민국가와 중화민족 이데올로기의 이중성」, 강정인 편, 『탈서구중심주의는 가능한가: 비서구적 성찰과 대응』, 파주: 아카넷.

참고문헌

사료

藍公武, 1915, 「闢近日復古之謬」(1915.1.20), 『大中華』 第一卷第一期.

梁啓超, 1989, 『飮氷室文集』, 臺灣:中華書局.

吳貫因, 1915, 「尊孔與讀經」(1915.2.20), 『大中華』 第一卷第二期.

張英華 編校, 2012, 『康有爲往來書信集』, 中國人民大學出版社.

丁文江 · 趙豊田 編, 1983, 『梁啓超年譜長編』 上下, 上海人民出版社.

湯志鈞 · 湯仁澤 編, 2018, 『梁啟超全集』 第9集, 第19集, 北京: 中國人民大學出版社.

양계초 지음, 이혜경 옮김, 2014, 『신민설』, 서울대학교출판문화원.

단행본

리디아 리우(劉禾) 지음, 민정기 옮김, 2005, 『언어횡단적 실천』, 서울: 소명출판.

민두기, 1985, 『中國近代改革運動의 研究: 康有爲中心의 1898年改革運動』, 일조각.

백영서, 2013, 『핵심현장에서 동아시아를 다시 묻다』, 창비.

쉬지린 지음, 송인재 옮김, 2013, 『왜 다시 계몽이 필요한가』, 글항아리.

왕후이 지음, 송인재 옮김, 2021, 『단기 20세기: 중국 혁명과 정치의 논리』, 글항아리.

요시자와 세이치로 지음, 정지호 옮김, 2006, 『애국주의의 형성-내셔널리즘으로 본 근대 중국』, 논형.

이경룡 · 전인갑 외, 2006, 『공자, 현대 중국을 가로지르다』, 서울: 새물결.

전인갑, 2016, 『현대중국의 제국몽』, 경기도: 學古房.

차태근, 2021, 『제국주의 담론과 동아시아 근대성-현대 중국의 정치적 무의식을 찾아서』, 소명출판.

토머스 메츠거(Thomas A. Metzger) 지음, 나성 옮김, 2014, 『곤경의 탈피: 주희 · 왕양명부터 탕쥔이 · 평유란까지 신유학과 중국의 정치 문화』, 민음사.

高力克, 2016, 『自由與國家』, 浙江大學出版社.

汪暉, 2014, 『文化與政治的變奏:一戰和中國的“思想戰”』, 上海人民出版社.

張朋園, 2007, 『梁啟超與民國政治』, 吉林出版集團.

Chang, Hao, 1971, *Liang Ch'i-ch'ao and Intellectual Transition in China,*

1890~1907, Harvard University Press.
Levenson, Joseph R., 1953, *Liang Ch'i Ch'ao And The Mind Of Modern China*, Harvard University Press.

논문

강중기, 2011, 「량치차오, 「정치학 대가 블룬칠리의 학설」」, 『개념과 소통』 8.
김승욱, 2022, 「근현대 중국에서 민족 담론의 전개-다양한 지식 기반과 내적 긴장」, 『東北亞歷史論叢』 78.
김택경, 2012, 「梁啓超의 民族主義思想(1894~1911)」, 『인문논총』 24.
백영서, 1997, 「共和에서 革命으로」, 『동양사학연구』 59.
______, 1999, 「20세기형 동아시아 문명과 국민국가를 넘어서」, 『창작과비평』 27(4).
백지운, 2003, 『近代性 담론을 통한 梁啓超 啓蒙思想 재고찰』, 연세대학교대학원 박사학위논문.
오병수, 2007, 「淸末 民初 梁啓超의 權勢脈絡과 그 歷史的 性格」, 『중국근현대사연구』 33.
______, 2023, 「일차세계대전후, 양계초의 사상전환과 세계 국가론」, 『중국학보』 103.
이종민, 2015, 「양계초(梁啓超)의 중국몽(中國夢)과 『신중국미래기(新中國未來記)』」, 『중국학보』 71.
이행훈, 2017, 「동아시아 공덕·사덕 담론과 근대 주체 기획」, 『東洋哲學硏究』 90.
전인갑, 2019, 「오사 100년, 「신화」에서 「역사」로: 현대 중국 문화담론의 반전」, 『현대중국연구』 21(2).
정지호, 2020, 「량치차오(梁啓超)의 '국성(國性)'론과 '중화민족(中華民族)'의 신질서(新秩序) 모색(摸索)」, 전인갑·왕위안저우 편, 『한중 역사인식의 공유』, 동북아역사재단.
조경란, 2016, 「중국 탈서구중심주의 담론의 아포리아-20세기 국민국가와 중화민족 이데올로기의 이중성」, 강정인 편, 『탈서구중심주의는 가능한가: 비서구적 성찰과 대응』, 파주: 아카넷.
지관순, 2021, 「中華民國 初期 保守派의 再儒化 시도-1911년 이후 孔教派 및 淸末 遺老의 활동을 중심으로」, 『東洋史學硏究』 154.
______, 2022, 『中華民國 初期 '再儒化' 硏究』, 연세대학교 박사학위논문.
______, 2023, 「中華民國 初期 開明保守主義者의 政體 인식과 지향」, 『중국근현대사연구』 99.

차태근, 2008, 「량치차오(梁啓超)와 중국 국민성 담론」, 『中國現代文學』 45.

吳炳守, 2008, 「民初梁啟超中堅政治論與研究系知識分子的形成」, 『史林』 3.
崔志海, 2005, 「梁啟超與日本: 學術回顧與展望」, 鄭大華 · 鄒小站 主編, 『思想家與近代中國思想』, 北京:社會科學文獻出版社.
鄒小站, 2023, 「清末民初思想界關於平民政治與精英政治的爭論」, 『近代史研究』 2023年 6期.
黃克武, 2005, 「魂歸何處?—梁啟超與儒教中國及其現代命運的再思考」, 鄭大華 · 鄒小站 主編, 『思想家與近代中國思想』, 北京:社會科學文獻出版社.

高柳信夫, 2007, 「梁啓超の「孔子」像とその意味」, 高柳信夫 外, 『中國における「近代知」の生成』, 東方書店.
________, 2019, 「梁啓超と中國の「國粋」·「國學」」, 『言語 · 文化 · 社會』(17).
於海英, 2017, 「梁啓超の「中等社會」論における賢人政治思想: 民権論の新たな発展の一環として」, 『東アジア研究』 15.
有田和夫, 1993, 「辛亥革命後の梁啓超の思想--士人主導の運動から國民運動へ」, 『東京外國語大學論集』 47.
鄭大華 · 朱蕾, 2012, 「論辛亥時期的國民觀」, 鄭大華 外, 『辛亥革命與清末民初思想』, 北京: 社會科學文獻出版社.

2장

1920~1930년대 구제강(顧頡剛)의 신사학과 중화민족론의 궤적

김하림 경북대학교 사학과 조교수

Ⅰ. 머리말

중화민족 개념의 인식적 연원과 계보를 추적하는 일이 중국 근현대사 연구에서 갖는 종요로움을 새삼 부연할 필요는 없을 것이다. 그런데 최근 중국에서 제기되고 있는 '중화민족공동체(中華民族共同體)'[1]의 입론은 중화민족론에 대한 비판적 재검토의 필요성을 거듭 환기하고 있다. 중국학계의 동향에 주목해 보면, 한족을 비롯한 중국의 제 민족을 교류와 동화를 통해 일체화된 실체로서 파악하려는 관점에서 근대 이래 집적된 중화민족론을 적극적으로 재해석하고 있는 실정이다. 이 글에서 집중적으로 살피고자 하는 역사학자 구제강(顧頡剛, 1893~1980)의 중화민족론도 그 대표적인 사례이다. 구제강이 1939년에 제출한 「중화민족은 하나(中華民族是一個)」[2]는 이 중화민족공동체론의 이론적 골격을 선취한 사상 자원으로서 중요하게 다뤄지고 있다.[3]

그런데 구제강의 중화민족론을 조금만 자세히 들여다보면 이를 오늘날 중국 관방의 입장을 대변하는 담론으로 해석하기에는 무리가 있음을

---

1 '중화민족공동체'는 제20차 공산당대회 개회식에서 제출된 개념으로 소수민족 문제를 비롯한 중국 내부의 통합성 제고를 공식화한 구호이다. 언뜻 중화민족의 공동체성을 강조한 듯 보이지만 한족과 비한족 간 일체성의 역사적 근거를 강조함으로써 실상 한족을 중심으로 한 인종적, 문화적 동화주의를 관철하기 위한 포석으로 이해되고 있다(조경란, 2023, 「시진핑 3기와 천하주의 그리고 동아시아의 갈등」, 『동북아역사리포트』 36, 8~9쪽). 중국의 중화민족공동체 인식의 전반적 흐름에 관해서는 손장훈, 2023, 「'중화민족공동체' 의식의 기원과 전개 과정」, 『동북아역사리포트』 37 참조.

2 顧頡剛, 1939.2.13, 「中華民族是一個」, 『益世報 · 邊疆週刊』 9.

3 奂平清, 2021, 「論顧頡剛的中華民族共同體思想: 以民族史編撰為中心」, 『史學集刊』 3; 徐義強, 2023, 「"中華民族共同體"歷史脉絡的早期思考: 費孝通與顧剛的人生交誼及學術論爭」, 『社會科學論戰』 4 등.

감지할 수 있다. 주지하듯 근대 중국을 대표하는 역사학자인 구제강은 1920년대에 걸쳐 과학적·실증적 역사연구를 통해 중국 고대사에 대한 새로운 해석을 내놓으면서 푸쓰녠(傅斯年)과 함께 중국 역사학의 근대적 전환에 중대한 변화를 이끈 인물이다. 요컨대, '고사변위(古史辨僞)'에 입각하여 의고학파(疑古學派, 혹은 고사변파)가 수행한 고대사에 대한 재검토는 황제(黃帝)로부터 이어지는 중국 민족의 동일기원설과 삼황오제(三皇五帝)에 대한 신화적 믿음을 타파하는 데 중요한 역할을 했다. 때문에 고사변운동이 벌어질 당시뿐 아니라 비교적 최근까지도 비판의 대상이 되기 일쑤였다. 중화민족의 일체성 담론과 상치되는 비판 논리가 그의 민족론 자체에 내포되어 있는 탓이다.

중국학계에서는 이러한 간극을 처리하기 위해 5·4운동기에 구제강의 견해가 '유과학주의(唯科學主義)'에 치우쳤고 시대의 제약으로 편면적이고 단순화한 논리를 구사했다고 지적하기도 한다.[4] 또한 그 연장선상에서, 9·18사변 이후 중국 민족에 닥친 생존의 위기 가운데 구국을 위한 학문의 역할과 중요성을 '비로소' 제대로 주목하기 시작하였고 그에 따라 구제강이 역사지리학에 기반한 변강 연구에 투신했음을 민족주의의 견지에서 높이 평가한다. 이 대목에서 드러나듯이 1920년대 구제강의 민족담론에 나타난 분기와 1930년대 이후 중화민족주의로의 합류는 중화민족론의 계보를 더욱 복잡하게 만든다.

이렇듯 최근 중국학계에서 관측되는 중화민족론 관련 연구 동향이 가진 정치성을 잠시 논외로 하더라도, 1920~1930년대에 걸쳐 전개된

4 徐國利, 2021, 「顧頡剛: 現代科學觀和疑古史觀視域下的中國傳統史學論」, 『武漢科技大學學報(社會科學版)』 23-6; 李禹階, 2023, 「論中國古史"'歷史記憶'的層累式整合": 兼論顧頡剛"古史層累說"」, 『人文雜誌』 7.

구제강의 학문세계에 일정한 변화가 목도되는 것은 분명하고 그 중심에 중화민족론이 존재한다. 이것이 구제강을 다룬 기존 연구들에서 지배적 경향성을 형성해 왔다고 해도 과언이 아닐 것이다. 구제강이 1930년대 들어 적극적으로 항일에 참여하면서 그간 자신이 견지해 온 '학술구국(學術救國)'의 성격을 변화시켰다는 데 방점을 두고 그 전후를 단절적 시각으로 파악하는 경향이 그것이다. 그에 따라 1920년대 고사변운동을 중심으로 역사학자로서의 구제강의 학술활동과 그 영향을 다룬 연구와[5] 1930~1940년대에 걸쳐 변강 지역을 대상으로 역사지리학 및 민족학, 민속학 연구에 매진했던 활동 및 그에 따른 중화민족론 구축에 주목한 연구가 각기 개별적으로 다뤄지는 경우가 많았다.[6] 대개 전자의 경우는 학문의 과학성과 전문성을 추구하는 '순수학자'로서의 자유주의적 면모에 비중을 두었고, 후자의 경우는 국난에 적극적으로 대처하고자 한 민족주의의 차원에서 그 학문적 실천이 가지는 의미를 평가해 왔다. 논자에 따라 양자에 대한 긍·부정 평가는 다소 엇갈리지만[7] 5·4로 대

---

5 구제강의 신사학을 다룬 대표 연구로는 Laurence A. Schneider, 1971, *Ku Chieh-kang and China's New History*, Berkeley: University of California Press; 王汎森, 1987,『古史辨運動的興起: 一個思想史的分析』, 臺北: 允晨文化實業이 있다.

6 박장배, 2017,「1930년대 顧頡剛의 역사지리 인식과 변강학 연구」,『중국근현대사연구』 76; 하주형, 2010,「학술과 救國의 사이: 民國 시기 顧頡剛의 '學術救國' 인식과 중화민족론」, 서울대학교대학원 석사학위논문. 중국학계의 구제강 연구는 일일이 거론할 수 없을 정도로 많은데 그 가운데 민족담론에 주목한 연구로는 黃天華, 2009,「民族意識與國家觀念: 抗戰前後關於"中華民族是一個"的論爭」,『一九四〇年代的中國』下, 社會科學文献出版社; 黃克武, 2016,「民族主義的再發現: 抗戰時期中國朝野對"中華民族"的討論」,『近代史研究』 4; 李帆, 2018,「求真與致用的两全和两難: 以顧頡剛, 傅斯年等民國史家的選擇為例」,『近代史研究』 3; 劉永剛, 2020,「"中華民族是一個"的論辯與中華民族理論的建构」,『中南民族大學學報』 2 등이 있다.

7 거자오광(葛兆光)은 9·18사변 이후 구제강의 중화민족 인식의 변화를 정치적 압력으로 인한 고사변운동기 의고 입장의 철회라고 지적했다. 葛兆光, 2015,「徘徊到糾

표되는 1920년대와 난징(南京) 국민정부 수립 이후 1930년대의 구제강의 학문관과 그 실천 양태가 큰 폭으로 변화했다고 보는 데는 대개 공통된 입장을 취한다고 볼 수 있다.

필자 역시 기본적으로는 난징 국민정부 수립을 기점으로 구제강의 학술목표와 연구 경향이 상당 부분 전환되었다고 여기고 있다. 다만, 단절로서의 이해가 학문과 현실을 둘러싼 구제강의 인식 변화에 내포된 다기한 문제들을 충분히 조명하지 못하게 할 수 있다는 지적에도 동의한다.[8] 예컨대 그간의 연구는 그러한 변화가 왜 발생했는지에 대해 9·18사변 이후 급격화된 망국의 위기에 (주체적이건 피동적이건) 이끌린 결과로 간단히 처리한 채, 그러한 전환에 내포된 사상사적 의미가 심도 있게 탐색된 바가 그리 많지 않았다.[9] 김승욱의 연구는 바로 이 지점에서 시사하는 바가 큰데, 근현대 중국의 민족담론의 다양한 분기와 내적 긴장에 주목할 것을 요청하는 가운데 구제강의 역사 인식이 당시 국민정부가 지향했던 역사관과 충돌했음을 지적한 바 있다.[10] 일찍이 구제강과 푸쓰녠의 민족·강역론을 비교 분석했던 다케모토 노리히토(竹元規人)

結: 顧頡剛關於"中國"與"中華民族"的歷史見解」, 『書城』 5.

8 이러한 관점을 드러낸 연구로, 김병준, 2009, 「구제강의 삶과 학문세계」, 성균관대학교 BK21 동아시아학 융합사업단 편, 『근대 동아시아 지식인의 삶과 학문』, 성균관대학교출판부; 홍은혜, 2023, 「구제강의 '救國'과 古史 연구」, 서울대학교대학원 석사학위논문 참조.

9 이러한 설명 방식은 최근 연구에도 그대로 드러나는데, 가령 덩페이옌(鄧培研)의 경우 구제강을 비롯한 고사변파 학자들의 고사 연구가 민족융합의 적극적 작용을 간과했다고 비판하고 9·18사변이 사상 전환의 중요한 계기가 되어 민족단결의 중요성을 재인식했다는 식으로 간단히 언급하는 데 그치고 있다. 鄧培研, 2023, 「從求實到致用: 顧頡剛史學理論的發展與傳承」, 『今古文創』 28, 80쪽.

10 김승욱, 2022, 「근현대 중국에서 민족담론의 전개-다양한 지식 기반과 내적 긴장」, 『동북아역사논총』 78.

또한 구제강의 중화민족론이 푸쓰녠이나 국민정부의 입장과는 상이했음을 간파했다.[11] 구제강 자체를 전론으로 다루지는 않았으나 전인갑은 20세기 국가건설이라는 시대 과제에 중국의 역사학이 어떤 역할을 담당했는가라는 큰 질문하에 "역사학의 과학성과 현실 복무 간의 긴장을 대하는 역사가의 곤혹"을 중장기 연구를 통해 추적하고 있어 새로운 인식을 환기한다.[12]

이에 필자는 1920~1930년대 근대역사학을 둘러싼 중국 사상계의 내적 긴장과 변화의 추이에 주목하면서 '신사학'의 형성과 '중화민족론'의 (재)구성의 관계를 구제강의 사례를 통해 다시금 따져 묻고자 한다. 이를 통해 5·4운동부터 난징 국민정부 시기에 이르기까지 중화민족론이 어떻게 재구성되었고 어떤 변화의 궤적을 그렸는지를 당대의 사상적 흐름 속에서 파악해 볼 것이다. 2장에서는 5·4운동기 구제강이 학문의 엄밀성과 과학성을 추구하며 정립하고자 한 신사학의 특징을 살펴보고 그에 따른 다원적 민족론의 성격을 규명한다. 3장에서는 1930년대 전후 이른바 학술구국의 적극적 실천으로서 구제강의 역사지리학 연구 등이 어떤 내적 논리 속에서 착수되었고 그 과정에서 중화민족론에 어떤 변

---

11 竹元規人, 2009, 「顧頡剛·傅斯年の中國上古史研究と民族論·疆域論」, 『中國哲學研究』 24. 다케모토 노리히토는 일본학계에서 구제강 관련 연구를 지속적으로 수행하고 있는 학자로 주요 연구 성과는 다음과 같다. 竹元規人, 2014, 「顧頡剛の疑古学説と同時代日本の諸説との比較」, 『九州中國學會報』 52; 2015, 「崔述の'再発見'と顧頡剛: 近代における清代學術評價の問題をめぐって」, 『福岡教育大學國語科研究論集』 56; 2016, 「顧頡剛の尙書研究(1)」, 『福岡教育大學紀要』 65.

12 전인갑, 2020, 「국가건설 패러다임의 전환과 민족주의-'민족'과 '천하'의 길항(拮抗)」, 『동북아역사논총』 67; 2021, 「민국 시기 東南國學과 역사연구의 제도화」, 『역사학보』 249; 2022, 「중국 국가건설 100년의 역정과 역사학(Ⅰ)-천하 패러다임의 해체와 근대 역사학」, 『역사학보』 256; 2024, 「중국 국가건설 100년의 역정과 역사학(Ⅱ)-'신천하' 패러다임의 생성과 역사학」, 『동북아역사논총』 83.

화가 발생했는지 살필 것이다.

Ⅱ. 5·4운동기 과학적 '신사학'의 모색과 대안적 민족 인식

1. 고사변운동(古史辨運動)과 근대역사학의 (재)정위

5·4운동 시기의 화두는 단연 '과학'과 '민주'였다. 신해혁명으로 민국이 시작되었으나 공화의 가치를 거스르며 전개된 혼란한 정치적 상황은 '미완의 혁명'을 둘러싼 분분한 이해를 낳았다. 전통에 대한 근원적 해체 요구도 사방에서 분출했다. 민주와 과학은 단순한 방법론을 넘어 사유와 실천의 기준으로 작동했고 마치 반전통주의의 다른 이름처럼 불리면서 전반적 서화(西化)의 추세를 더욱 강화시켜 나갔다. 이러한 흐름 속에서 중국의 근대역사학도 점차 전문화되고 체계적으로 정립되기 시작했는데, 바로 '과학으로서의 역사학'이 실증주의적 방법론에 따른 연구나 학과 체제로의 분과화 등 다방면의 변화를 관통하는 주된 입장으로 기능했다.[13]

---

13 5·4운동기 과학적 역사학의 정립에 중요한 역할을 한 인물로 푸쓰녠을 빠트릴 수 없다. 흔히 '사료학파'로 대변되는 그 역시 사료의 중요성에 기반한 문헌비교 및 고증방법을 활용하여 중국의 전통 사학을 비판적으로 해석하는 등 과학으로서의 역사학을 적극적으로 실천했다. 푸쓰녠을 다룬 국내 연구로는 김창규, 2012, 『푸쓰녠(1896~1950)과 그의 시대』, 선인; 최은진, 2017, 「傅斯年(1896~1950)의 학술사상에 나타난 '科學主義'와 그 含意」, 『중국학보』 81; 오병수, 2018, 「民國時期 傅斯年 史學의 興衰」, 『역사학보』 240이 있다.

혁명의 조류 속 학문의 역할과 자세에 고심하던 구제강 또한 5·4신문화운동으로 촉발된 시세 가운데 점차 과학적 역사학을 추구해 갔다. 1913년 베이징(北京)대학에 입학한 그는 신문화운동의 중심지에서 후스(胡適)와 첸쉬안퉁(錢玄同), 차이위안페이(蔡元培), 푸쓰녠 등과 교우하면서 당대의 폭넓은 사상적, 문화적 자양분을 온몸으로 받으며 자신이 견지해 온 '의고'의 문제의식을 점차 키워 갔다.[14] 그에 따라 '전(傳)'과 '기(記)'의 영역만이 아니라 '경(經)' 역시 과학적 연구 대상의 하나로 위치시켜,[15] 고사(古史)가 고사(故事)에 지나지 않음을 밝혀내는 것을 자신의 학술목표로 삼고 '의고변위(疑古辨僞)' 작업에 착수해 갔다.

가령 그는 『국학지(國學志)』 편찬의 일환으로 기획한 『학람(學覽)』의 서문에서 "이 책을 편집하는 의도는 쓸데없는 논쟁을 그치고 무조건 스승의 입장을 좇는 태도를 버리며 학가(家學)의 습속을 막아서, 옛사람들이 학문이라고 말하였던 바를 학사(學史)로 바꾸고 더 이상 학사의 문제를 개인의 문제로 삼지 않고 모두 과학으로 되돌리는 데 있다"[16]라고 적었다. 여기에서 그가 과학적 연구의 중요성과 함께 학사, 즉 학술사에 주목하고 있음이 눈에 띈다. 구제강이 학술사 정리 및 그에 따른 목록학 연구를 중시한 것은 중국의 전통 사학의 형성 구조 자체를 문제 삼고 역사적 계통에 기반한 전통 학술의 상대화가 필요하다고 여겼기 때문이다. 이처럼 구제강을 비롯한 5·4기 학인들은 과학으로 대표되는 서구

---

14 구제강은 의고 전통으로서 청대 한학가들의 정밀한 학문방법, 증거 수집을 위한 각고의 노력, 치용을 생각하지 않는 실사구시 정신 등을 긍정적으로 평가하였다. 이윤화, 2011, 「顧頡剛과 孫晉泰의 歷史認識」, 『중국사연구』 75, 202쪽.

15 구제강 지음, 김병준 옮김, 2006, 『고사변 자서』, 소명출판, 185, 189쪽.

16 구제강, 2006, 위의 책, 65~66쪽.

의 근대적 이론과 연구방법론을 통해 중국의 전통학문을 재정리, 재평가하고 중국에 새로운 근대적 학문체계를 세우고자 했다. 잘 알려져 있는 후스의 국고정리운동(國庫整理運動)은 이러한 과학적 학술운동의 대표격이었고 구제강을 주축으로 한 고사변운동 역시 그 일환으로 전개된 셈이었다.

고사변운동은 구제강이 1921년에 후스, 첸쉬안퉁 등과 고사(古史)에 대해 토론한 것을 시작으로 하여 1920년대 중반까지 의고변위를 둘러싸고 발생한 일련의 학술사조를 일컫는데, 구제강은 직후인 1926년부터 그 주요 문건들을 묶어 『고사변(古史辨)』으로 출간하기 시작하였다.[17] 후에 구제강은 「나는 어떻게 고사변을 편찬했는가」라는 문건을 통해 "봉건주의의 철저한 파괴"를 위한 노력으로 고사변의 성격을 규정하고 고서(古書)와 고사(古史)에 담긴 지식과 윤리가 새로운 시대에 더 이상 지속될 수 없게 하고자 했다고 자신의 입장을 정리한 바 있다.[18] 수록 목록에서 쉽게 확인할 수 있듯이 『고사변』을 특정한 개인의 저작이 아닌 당대 지식인들의 공론장이라 규정할 만큼[19] 중국의 전통 학술을 둘러싼 다양한 논박이 해당 저술에 포함되었음은 물론이다.

이처럼 과학으로서의 역사학을 표방하면서 고사변운동을 이끈 의고학파의 주요 논리와 입장을 파악하는 데 참고할 만한 연구들이 적지 않다.[20] 최근 전인갑은 베이징을 중심으로 활동한 이른바 '북방학풍'의

---

17 그 대략적 내용은 「나는 어떻게 『고사변』을 편찬했는가?」에서 확인할 수 있다(구제강, 2006, 위의 책, 203~211쪽). 관련하여 馬建強, 2021, 「"古史辨"是如何"運動"起來的?: 從學術實踐的角度來理解」 『南京社會科學』 11 참고.

18 구제강, 2006, 위의 책, 212쪽.

19 안용수, 2019, 「《古史辨 · 第二冊》에 나타난 '孝' 담론」, 『중국문학』 99, 2쪽.

20 그 대표격 연구로서 왕판션은 『古史辨運動的興起』에서 고사변운동의 의의에 대해

주요 특징을 '학문을 위한 학문'의 추구, 경세학적 역사연구의 부정, 고대사에 대한 실증적·과학적 재해석의 세 가지 양상으로 정리한 바 있다.[21] 경사불분(經史不分) 및 치사(治史)의 경세학(經世學)적 전통이 강했던 과거 학술 경향에서 탈피하여 학문의 전문성과 과학성이 담보되는 순수학문화가 추구되었고 이러한 과학성의 추구가 특히 중국 고대사를 대상으로 두드러지게 나타났다는 것이다. 구제강은 전통역사관의 숭고론(崇古論), 제왕사관, 영웅사관, 도통론, 정통론과 대한족주의 등을 문제 삼으면서 과학성과 실증성의 결여를 입증하고자 했다.[22] 이러한 5·4 시기 역사학의 공통된 정향은 구제강 자신도 언급하였듯이 새로운 의미의 '신사학'의 흐름을 이끌었다.

중국 근대역사학의 초기 정립 과정에서 기존과 구별되는 질적 전환을 추동한 인물로 량치차오(梁啓超)를 언급하지 않을 수 없다. 그는 '사학혁명(史學革命)', 다시 말해 '군주의 역사'에서 '국가의 역사'로의 전환 필요성을 중국의 근대화와 국민국가 건설 의제에 부착시켜 설명했다.[23] 서구에서 근대역사학이 국민국가의 이념적, 학술적 기반을 제공했던 바와 마찬가지로, 그의 신사학은 민족·국가에 이바지하는 계몽주의적 역사학, 국학으로의 역사학으로서 새로운 자국사 서술을 지향했다.[24] 알려진

전통역사학과 문헌학에 대한 근대성 개조를 추구했다고 정리한 바 있다. 王汎森, 1987, 앞의 책.

21 전인갑, 2022, 앞의 글, 19~22쪽.

22 徐國利, 2021, 앞의 글, 690쪽.

23 梁啓超, 2015, 「中國史緒論」, 『飮冰室合集』 3; 梁啓超, 2015, 「新史學」, 『飮冰室合集』 4, 北京: 中華書局.

24 조병한, 2009, 「근대 중국 민족주의의 형성과 中華帝國의 전통」, 『동북아역사논총』 23.

대로 량치차오는 당시 입헌파의 대표 논객으로서 장빙린(章炳麟), 류스페이(劉師培) 등 혁명파의 논리와 경쟁하면서 다른 민족·국가 정체성을 구성했다. 그러나 흥미롭게도 그 역시 국가권력과 밀착된 지식을 제공하는 것을 당위로 여겼다는 점에서는 전통적인 문정일체(文政一體)의 치사 전통을 공유하고 있었다고 볼 수 있다.[25]

바로 이러한 지점에서 보면 신문화운동 이후 대두한 '과학적 역사학'은 이전 역사학의 경향성과 일정하게 구분되는 특징이 있었다. 앞서 의고학파가 역사학의 경세학적 기능에 거리를 두고자 했음을 언급한 데서 짐작할 수 있듯이 이들은 중국 고유의 치사 전통, 즉 자치(資治)의 통감(通鑑)이자 도통을 수호하기 위한 역사학 자체를 크게 문제 삼았다. 후스가 철학사 연구에 있어 현실정치와 거리를 두는 '역사적 태도'를 강조한 것은 민국기 자유주의자의 거처로서 자주 언급되는 바이다. 구제강 역시 의고학파로서의 자신의 입장을 서술하는 과정에서 '치용(致用)', 즉 실용주의적 목적에 따른 역사연구가 과학에 위배됨을 재차 강조했다.[26] 이러한 비판은 '경학의 우상'에 사로잡힌 전통 학술체계를 향한 것이면서 '국수'로 대표되는 당대의 사상계를 염두에 둔 반응이기도 했다. 이렇듯 학문하는 태도로서 '치용'이 아닌 '구시(究是)'를 강조한 것은 흔히 언급되는 '순수과학'으로서의 역사학, 즉 실증적이고 전문성을 띤 과학적 역사학의 지향이 잘 드러나는 대목이 아닐 수 없다.

그런데 바로 여기서 흥미로운 대목이 관측된다. 이 시기 역사연구의 태도 및 방법론의 측면에서 강조된 과학적 역사학의 명제 아래 전통적

---

25 전인갑, 2022, 앞의 글, 10쪽.

26 顧頡剛, 1926.1.1, 「一九二六年始刊詞」, 『北京大學研究所國學門周刊』 2-13, 7쪽(홍은혜, 2023, 앞의 글, 16쪽에서 재인용).

역사서술이 비판적으로 재검토되었음은 상술한 대로인데, 그에 따라 착수한 연구가 역설적으로 중화민족에 대한 당대의 주류적 관점과 상치되는 결과를 낳으면서 상당한 정치성을 띠게 되었다는 점이다. 그리고 이 과정은 5·4기 형성된 민족주의의 분기와 직간접적으로 관련되는 형태로 나타났다.

2. 신사학과 다원적 민족론의 가능성

구제강은 1920년대 전반에 걸쳐 의고 정신에 입각하여 중국 고대사에 대한 전면적 재검토를 수행했고 그 결과가 『고사변』과 같은 저술 활동에 반영되었다. 그의 이러한 의고변위 작업은 1920~1930년대 구제강이 역사학자로서 보인 학술활동의 변모에도 불구하고 1941년 7권이 출간될 때까지 계속되었다.[27] 그 밖에 눈에 띄는 이력이 하나 더 있는데, 그는 1922년 상무인서관(商務印書館)에서 편찬한 『현대초중교과서·본국사(現代初中教科書·本國史)』(이하 '『본국사』')를 집필하기도 했다. 그 준비 과정에서 정리했던 고전 연구를 바탕으로 『독서잡지(讀書雜誌)』에 「첸쉬안퉁 선생님과 고사서를 논하다」[28]를 실었는데 바로 이 글에서 제기한 '누층적 고대사 조성설(古史是累層地造成的)'을 두고 사상계에서 크게 논란이 일었다. 고사변운동이 본격적으로 개시된 것이다.

---

27 민국 시기 구제강의 의고변위 작업을 비롯한 다양한 저술 형태를 확인할 수 있는 자료로 顧潮 編著, 1993, 『顧頡剛年譜』, 中國社會科學出版社가 있다. 그 밖에 傅曉嵐·賀建明 外, 2022, 「民國時期顧頡剛出版的四類作品敘錄」, 『內蒙古科技與經濟』 6 참조.

28 顧頡剛, 1926, 「與錢玄同先生論古史書(1923)」, 『古史辨』 第1冊 中編.

이 누층적 고대사 조성설은 구제강의 고대사를 비롯한 역사 인식 전반을 압축적으로 보여 주는 학설로 줄곧 이해되어 왔다. 고대사가 시간의 흐름에 따라 후대에 계속 누층적으로 재구성된다는 점을 갈파한 것이었는데, 특히 그는 고대의 전설과 신화에 대한 실증적 분석을 통해 후대의 정치적 의도로 인해 과거의 역사가 재구성되고 때로는 과장되었던 점을 적극적으로 드러내고자 했다.

'신고파(新古派)'를 대변했던 류추셴(劉楚賢), 후진런(胡董人)은 구제강의 이러한 의고적 입장에 반발했고 구제강이 다시 회신을 하는 형식으로 논쟁이 이어졌다.[29] 구제강은 답변서에서 중국사를 기술할 때 배격해야 할 네 가지 관념—① 민족이 하나의 근원(일원)에서 나왔다는 관념, ② 지역이 예전부터 통일되어 있었다는 관념, ③ 고대사를 인격화하는 관념, ④ 고대가 황금시대였다는 관념—을 제시했다.

앞 절에서 살펴본 것처럼 과학적 역사학의 실천으로서 수행된 의고학의 목적은 그야말로 비과학적이고 비계통적인 중국의 역사학 전통의 관성과 체계를 깨트리는 것이었다. 구제강에게 고대사의 인격화와 황금시대로서의 고대 관념은 신화적인 믿음에 기반한 고대사 이해를 단적으로 보여 주는 사례가 아닐 수 없었다. 그런데 그의 비판은 역사연구의 태도를 문제 삼거나 과학적 방법론에 의거하여 고대사 연구를 재점검하는 데만 그치지 않았다. 위에서 제시된 ① 민족이 하나의 근원에서 나왔다는 관념과 ② 지역이 예전부터 통일되어 있었다는 관념(의 타파)은 중국의 민족 및 강역 문제와 직접적으로 결부될 수밖에 없는 사안이기 때문

29 顧頡剛, 2010, 「答劉胡兩先生書(1923)」, 『顧頡剛全集』 1, 北京: 中華書局, 200~204쪽.

에 그야말로 당대의 민족 인식을 정면으로 마주하고 있었다.

1929년 『본국사』의 금서 조치는 그 단적인 예였다. 구제강은 교과서의 상고 시대를 설명하는 단원에서 '반고(盤古)'를 언급하지 않았고 '삼황오제'에 대한 서술도 소략했을 뿐 아니라 황제 앞에 '소위'라는 단서를 달아 기술했다.[30] '소위'를 붙인 것은 그가 삼황오제를 신화로 단정했기 때문에 서술상에 의문을 나타내고자 함이었다고 그 이유를 밝혔다. 국민정부 측은 중국의 인민이 하나의 조상에서 나왔다는 사실을 부정함으로써 단결을 해칠 수 있다는 명목을 들어 교과서 간행을 금지했다.[31] 구제강은 후에 이 일을 회상하면서 "'중화민국'의 문자옥"이라고 일갈한다.[32]

위 금서 조치는 역사서술을 전유하고자 하는 국가권력의 정치적 의도가 다분히 개입된 사안인 동시에, 당시 국민국가 체제의 인식적 토대로서 민족 문제가 어떻게 다뤄졌는가를 잘 드러내 보여 준다. 국민정부는 한족을 중심으로 한 일원론적 민족사 서술의 당위에 기반하여 구제강의 고대사 인식이 가지는 분열성을 크게 문제 삼았던 것이다. 김승욱은 이를 "국민정부의 국가주의적 역사 인식과 전면적으로 충돌"한 장면으로 포착했다.[33] 그렇다면 과연 5·4운동기 구제강의 고대사 이해와 민족 인식은 구체적으로 어떤 특징을 보이는가? 이하에서는 『고사변』과 『본국사』의 내용을 중심으로 그 일단을 검토해 보고자 한다.

먼저 중국의 통일성과 일원적 민족론에 대한 구제강의 비판을 살펴보자.

---

30 顧頡剛, 1925, 『現代初中教科書 · 本國史』, 商務印書館, 23쪽.

31 王紅霞, 2014, 「《現代初中教科書 · 本國史》與顧頡剛的史學思想」, 『史學月刊』 8.

32 구제강, 2006, 앞의 책, 200쪽.

33 김승욱, 2019, 「중국 근대 역사학에서 國家 개념의 재구성」, 『역사와담론』 89, 182쪽.

ⓐ 민족이 하나의 근원에서 비롯됐다는 관념을 타파해야 한다. 현재 공인된 고대사에서는 통합된 세계(世系)가 이미 백대(百代)의 제왕들과 사방의 종족들을 둘러싸고 있고 민족일원론이 대단히 공고히 구축되어 있다고 할 수 있다. … 춘추 이래로 대국이 소국을 공멸하는 일이 많아지면서 경계가 날이 갈수록 넓어지고 민족도 날로 병합되어 종족 관념이 점차 희박해지고 일통 관념이 점차 강해졌다. 그에 따라 여러 민족들의 시조의 전설도 점차 하나의 계통으로 귀결되어 선후 군신의 관계가 생기면서 『요전(堯典)』, 「오제덕(五帝德)」, 『세본(世本)』 등의 책들이 이로부터 나오게 되었다. 중국 민족이 하나의 근원에서 비롯되었다는 것은 장래의 지질학과 인류학상의 확실한 발견이 있고 나서야 승인할 수 있는 것이다.[34]

ⓑ 물론 전국시대 우리 나라의 문화는 분명 많은 민족이 새롭게 결합하여 매우 강건했다. 그러나 한대 이후 군주의 전제와 유교의 농단으로 생기를 잃었다. 국민의 신체는 대부분 매우 유약했고 천루한 지식, 야박한 감정, 비겁한 기개 어느 하나도 민족의 쇠퇴를 증명하는 데 부족하지 않다. 만약 오호, 거란, 여진, 몽골이 침입하여 한족 사람이 새로운 혈액을 수혈받지 않았다면 한족 역시 지금까지 연명할 수 없었을 것이다.[35]

ⓐ에서 구제강은 황제로부터 이어지는 민족일원의 관념이 현재의 공인된 고대사 인식임을 적시하면서 그것이 전혀 실증되지 않은 정치적 산물임을 강조하고 있다. 중국 춘추 이래 전쟁의 결과로 국가 간 민족의 병합이 이뤄지면서 제 민족들의 연원을 하나의 계통으로 정리하는 통일

34 顧頡剛, 2010, 「答劉胡兩先生書(1923)」, 『顧頡剛全集』 1, 北京:中華書局, 202쪽.

35 구제강, 2006, 앞의 책, 151~152쪽.

관념이 필요했고 그로 인해 『요전』 등과 같은 전설이 필요해졌다는 설명이다. 이처럼 구제강은 일통적 제왕세계(帝王世系)와 민족일원론의 근거는 후대의 정치적 필요로 인해 재구성되었다고 보고 해당 관념의 타파를 요청하였다. 엄밀한 과학적 연구를 통해 검증된 학술적 사실에 입각한 것이어야 비로소 역사 기술로서 타당성을 갖는다는 문제의식이 이러한 비판에 깔려 있음은 물론이다.

구제강은 정치적 의도가 다분한 민족일원론적 해석이 아니라 여러 다양한 민족 집단들이 함께 영유한 복합적 역사체로서 중국사의 전개 과정을 이해했다. "민족의 분합(分合)"을 그 자체로 인정하고 "그들의 계통적 이동(異同) 상황을 찾아내는" 것이 역사적 실체에 더 가깝다는 것이다. 그러면서 전국시대 이전에는 오로지 '종족 관념'만 있었을 뿐 '일통 관념'은 존재하지 않았다고 못 박았다.[36] 그는 더 나아가 제 민족의 결합이 중국을 더욱 강건하게 만들었다고 하는 해석까지 내놓고 있다. ⓑ의 서술에서 확인할 수 있듯이 한족의 문화는 다른 외부 민족과의 결합을 통해 더욱 활력을 얻어 '민족의 노쇠함'을 최소한 지연시킬 수 있었다고 평가한다. 구제강은 그것을 "한족이 새로운 혈액을 수혈받는" 장면으로까지 묘사하고 있다. 이것은 노쇠한 현재의 근대 중국이 비한족의 수혈을 받아 생기를 얻게 될 가능성까지 염두에 둔 것으로 읽힌다.

이러한 구제강의 인식을 어떻게 볼 수 있을까? 그의 민족담론 역시 한족 대 비한족의 이분법적 구분을 통해 중국사의 형성 맥락을 설명하는 방식을 취하고 있다는 점에서 주류적 해석과 별반 달라 보이지 않지만, 비한족의 문화적 역할과 가능성을 누구보다도 높이 평가하고 있다는

36 顧頡剛, 2010, 「答劉胡兩先生書(1923)」, 『顧頡剛全集』 1, 北京:中華書局, 202쪽.

점에 각별한 주의를 기울일 필요가 있다. 한족 중심의 문화적 통합력을 당연시한 국민당의 민족관과는 분명 구별되기 때문이다.[37] 구제강은 정치적 수요에 따라 사후적으로 형성된 민족일원론이 아닌 중국 민족의 다원적 구조 자체를 인정하는 방식으로 중국사의 흐름을 포착해야 한다고 보았다. 이러한 '다원적 역사 체계'[38]의 구상은 민족 범주를 넘어 중국 강역의 유동성을 인정하는 영토 문제에 대한 인식과도 연동되는 것이기에 중요성을 지닌다.

한편, 구제강의 이러한 다원적 민족 인식은 역사교과서의 내용에서도 엿보인다. 오병수는 『본국사』의 주요 특징으로 전통적인 삼황오제의 계보를 해체함으로써 민족 서사의 기원 문제에 대해 새로운 견해를 제시했다고 평가한 바 있다.[39] 왕조 중심의 단대사(斷代史)가 아닌 연속성과 전체상을 가진 민족사·국가사의 창출을 교과서 집필의 궁극적 목표로 설정하고 있음도 눈에 띈다. 무엇보다 역사와 지리(강역)의 관계를 논하면서 "중국 세력의 영향이 어떻게 외연에 미쳤고 어떤 변화를 일으켰나"와 함께 "중국이 받아들인 외연적 문화의 영향은 어떠한가"를 함께 서술하는 방식으로 자국사 서술의 새로움을 추구했다.[40] 이 양자의 상호작용에 대한 이해는 "중화민족은 어떻게 조합되었나"와 "중국의 현재 영역은 어떻게 변화해 왔나"의 질문을 해명하는 방편이 된다.

5·4운동기 구제강의 이러한 다원적 민족 인식은 앞서 언급한 것처럼

37 김승욱, 2022, 앞의 글, 421~422쪽.

38 이 표현은 오병수의 글에서 빌려 왔다. 오병수, 2014, 「중국 근대 역사 교과서의 자국사 구축과정과 '중화민족'」, 『역사교육』 132, 91쪽.

39 오병수, 2014, 위의 글, 87쪽.

40 顧頡剛, 1925, 앞의 책, 4쪽.

당시 국민당의 국가주의적 민족담론과는 일정하게 구별되었고 그것이 한족 중심성을 상대화하는 대안적 인식으로서 기능할 가능성을 결코 무시할 수 없다. 물론 그렇다고 해서 한족 중심성이 소거되었다고까지 볼 수는 없다. 화족(華族, 즉 한인)의 범주를 설명하면서 황하 양안에 번성하면서 중국 본부를 점령했고 수차례 이민족에 정복되었으나 결국 그들을 동화시킨 '대일통의 제국'을 건설한 민족이라는 서술이나 묘족(苗族)의 역사 등을 언급하면서 '개토귀류(改土歸流)'에 따른 동화를 설명하는 부분이 그 대표적 사례이다.[41] 다음 장에서 다시 다루겠지만 중국을 구성하는 민족으로서 이 화족이란 주체를 설정한 것 역시 한족적 종족성을 은폐하기 위한 의도가 개입된 것일뿐더러 화족의 지속적인 확대를 암시하고 있다는 점에서도 '제국성'의 문제를 직시하지 않을 수 없다.[42]

하지만 이러한 우려점에도 불구하고 5·4운동 시기 민족주의의 분기 속에서 한족 중심 인식이 상대화되었던 사상적 맥락을 다시금 반추할 필요가 있다.[43] 예컨대 중국 역사를 몇 개의 종족이 구성하는가의 물음에 대한 답으로 그는 화, 묘, 동호, 몽골, 돌궐, 티베트, 한(韓)의 7족을 언급하고 그 7족 가운데 화족이 주요 구성원임을 강조한 바로 다음 대목에서 "이 7족이 동일한 기원을 갖고 있는지, 현지에서 살아왔는지 아니면 다른 곳에서 왔는지에 대해서는 이를 설명해 줄 명확한 근거가 없다"[44]라고 부연하고 있기 때문이다. 마찬가지로 한족과 제 종족 간의 관계 설정에서 한족의 동화라는 일방적 역학이 아니라 '이적(夷狄)'이 미

---

41 顧頡剛, 1925, 위의 책, 12~13쪽.

42 오병수, 2014, 앞의 글, 88~89쪽.

43 이러한 문제의식을 공유한 연구로, 김승욱, 2022, 앞의 글 참조.

44 顧頡剛, 1925, 앞의 책, 9~10쪽.

친 상호영향과 역할을 인정했다는 점에서 민족 내러티브의 변화와 내적 긴장을 발견할 수 있다. 물론 이 경우에도 한족과 그 이외의 민족, 즉 비한족이 대등한 관계를 맺는 역사주체로서 설정되었다고까지 볼 수는 없고 어디까지나 한족과 비한족의 (위계를 내포한) '조합'으로서 중화민족이 상정되는 것으로 보인다. 하지만 이들이 엄연히 다른 개별 '민족'으로 공존한다는 인식이 최소한 이 시기에는 적극적으로 착상되고 있음에 주목해야 한다.

신문화운동 이후 근대역사학의 전환을 낳은 과학적 역사학의 문제의식 속에서 구제강 또한 시대 과제와 역사학(또는 역사가)의 역할에 대해 끊임없이 고민했다.[45] '학문을 위한 학문'을 하는 순수학자가 통상 구제강을 수식하는 말로 쓰이지만 그가 중국이 처한 시대 상황에 무관심했거나 외면하고자 했던 것은 결코 아니었다. '학술구국'의 관념은 줄곧 그의 학술 여정에 부착되어 있었다. 다만 그는 역사의 사회적 쓰임이 자칫 당장의 정책이나 현실적 응용에 치우칠 때 초래될 수 있는 왜곡이나 무비판적 전용의 가능성을 경계하면서 학술 본연의 가치를 과학적 연구라는 형식을 통해 보장하고자 했다. 이러한 학술적 태도는 그 자체로 근대적 역사학의 정립 과정에서 새로운 문제의식을 제시했고 '신사학'이라는 이름에 값하는 것이었다. 일례로, 그는 국민국가의 정당성을 떠받치는 학술과제인 '국학'에 대해 "국학을 연구한다는 것은 역사과학 중 중

45 이 글은 구제강의 신사학과 민족담론을 키워드로 삼아 연구를 수행한 것이지만 이 또한 구제강이라는 학인에 대한 전면적 이해가 뒷받침되어야 가능하다는 점에서 일정한 한계를 가질 수밖에 없음을 지적하지 않을 수 없다. 비록 이 글에서는 충분히 다루지 못했지만 위잉스(余英時)가 구제강 일기 분석을 통해 그의 다양한 면모에 접근하고 있어 크게 도움을 얻을 수 있다. 余英時, 2017, 『未盡的才情: 從《日記》看顧頡剛的內心世界』, 臺北: 聯經出版.

국의 일부분을 연구하는 것이고 과학적 방법을 통해 중국 역사의 재료를 연구하는 것이다. 따라서 국학은 과학 중 일부이지 과학과 대립되는 것이 아니"[46]라고 적었다. '치용'과 '구진' 사이의 긴장감을 엿볼 수 있는 대목이자 민족주의의 자기조절을 암시하는 대목이다. 그의 다원적 민족 인식 역시 이러한 길항 속에서 형성되었던 것으로 읽을 필요가 있다.

그런데 1930년대를 지나면서 초기의 다원적 민족론에 상당한 변화 내지 전환이 발생한다. 고사변운동 단계에서는 '민족'과 '종족'이라는 용어를 엄밀하게 구분해서 사용하지 않다가 항일전쟁기에 그 개념적 외연을 명확히 구분하여 구사했던 데서 그러한 변화를 포착할 수 있다. 이를 두고 한 논자는 구제강의 민족 인식을 특징짓는 중요한 지표라고 지적한 바 있다.[47] 과연 1930년대 들어 구제강의 민족담론에 어떠한 변화가 나타난 것일까? 다음 장에서는 중국의 민족 문제에 대한 인식 변화와 그 성격 규명을 중심으로 1930년대 이후 구제강의 학술연구의 면모를 검토한다.

Ⅲ. 1930년대 이후 학술구국의 실천과 중화민족론의 재구성

1. 구국으로서의 학술과 역사지리학 연구

앞서 역사학자로서 구제강이 추구한 이른바 '순수학술'의 시대적 함

46 顧頡剛, 1926.1.1,「一九二六年始刊詞」,『北京大學研究所國學門周刊』2-13, 3~4쪽.
47 하주형, 2010, 앞의 글, 17쪽.

의를 검토하였다. 고사변운동은 중국이 직면한 시대 상황에 대한 학술적 반응에 다름 아니었다. 의고학파의 고대사에 대한 비판적 재해석은 5·4운동기 사상 지형에서 보면 사실상 반전통주의의 급진적인 입장에 위치했다고도 할 수 있다. 구제강은 당장의 정치적 목적에 부응하는 식의 학문의 존재 양태를 경계하면서도 여타 지식인들과 마찬가지로 학술이 중국이 당면한 시대과제를 해결하는 데 기여할 수 있다는 점에 동의했다. 그런 점에서 '학술구국'은 시대를 막론하고 구제강의 학술관을 관통하는 표현으로서 크게 틀리지 않는다.

그런데 1930년대를 전후하여 기존에 그가 견지하던 학술구국의 지향점과 그 구체적인 연구 방향에 상당한 변화가 감지되기 시작한다. 의고변위를 중심으로 전개된 1920년대와 달리 자신의 학술의제를 민족과 강역 문제를 다루는 역사지리학과 민족학 연구 등으로 옮겨 간 것이다. 「중국 역사 서술의 중심 문제」라는 글에서 그는 '중국인이 모두 황제의 자손'이라는 말은 "서로 다른 민족을 하나의 대민족으로 단결시키는" 작용을 하지만 "현재 이 신앙은 이미 남아 있지 않는다"면서 "응당 이지(理智)에 합한 새로운 신앙을 만들어 우리 민족의 단결의 기초로 삼아야 한다"라고 기술하고 있다.[48] 황제의 자손 운운하는 잘못된 근거가 아닌 민족의 단결을 가능케 하는 '새로운 민족론'이 제출되어야 한다는 요청인데, 이는 그가 이전과 다른 방식으로 학술구국의 의제를 설정하게 된 이유를 설명한 셈이었다.

이러한 변화의 기점으로 흔히 9·18사변이 거론된다. 더 정확히는 9·18사변 후 '민족자결'을 구호로 삼은 만주국의 성립, 1933년 내몽골의 자치 선언과 동투르키스탄공화국 수립 등 유례없는 분열의 상황이 구제강의 인식 변화에 크게 작용했다고 보는 것이 일반적이다. 하주형은 이 시기를 거치며 소극적 차원의 '학술구국' 의식에서 구국을 궁극적 목적으로 삼는 '구국학술'로 구제강의 입장이 변모했다고 보았다.[49] 이러한 변화는 비단 구제강에게만 해당되는 것은 아니었다. 1930년대 초 중국에 몰아닥친 민족과 변강 문제의 엄중한 위기 속에서 중국학계는 역사, 지리(강역), 민족(의 통일성)이라는 세 가지 키워드를 중심으로 자신의 입장을 조정해 나갔다.[50] 역사학의 경우에도 학문의 엄밀성과 과학성 추구로 대별되는 직전 단계의 동향과 달리 '사학구국(史學救國)', '항전구국(抗戰救國)'으로서의 연구 경향이 지배적으로 형성되었다.[51] 구제강은 『우공(禹貢)』 창간 3주년을 회고하면서 『우공』을 통해 중국의 지리 연혁에 대한 연구가 진척됨으로써 민족 부흥 활동에 도움을 주었고 '학문을 위한 학문'이 아닌 '경세치용'과 '구망도존'을 추구했다는 점을 그 성과로 내걸었다.[52] 앞서 살펴본 5·4운동기의 논조와 비교하면 매우 극적인 변화가 아닐 수 없다.

잘 알려져 있듯이 그의 사지 연구의 주무대는 『우공』이었다. 1934년 탄치샹(譚其驤)과 함께 우공학회를 발기하고 『우공』 반월간을 창간하여 청년 연구자들을 주축으로 변강사지(邊疆史地) 연구를 중점적으로 수행해 나갔다. 『우공』은 지리연혁사를 비롯해 변강 민족 지역의 정치, 경제,

---

48 顧頡剛, 1998, 「編中國歷史之中心問題」, 顧洪 編, 『顧頡剛學術文化隨筆』, 中國青年出版社, 3쪽(奂平清, 2021, 앞의 글, 88쪽에서 재인용).

49 하주형은 구제강의 학술 인식이 구국이라는 목적론적 차원에서 이뤄지고 있음을 강조하는 의미로 '학술구국'에서 '구국학술'로의 전환을 언급했다고 밝혔다. 하주형, 2010, 앞의 글, 40쪽.

50 葛兆光, 2015, 앞의 글, 6쪽.

51 전인갑, 2022, 앞의 글, 26~27쪽.

52 顧頡剛, 1937, 「本會三年來工作略述」, 『禹貢』 7-1·2·3.

문화, 종교와 민족관계 등 폭넓은 내용을 다뤘다. 1935년에는 '우공학회모집기금회'를 열어 『중화민국일통지(中華民國一統志)』 편찬을 우공학회 사업의 최대 목표로 제시할 만큼 포부가 컸는데[53] 그 후 『변강총서(邊疆叢書)』를 다수 출간하고 1936년에는 변강연구회를 창립했다. 다음 창간사에 그가 왜 1930년대를 기점으로 중국의 역사와 지리 문제를 자신의 주요 학술의제로 삼았는지가 압축적으로 나타나 있다.

> 근 수십 년 사이 우리는 제국주의자들의 압박을 많이 받아 왔고 이로 인해 촉발된 민족의식도 크게 고양되었다. 이러한 의식하에 중국통사(中國通史)가 출현해 우리 민족의 성분이 어떠한가, 응당 어떤 지역이 우리 것이어야 하는가를 살펴보도록 촉구하고 있다. … 민족과 지리는 불가분의 관계에 있는데 중국의 지리학이 아직 발달하지 않았으니 민족사 연구가 어떻게 근거를 가질 수 있겠는가? 달리 말할 필요도 없이 우리의 동쪽 이웃을 살펴보면 우리를 침략할 의도를 갖고 '본부(本部)'라는 이름으로 우리의 18성을 부르고 있다. 이는 변경이 우리가 원래 갖고 있었던 지역이 아니라는 점을 암시하고 있는 말인데도 우리는 바보같이 그들에게 마취되어 모든 지리교과서에서 그렇게 적고 있다. 이것은 우리의 치욕이 아니겠는가?[54]

이상의 발간사 내용은 『우공』을 통한 역사지리학 연구의 목적의식이 어떠한 시대적 맥락에서 형성된 것인지를 충분히 짐작하게 한다. 민족과

53 顧頡剛, 1936, 「禹貢學會募集基金啓」, 『禹貢』 4-10.

54 顧頡剛, 1934, 「發刊辭」, 『禹貢』 1-1, 2~3쪽.

지리의 불가분성에 입각한 지리학, 민족사 연구의 필요성이 제국주의 침략으로 촉발된 민족의식의 발로라는 설명이 그것이다. 중국의 지리교과서에서 흔히 사용되는 '본부'라는 명칭이 변경 지역을 중국 영토에서 분리하기 위한 일본의 의도가 내장된 것인지도 모르고 무분별하게 사용하고 있다는 지적은 『우공』을 위시한 역사지리학 연구가 제국주의적 영토 침략과 분열책에 대응하기 위한 차원에서 강한 추동력을 얻었음을 재삼 확인시킨다. 당시 푸쓰녠이 일본의 만주 침략의 부당성을 입증하기 위해 『동북사강(東北史綱)』을 집필한 것이 그 대표적 사례라 할 것이다. 다른 한편으로, '중국통사'가 중국 민족의 성분과 강역의 당위성을 통합적으로 설명해 주는 기능을 담당한다고 기술한 대목도 주목된다. 국민국가와 역사학의 관계에 대한 구제강의 입장을 엿볼 수 있기 때문인데 이는 아래에서 다시 다룰 것이다.

이 시기 구제강의 학술구국의 실천은 변강 연구에만 국한되지 않았다. 이른바 '통속독물(通俗讀物)'의 출판을 통해 대중적 항일서적 편찬에 앞장선 것이다.[55] "9·18사변 이후 일본 제국주의의 침략에 저항하기 위해 대중을 위한 읽을거리를 편찬하여 항일의 주장을 선전하고 전 민족이 궐기하여 항일할 것을 환기했다"라고 적고 있는 바로 그 대목이다.[56] 통속독물이란 중국의 대외적 위기의식의 고조 속에서 대중적 문학 양식을 차용해 항일의 정당성을 효과적으로 선전하기 위해 기획된 것으로 1930년대 구제강의 학술활동에서 상당히 중요한 비중을 차지했다. 1933년 4월 삼호서점(三戶書店)을 창립한 그는 같은 해 민중독물

55 顧頡剛, 2011, 「我們怎樣寫作通俗讀物」, 『顧頡剛全集』 35, 北京: 中華書局; 顧頡剛, 2011, 「通俗讀物的重要性」, 『顧頡剛全集』 35, 北京: 中華書局.

56 구제강, 2006, 앞의 책, 206쪽.

편간사(民衆讀物編刊社)를 거쳐 10월 통속독물출판사(通俗讀物出刊社)로 이름을 바꿔 약 600여 종의 통속독물을 제작, 유포시켰다.[57] 1920년대에 그가 역사학의 전문성을 강조하면서 대중에의 확산성을 고려하지 않은 수준 높은 순수학문화를 주창했던 것과 비교하면[58] 이 또한 커다란 변화라고 할 수 있다.

이처럼 1930년대를 전후하여 역사지리학 연구를 비롯하여 새로운 학술활동이 전개되었고 이러한 경향은 전술하였듯이 학문적 태도의 측면에서 보자면 구제강이 기존에 견지해 온 과학으로서의 역사학과는 상당한 차이를 보이는 것이었다. 내용적으로도 그러했는데, 중국 강역의 유동성과 그 변천사에 대한 관심이 5·4기에도 존재했으나 이 시기에 오면 민족국가의 영토 보존이라는 당면한 현실문제의 해결을 위해 역사지리학을 활용했다는 점에서 사뭇 달랐다. 더 중요하게는, 정치권력의 요구 내지 정책적 필요가 아닌 역사적 실체를 궁구하는 과정에서 도출되었던 강역의 유동성에 관한 관심이 1930년대에는 국민국가적 영토 관념 하에 과학적 연구 방법을 통해 청대 이래의 '국토'를 입증하는 차원으로 축소되고 제약되었다는 사실이다. 단적으로 구제강은 1938년 스녠하이(史念海)와 공동 집필하여 『중국강역연혁사(中國疆域沿革史)』를 출간했다. 그는 책의 서문에서 중국의 강역을 연구하여 "선민(先民)이 땅을 넓히는 것이 쉽지 않았음"을 알게 하고 "일촌(一寸)의 산하도 적에게 쉽게 내어 줄 수 없음"을 말하기 위해 책을 썼다고 기술하였다.[59] 다음

---

57 하주형, 2010, 앞의 글, 29쪽.

58 전인갑, 2021, 앞의 글, 320쪽.

59 顧頡剛·史念海, 1938, 『中國疆域沿革史』, 商務印書館(『民國叢書』 第3編 69, 上海書店, 1987), 4쪽.

장에서 자세히 살펴보겠지만 이러한 강렬한 민족주의적 태도는 그의 민족담론에도 직간접적인 영향을 미치게 된다.

구제강의 이러한 변모는 민족과 국가의 보전 자체를 우려해야 했던 1930년대의 상황에서 한 지식인이 학문의 시대적 역할을 고민하며 도출했던 사회실천의 한 양태로 이해할 수 있다. 앞에서도 한 차례 강조했듯이 '구망도존'의 절박함은 당대 지식인들에게 공유되는 보편적 정념이었다. 근대적 주권국가로서의 국권 및 변계의 상실 문제로 말미암아 중국학계에서는 역사학, 민속학, 민족학 등 다양한 근대학문의 방법론을 동원한 변강 연구가 붐을 이뤘다.[60] 구제강은 "태평 시기에는 학술이 실용을 추구하는 데 급급하지 않아 '학문을 위한 학문'의 태도를 취해도 무방"했으나 "중국이 오늘날 처한 위태로움은 실로 학술상의 낭비를 허용치 않으니 … 반드시 필요 여부를 판단의 기준으로 삼아야 한다"[61]라고 했다. 또한 구국은 공담(空談)의 문제가 아니라 여러 유효한 실제 계획과 행동의 총화(總和)"[62]라는 말로 자신의 학문관이 변화한 이유를 설명했다. 그가 변경 연구에 더욱 몰두하게 된 실질적 계기도 있었는데, 1934년 8월 시베이(西北) 답사를 하면서 내몽골자치운동을 주도하고 있는 덕왕(德王)을 만났던 경험이 그것이다. 구제강은 그 과정에서 내몽골자치운동의 배후에 일본의 공작이 있음을 인식하게 되었고 고대사나 고대 지리에 관한 연구보다 변경 연구가 훨씬 더 중차대함을 깨닫게 되

60 김하림, 2017, 「1930년대 중국 지식인들의 '변강(邊疆)' 인식과 아시아주의」, 『중국지식네트워크』 10, 182쪽.

61 顧頡剛, 2011, 「禹貢學會硏究邊疆計劃書(1936.1.2)」, 『顧頡剛全集』 36, 北京: 中華書局, 215쪽.

62 顧頡剛, 1937, 「紀念辭」, 『禹貢』 7-1 · 2 · 3, 2쪽.

었다고 회고하였다.[63] 이처럼 반제민족주의 의식의 고양이 그가 변강 문제를 다루는 역사지리학 연구에 착수하게 된 요인이었음은 분명해 보인다.

그런데 이러한 학술민족주의, 즉 구국의 목적의식하에 변강 연구에 천착하게 되었다는 설명만으로는 구제강의 이러한 변모를 다 설명하기가 충분치 않아 보인다. 역사교과서를 둘러싼 국민정부와의 갈등 상황에 대해 "나의 시대는 남북이 분쟁하고 사람들은 통일을 갈망하고 있는 시기였으며, 국민당의 북벌 구호가 성공을 거두어 난징에 수도를 정하고, 각 성에서는 참의회를 설치하여 '민주'의 형세를 드러내고 있는 때였다"[64]라고 설명한 대목이 그 단서가 된다. 앞서 2장에서 구제강과 국민당의 중화민족론을 둘러싼 간극을 언급한 부분에서도 짐작할 수 있듯이, 1930년대 중국 학술사상계에서 다뤄진 민족 문제는 난징 국민정부의 출범으로 대변되는 국가건설 차원과 맞물려 해명될 필요가 있다. 1920년대 구제강이 취한 입장뿐 아니라 『본국사』 서술에 대한 다이지타오(戴季陶)의 비판 및 금서 조치가 1929년의 일이고 이에 대해 구제강이 '중화민국의 문자옥'이라고 일갈했을 만큼 양자의 관점 차이가 작지 않았지만, 1930년대 전반에 걸쳐 국민정부가 발신한 민족담론·정책과 구제강의 역사지리학 및 중화민족론이 결코 상치되지 않았던 것이다. 단적으로 구제강은 『우공』을 비롯한 변강 연구의 목적에 대해 "변정(邊政)을 논하는 자들이 본보기로 삼게 하기 위함"이라고 언급했다.[65] 이러한 갈

---

63 顧頡剛, 2011, 「考察西北後的感想(1938.10.18)」, 『顧頡剛全集』 36, 北京: 中華書局, 80쪽.

64 구제강, 2006, 앞의 책, 199쪽.

65 顧潮 編著, 1993, 앞의 책, 295쪽.

등의 봉합과 해소가 무엇을 의미하는가의 질문을 통해 구제강의 학술세계의 변모 원인을 다시금 파악할 필요가 있다.

앞서 거론한 역사교과서 간행 금지 처분의 핵심은 황제에 대한 해석을 둘러싼 것이었다. 구제강의 역사서술이 중국 인민의 일치단결의 요구를 해친다고 본 다이지타오의 비판은 중국 민족의 동일기원설, 즉 황제를 공동 조상으로 한 단일혈통적 중화민족론(同祖同根論)에 기반했다. 다음 절에서 자세히 살펴보겠지만 이러한 황제로부터의 계통화는 비한족을 대상으로 국가·민족의 통합성을 확보하기 위한 이념적 장치였다. 구제강은 이 동일기원설 자체는 1930년대 이후에도 계속 동의하지 않았지만 앞서 언급한 대로 황제기원이 아닌 "새로운 신앙을 만들어 민족단결의 기초로 삼을" 것을 요청했고[66] 중화민족론의 재구성을 통해 그 목적에 도달하고자 했다. 민족 단결의 당위와 필요성을 매우 긍정하고 있었던 것인데[67] 그런 만큼 구제강에게 1930년대는 국가의 역할과 중요성이 더욱 부각되는 시기였던 것으로 보인다. 1936년 국민당 가입이나 통속독물출판사, 우공학회 등의 운영 경비 마련을 위해 국민당 인사들과 긴밀한 관계를 맺었던 상황은[68] 국민정부의 위로부터의 '변정'과 자신의 역사지리학 '연구'의 목표가 상통했음을 짐작케 한다. 당대의 다른 많은 지식인들과 마찬가지로 구제강 역시 국민정부를 중심으로 한 국가·민족통합을 절실한 시대 과제로 인식하고 그에 부응하고자 했다.

이를 국민국가의 형성 과정이라는 큰 각도에서 보자면, 중국을 대표

66 顧頡剛, 1998, 앞의 책, 3쪽.

67 하주형, 2010, 앞의 글, 26~27쪽.

68 余英時, 2017, 앞의 책, 52~53쪽.

하는 명실상부한 정부가 출범한 1928년에서 중일전쟁이 발발하는 1937년까지는 난징 국민정부가 주도하는 국가건설 단계로서 그 이전과는 명확히 구분되었고 의미 또한 새롭게 갱신되었다. 전인갑의 표현을 빌리자면 20세기 처음으로 '중국의 부상' 가능성이 확인된 시기였던 셈인데 그가 이때를 서구 국민국가 패러다임의 중국적 재구성이 모색된 시기로 규정한 것은 구제강의 인식 변화를 이해하는 데도 시사하는 바가 크다.[69] 문화보수주의의 확산으로 대표되는 1930년대 문화담론 및 건설담론의 흥기 속에서 정치권력의 입장에서건 지식인 사회에서건 중국적 재해석을 추구하려는 발상을 기본적으로 공유했다. 그리고 그것은 국가통합과 국민통합, 반제민족주의의 실현이라는 국민국가 패러다임의 주요 실천과제[70]를 수행할 주체로서 '국가'의 부상이라는 당대 현실과 긴밀히 얽혀 있었다.

그런 점에서 1930년대 전후로 포착되는 구제강의 학술 관념의 전환은 국민국가의 논리를 한층 더 내재화한 결과로 읽을 수 있다. 그 결과 과학적 역사학에 입각한 고증보다는 국가정체성 및 국민통합의 근간이 되는 민족담론의 창출 자체에 방점을 두고 역사지리학 연구에 착수했던 것으로 보인다. 그렇다고 그가 이전에 국민국가와 근대역사학의 관계에 무감각했던 것은 아니었고 앞서 지적한 것처럼 학술구국의 지향은 연속되었지만, 1930년대 이후에는 국가정체성의 확립 도구로서 역사학을 활용하는 데 거의 주저함이 없었다는 점에서 질적 차이를 드러냈다.

'중화민족'에 대한 규정 문제는 정치·영토적 통일로서의 국가통합과

69 전인갑, 2022, 앞의 글, 25~30쪽.

70 전인갑, 2020, 앞의 글, 31~36쪽.

정치·이념적 통합에 기반한 국민통합의 가능성과 직결된 문제일 수밖에 없다는 점에서 역사학자 구제강은 이 문제에 좀 더 깊이 천착했다. 그가 1930년대 들어 중화민족론을 어떻게 재구축했는지 다음에서 자세히 살펴보도록 한다.

2. 중화민족론의 전환과 다원적 단일민족론의 정치성

1937년 7·7사변을 거치며 중국 민족에 관한 이해 차원이 아니라 그야말로 '중화민족론'이라 할 만한 논설이 1939년 2월에 발표되는데 그것이 바로 오늘날 주목받고 있는 「중화민족은 하나」이다.[71] 이 글은 쿤밍(昆明)에서 보내온 푸쓰녠의 서신을 받은 바로 다음 날 작성된 문건으로 알려져 있다.[72] 푸쓰녠은 윈난(雲南)에서 민족 분열을 획책하는 일본, 영국의 기도를 성토하였고 구제강 역시 이에 적극적으로 호응하면서 변경 인민을 대상으로 한 중화민족의식의 고취가 갖는 중요성을 역설하였다. 구제강과 푸쓰녠 모두 '하나로서의 중화민족'의 타당성을 주창하는 데 목소리를 높였음을 알 수 있다.[73] 이 '중화민족은 하나'는 중화민족의 일체성을 전제로 펼친 논의였다는 점에서 이 시기 국민당, 공산당

71 구제강은 「중화민족은 하나」 이외에도 국가 위기를 타개하기 위한 민족 단결의 타당성과 방법에 관한 시론적 글을 전후로 발표하였고 '중화민족'이라는 개념의 골격을 재구성했다. 顧頡剛, 1937.1.10, "中華民族的團結", 『申報』; 「如何可使中華民族團結起來」, 1937.11.10~14, 『民國日報』.

72 顧頡剛, 1939.2.13, 「中華民族是一個」, 『益世報·邊疆週刊』 9.

73 이 시기 푸쓰녠의 중화민족론을 대변하는 문건이 「中華民族是整個的」(1935.12.15, 『獨立評論』 181)이다. 하지만 이후 '중화민족은 하나'를 둘러싸고 전개된 논쟁에서도 알 수 있듯이 구제강과 푸쓰녠의 민족담론의 차이가 작지 않았다. 관련하여 李帆, 2018, 앞의 글; 오병수, 2018, 앞의 글 참조.

할 것 없이 공유했던 '단일민족론'과 동의어라 보아도 무방할 것이다.

구제강이 초기의 민족담론에서 조심스럽게 드러냈던 다원적 민족론과 달리 1930년대를 전후하여 그가 '중화민족은 하나'라는 강한 정치적 주장을 하게 된 데에는 '민족' 개념의 재정립이 무엇보다 중차대하다고 여겼기 때문이다. 구제강은 자신이 변강 문제에 관심을 두게 된 계기를 여러 지면을 통해 밝힌 바 있다. 만주국이 '민족자결'의 구호 아래 성립하는 것을 보고 '민족'이라는 두 글자를 신중하게 사용해야 한다고 느꼈다거나, 내몽골자치를 선언한 차하르 덕왕과 그 부족의 상황을 보고 몽골인들의 '민족' 관념의 결여를 실감하게 되었던 사례, 시베이 시찰을 통해 한족, 회족, 번족(番族)의 소통 부족을 알게 되었던 경험들이 그것이다.[74] 국민국가의 통합을 방해하는 원심력이 외력으로서 작동하는 제국주의 열강의 영토 침략과 분열책뿐만 아니라 변경 지역 인민 스스로의 민족의식으로부터도 강하게 작용한다는 위기감이 엿보인다. 만주국이 내건 '민족자결'이나 내몽골의 '자치' 요구는 그것의 반증인 셈이었다. 요컨대, 이 에피소드들은 '민족' 개념의 규정 여하에 따라 중화민족의 단결을 해치는 분열적 요소—제국주의 세력에 의한 민족 분열 기도와 변강 지역의 '민족자결'의 정체화(正體化)—가 오히려 가중될 수 있다는 인식을 점차 강화시켰던 것이다.

구제강은 바로 그러한 문제의식에서 "민족 두 글자의 용법을 수정해야 할 필요"[75]를 절감하며 초기의 느슨한 민족 인식에서 탈피하여 중화민족을 설명하기 위한 민족 개념을 재규정하기 시작했다. 1937년에 발

74 박장배, 2017, 앞의 글, 187쪽.

75 顧頡剛, 1939.5.8, 「續論"中華民族是一個": 答費孝通先生」, 『益世報 · 邊疆週刊』.

표한 「중화민족의 단결(中華民族的團結)」에 해당 입장이 명확하게 드러나므로 일부 인용해 보자.[76]

> 혈통이 같은 집단을 '종족(種族)'이라 한다. 공동의 역사 배경, 생활 방식과 단결 일치된 민족정서를 가진 집단을 '민족(民族)'이라 한다. 우리 나라에 (종족이) 오족(五族)으로 나뉘어 있다는 것을 모두 오랫동안 잘 알고 있었으므로 신해혁명 이후 '오족공화(五族共和)'의 기치가 높이 내걸렸다. '오족'이라는 이 명사는 큰 어폐가 있는데, 오늘날 일반인의 관념에 따라 중국에 몇 개 종족이 있다고 말하기는 하지만 우리는 확실히 중국의 판도 내에 하나의 중화민족만이 있다고 확신한다. 이 민족 내의 종족들은 그들의 이해 영욕이 일치하니, 멀어지면 다치고 합하면 함께 번성한다. 우리가 만약 중국을 하나의 독립자유국가로 만들고자 한다면 먼저 국내 각 종족들을 단결시키는 것에서부터 시작하지 않으면 안 된다.[77]

전술한 바와 같이 구제강의 초기 민족 인식에서 '종족'과 '민족'은 명확한 구별 없이 혼용되는 경우가 허다했다. 그런데 이 시점에는 종족과 민족의 개념적 범주를 전자는 혈통 개념으로, 후자는 공통의 역사 환경 및 정신적 일체성을 기준으로 구분하고 있음이 명확히 확인된다. 이어 오족공화론에 대해서도 그것이 상위의 중화민족을 구성하는 종족성 개념에 불과하다는 단서를 달고 종족과 중화민족은 공동의 이익에 기초한

---

76 중화민족론을 다룬 구제강의 각 문건이 어떠한 구체적인 시기적 맥락에서 제출되었는지에 대해서는 하주형의 연구에 잘 정리되어 있다. 하주형, 2010, 앞의 글, 34~46쪽.

77 顧頡剛, 2011, 「中華民族的團結(1937.1.10)」, 『顧頡剛全集』 36, 北京: 中華書局, 49쪽.

운명공동체임을 강조하고 있다. 그리고 이러한 종족의 단결이 곧 '독립자유국가' 건설을 위한 선결 과제임을 피력하고 있다.

민족 개념에 대한 이상의 규정은 당시 국민당이 구사했던 '다종족결합의 중화민족론'과 크게 달라 보이지 않는다. 민족이란 용어를 '중화'나 때로는 '한족'의 경우에만 한정하여 사용하고 여타 소수민족은 '종족'으로 치환함으로써 다민족이 아닌 다종족의 결합 양태로 중화민족의 일체성을 강조하는 논법이다.[78] 이렇게 본다면 구제강은 1930년대 이후 다민족결합이 아닌 다종족결합의 중화민족론을 주창했다. 그가 민족의 용어 및 범주상의 위계를 재설정하고자 했던 것은 종족적, 문화적 민족 개념에 입각하여 '(중화)민족'과 '국족(國族)'을 동일시하기 위한 것이었고 이것은 곧 당시 난징 국민정부의 기본 입장이기도 했다.

그런데 이러한 다종족결합의 중화민족론이 1930년대 시점에만 관측되는 것은 아니다. 조금 더 거슬러 올라가 보면 1922년에 량치차오가 제출한 중화민족론과도 꼭 빼닮아 있음을 알 수 있다. 량치차오는 「중화민족연구」에서 복수의 종족으로 구성된 민족 개념을 제출하고 민족이라는 호명은 오직 중화민족에만 해당됨을 역설하는 이른바 '다원적 단일민족론'의 골격을 분명히 세웠다.[79] 그 '다원성'의 적용 범주가 종족 차원에 국한되는 것은 물론이다.

그렇다면 1930년대 중후반에 제출된 구제강의 중화민족론은 그 이전 량치차오나 쑨원(孫文)으로 대표되는 국민당의 중화민족론의 계보와 어떤 연속과 차이를 드러내는가. 시민적 민족 개념에 입각한 국가민족

78 유용태, 2009, 「근대 중국의 민족제국주의와 단일민족론」, 『동북아역사논총』 23, 62~63쪽.

79 유용태, 2009, 위의 글, 60~61쪽.

(state-nation)과 종족적 민족 개념으로의 '문화민족(culture-nation) 가운데, 문화민족 개념에의 경도가 근대 중국 사상계 전반에 지배적으로 관측된다는 유용태의 천착은 이 질문을 해명하는 데 유효한 길잡이가 된다. 이를 염두에 두면서 구제강의 중화민족론의 성격을 조금 더 자세히 들여다보도록 하자.

7·7사변 이후 '중화민족은 하나'라는 명제하에 삼민주의적 민족주의를 민족관계 이론의 표준으로 삼을 것을 주창한 구제강의 변모에 대해 "아무리 군자표변(君子豹變)이라 해도 지나친 면이 없지 않다"라는 평가도 가능하지만,[80] 그가 이전에 견지했던 과학적 학술 태도와 학설을 완전히 다 뒤집은 것은 결코 아니었다. 우선 앞서 언급한 대로 구제강은 혈연적 원리에 기초하여 중화민족의 일체성을 설명하는 국민당식의 동조동근론에는 계속 동의하지 않았고 황제로 대변되는 동일기원설 역시 인정하지 않았다. 당시 국민정부는 황제를 중화민족의 시조로 규정하고 황제릉 치제(致祭)를 국가의전으로 공식화하였을 만큼 단일혈통에 근거한 중화민족론을 매우 중시했다.[81] 이런 점을 고려하면 민족일원론 관념의 타파를 주장했던 5·4기의 입장이 이 시기에도 연속되고 있음을 확인할 수 있다. 또한 구제강은 국민적 정체성의 강화를 목적으로 소수민족 지역에 강력한 동화 및 동원 정책을 구사했던 국민정부의 억압적 민족통합정책[82]에 대해서도 기본적으로 비판적 입장을 취했다. 누차 확인한 바와 같이 비한족 지역을 대상으로 하는 민족통합의 필요성 자체는 추

80 전인갑, 2022, 앞의 글, 29~30쪽.

81 오병수, 2018, 앞의 글, 594쪽.

82 楊思機, 2012, 「以行政區域統馭國內民族: 抗戰前國民黨對小數民族的基本策略」, 『民族研究』 3.

인하였지만 푸쓰녠의 경우처럼 한족에 의한 문화적 동화를 승인하는 방향으로 급격히 기울지는 않았다. 황제에서 연유한 민족적 일체성과 함께 한족에 의한 제 족의 정복 동화를 민족융합의 일환으로 강조하는 것이 당시 난징 국민정부의 민족주의 교육체계하 '중화민족사' 서술의 기본 방침이었다고 할 때 구제강의 입장 차는 결코 작지 않았다.

이렇듯 국민정부가 발신하고 있던 일원론적 민족담론을 구제강이 승인하지 않은 것은 그가 기본적으로 '교류하고 융합한' 문화민족으로서 중화민족의 역사적 형성 맥락을 이해했기 때문이었다. 구제강은 전쟁, 정복, 이주와 동화와 같은 역사상의 요인들로 인해 각 족 혈통의 혼합과 지역 변동이 부지기수였던 까닭에 한족과 기타 각 족의 피는 이미 뒤섞였다고 보았다.[83] 그런데도 중국의 최근 민족사 기술에서는 변지 제족의 원류나 한족 발전의 유래를 규명하는 데만 치우쳐, 정작 중원에 모여들며 발생한 여러 방면의 영향에 관해서는 상세한 연구가 진행되지 않았던 아쉬움을 토로하면서 중국 내부 각 족에 관한 조사와 연구의 필요성을 호소했다.[84] 그는 수천 년간의 혼합과 동화를 거친 결과 이미 순수한 종족과 문화란 존재하지 않으므로 한족의 문화 역시 고정불변한 문화가 아니라고 보았다.[85] 이러한 종족과 문화의 복잡성과 가변성에 의거하여 "국족의 융합을 역사사실"로 삼아 인민의 민족의식을 배양하는 것이 시대의 절실한 요구라고 주장했다.[86]

---

83 顧頡剛, 2011, 「中華民族的團結(1937.1.10)」, 『顧頡剛全集』 36, 北京:中華書局, 49쪽.

84 顧頡剛, 2011, 「禹貢學會工作計劃(1937.4.1)」, 『顧頡剛全集』 36, 北京: 中華書局.

85 顧頡剛, 2011, 「如何可使中華民族團結起來(1937.11.10~14)」, 『顧頡剛全集』 36, 北京: 中華書局, 59~64쪽.

86 顧頡剛, 2002, 『西北考察日記』, 甘肅人民出版社, 220쪽.

물론 이상의 논리 구조는 '융화한 국족'인 '하나로서의 중화민족'의 역사적 형성 배경과 그 공유된 속성을 추출하기 위한 장치라고 할 수 있다. 중국에는 문화 관념만 있고 협소한 종족적 편견은 없기 때문에 종족이나 문화의 복잡성이 하나의 민족을 구성하는 데 결코 방해 요인으로 작용하지 않는다는 점을 강조한 까닭도 여기에 있다.[87] 구제강은 "중화민족 외에 또 다른 호칭이 있어서는 안 된다"라면서 기존의 '한족(漢族)'이나 '한인(漢人)'과 같은 불합리하고 억지스런 명칭을 버려야 한다고까지 주장하고 있다.[88] 이는 중화민족의 문화에 대한 한족 중심의 일원적 이해방식을 반대한 견해였다는 점에서 국민정부의 입장과는 구별되었다.

구제강의 이러한 한족 중심성에 대한 거리두기는 주류적 해석으로서의 한족 중심의 단일민족론이 혼합 문화로 구성된 중국의 역사적 실체에 부합하지 않는다는 역사학자로서의 실증적 판단과 함께, 오늘날 비한족을 포함한 중화민족의 공유된 정체성을 창출하는 데 오히려 방해가 된다는 전략적 판단에 근거했다. 요컨대, 지역, 종족, 의식이 융합되고 통일된 중화민족의 속성을 통해 한족과 비한족을 구별 짓던 "'화이지변(華夷之辨)'을 뛰어넘는 화이일체론(華夷一體論)"의 논리 구조를 구축하고자 했던 것이다.[89] 1920년대에 그가 비교적 다원적이고 개방적인 민족

87 顧頡剛, 2011, 「西北回民應有的覺悟(1937.12.20)」, 『顧頡剛全集』 36, 北京: 中華書局, 71쪽.

88 顧頡剛, 2011, 「如何可使中華民族團結起來(1937.11.10~14)」, 『顧頡剛全集』 36, 北京: 中華書局; 顧頡剛, 2011, 「中華民族是一個(1939.2.13)」, 『顧頡剛全集』 36, 北京: 中華書局, 97쪽.

89 奂平清, 2021, 앞의 글, 90쪽. 奂平清은 이 점을 들어 구제강이 오늘날 거론되는 중화민족공동체 건설의 견실한 이론적 기초를 놓은 것으로 평가하고 있다.

인식에 터해 비한족 소수민족의 역할과 가능성에 주목했던 것과 비교해 보면 그 차이는 뚜렷하다. 1930년대 이후 발생한 이러한 변화는 중화민족론의 정당성을 구축하려는 학술적 목표의식이 제반 연구를 끌고 갔기 때문이다.

구제강이 이토록 중화민족으로서의 민족 호명을 강조한 까닭은 "변지의 인민들과 함께 중화민족이라는 이름 아래 단결하여 제국주의의 침략에 저항해야"[90] 한다고 보았기 때문이다. 민족에 대한 규정이 외세의 침략과 소수민족의 자치 내지 민족자결권의 명분으로 쉽게 전유될 수 있다는 우려가 그의 중화민족론의 기저에 깔려 있음은 앞서 확인한 대로이다. 다시 말해 내우외환에 따른 민족적 위기의식이 국가·민족 통합론으로서 중화민족론의 정치적 명분을 강하게 떠받치고 있었던 것이다. 그 결과 비한족의 역할과 한족과의 관계 역시 전체 민족의 통합성을 해치지 않는 범위에서만 제한적으로 인정된다. 이 점은 초기의 다원적 민족 인식이 후퇴한 분명한 징후로 읽을 수 있다.

부연할 필요도 없이 중국의 민족 위기로 초래된 반제민족주의는 민국기 지식인들의 의식을 관통하는 시대정념이었고 구제강의 민족담론의 전환 역시 국난이 유례없이 심화된 1930년대라는 시대환경에서 결코 자유롭지 않았음을 잘 보여 준다. 하지만 서론에서 지적한 것처럼 구제강의 이러한 민족담론의 변모를 단지 시대의 제약이라는 말로 일축하기에는 여전히 불충분하다고 생각한다. 여기에서는 다음 두 가지 물음을 통해 좀 더 진전된 논의를 이끌고자 한다.

하나는 중국의 1930년대의 시대 상황과 관련하여 앞서 제기한 '국가

---

90 顧頡剛, 2011,「中華民族是一個(1939.2.13)」,『顧頡剛全集』36, 北京:中華書局, 98쪽.

의 부상'과 구제강의 중화민족론이 어떻게 결부되고 있는가를 다시 들여다볼 필요가 있다. 구제강이 「중화민족의 단결」에서 하나의 독립자유국가를 만들기 위한 전제로서 중화민족의 단결을 강조한 데서 짐작할 수 있듯이,[91] 근대적 민족국가의 형성 문제는 그 어떤 다른 목표보다 우선시되는 시대과제였다. 1930년대에 해당 프로젝트를 수행하는 권력주체로서 난징 국민정부로 대변되는 국가의 역할이 각별히 주목된 까닭이다. '민주와 독재 논쟁'의 사례처럼 훈정 체제를 둘러싸고 국민당의 국가주의적 지향을 견제해 왔던 자유주의 지식인들의 인식 전향이 이 시기 두드러졌던 것 역시 이러한 상황을 잘 보여 준다.[92] 이 점을 고려한다면 량치차오가 다원(종족)적 중화민족론을 도출한 5·4운동기와는 그 시대적 맥락이 달랐다고 볼 수 있는데, 1930년대의 경우 국가의 중요성이 그 어느 때보다 더 절실하게 체감되면서 국민정부를 중심으로 한 국가·민족의 통합이 전제되었을 뿐 아니라 국가권력에 의한 실천력도 어느 정도는 담보되었던 상황이었다. 구제강의 역사지리학 연구에 반영된 학술과 정치의 결합 양상이나 다원적 민족론에서의 후퇴 등은 바로 이러한 현실인식에 따른 것이었다고 볼 수 있다.

그런데 중화민족론의 재구성 과정에서 구제강의 국가 인식을 명확히 확인할 만한 근거는 잘 발견되지 않는다. 위에서 언급한 '독립자유국가'와 같은 추상적 표현이나 "우리는 단지 하나의 정부 아래 공동생활을 영위하는 사람"이기 때문에 중화민족 외에 다른 호칭이 있어서는 안

91 顧頡剛, 2011, 「中華民族的團結(1937.1.10)」, 『顧頡剛全集』 36, 北京:中華書局, 49쪽.
92 김승욱, 2022, 앞의 글, 429~432쪽.

된다[93]는 설명 정도에 그치고 있다. 한족과 비한족을 아우르는 정치공동체로서 '국족'의 창출을 당면과제로 인식하면서도 그 정치공동체가 어떤 공통된 기반 위에서 성립되어야 하는가에 대해서는 거의 관심을 두지 않았던 탓이다. 구제강은 혈통적 인식에 따른 정치공동체의 구성에는 반대했지만 문화민족의 공통기반에 대해서는 답하지 않았다.[94] 이는 근대적 국민국가 형성을 목표하면서도 정작 국가 민족의 본질인 시민적 민족 개념은 제대로 포착되지 않았던 근대 중국의 사유 배경을 재확인시킨다.[95] 1930년대라는 시대상황에 착목해 본다면 국가의 등장으로 인한 비판적 인식의 계기가 형성되었음에도 불구하고 종족성에 매몰된 문화민족 개념에의 경도가 오히려 더 심화하여 나타났던 것이다. 1920년대에 전개된 역사학계와 국민당 간의 대립구도 안에서 청말 혁명파와 국민당이 취한 '멸청복명(滅淸復明)' 입장에 대해 구제강이 명·청을 불문하고 전제권력에 대한 비억압자의 결합을 중시하는 정치적 민족주의를 주장했던 대목은 자못 의미심장하게 다가온다.[96] 5·4운동기 구제강의 대안적 민족인식의 근저에 작동했던 이러한 시민적 민족 개념의 단초가 1930년대에 와서는 거의 제대로 검토되지 못했던 것이다. 그 결과 국가에 귀속하는 민족주의로 위축되었고 국민정부가 발신하고 있던 종족적 기준에 의한 문화민족 논리에 쉽게 안주하는 선택을 하게 되었던 것은 아닌가.

또 다른 하나는 민족주의의 역학과 관련된 중화민족주의의 제국성

93 顧頡剛, 2011, 「中華民族是一個(1939.2.13)」, 『顧頡剛全集』 36, 北京:中華書局, 98쪽.

94 하주형, 2010, 앞의 글, 49~50쪽.

95 유용태, 2009, 앞의 글.

96 김승욱, 2022, 앞의 글, 425쪽.

문제이다. 전술하였듯이 1930년대 역사지리학을 중심축으로 한 학술의제의 전환은 민족 개념과 지리 강역의 밀접한 상관성 및 영향 관계에 대한 재인식 속에서 이뤄졌다. 구제강의 초기 인식에서 나타난 중국의 다원적 민족과 강역의 유동성 문제는 1930년대 이후에는 청 제국의 영역으로 확장된 지리중국의 범위를 전제한 상태에서 논의되는 경우가 허다했다. 청 제국의 영역이 곧 중국 영토/판도로 규정된 상태에서 그것을 사후적으로 정당화하려는 의도가 개입되었기 때문에 사실상 영토의 축소와 같은 가변성은 거론되기 어려웠다. 구제강은 중국 영토의 유동성과 관련하여 발생하는 논리적 간극을 역사적, 문화적 차원에서 봉합하고자 노력했다. 가령 그는 청말 중국이 겪은 영토 상실의 사례를 제시하면서 그것이 변경 지역에 대한 지식의 결핍에서 초래된 것이라고 보고 제반 연구의 필요성을 강변했다.[97] 그 연장선상에서 기존의 중국민족사 기술에서의 한족 중심성을 비판하는 가운데 "평등한 시각으로 각 족의 역사사실을 기재하여" 한족만이 아닌 "중화민족 전체의 활동"을 포괄하는 새로운 중국통사 편찬을 요청했다.[98] 역사적 사실에 입각한 '융화된 대집단'으로서의 중화민족 개념을 재조정함으로써 민족의 확정된 범주와 통합성을 설명하고 그것으로 강역의 범주를 다시 획정하려는 순환론적 논리를 구사했다.

이렇듯 중화민족론의 재구축을 통해 민족과 강역의 불가분성을 입증하고자 한 구제강의 시도는 근대 중국, 특히 1930년대의 민족 위기에 대한 한 역사학자의 적극적 대응이었을 것임은 자명하다. 이를 과학적

---

97 顧頡剛, 2011,「禹貢學會硏究邊疆計劃書」,『顧頡剛全集』36, 北京: 中華書局, 215~217쪽.

98 顧頡剛, 2011,「考察西北後的感想」,『顧頡剛全集』36, 北京: 中華書局, 87쪽.

역사학과 민족주의의 결합(혹은 착종)으로 설명해도 크게 틀리지 않을 것이다. 다만 시대와 학술 사이의 긴장을 버텨 내려는 나름의 노력과 가능성에도 불구하고 중화민족론에 내장된 논리적 모순으로 말미암아 제국성이 재차 자극되었던 점 또한 반드시 짚고 넘어가야 할 것이다.[99] 구제강은 융화 개념을 통해 그동안 소거되었던 비한족의 역사를 역사화하고자 하였으나 그러한 인식은 국족으로서 중화민족의 형성에 역동성을 부여하는 수준에서만 작동할 뿐 그것이 중화민족 전체의 통합성을 해치는 경우에는 사실상 허용되기 어려웠다. 페이샤오퉁(費孝通)과의 논쟁에서 잘 드러나듯 구제강이 중화민족의 문화적 차원에서의 다양성이 정치적 차원의 분열을 정당화하는 데 작용하지 않아야 한다는 점을 재차 환기한 이유가 바로 여기에 있다.[100] 그는 장래에 중화민족만 존재하고 한족과 같은 억지로 나눈 종족명은 사라질 것이라고 내다봤지만, 결국 그것이 민족 간의 '융화 공작의 완성'을 지시하고 있다는 점에서[101] 한화정책과 과연 어떻게 구분될 수 있는 것인지 대답하기란 쉽지 않을 것이다.

끝으로 구제강의 중화민족론에 중국 외부를 향한 제국성이 내장되어 있는 것은 아닌지도 조심스레 묻지 않을 수 없다. 그는 기본적으로 아시아 문제를 자신의 주된 연구의제로 삼지는 않았던 것으로 보인다. 또 하

---

99 관련하여 유용태는 '민족제국주의'라는 시각을 통해 근대 중국에서 민족에 대한 인식 자체가 전통적 중화제국의 제국성이라는 역사적 맥락의 흐름 속에서 이뤄졌던 상황을 추적했다. 유용태, 2009, 앞의 글 참조.

100 구제강의 중화민족론에 대해 페이샤오퉁은 중국의 정치적 통합과 민족의 다양성이 상충되지 않음을 강조하고 각 민족 간의 정치적 불평등 문제의 해소가 더욱 핵심적이라는 입장을 강조했다(費孝通, 1939.5.1, 「關於民族問題的討論」, 『益世報·邊疆週刊』).

101 顧頡剛, 2011, 「如何可使中華民族團結起來(1937.11.10~14)」, 『顧頡剛全集』 36, 北京:中華書局, 62쪽.

나 분명한 점은 당시 일본의 만주침략에 대한 대응으로 만주 및 한반도의 고대사를 중국사로 적극 편입시키고자 했던 푸쓰녠의 경우처럼 변강과 아시아의 관계 문제를 쉽게 처리하지 않았다.[102] 하지만 과거 일본의 만몽제외론의 영향하에 집필한 『본국사』에서 중국을 구성하는 7대 민족에 한족(韓族)을 포함시키고 자고이래 중국과 가장 관계가 깊은 '중국문화의 외부(外府)'[103]로 규정했던 사실은 학술구국이란 목표와 뒤얽혀 중화민족론이 제국성 담론으로 전용될 우려를 쉽사리 떨치기 어렵게 만든다. 오늘날 중화민족공동체론의 관점에서 구제강이 다시 주목을 받는 이유가 이와 전혀 무관하다고 말할 수 없는 까닭이다.

Ⅳ. 맺음말

이상으로 역사학자 구제강을 중심으로 1920~1930년대에 걸친 중화민족론의 궤적을 검토하였다. 이 글에서 대별한 두 시기, 즉 5·4운동으로 대표되는 1920년대와 난징 국민정부 수립을 기점으로 한 1930년대의 시대적 특징은 구제강의 학문에 대한 태도와 민족담론의 변화 추이를 추적하는 데 중요한 변별점이 된다. 근대 중국에서 국민국가건설이 점차 보편적이고 당위적인 시대과제로 인정되면 될수록 국가와 민족의

102 근대 중국이 겪은 주권국가로서의 국권 및 변계의 상실 문제는 중국 중심의 종번 관계의 연장선상에서 변강 지역뿐 아니라 아시아 주변 국가들을 포함한 문제였기 때문에 중화민족론을 검토하는 데 변강 문제와 아시아 담론의 연관성에 대한 천착은 필수적이다. 이러한 문제의식을 담은 연구로 김하림, 2017, 앞의 글 참조.

103 顧頡剛, 1925, 앞의 책, 16쪽.

통합성을 담보하기 위한 민족담론 역시 활성화되었고 여러 갈래로 경합하고 길항하였다. 시대 상황과 성격의 차이로 말미암아 민족주의의 역학 또한 다르게 작동하였음은 물론인데, 5·4운동기에 국민국가의 억압성에 대한 비판적 성찰이 자기개조의 계기를 만들었던 반면, 국가(통일정부)의 등장과 항전이라는 1930년대의 제약된 상황 속에서 그러한 가능성은 제대로 힘을 발휘하지 못했다. 이것이 민족담론에도 심대한 영향을 미쳤음을 구제강의 사례를 통해 살펴보았다. 구제강의 학문세계와 현실인식 그리고 중화민족론의 변화는 그런 점에서 시대의 산물이었다.

1920년대에 구제강으로 대표되는 북방의 과학적 '신사학'이 문화보수주의를 담지한 남방의 동남국학(東南國學) 계열과 큰 차이를 보이며 분기했지만 1930년대에 이르면 사지학 연구를 매개로 양자가 합류했던 정황은 매우 의미심장하다.[104] 1930년대를 전후하여 구제강이 변강 연구에 매진하며 자신의 학술구국의 방향성과 방법론을 변경할 만큼 반제민족주의의 동력은 강하게 작동했다. 이 길목에서 다양한 층위의 민족담론은 점차 '중화민족주의'라는 경색된 틀을 갖춰 나가게 되었다고 볼 수 있다. 민족의 일원성과 강역의 통일성을 전제한 고대사 연구의 '우상'을 타파하여 새로운 민족사를 편찬할 것을 주장했던 그가 기존의 대안적 입장을 사실상 철회하고 민족·국가의 일체성을 담보하는 단일민족론으로서의 '중화민족'을 새로운 민족 개념으로 확정하고자 했던 것은 이러한 흐름을 반영한다. 물론 구제강은 5·4운동기에 걸쳐 주창한 '과학적 역사학'의 태도를 견지하고자 노력했고 다원적 민족 인식이 1930년대에도 연속되는 부분이 없지 않지만, 비한족의 다양한 역사상은 국족인 중화민

104 전인갑, 2021, 앞의 글 참조.

족의 형성 과정에 역동성을 부여하는 선에서만 인정되었다는 점에서 초기 민족 인식의 후퇴라고 해도 과언은 아닐 것이다. 중국에서 다시 '천하'와 '전통'이 호명되고 '중화민족'의 역사가 다시 강조되는 오늘날, 구제강에 대한 비판적 재검토가 더욱 시의적절한 의미를 갖는 이유이다.

참고문헌

『禹貢』, 1934~1937, 禹貢學會.

顧頡剛, 1925, 『現代初中教科書 · 本國史』, 商務印書館.

______, 1926, 『古史辨』 1 · 2(臺北: 明倫出版社, 1970).

______, 1926.1.1, 「一九二六年始刊詞」, 『北京大學研究所國學門周刊』 2-13.

______, 1937.1.10, 「中華民族的團結」, 『申報 · 星期論壇』.

______, 1937.11.10~14, 「如何可使中華民族團結起來」, 『民國日報』.

______, 1937.12.20, 「西北回民應有的覺悟」, 『抗敵旬刊』 2.

______, 1939.2.13, 「中華民族是一個」, 『益世報 · 邊疆週刊』.

______, 1939.5.8, 「續論"中華民族是一個": 答費孝通先生」, 『益世報 · 邊疆週刊』.

______, 2002, 『西北考察日記』, 甘肅人民出版社.

______, 2010, 『顧頡剛全集』 1, 北京: 中華書局.

______, 2011, 『顧頡剛全集』 35 · 36, 北京: 中華書局.

顧頡剛 지음, 김병준 옮김, 2006, 『고사변 자서』, 소명출판.

顧頡剛 · 史念海, 1938, 『中國疆域沿革史』, 商務印書館.

顧潮 編著, 1993, 『顧頡剛年譜』, 中國社會科學出版社.

梁啓超, 2015, 「新史學」, 『飮冰室合集』 4, 北京: 中華書局.

______, 2015, 「中國史緒論」, 『飮冰室合集』 3, 北京: 中華書局.

傅斯年, 1935.12.15, 「中華民族是整個的」, 『獨立評論』 181.

傅斯年 지음, 정지호 옮김, 2017, 『東北史綱』, 주류성.

費孝通, 1939.5.1, 「關於民族問題的討論」, 『益世報 · 邊疆週刊』.

김병준, 2009, 「구제강의 삶과 학문세계」 성균관대학교 BK21 동아시아학 융합사업단 편, 『근대 동아시아 지식인의 삶과 학문』, 성균관대학교출판부.

김승욱, 2017, 「중국의 역사강역 담론과 제국 전통」, 『역사문화연구』 63.

______, 2019, 「중국 근대 역사학에서 國家 개념의 재구성」, 『역사와 담론』 89.

______, 2022, 「근현대 중국에서 민족담론의 전개-다양한 지식 기반과 내적 긴장」, 『동북아역사논총』 78.

김창규, 2004, 「傅斯年(1896~1950)의 교육개혁 사상과 그 실천」, 『대구사학』 4(77).

______, 2007, 「傅斯年의 민족문제 이해와 '東北' 인식」, 『역사학보』 193.

______, 2012, 『푸쓰녠(1896~1950)과 그의 시대』, 선인.
김하림, 2017, 「1930년대 중국 지식인들의 '변강(邊疆)' 인식과 아시아주의」, 『중국지식네트워크』 10.
文明基, 2010, 「民國時代 학술사회의 분기와 수렴」, 『중국근현대사연구』 46.
박장배, 2017, 「1930년대 顧頡剛의 역사지리 인식과 변강학 연구」, 『중국근현대사연구』 76.
손장훈, 2023, 「'중화민족공동체' 의식의 기원과 전개 과정」, 『동북아역사리포트』 37.
안용수, 2019, 「《古史辨·第二冊》에 나타난 '孝' 담론」, 『중국문학』 99.
오병수, 2014, 「중국 근대 역사 교과서의 자국사 구축과정과 '중화민족'」, 『역사교육』 132.
______, 2018, 「民國時期 傅斯年 史學의 興衰」, 『역사학보』 240.
유용태, 2009, 「근대 중국의 민족제국주의와 단일민족론」, 『동북아역사논총』 23.
이유진, 2005, 「顧頡剛 신화관의 형성 배경」, 『중국어문학논집』 32.
______, 2006, 「전통과 반전통의 관점에서 바라본 顧頡剛의 신화관」, 『중국어문학논집』 36.
이윤화, 2011, 「顧頡剛과 孫晉泰의 歷史認識」, 『중국사연구』 75.
전인갑, 2020, 「국가건설 패러다임의 전환과 민족주의-'민족'과 '천하'의 길항(拮抗)」, 『동북아역사논총』 67.
______, 2021, 「민국 시기 東南國學과 역사연구의 제도화」, 『역사학보』 249.
______, 2022, 「중국 국가건설 100년의 역정과 역사학(Ⅰ)-천하 패러다임의 해체와 근대 역사학」, 『역사학보』 256.
______, 2024, 「중국 국가건설 100년의 역정과 역사학(Ⅱ)-'신천하' 패러다임의 생성과 역사학」, 『동북아역사논총』 83.
정지호, 2011, 「근대 중국 사학의 형성과 변용」, 『중국지식네트워크』 창간호.
조경란, 2023, 「시진핑 3기와 천하주의 그리고 동아시아의 갈등」, 『동북아역사리포트』 36.
조병한, 2009, 「근대 중국 민족주의의 형성과 中華帝國의 전통」, 『동북아역사논총』 23.
차태근, 2020, 「제국주의론과 수난의 역사관-청말, 민국시기를 중심으로」, 『중국학논총』 67.
최은진, 2017, 「傅斯年(1896~1950)의 학술사상에 나타난 '科學主義'와 그 含意」, 『중국학보』 81.
______, 2017, 「중국의 '푸쓰녠傅斯年'연구의 지적 네트워크와 그 함의」, 『사림』 62.

하주형, 2010, 「학술과 救國의 사이-民國 시기 顧頡剛의 '學術救國' 인식과 중화민족론」, 서울대학교대학원 석사학위논문.
홍은혜, 2023, 「구제강의 '救國'과 古史 연구」, 서울대학교대학원 석사학위논문.
황종원, 2019, 「20세기 초 양계초의 중화민족주의와 지리-문명 지식체계의 근대적 구성」, 『중국학논총』 63.

葛兆光, 2015, 「徘徊到糾結:顧頡剛關於"中國"與"中華民族"的歷史見解」, 『書城』 5.
鄧培研, 2023, 「從求實到致用: 顧頡剛史學理論的發展與傳承」, 『今古文創』 28.
劉永剛, 2020, 「"中華民族是一個"的論辯與中華民族理論的建构」, 『中南民族大學學報』 2.
李帆, 2018, 「求真與致用的兩全和兩難: 以顧頡剛, 傅斯年等民國史家的選擇為例」, 『近代史研究』 3.
李禹階, 2023, 「論中國古史"'歷史記憶'的層累式整合": 兼論顧頡剛"古史層累說"」, 『人文雜誌』 7.
馬建強, 2021, 「"古史辨"是如何"運動"起來的?: 從學術實踐的角度來理解」, 『南京社會科學』 11.
傅曉嵐·賀建明 外, 2022, 「民國時期顧頡剛出版的四類作品敘錄」, 『內蒙古科技與經濟』 6.
徐國利, 2021, 「顧頡剛: 現代科學觀和疑古史觀視域下的中國傳統史學論」, 『武漢科技大學學報(社會科學版)』 23-6.
徐義強, 2023, 「"中華民族共同體"歷史脉絡的早期思考: 費孝通與顧剛的人生交誼及學術論爭」, 『社會科學論戰』 4.
楊思機, 2012, 「以行政區域統馭國內民族: 抗戰前國民黨對小數民族的基本策略」, 『民族研究』 3.
余英時, 2017, 『未盡的才情: 從《日記》看顧頡剛的內心世界』, 臺北: 聯經出版.
王汎森, 1987, 『古史辨運動的興起: 一個思想史的分析』, 臺北: 允晨文化實業.
奂平清, 2021, 「論顧頡剛的中華民族共同體思想: 以民族史編撰為中心」, 『史學集刊』 3.
黃克武, 2016, 「民族主義的再發現: 抗戰時期中國朝野對"中華民族"的討論」, 『近代史研究』 4.
黃天華, 2009, 「民族意識與國家觀念: 抗戰前後關於"中華民族是一個"的論爭」, 『一九四〇年代的中國』 下, 社會科學文獻出版社.

竹元規人, 2009, 「顧頡剛·傅斯年の中國上古史研究と民族論·疆域論」, 『中國哲學研究』24.
________, 2014,「顧頡剛の疑古学説と同時代日本の諸説との比較」,『九州中國學會報』52.
________, 2015,「崔述の'再発見'と顧頡剛: 近代における清代学術評価の問題をめぐって」,『福岡教育大学国語科研究論集』56.
________, 2016,「顧頡剛の尚書研究(1)」,『福岡教育大学紀要』65.

Schneider, Laurence A., 1971, *Ku Chieh-kang and China's New History*, Berkeley: University of California Press.

3장

항일전쟁기(1931~1945)『우공(禹貢)』의 사학연구와 가공된 민족주의

이재령 단국대학교 사학과 교수

Ⅰ. 머리말

19세기 말부터 서양 역사학의 이론과 방법이 중국에 소개되면서 전통 사학을 개조하여 중국 역사를 새롭게 인식하고 서술하려는 노력이 계속되었다. '신사학(新史學)'은 량치차오(梁啓超)와 장빙린(章炳麟)을 필두로 왕궈웨이(王國維)·후스(胡適)·천인커(陳寅恪)·천위안(陳垣)·푸쓰녠(傅斯年)·구제강(顧頡剛) 등으로 이어지며 근대사학을 꽃피웠다. 경세치용의 전통적 학문 태도에서 사료와 고증을 중시한 실증주의가 역사학계를 주도한 것이다. 그러나 1931년 만주사변을 전후로 새로운 전환기를 맞이하면서 역사학계도 항일구국이 시급한 과제로 부각되었다. 이후 1945년 8월 일본이 패망할 때까지 중국 사학계는 어떤 형식으로든 항일구국 활동에 참여하였다. 이 기간에 서양으로부터 유입된 근대사학이론은 중국의 전통 사학이론 및 연구 방법과 접목되고, 토착화되어 근대 중국 사학의 방향을 결정지었다. 이른바 '항전사학(抗戰史學)'이 학술적 보편성과 시대적 특수성을 모두 가지며 중국 역사학의 질적·양적 발전에 기여한 것이다.[1]

---

1 기존 항일전쟁기 중국 역사학은 개설 성격의 근대사학사나 역사어언연구소와 중국사학회 등 학술기관의 성과를 정리하고, 푸쓰녠(傅斯年)·뤼쓰멘(吕思勉) 등의 연구 성과를 소개하는 데 치우쳤다. 이 시기 사학계의 동향은 아래의 글들이 유효하다. 林甘泉, 1996,「二十世纪的中国历史学」,『历史研究』2期; 王煦华, 2001,「抗日战争期间的中国史学会」, 上海图书馆历史文献研究所 编,『历史文献』第4辑, 上海科学技术文献出版社; 牛润珍·杜学霞, 2005,「略论抗日战争时期中国史学的学术趋向」,『中共党史研究』第6期; 田亮, 2003,「略论吕思勉的民族主义史学思想—以抗战时期为中心」,『河北学刊』3期; 田亮, 2007,「抗战史学与民族精神—作为抗战文化的史学及其历史贡献」,『抗日战争研究』4期; 罗志田 主编, 2000,『20世纪的中国: 学术与社会 史学卷』上·下, 山东人民出版社; 姜义华·武克全 主编, 2005,『二十世纪中国社会科学 历史学卷』, 上海人民出版社.

특히 항일전쟁이 전면전으로 치달은 1937년 7·7사변 이후 중국 사학계는 민족주의가 급부상하여 '학술구국(學術救國)' 사상을 내걸고 국학 연구를 포함하여 국사와 역사 인물의 전기 편찬, 변강사지 연구가 붐을 이루었다. 이들의 공통점은 중국문화의 우수한 전통을 알려 민족의 자부심과 자신감을 제고하는 것이었다.[2] 무엇보다 이 시기에 전후 중국 사학계의 주류를 형성한 마르크스주의 사학이나 20세기 후반 개혁·개방의 성과 이후 점증하고 있는 애국주의 사학이 본모습을 갖추고 숙성되었다.[3] 청말 이래 중층적으로 발현된 민족주의가 항전을 거치면서 근대 사학의 요체로 자리매김한 것이다. 그러므로 항일전쟁기 중국 사학계의 시각을 민족주의에 초점을 맞추어 구조적으로 검토할 필요가 있다.

그동안 항일전쟁기 중국 사학계에 표출된 민족주의의 진상을 파악하기 위해 그것의 주요 전도체인 중화(민족)와 변강(영토) 문제에 주목한 양안(兩岸)의 연구들이 많다.[4] 1930년대 중국의 민족과 역사지리에 관한

---

2 천성림, 2006, 「20세기 중국 민족주의의 형성과 전개: 문화적 민족주의를 중심으로」, 『동양정치사상사』 5(1).

3 이재령, 2010, 「중일전쟁시기(1931~1945) 중국 역사학계의 연구동향」, 『한국사학사학보』 22.

4 陳儀深, 1994, 「二十世紀上半葉中國民族主義的發展」, 中央研究院近史所 編, 『認同與國家: 近代中西歷史的比較』, 臺北: 中央研究院近代史研究所; 羅志田, 1998, 『民族主義與近代中國思想』, 臺北: 東大圖書公司; 沈松僑, 2002, 「近代中國民族主義的發展: 兼論民族主義的兩個問題」, 『政治與社會哲學評論』 第3期; 杨思信, 2003, 『文化民族主义与近代中国』, 北京: 人民出版社; 李扬帆, 2004, 「未完成的国家: '中国'国名的形成与近代民族主义的构建」, 『国际政治研究』 第5期; 郑大华·邹小站, 2007, 『中国近代史上的民族主义』, 社会科学文献出版社; 郑大华, 2007, 「论中国近代民族主义的思想来源及形成」, 『浙江学刊』 第1期; 张文涛, 2011, 「从'革命排满'到'大·小民族主义'」, 『歷史学研究』 第9卷 第6期; 舒迎香·张可荣, 2021, 「近代中国民族主义的形成与特征研究」, 『领导科学論坛』 第5期; 胡逢祥, 2010, 「民族主义与中国现代民族国家意识的形成」, 『华东师范大学学报』(哲学社会科学版) 第2期.

연구를 이끈 신아세아학회의 『신아세아(新亞細亞)』나 우공학회의 『우공(禹貢)』, 구제강의 변강학 및 고사 연구 등이 그러한 예이다.[5] 또 근대 중화민족론의 형성과 관련하여 량치차오, 쑨원(孫文), 국공(國共) 양당의 시각을 비교 검토한 논의가 있었다.[6] 일반적으로 중국의 변강 문제는 외세의 침략과 점령이란 국난 속에서 맞닥트린 구국의 현안이었고, 민족 문제는 중국의 정체성과 직결된 구망(救亡)에 관한 것이란 의식이 팽배하였다. 이 문제는 근대 이행기 소수민족의 중화민족 편입과 국민국가의 완성 과정에서 필연적으로 제기되며 현재 중화민족론의 성격과 직접 연결되어 있다. 그러므로 항일전쟁기 중국 사학을 통시적 관점에서 파악할 때 변강과 민족 문제는 주요 연결고리이자, 독립 영역으로서 민족주의가 역사연구에 투영된 전모를 밝히는 데 중요한 열쇠이다.

1930년대 초 만주 상실은 중국 학술계의 연구 방향을 바꾸어 놓은 원동력으로 작용하였다. 특히 사학 분야에서 그동안 소홀하거나 불충분하던 역사지리학에 대한 관심이 고조되었다. 예컨대 구제강을 중심으로 한 '우공파'를 들 수 있다.[7] 이들은 우공학회의 정기간행물인 『우공』을

---

5 徐兆奎, 1980, 「"禹贡学会"的歷史地理研究工作」, 『歷史地理(创刊号)』, 上海人民出版社; 马大正, 1992, 「略论禹贡学会的学术组织工作」, 『中国边疆史研究』 第1期; 田亮, 1999, 「禹贡学会和『禹贡』半月刊」, 『史学史研究』 3期; 赵夏, 2002, 「顾颉刚先生对边疆问题的实践和研究」, 『北京社会科学』 4; 孙喆, 2013, 「以沿革地理学重构边疆: 顾颉刚及《禹贡》半月刊对边疆问题的研究」, 『求是学刊』 第40卷 第3期; 范铁权·李海健, 2012, 「新亚细亚学会及其边疆问题研究」, 『中国边疆史地研究』 第22卷 第4期.

6 郑师渠, 1995, 「近代中国的文化民族主义」, 『歷史研究』 5; 조경란, 2006, 「현대 중국의 소수민족에 대한 '국민화'이데올로기-중화민족론을 중심으로」, 『시대와 철학』 17(3); 황종원, 2019, 「20세기 초 양계초의 중화민족주의와 지리-문명지식체계의 근대적 구성」, 『중국학논총』 63.

7 '우공파'는 일인학자 모리 시카조(森鹿三)가 「禹公派的人們」(『東洋史研究』 第2期,

무대로 고대사지와 변강사지, 민족사 등의 연구에 집중함으로써 근대사학 연구와 국가의 현실 수요에 호응하였다.[8] 『우공』은 중국 근대사학을 개척하고 발전시킨 중요한 간행물 중 하나로, 신해혁명부터 1937년까지 다양한 사학 사조들 가운데 사학근대화의 기본을 완성한 것으로 평가된다.[9]

우공학회와 『우공』의 연구는 1980, 1990년대 들어 중국학계의 현대 역사지리학이 발전하면서 시작되었다. 전체적으로 우공파를 실질적으로 이끈 구제강에 관한 개인 연구가 많은데,[10] 그는 '고사변파'의 창시자로서 저명한 고대사 연구가이자, 학술구국 사상의 실천자로 주목을 받았다.[11] 『우공』의 공동편집자인 탄치샹(譚其驤)도 현대 역사지리학 연구

1935)에서 구제강과 우공동인을 '우공파 사람들'로 칭하였다(周一良 譯, 1936, 『禹貢』 第5卷 第10期). 이 글에서는 우공학파와 『우공』에서 활동한 사람을 모두 '우공파'로 통칭한다.

8 중국학계는 구제강의 제안에 따라 1930~1940년대를 중국 변강 연구의 '제2의 고조기'로 정의한다. 孙喆, 2012, 「『禹贡』半月刊与20世纪三四十年代的中国边疆研究」, 『中州学刊』 第4期(总第 190期).

9 周文玖 · 王记录, 2001, 「20世纪中国史学思潮发展大势略论」, 『济宁师专学报』 第4期; 王记录 · 林琳, 2010, 「『禹贡』半月刊对中国史学近代化的影响」, 『史学史研究』 第1期, 60쪽.

10 本刊资料室, 1981, 「顾颉刚先生和禹贡学会」, 『史学史研究』 1; 史念海, 1993, 「顾颉刚先生与禹贡学会」, 『中国歴史地理論丛』 第3期; 顾潮 编著, 1995, 「顾颉刚先生与『禹贡』半月刊」, 『中国歴史地理論丛』; 丁超, 2010, 「燕大时期顾颉刚的学术事业与禹贡学会」, 『齐鲁学刊』 第6期.

11 쑨저(孙喆)에 따르면 구제강은 일생 의고사학(疑古史學)을 사랑했으며 학술의 원류로 보아 멀리는 요제항(姚際恒), 최술(崔述), 정초(鄭樵)와 유지기(劉知幾)의 비판 전통을 이어받았고, 가까이는 청말 공양학파의 탁고개제(托古改制)와 캉유웨이(康有爲)의 신학위경(新學僞經)의 대담한 가설을 근간으로 삼았으니 단순한 한 줄기가 아니라 시대의 맥박과 더불어 기복과 변화가 있었다고 평가한다. 孙喆 · 王江, 2009, 「时代变局下知识分子对"致知"与"致用"的探索-从顾颉刚创办『禹贡』半月刊谈起」, 『中国边疆史地研究』 19-2, 147쪽; 徐彬, 2011, 「"疑古"和"考信"的史学大师顾颉刚」, 『历史教学』 1999年 第11期; 李潤和, 2011, 「顧頡剛과 孫晉泰의 歷史認識」,

를 정착시킨 대표적 연구자로 평가되고 있다.[12] 또한 우공학회와 간행물의 학술 활동을 다루면서 주요 내용과 특징을 소개하며 연구사적 의의와 구국 사상을 강조하였다.[13] 그러나 연구 범위가 특정 주제에 치우쳐 있고, 간략한 설명과 현재 의의를 부각시키는 데 머물고 있다.[14] 20세기 말 중국의 동북공정이 시작되면서 변강사 연구가 다시 주목받으며, 우공학회와 『우공』에 관한 연구도 양적으로 늘었지만 대부분 충분한 자료 검증과 객관적 분석보다 항일구국과 민족주의로 경도된 해석에 그치고 있다.[15]

항일전쟁기 중국 사학은 20세기 초부터 유입된 근대 서양 학문의 방법론이 일본의 침탈로 고조된 변강 상실의 위기감과 결합되어 민족주의가 광범위하게 발현되었다는 것이 보편적 시각이다. 그 연장선에서 1930년대 초반 역사학·민속학·민족학 등 근대학문의 방법론을 동원한 새로운 유형의 역사지리학 연구를 이끈 우공파도 이런 분위기가 반

『中國史研究』 第75輯.

12 谭其骧, 2000, 「谭其骧自述」, 高增德 丁东 编, 『世纪学人自述』 第4卷, 北京十月文艺出版社; 최은진·유현정, 2016, 「譚其驤의 『中國歷史地圖集』 編纂과 中國現代歷史地理學의 誕生」, 『中國史硏究』 第103輯.

13 우공학회에 관한 평가는 항일 시기 역사지리학과 변강학을 새로운 학문체계로 편입시키는 초석 역할을 하였으며 1940년대 중국변강사지 연구를 새로운 단계로 진입시켰고(马大正, 1992, 앞의 글, 35쪽), 중국 지식인의 치지(致知)와 치용(致用) 정신을 체현한 애국주의의 표상으로 인식한다[徐象平, 1995a, 「『禹贡半月刊』的编辑特色」, 『西北大学学报(哲学社会科学版)』 第24卷 增刊, 179쪽: 孙喆·王江, 2009, 앞의 글, 146~147쪽].

14 史念海, 1993, 앞의 글; 徐象平, 1995b, 「我国近代学术刊物-『禹贡半月刊』的内容及特色」, 『西北大学学报(自然科学版)』 第2期.

15 赵夏, 2002, 앞의 글; 汪洪亮, 2013, 「顾颉刚与民国时期边政研究」, 『齐鲁学刊』 1(总第232期); 景凯施, 2016, 「顾颉刚民族与边疆思想述评」, 陕西师范大学 硕士学位論文.

영된 것으로 이해한다.[16] 예컨대 『우공』을 "조국의 영토 보전과 수호를 주제로 한 변강의 역사지리 연구를 개척하여 선명한 애국주의 정신을 보여 주었다"라고 평가하고 있다.[17] 그러나 긴요한 시세의 요구와 특정 의식에 치우친 연구 방식은 분석대상을 구조적으로 검토하여 본질에 접근하는 데 한계가 있다.

동북공정이 한중 간 학술·문화의 현안으로 제기되면서 국내 학계도 중국의 변강사지와 민족주의 연구 동향에 관심을 가졌다.[18] 초기에는 중화민족주의의 배경과 내재된 문제점을 제기하면서 중국학계의 주장을 반박하였고,[19] 검증된 역사 사료를 가지고 논지를 입증하는 데 치중하였다.[20] 개인 연구는 구제강의 학문성과를 위주로 고대사지와 변강 문제에 접근하였고,[21] 『동북사강(東北史綱)』을 저술한 푸쓰녠의 학술 활동 및

---

16 史念海, 2000, 「顾颉刚创立禹贡学会及其以后的二三事」, 『学林往事』, 朝华出版社; 刘纬毅, 2002, 「历史不会忘记-顾颉刚先生创办的禹贡学会和禹贡半月刊」, 『沧桑』 第3期; 王记录·林琳, 2010, 앞의 글; 杨亚男, 2014, 「顾颉刚和禹贡学会对中国历史地理学的贡献」, 『宁波教育学院学报』 2.

17 蒋俊, 1995, 「抗日战争与爱国主义史学」, 『史学史研究』 第2期, 4쪽.

18 윤휘탁, 2003, 「현대중국의 변강·민족인식과 「동북공정」」, 『역사비평』 65; 유용태, 2005, 「중화민족론과 동북지정학: "東北工程"의 논리근거」, 『동양사학연구』 93; 손성욱, 2022, 「최근 중국학계의 전근대 종번과 변강 인식 문제」, 『동북아역사논총』 78; 박상수, 2007, 「中國 近代 네이션(nation) 개념의 收容과 變容」, 『동아시아 근대 '네이션' 개념의 수용과 변용-한·중·일 3국의 비교연구』, 고구려연구재단; 하주형, 2009, 「학술과 구국의 사이: 民國시기 顧頡剛의 '學術救國' 인식과 中華民族論」, 서울대학교대학원 석사학위논문.

19 윤휘탁, 2008, 「'以古爲今': 중국의 민족문제와 중화민족 국가관」, 『동북아역사논총』 21; 조병한, 2009, 「근대 중국 민족주의의 형성과 中華帝國의 전통-중국 민족주의의 제국적 기원」, 『동북아역사논총』 23; 유용태, 2009, 「근대 중국의 민족제국주의와 단일민족론」, 『동북아역사논총』 23.

20 유용태, 2015, 「四夷藩屬을 中華領土로-民國時期 中國의 領土思想과 동아시아 인식-」, 『동양사학연구』 130.

21 박장배, 2017, 「1930년대 顧頡剛의 역사지리 인식과 변강학 연구」, 『중국근현대사연

현실 인식에 대한 비판적 검토가 이루어졌다.[22] 1930년대 중국 지식인들의 변강 인식을 민족주의와 아시아주의 관계에서 다룬 『신아세아』·『신동방(新東方)』의 비교연구도 있다.[23] 이런 가운데 1930년대 중반 중국의 역사지리학과 변강학을 실질적으로 주도한 『우공』에 관한 검토는 본격적으로 이루어지지 않았다.

이 글에서는 『우공』에 실린 각종 글을 종합적으로 검토하여 어떤 주제와 내용을 담고 있는지 살펴보고, 항일전쟁기 근대민족주의와 무슨 관련이 있는지 검토할 것이다. 이를 위해 먼저 우공파의 학문 배경과 시대환경을 파악함으로써 대내외 연구 조건을 확인한다. 『우공』의 학술 성격과 직접 관련이 있는 편집 방침 및 학문 경향은 발표 빈도가 높은 주제와 저자를 중심으로 연구 초점과 그 변화를 추적한다. 아울러 『우공』 지면에서 가장 많이 다룬 역사지리, 변강, 민족 등에 관한 내용을 분석하여 항일전쟁기 '학술구국'으로 대변된 민족주의 사학이 구현되는 방식과 특징을 확인할 것이다. 이 연구는 『우공』과 관련된 중국학계의 인식을 포괄적으로 재검토함으로써 항일전쟁기 중국 사학 연구에 내재된 중화민족주의의 실체와 성격도 함께 이해할 것이다.

구』 76. 김하림은 5·4운동부터 난징 정부까지 중화민족론의 흐름을 추적하고 신사학의 특징을 구제강의 역사지리학 연구 사례를 통해 규명하였다(김하림, 2023, 「1920~30년대 顧頡剛의 '新史學'과 中華民族論의 궤적」, 『중국근현대사연구』 100).

22 김창규, 2012, 「傅斯年의 민족문제 이해와 '東北'인식」, 『역사학보』 193; 김창규, 2012, 『부사년과 그의 시대』, 서울: 선인; 이병호, 2011, 「'東北工程'前史-傅斯年의 『東北史綱』비판-」, 『동북아역사논총』 20.

23 김하림, 2017, 「1930년대 중국 지식인들의 '변강(邊疆)' 인식과 아시아주의」, 『중국지식네트워크』 10; 김하림, 2007, 「1930년대 중국 지식인들의 아시아론과 민족주의-『新亞細亞』·『新東方』을 중심으로-」, 『중국근현대사연구』 35.

Ⅱ. 우공학회와 『우공』의 등장

1. 우공학회의 성립 배경

1930년대 중국 사학계에서는 만주 상실 이후 민족 위망(危亡)의 위기감이 고조되었고, 이를 배경으로 역사지리와 민족 연구가 본격적으로 이루어졌다. 중국의 근대 사지학(史地學)은 1909년 중국지학회의 『지학잡지(地學雜誌)』를 시작으로 1921년 난징고등사범 사지연구회의 『사지학보(史地學報)』에 의해 근대 변강 연혁 및 변환(邊患), 국경 거버넌스, 고대 변강사지 등에 관한 연구가 진행되었다.[24] 그 후 1930년 신아세아학회의 『신아세아』(월간)와 1934년 우공학회의 『우공』(반월간)이 창간되어 변강사지 및 민족 문제를 전문적으로 연구하였다. 최초의 근대 지리학 전문 잡지인 『지학잡지』는 제국주의자들의 세력 확장으로 인해 중국의 변강이 날로 위태로워졌다면서, 이런 적자생존의 시대에 지리 지식의 우열이 민족과 국가의 흥망에 중대한 영향을 미친다고 보았다.[25] 아편전쟁 이후 지속된 서북 변강의 위기와 만주사변 이후 동북 지역의 상실로 전통적인 경세사학과 민족주의가 결합된 형태로 역사지리 연구가 진행된 것이다.[26]

우공학회의 성립은 1930년대 초 중국의 사회 상황과 역사 배경 및 창

---

24 段金生, 2012, 「20世纪三四十年代的中国边疆研究及其发展趋向」, 『中国边疆史地研究』 第22卷 第1期, 127쪽.

25 马大正 · 刘逖, 1997, 『二十世纪的中国边疆研究--一门发展中的边缘学科的演进历程』, 哈尔滨: 黑龙江教育出版社, 111~112쪽.

26 유용태, 2005, 앞의 글, 180쪽.

간 주체인 구제강·탄치샹의 학문 인연과 깊은 관련이 있다. 중국의 역사지리학은 오랫동안 축적된 자료가 많았지만 19세기 중반 이후 새로운 이론과 방법의 부재로 경직되었고 민국 초기 서양의 연구 방법이 들어오면서 변화를 가져왔다.[27] 학회의 설립과 『우공』의 창간은 구제강과 탄치샹이 실질적으로 주도했고, 이후의 학술 활동과 편집 방향에도 이들의 영향력이 컸다.

구제강은 1923년 5월 『노력(努力)』 주보에 발표한 「첸쉬안통 선생과 고사서를 논함(與錢玄同先生論古史書)」에서 "누층적으로 조성된 중국고대사"관을 발표하여 학계에 큰 반향을 일으키며 고대사 논쟁을 촉발시켰다.[28] 그 다음 호에 실린 첸쉬안퉁의 답신은 구제강의 글에 대해 "중국사학 혁명을 일으키기에 충분한 거사"라고 평가하였다.[29] 구제강은 1924년 3월 작성한 「나의 고대사 연구계획」에서 6개 과정, 21년 계획으로 자신의 원대한 고대사 연구계획을 밝혔다.[30] 그 후 1926년 4월 출판된 『고사변(古史辨)』 제1책 자서(自序)에서는 이전 계획을 수정하였고,[31] 1931년 11월 『고사변』 제3책 자서에서는 "모든 고사를 감히 연구할 수 없고 몇 가지 고서에 힘을 다할 수 있을 뿐"이라며 개별연구의 한계를 토로하면서 그 대안으로 학문의 분업과 협업을 제시하였다.[32] 그는 자신의 고사 연구 범위를 『제계고(帝系考)』, 『왕제고(王制考)』, 『도통고(道統

27 史念海, 1993, 앞의 글, 4쪽.

28 顧頡剛, 1923, 「與錢玄同先生論古史書」, 『努力』 週報增刊, 『讀書雜誌』 第9期.

29 錢玄同, 1923, 『努力』 週報增刊, 『讀書雜誌』 第10期.

30 顾頡刚, 1982, 『古史辨』 第1册, 上海古籍出版社, 213~215쪽.

31 顾頡刚, 1982, 위의 책, 60~61쪽.

32 顾頡刚, 1982, 『古史辨』 第3册, 上海古籍出版社, 5~7쪽.

考)』, 『경학고(經學考)』 네 가지로 축소하고 『왕제고』의 연구를 위해 '상서연구(尙書硏究)' 과목을 처음 개설하였다.[33]

구제강이 1931년 하반기부터 옌칭대(燕京大)에서 '상서연구' 과목을 개설하자 펑자성(馮家昇), 천마오헝(陳懋恒), 예궈칭(葉國慶), 반슈거(班書閣), 덩쓰위(鄧嗣禹), 리옌쩡(李延增), 웡두지엔(翁獨健), 위다오위안(于道源) 등 22명의 학생이 수강하였다.[34] 그는 동일한 과정을 베이징대(北京大)에도 개설했는데 장푸칭(張福慶), 양상쿠이(楊向奎) 등이 수강하였다.[35] 구제강은 『우공』 한 편만으로 "중국 고금(古今)의 모든 지리와 관련된 수많은 문제를 해결하기 쉽지 않고, 쉽사리 논정할 수 없다"[36]라고 하면서 고대사 및 지리 연구와 이를 수행할 인재 배양의 필요성을 제기하였다. 1932년 구제강은 옌칭대에 '중국고대지리연혁사'를 개설하여 『우공』 및 관련 저작에 대한 연구와 강의를 진행하였고, 베이징대의 요청으로 같은 과목을 개설했는데 이것이 우공학회의 설립 기초가 되었다.[37]

탄치샹은 1930년 지난대(暨南大)를 졸업하고 옌칭대 역사계 연구생으로 입학하여 2학년 때 구제강의 '상서연구' 수업을 청강하였다. 그때 구제강과 함께 서한(西漢)의 13주 문제를 깊이 검토하여 처음으로 '지리연혁사 연구지침'을 만들었다.[38] 두 사람은 옌칭대 · 베이징대 · 푸런대(輔

33 顾颉刚, 1982, 「顾书」, 『古史辨』 第4册, 上海古籍出版社, 4~5쪽.

34 顾潮 编著, 1993, 『顾颉刚年谱』, 中国社会科学出版社, 195쪽. 탄치샹 등 3인은 청강하였다.

35 이들은 곧 우공학회의 회원이 되었으며, 『우공』의 주요 기고자로 활동하였다.

36 顾颉刚, 1994, 「顾颉刚自传 2」, 『东方文化』 2.

37 孙喆 · 王江, 2009, 앞의 글, 141쪽.

38 구제강은 1926년 「진한 통일의 유래와 전국인의 세계에 대한 상상(秦漢統一的由來

仁大) 세 학교 학생들과 학술 토론을 자주 가졌다. 1934년 초 구제강이 탄치샹에게 중국의 역사지리 및 관련 학술연구를 목적으로 하는 학회 창립과 전문 간행물의 발행을 제안하였다. 기본 취지는 중국학계의 역사지리학 연구를 선도하고, 학생들의 연구 성과를 습작, 발표할 수 있는 무대를 제공하려는 것이었다. 1934년 2월 베이징에서 구제강과 탄치샹을 중심으로 왕융(王庸) · 펑자성 · 장웨이화(張維華) · 구팅룽(顧廷龍) · 주스자(朱士嘉) · 정더쿤(鄭德坤) · 첸무(錢穆) 등이 우공학회를 설립하였다. 베이징에 우공학회주비처의 간판이 내걸린 이후,[39] 1955년 구제강에 의해 학회 활동이 중지될 때까지 역사지리학 연구를 선도하였다. 학회의 정기간행물인 『우공』은 1934년 3월 1일 창간되어 매월 1일과 16일 두 차례 발행되었다. 1937년 7 · 7사변의 발발과 함께 구제강은 일본의 블랙리스트에 올랐고, 신변의 위험을 피해 총 7권 82기로 정간하였다. 창간 당시 『옌칭학보(燕京學報)』는 "우리 나라의 역사지리 정기간행물은 출판계에서 상대적으로 가장 부족한 것으로 보인다. 대부분 도중에 없어지는 형세에서 학계가 간절히 바라던 (우공) 반월간은 역사지리학계의 신기원을 열 것"이라며 기대감을 감추지 않았다.[40]

『우공』 창간호는 「발간사」에서 역사지리의 상호 관련성에 대해 "역사는 연극과 같고, 지리는 바로 무대다. 만약 무대를 찾지 못한다면 어떻

和戰國人對于世界的想象)」을 집필하였고, 이후 두 차례 탄치샹에게 보낸 편지에서 한무제의 13주 문제를 토론하였다(史念海, 1993, 앞의 글, 2쪽). 탄치샹은 1932년 초, 덩즈청(鄧之誠)의 추천으로 졸업 전 연구생 신분으로 푸런대에서 '중국지리연혁사'를 강의하였다.

39 谭其骧, 1982, 「谭其骧自传」, 『文献』 11辑, 文献出版社, 169쪽. 우공학회는 1936년 5월 24일 옌칭대학에서 정식 성립대회를 개최하고 구제강을 이사장으로 추대하였다(李淑英, 2005, 「『禹贡』半月刊与"禹贡学会"-天津历史博物馆馆藏期刊介绍」, 『文物世界』 1, 69쪽).

게 연극을 볼 수 있겠는가! 따라서 지리를 잘 알지 못하는 사람은 역사를 이해할 도리가 없고, 단지 허다한 화젯거리의 고사만 기억할 뿐"이라고 지적하였다. 아울러 중국의 자연지리는 변천이 몹시 심하고, 정치구획의 변천은 더욱 놀라운데 "동명이실(同名異實)이 이미 많고, 이명동실(異名同實) 역시 적지 않아 만약 지리연혁사에 노력을 쏟지 않는다면, 진실로 장차 입만 열면 틀릴 것"이라고 우려하였다.[41] 이는 『우공』의 편집 방침을 제시한 것으로 고대사뿐만 아니라, 강역 연혁 연구의 중요성을 밝힌 것이다.

구제강은 『우공』 창간호의 편집 후기에서 "이 간행물은 '우공' 두 글자를 택하는데 『우공』은 중국 지리연혁사의 학문을 연구하는 출발점"이라고 밝혔다.[42] 그는 자료 수집과 현지 조사를 통해 중국의 변강 문제를 연구하는 것이 중국의 민족 구성과 국토 범위를 알 수 있는 방법으로 민족의 응집력을 높일 수 있다고 판단하였다. 그의 영향을 받은 우공파도 전통 사학보다 역사지리, 변강사지, 민족 등 시국 변화와 직결된 문제들을 다루는 실용 학문의 성격을 띠었다.

---

40 容媛, 1934, 「(二十三年一月至六月) 國內學術界消息」, 『燕京學報』 第15期. 창간 일주년이 지난 1935년 초 『대공보(大公報)』는 별도 논평을 통해 우공학회의 지리연혁 연구에 대해 높이 평가하였다(范長江, 1935.1.26, "顧頡剛主持『禹貢』學會與中國沿革地理之研究(續)", 『大公報』 제4판).

41 1934, 「發刊詞」, 『禹貢』 第1卷 第1期, 2쪽.

42 顧頡剛, 1934a, 「編後」, 『禹貢』 第1卷 第1期, 24쪽.

2. 『우공』의 편집 방향

역사지리의 전문 연구를 표방하며 창간된 『우공』은 실증적 방법을 취하였고, 항일구국의 시대적 요청에 변강사지 연구로 호응하였다. 이 때문에 우공파의 연구 배경을 학술구국의 애국심 혹은 민족주의로 보는 시각이 일반적이다.[43] 그러나 『우공』의 창간이 일본 침략이란 외부 요인에 기인한 것으로 본 견해는 일부만 강조한 것이란 주장도 있다. 『우공』의 초기 글과 「우공학회요강(禹貢學會簡章)」을 비교해 보면 학술구망의 방향과 적지 않은 거리가 있으며 오히려 이전부터 구제강이 유지해 온 고사변의 의고 전통을 계승한 것으로 보기 때문이다.[44]

『우공』의 주요 논지가 고대지리연혁에서 변강사지로 전환한 것은 제4권부터이다. 4권 10기에 실린 「우공학회기금모집공고(禹貢學會募集基金啓)」는 "4권부터 변강 및 수리를 중시하여 현대의 수요에 부합한다"라고 전환 배경을 알리고 있다.[45] 당시 비공개된 「우공학회변강연구계획서」도 "우리 나라 변강학 연구의 제2차 발동을 준비한다"라고 하여 1936년 이후 학술연구의 방향 전환을 계획하였다.[46] 이후 『우공』은 몇 가지 주제에 관한 특집호를 발행했는데 '서북연구전호', '동북연구전호'

43 "구제강의 가슴 속에 가득 찬 애국 열정이 『우공』 반월간을 창간하는 무한동력이었다."(徐彬, 1999, 「"拟古"和"考信"的史学大师顾颉刚」, 『歷史教学』 11, 12쪽), "민족구망투쟁은 근대의 첨예성이 돋보이는 것으로, 사회 기초상 애국주의가 가장 깊고 두터운 사조를 세워 정치·경제·문화·학술 각 방면에서 모두 강렬하게 표현되었다"라는 주장이 그런 예이다. 胡逢祥·张文建, 1991, 『中国近代史学思潮与流派』, 华东师范大学出版社, 15쪽; 孙喆·王江, 2009, 앞의 글, 137쪽.

44 孙喆, 2012, 앞의 글, 146쪽.

45 1936, 「禹貢學會募集基金啓」, 『禹貢』 第4卷 第10期, 7쪽.

46 白寿彝, 1981, 「禹贡学会研究边疆计划书」, 『史学史研究』 第1期.

등 경세치용의 대강인 변강사지 연구가 다수를 이루었다. 이와 관련하여 "민족의 위기를 구하는 것이 모든 학자의 책임"이란 오랜 지식인의 전통을 우공학회의 배경으로 보기도 한다.[47] 일례로 1937년 6월 『우공』의 '고대사지전호'를 주관한 통수예(童書業)는 「서언」에서 다음과 같이 중국 사학의 전통과 국난 상황이 변강 연구를 자극했다고 밝혔다.[48]

> 동북4성이 함락된 이래 우리 나라가 받는 외세의 핍박이 극에 달했기 때문에 혈기 있는 사람들은 모두 순수 학술연구를 잠시 포기하고 실무에 종사했다. 학계에 남아 있는 인사들도 점차 연구 방향을 전환하였다. 본 간행물이 지리연혁을 연구하다가 변방 조사로 넘어간 것은 이러한 흐름의 단적인 표현이다.

일찍이 구제강은 1920년대부터 변강 문제에 대해 관심을 가졌고, 고대사지학에 있어서 실증적 탐구를 중시하였으며, 이런 경향이 『우공』에 반영되었다. 그는 1934년 중국의 현실 문제 해결과 출로 및 전도 모색을 둘러싼 사회사 논전에 직접 개입하지 않았다. 그러나 논문만 생산하고 구체적인 흐름에 대해 상세한 연구가 적다고 비판하였다. 그는 중국사학의 새로운 방향을 모색하기 위해 이론 논쟁보다 사료 연구가 먼저라고 판단했고, 그것이 곧 『우공』의 학술 방향이었다.[49] 그는 "고사연대,

---

47 이것은 "천하 사람들이 근심하기에 앞서 근심하고 천하 사람들이 즐거워한 뒤에 즐거워할 것(先天下之憂而憂, 後天下之樂而樂)"이란 범중엄(范仲淹)의 정치철학에서 유래한 것으로, "천하를 자신의 임무로 여기게 되었다(以天下爲己任)"라는 지식인의 사명을 강조한다. 范仲淹, 「岳陽樓記」, 『古文眞寶 後集』.

48 童書業, 1937, 「序言」, 『禹貢』 第7卷 第6·7合期, 1쪽.

49 로렌스 A. 슈나이더(Laurence A. Schneider)는 『우공』의 "사회사논쟁과 일본의 화

인물사적, 서적 진위를 연구하는 데 유물사관의 필요성은 매우 적다. 고대 사상제도를 연구할 때는 유물사관을 기본 관념으로 취할 것이다. 유물사관은 조미료가 아니다. 고서와 고사의 진위를 명확히 한 뒤에 유물사관 학자들이 자료를 찾는 것이 편리할 것이다. 우리는 초보적으로 기초를 착실히 준비할 뿐이다"라고 자신의 학문 태도를 밝혔다.[50] 『우공』 「발간사」도 "지리연혁 연구가 쇠락했는데 문화사 · 종교사 · 경제사 · 사회사를, 더욱이 유심사관 · 유물사관을 말할 자격이 있겠는가?"라고 하면서 자료 고증에 기초한 실증적 연구 방법을 강조하였다.[51]

이런 이유로 우공파가 청대 서북사지학파의 학술 경향을 이어받은 것으로 보는 견해도 있다.[52] 공자진(龔自珍) · 위원(魏源)을 비롯한 서북사지학파는 국방 의식에서 출발하여 강력한 경세치용 사학을 일으켰고, 1930년대 동북 변강의 위기가 시작되면서 우공파의 활동 배경이 되었다고 이해한 것이다. 우공파 중 변강사지 연구의 대표적 인물인 평자성은 다음과 같이 중국 변강사 연구의 전통을 서술하였다.[53]

> 중국의 변방사지 연구는 도광(道光) · 함풍(咸豐) 때 시작되었다. 그 당시 북쪽에는 러시아, 남쪽에는 영국과 프랑스의 침략이 있었다. 아편전쟁 이

북 침략에 대한 반응"이라면서 "사료학에 대한 학술적 관심과 경향이 발간의 촉진 작용을 하였다"라고 이해하였다([美]施奈德 著 · 梅寅生 译, 1984, 『顾颉刚与中国新史学-民族主义与取代中国传统方案的探索』(Laurence A. Schneider, 1971, Ku Chieh-Kang and China's New History, California University of California Press), 台北华世出版社, 303쪽).

50 顾颉刚, 1982, 앞의 글, 22쪽.

51 1934, 「發刊詞」, 『禹貢』 第1卷 第1期, 2쪽.

52 田亮, 1999, 앞의 글, 59쪽.

53 馮家昇, 1934, 「我的研究東北史地的計劃」, 『禹貢』 第1卷 第10期, 2쪽.

후, 서구 열강의 중국 침탈이 가속화되면서 서북·서남·동남·동북 변강의 위기가 계속되고 있었다. 청조 지식인들은 변방 문제의 중요성을 인식하고 사지 연구에 나섰는데 장목(张穆)의 『몽골유목기(蒙古遊牧記)』, 하추도(何秋涛)의 『삭방비승(朔方備乘)』, 위원의 『해국도지(海國圖志)』 등이 그런 추세를 반영한 성과였다. 그 후 별다른 진전은 없었고, 1930년대 『우공』의 등장과 함께 고대사지와 변강사지 연구가 활발해졌다.

중국 사학 중 역사지리는 시대 변천과 가장 밀접히 연계된 분야로, 학문 자체의 탐구를 통해 시세의 수요에 부응할 수 있는 수단이었다. 「우공학회기금모집공고」도 "무릇 구국의 길은 천 갈래 만 갈래의 실마리가 있지만 지리에 힘을 쏟아야 한다"라고 하면서 "국가와 민족의 내용을 인식하고, 국가 개조의 방책을 모색해야 세계에서 다른 나라와 필적할 수 있기 때문에 가장 중요한 단서"[54]라고 밝혔다. 곧 『우공』의 중심 활동인 지리연혁 연구가 민족 위기와 직접 관련되어 시세의 수요에 호응하며 상호 촉진시킨다는 것이다. 그러므로 『우공』은 초기의 고대지리연혁 연구로부터 1936년 이후 국방·영토·민족 문제와 직결된 변강사지로 관심을 옮겨 항일구국의 시세와 사학계의 연구 수요를 연계시켰다.[55]

『우공』 창간에는 후학들의 새로운 역사지리학 연구 역량을 키우려는 목적도 있었다. 1928년 8월 20일 구제강이 후스에게 보낸 편지는 서적

54 1936, 「禹貢學會募集基金啓」, 『禹貢』 第4卷 第10期, 1~2쪽.

55 쑨저는 기존 연구가 『우공』 창간호의 「발간사」와 「편집 후기」의 내용보다 2년 후에 나온 「우공학회모집기금공고」를 트대로 학회 내부의 「우공학회변강연구계획서」와 3년 뒤의 「본회삼년내공작약술(本會三年來工作略述)」, 「본회차후삼년중공작계획(本會此後三年中工作計劃)」 등을 혼합 인용하면서 창간 동기에 관한 민족주의 인식을 강화시켰다고 지적한다(孙喆·王江, 2009, 앞의 글, 138쪽).

출판에 있어서 푸쓰녠과 자신의 주장이 매우 다르다고 밝혔다. 그 이유로 푸쓰녠은 대학 출판물의 경우, 몇 년간의 연구가 쌓인 뒤에 가능하다고 하지만 난세에는 불가능하며 학문 기초가 탄탄할 때나 가능하고 학문을 처음 시작할 때는 불가능하므로 재료만 있으면 인쇄해야 한다는 주장이었다.[56] 구제강은 탄치샹에게도 "우리만 유명해지려면 글만 쓰면 된다. 하지만 세상의 인재를 발굴하고 키워 내기 위해서는 출판하지 않을 수 없다"라면서 후학 양성의 견해를 밝혔다. 이와 관련하여 모리 시카조는 『우공』의 "집필자의 절반이 구제강·탄치샹의 학생으로 일종의 통일된 정신으로 각자 분업하여 협력하는 방법을 썼다"라고 분석하였다.[57] 이 때문에 구제강이 학벌을 이루려 한다는 비난을 받았다. 이에 대해서 구제강은 "그렇다! 나는 진정한 학벌을 만들고자 한다. 그들의 가짜 학벌을 타도하고 학계에 진정한 근거지를 만들어 내어 지금 존재하는 개인주의의 근거지를 대신하고자 한다. … 우공학사는 끝까지 노력할 것이며, 반드시 학문의 권위가 되게 할 것이다. 다 죽어 가는 생기 없는 중국학계에 조금이라도 체면을 되찾게 할 것이며 이 국가와 민족을 위하여 진정으로 사업을 할 것이다"라고 자신의 정당함을 밝혔다.[58]

---

56 그는 일기에서 "푸쓰녠은 프랑스에 오래 있어 그보다 높은 수준을 바라지만 나는 사람을 키워 수많은 자료를 쌓고 정리해야 근거가 생긴다고 본다. 그래서 보급에 치중해야 하며, 보급이란 학문을 얕게 하는 것이 아니고 드높이는 기초이다. 푸쓰녠은 내가 청년들을 키워 성과를 도둑질하려 한다고 의심한다면서 미성숙한 학생들의 글도 적극 발표시켜야 한다"라고 했다(顾潮 编著, 1993, 앞의 책, 152쪽). 1928년 봄 구제강은 푸쓰녠, 양전성(楊振聲) 등과 중앙연구원 역사어언연구소 주비(籌備)위원으로 임명되지만 푸쓰녠과 의견 차이 때문에 참여하지 않았다(顾潮 编著, 1993, 위의 책, 155쪽).

57 森鹿三, 1936, 「禹貢派的人們」, 『禹貢』 第5卷 第10期, 66~67쪽.

58 雷文景, 2002, 「选编点校者: 顾颉刚郑德坤信函辑录」, 『档案与史学』 第4期(孙喆, 2012, 앞의 글에서 재인용).

『우공』은 제3권까지 옌칭대·베이징대·푸런대 세 학교 학생들의 글을 많이 게재하였다. 이후 학술지의 영향력이 커짐에 따라 저명한 학자와 외부 투고가 점차 늘어났다.[59] 초기 내용은 지리연혁을 위주로 상고(上古)의 지리에 제한하지 않고 최근 중화민국이 설치한 구(區), 도(道) 및 현(縣)의 증감 자료까지 수집하였다.[60] 발간 초기에 『우공』의 판매가 저조했는데 전문적인 내용으로 일반인의 접근이 어려웠기 때문이다. 이런 문제를 인지한 구제강은 학술성에 영향을 미치지 않으면서 일반 독자의 흥미를 끌어낼 수 있는 유연한 편집이 필요하다고 판단하였다. 그 개선책으로 쉬운 문자를 사용하고, 고대 지리연혁 이외에 현대 경제지리의 연구와 현지 조사를 병행하며, 지도와 삽화를 적극 활용하자고 제안하였다.[61] 이에 대해 탄치샹은 엄격한 학문 태도를 견지하여 학생들의 습작 중 좋은 글은 수정, 발표할 수 있지만 학술지의 품격을 떨어뜨려서는 안 된다고 생각하였다.[62]

구제강과 탄치샹은 서로 다른 학문 태도를 가졌지만, 학생들의 연구 열정을 고무시키기 위해 자신들의 수정, 보완, 윤문을 거친 뒤 원작자의 이름으로 발표하였다. 이 과정에서 일부 원고는 너무 많이 수정되어 원작자가 자기 글인지 알기 어려웠다.[63] 이 때문에 발표 원고는 전체의 양

---

59 우공학회 회원의 31%가 세 학교의 교수와 학생이었고, 『우공』의 주요 기고자 중 학회회원의 비중이 70%를 차지하였다. 曲文雍, 2009, 「『禹貢』半月刊作者群的中華民族觀」, 中央民族大學 碩士學位論文, 25쪽.

60 顧頡剛, 1934a, 앞의 글, 24쪽.

61 田亮, 1999, 앞의 글, 59쪽.

62 葛剑雄, 1997, 『悠悠长水-谭其骧前传』, 华东师范大学出版社(杨军辉, 2008, 「禹贡学会与'禹贡半月刊'研究」, 西北师范大学 硕士学位論文, 24쪽에서 재인용).

63 葛剑雄, 1997, 위의 책. 한 예로 1935년 옌칭대학 학생 리쯔쿠이(李子魁)가 『우공』에 「서한군치종록(西漢郡治綜錄)」을 발표했다. 이 글은 왕셴첸(王先謙)의 「한서보

과 질을 맞추기 어려웠고, 학술 가치가 떨어지는 글도 포함되어 학문적 성취는 크지 않았다. 그러나 우공파로 활동한 이들이 변강사지 연구의 대표적 학자로 성장하였고, 이 때문에 『우공』은 중국 현대 학술사상 가장 성공을 거둔 잡지 중 하나로 평가받고 있다.[64]

구제강의 부재로 1934년 8월부터 7개월 동안 『우공』의 편집을 탄치샹이 맡았다. 1935년 여름 탄치샹이 광저우(廣州) 학해서원(學海書院)에 초빙되어 『우공』 편집에 참여하지 못하게 되자 평자성이 편집업무를 도왔다.[65] 구제강이 다시 주편을 맡은 후, 제4권부터는 매호 30쪽 내외에서 64쪽으로 분량이 늘었고, 필요한 경우 별도의 내용을 추가하였다. 또 편집방식이 바뀌어 독자 편의를 위한 지도를 추가하고, 현대 지리 자료를 수집하였으며, 회원들의 소통을 강화하기 위해 '국내 지리계 소식'과 '통신일속(通讯一束)' 등을 추가로 신설하였다. 가장 큰 변화는 제5권 3·4합기부터 변강사지에 관한 글들을 모아 특집호를 간행한 것으로, 학술의 전문성과 대중성을 모두 고려한 구제강의 연구 성향이 반영된 것이었다.[66]

주(漢書補注)」를 발췌한 것으로 "터무니없는 말이 상당히 많아" 구제강은 탄치샹에게 이 글을 다시 수정한 후 발표하도록 했다. 그러나 실제 양과 질의 차이가 너무 커서 수정 보완할 방법이 없자 제목을 「한백삼군국수상치소고(漢百三郡國守相治所考)」로 바꾸어 第6卷 第6期에 발표했다.

64 中国社会科学院歷史研究所, 2003, 「勤奋为学, 终身以之-纪念顾颉刚先生110周年诞辰」, 『中国社会科学院院报』 第1版, 25쪽.

65 1934년 8월 구제강이 계모상으로 낙향했다가 11월에 베이징으로 돌아왔다. 이듬해 초 그는 다시 귀향하여 계모를 안장하고 3개월 후 돌아왔다(谭其骧, 1982, 앞의 글, 169~170쪽).

66 이 때문에 『우공』의 편집상 특징을 "학술성·지식성·흥미성을 하나로 아우르고, 내용이 깊고 넓으며, 형식이 활발하고 다양하다"라고 평가한다(徐象平, 1995a, 앞의 글, 179쪽.

우공학회의 학술연구 방법은 평자성의 「나의 동북사지 연구계획」을 통해 확인할 수 있다.[67] 먼저 연구 대상의 관련 사료를 수집, 교정, 정리, 분석하는 데 중국은 물론 외국의 총서, 단행본, 잡지, 논총 등을 총망라하였다. 동북의 경우는 『고려사』, 『사략』, 『조선왕조실록』. 『조선고적도보』, 『조선총독부유물보고서』 등 조선에서 나온 일차 자료를 다수 포함하였다. 또한 현장 조사를 중시하여 남을 따라 하는 사료 연구의 한계를 벗어나고자 했다. 이 때문에 연구 도구이자 연구자의 기본 자질로서 외국 언어와 문자의 해독 능력을 특히 중시하였고, 지도 제작과 통계도 역사연구에서 주요 지식으로 숙련되어야 했다.[68] 이런 과정은 우공파에 대한 구지강의 학문 영향을 보여 주는 것으로, 광범위한 사료 수집과 철저한 고증 및 교정, 현장 조사 위주의 검증과 연구 등을 확인할 수 있다. 그러나 실제 현장 조사는 동북의 경우, 일본의 점령으로 진행할 수 없었고, 사진이나 전언에 의존하는 것이 보편적 상황이었다.

Ⅲ. 『우공』의 사지 · 변강 · 민족 인식

1. 고대사지 연구의 발전

『우공』은 3년 반 동안 총 7권 82기에 741편의 글을 발표하였고, 논문 이외에 회원통신, 국내 지리계 소식, 학회 관련 기사 및 공지 사항 등

67 馮家昇, 1934, 앞의 글, 4~5쪽.

68 馮家昇, 1934, 위의 글, 5쪽.

다양한 내용을 실었다. 논문의 주요 내용은 고대지리문헌, 고대사지, 자연지리, 학과이론과 학과사, 변강사지, 민족사, 지방지, 역사지도, 국외교통 및 외국사, 지방기록과 여행기, 외국 자료의 번역 및 소개 등으로 대별된다. 고대사지는 춘추 이전, 전국~한, 삼국~당, 송·원, 명·청 시기로 세분할 수 있다.[69]

우공학회를 창립할 때 구제강과 탄치샹은 학술 활동 방향으로 다섯 가지를 제시하였는데, 간략히 요약하면 다음과 같다. 첫째, 역사학자들이 읽을 수 있는 중국지리연혁사를 정리한다. 둘째, 최신식 제도법을 활용한 지리연혁도를 제작한다. 셋째, 완전한 중국역사지명사전을 편찬한다. 넷째, 청의 유산을 이어받아 역대정사지리지를 교정, 정리한다. 다섯째, 사료를 수집, 기록하고 전문 주제를 연구한다.[70]

20세기 들어서 중국은 서양 학문·사상의 급속한 유입으로 정치적·군사적 충격뿐만 아니라 학술적·문화적 변혁기를 맞이하였다. 이때 중국 사학계의 추세는 고대지리문헌의 정리와 연구로 『우공』도 초기에는 '역대정사지리지'에 관심이 높았다. 창간호의 「편집 후기」에서 구제강은 지리연혁의 교육과 연구에 종사하는 목적이 고대 지리연혁사 강의를 성취하기 위한 것이라고 밝히고, 자신의 강의에서 진정한 연혁사를 언급하지 못한 까닭은 제대로 격식을 갖춘 역사지리서가 없기 때문이라면서 그

69 『우공』의 연구 내용을 영역별로 분류하면 역대사지 249편, 변강사지 95편, 지리연혁과 여행기 81편의 순서로 많다. 그 가운데 역대사지는 춘추 이전 91편, 진한대 37편으로 고대사에 집중되었고, 변강사지는 동북 36편, 북부 23편, 서북 24편, 서남 12편으로 동북부가 많다. 徐兆奎, 1980, 앞의 글. 이러한 분류는 스녠하이(史念海) 등에 의해 상세하고 완전한 것으로 간주되었다(史念海, 1993, 앞의 글, 10쪽).

70 史念海, 1993, 위의 글, 7쪽.

필요성을 강조하였다.[71]

『우공』에 게재된 논문들 가운데에는 고대지리문헌과 관계된 글이 150여 편으로 가장 많은데, 그 내용은 고대지리문헌의 정리 및 연구, 고증·교정, 관련 저작물의 비평 소개와 서문·발문, 지리문헌 색인목록 등 다양하였다. 우공파는 고대지리문헌 중 『상서·우공(商書·禹貢)』·『산해경(山海經)』·『목천자전(穆天子傳)』·『주례·직방(周禮·職方)』을 대상으로 전적의 비교 조사 및 대조, 보충과 증명, 교감, 구상의 특이성 등을 다각도로 접근하여 각각의 저작 연대와 판본을 바로잡았다. 그러나 고대 전적 연구는 저작 연대나 저자 등이 후세에 위조한 것이 많아 사실 확인과 해명이 필요한데 우공파는 전적의 오류를 인정하면서도 연구 자체에 더 큰 의미를 두었다. 이 때문에 『상서·우공』의 경우, 후대 성인의 문투를 가탁하여 지은 것으로, 적지 않은 지리 지식의 오류와 모호한 지역이 있지만 저자의 과실이 아니라며 학술 저작에서 피할 수 없는 한계로 인정하였다.[72]

『우공』의 '역대정사지리지' 연구는 지리연혁사 분야에서 가장 큰 공헌으로 평가된다. 예컨대 취안쭈왕(全祖望)의 「한서계의(漢書稽疑)」, 우줘신(吳卓信)의 「한서보주(漢書補注)」, 쳰잔(錢站)의 「신각주한지(新斠注漢地)」, 원웨젠(溫曰鑑)의 「위지교록(魏志校錄)」, 청룽징(成蓉鏡)의 「송지교감기(宋志校勘記)」, 양서우징(楊守敬)의 「수지고증(隋志考證)」 등이 있는데 『한서·지리지(漢書·地理志)』를 비롯한 고대사지에 관심이 많았고, 주요 저자는 탄치샹, 펑자성, 허우런즈(侯仁之), 스녠하이(史念海) 등이

71 顧頡剛, 1934a, 앞의 글, 28쪽.

72 李素英, 1934, 「『禹貢』的地位」, 『禹貢』 第1卷 第1期, 5쪽.

있다. 대표적 연구 성과로 녜충치(聶崇岐)는 『송사·지리지(宋史·地理志)』를 전통적인 고증법으로 고이(考異)하여 체계적으로 검토, 수정한 15편의 문장을 1권 제6기부터 3권 제5기까지 연이어 발표하였다. 스녠하이는 『양당서·지리지(兩唐書·地理志)』에 대한 상호 교감을 집중 검토하여 여러 편의 글을 발표하였다.[73] 그 밖에 『사기·화식열전(史記·貨殖列傳)』, 『한서·지리지』, 『한서·서역전(漢書·西域傳)』, 『양당서·지리지』, 『송사·지리지』, 『요사·지리지(遼史·地理志)』 등의 오류를 바로잡고, 상호 특이하거나 모호한 점을 비교하였는데 지리연혁사의 편찬이 최종 목표였다.

역사 저작의 평가 및 소개와 서문·발문은 촨수치(傳述岐)의 「고대촉국사약술(古代蜀國史略述)」(1권 6기), 첸무의 「서주융화고(西周戎禍考)」(2권 4기·12기), 화후이(華繪)의 「명릉조건고략(明陵肇建考略)」(2권 12기), 구텅룽의 「『화이도』 발(『華夷圖』跋)」(4권 6기), 녜충치의 「『사천군현지』 소개(介紹『四川郡縣志』)」(5권 7기), 나중(納忠)의 「『회교와 아랍문명』 서목(『回教與阿拉伯文明』書目)」(7권 10기) 등을 들 수 있다. 대부분 논문 형식으로 학술적 가치를 제고하였으며, 고대 전적뿐 아니라 현대 저술까지 연구 범위에 포함시켰다. 왕중민(王重民)은 「우공에 관한 청대 학자의 논문목록(淸代學者關于『禹貢』之論文目錄)」(1권 10기)을 처음 발표한 후 「청대학자지리논저목록(淸代學者地理論文目錄)」의 통론(通論)·총지(總志)(3권 8기), 지방지(方志) 상·하(3권 9기, 12기), 여행기(游記)(4권 11기) 등 논저목록 색인을 주로 발표했는데 역사연구의 기본 공구서로 편리했기 때문에 『우공』의 활용도가 한층 높아졌다.

---

73 1935, 『禹貢』 第3卷 第2·4·6·9期 참조

1930년대 중반 항일운동이 점차 가열되면서 우공파의 연구 활동은 지리연혁사에서 변강사지로 옮겨 갔다. 일본 제국주의의 문화 침략에 대응하려는 의지가 함축된 결과였다. 구제강은 '변강총서(邊疆叢書)'의 첫 간행물을 발행하면서 배경을 다음과 같이 설명하였다.[74]

> 도광 임인년 이래 내부의 우환이 심하여 이미 변변치 못하고, 외인이 이 틈을 타서 음모를 자행하고 있다. 국토를 상실하는 것은 정말 가슴 아픈 일이다. 옛날부터 이미 그러했고, 현재는 더욱 심하다. 이 때문은 굴욕을 참으며 떨쳐 낼 생각을 하지 않으면 흉악한 기세가 한번 발하여 스스로 생존할 길이 없어질 것이다. 스스로 보존하는 길을 어찌 유지할 수 있겠는가? 중원에 사는 사람들로 하여금 변정을 통찰하게 하고, 실지를 고찰 조사하며, 그 문화와 소통하고 그 감정을 융합하여 백성들이 우환에 점차 스며들게 함으로써 변경을 굳건히 한다.

이것은 중국인이라면 일본의 만주 침탈에 따른 국가적 굴욕과 민족적 위기를 인식하고, 자립하기 위해 변방을 강화해야 하는데 그 출발점이 변강사지 연구로부터 시작된다는 주장이다. 『우공』을 내용별로 살펴보면 고대사지의 연구가 큰 비중을 차지하고, 그 가운데 지리연혁과 지명 고증이 가장 많다. 지리연혁에 관한 대표적 연구로는 구제강의 「고사지역의 확장(古史地域的擴張)」(1권 2기)을 비롯하여 위허넨(於鶴年)의 「양한 군국현읍증손표(兩漢郡國縣邑增損表)」(1권 9기), 중펑넨(鐘風年)의 「전국

74 「'边疆丛书'刊印缘起」(吴丰培, 1988, 「忆『禹贡』及其复刊鳞爪」, 『中国边疆史地研究导报』 第1期, 17쪽에서 재인용).

강역연혁고(진)[戰國疆域沿革考(秦)]」(2권 8기), 자오촨청(趙泉澄)의 「청대 지리연혁표(속, 산둥성)[清代地理沿革表(續, 山東省)]」(3권 3기), 장궈간(張國淦)의 「중국지방지고(구강녕부속현)[中國地方志考(舊江寧府續縣)]」(4권 4기) 등이 있는데 체계적 정리가 공통된 특징이다.[75] 예컨대 「고사 지역의 확장」은 상고부터 진대까지 중국 영토가 점차 확장된 역사적 사실을 서술하면서 전설 시대와 삼대의 강역에 대해 전승된 전적이 끊임없이 이런 결과를 낳았다고 보았다. 구제강에 따르면 『오제덕(五帝德)』, 『우공(禹貢)』, 『요전(堯典)』 등은 확실히 전국, 진·한대의 위작 계열이고, 이후로도 위조를 서슴지 않았지만 삼대 및 그 이전의 지역까지 폭넓게 전국, 진·한 시기의 범위로 간주하였다. 이것은 한대에 유행한 '법선왕(法先王)'의 복고사상과 관련 있을 뿐 아니라, 분열을 종식하고 통일을 열망한 당시 여론을 반영한 것으로 볼 수 있다. 왜냐하면 구제강이 스스로 "선인의 학설을 기술할 뿐 논하지 않는다"라는 학문 경향을 보여 준 것으로, 옛 강역의 변천을 파악하는 데 더 큰 의미를 두었기 때문이다.[76]

고대 지명고증에 있어서 『우공』은 고금 지명의 지위와 명망, 명명 원칙 등을 다루었다. 특히 둥쭤빈(董作宾)과 천멍자(陈梦家)는 상대 지리 고증에서 갑골문을 자료로 사용하여, 상대 역사지리의 인식 수준을 높였다.[77] 또한 상고부터 명·청대까지 수많은 사건과 정치제도 등에 관한

---

75 중펑넨의 「전국강역연혁고」는 진(秦)·위(魏)·주(周)·한(韓) 등을 연속 발표하였고, 자오촨청의 「청대지리연혁표」와 장궈간의 「중국지방지고」는 전체 지역을 세부적으로 나누어 시리즈로 발표하였다.

76 顧頡剛, 1934b, 「古史地域的擴張」, 『禹貢』 第1卷 第2期, 2~6쪽.

77 董作賓, 1936, 「東畵與澅」, 『禹貢』 第6卷 第2期, 37~39쪽; 陈梦家, 1936, 「佳夷考」, 『禹貢』 第5卷 第10期, 13~18쪽.

고대사 연구도 활발하였다.[78] 이런 경향은 『우공』의 초기 관심 분야인 지리연혁사와 차이가 있지만 역사·지리 두 분야를 혼합하여 역사지리학의 새로운 학문 영역을 구축하는 데 일조하였다.[79]

본래 사지학은 지리연혁이라는 전통학문 영역이었으며, 내용은 지명 고증, 행정구역 연혁, 지리 전적의 소증(疏证)에 집중되어 있었다. 학회 초기의 지리연혁사 연구는 방법에 있어서 오랜 전통을 벗어나지 못하였다. 우공파는 지리연혁사를 현대적이며 과학적인 역사지리학으로 개조하기 위해 연구 범위를 고대 강역으로부터 행정구역, 도읍, 하천과 도랑의 몇 가지 항목에서 자연지리와 인문지리 등 새로운 분야를 포함시켰다. 또 지리 현상의 변화를 고증하는 데 그치지 않고, 변화의 원인과 법칙을 탐구하였다.[80] 제3권 1기부터 『우공』의 영문명이 *The Evolution of Chinses Geography Semi-monthly Magazine*에서 *The Chinese Historical Geography-A Semi-monthly Magazine*으로 바뀌었는데 번역명이 '중국지리연혁 반월간'에서 '중국역사지리 반월간'으로 변한 것은 『우공』의 관심 대상이 역사지리학으로 바뀐 것을 상징적으로 보여 준다.[81]

1936년 이후 학회 활동의 중심이 변강사지와 민족사 연구로 옮겨졌지만 지리연혁사의 연구와 편찬은 계속되었다. 1937년 6월 발행된 '고

---

78 예컨대 傳述堯, 1934, 「古代蜀國史略述」, 『禹貢』 第1卷 第6期; 馬培棠, 1934, 「丹朱故墟辨」, 『禹貢』 第1卷 第7期; 唐蘭, 1934, 「"四國解」, 『禹貢』 第1卷 第10期; 余貽澤, 1936, 「明代之土司制度」 『禹貢』 第4卷 第11期; 谷霽光, 1936, 「三國鼎峙與南北朝分立」, 『禹貢』 第5卷 第2期 등이 있다.

79 徐兆奎, 1980, 앞의 글.

80 史念海, 1990, 「致谭系龙先生书」, 『中国歷史地理論丛』 第3期.

81 曲文雍, 2009, 앞의 글, 33쪽.

대지리 특집호'는 중국의 고대 민족, 종족, 강역, 지방제도, 지명, 지리서 등 모두 여섯 분야로 나누어 상세히 소개하였다. 이를 주관한 통수예는 시세 흐름에 역행한 '고대지리전호'의 간행이 학회의 연구 초점에 대한 의구심으로 확대될 것을 우려하여 실증적·객관적 학술연구의 중요성을 머리말에서 강조하였다. 그는 최근 십수 년간 고고학과 역사학이 서로 관계를 맺으며 발전하여 많은 학자들이 뛰어난 성과를 냈지만, 연구의 근거가 없고, 정확한 이유 없이 역사상 큰 사건들을 마음대로 재단한다고 지적하였다. 그는 잘못된 학풍을 바로 잡아야 하며, 선조들의 재료를 수집, 고증하는 활동이 사학 연구의 기초로 존중되어야만 다시 발전할 수 있다고 주장하였다. 그는 항일구망의 엄중한 위기 상황에서 고대사지 연구를 발전시키는 것이 곧 학술구국의 실천이라고 인식한 것이다.

2. 변강사지 연구의 심화

난징 정부 시기의 변강인식과 민족의식은 현대 중국에 있어서 중요한 요소이다. 이는 국가 주권을 강조하고, 변강 통일을 옹호하여 독립된 민족국가를 세우는 것으로, 전통 왕조로부터 국민국가로 전환하는 데 핵심 작용을 하기 때문이다. 1930년대 중국에서 그것은 국가의 분열을 피하고, 외세의 굴욕에 저항하며, 현대적 의미의 통일민족국가를 세우는 데 일정한 작용을 하였다.[82]

중국과 서양의 변강(frontier) 의미는 서로 다르다. 유럽에서는 기본적

82 段金生, 2009,「南京国民政府的边疆观念及民族认识」,『云南民族大学学报』第6期, 93쪽.

으로 선형경계(linear)를, 미국에서는 띠 모양(zonal)의 지역 개념을 갖는다. 그러나 중국의 변강 개념은 이 두 가지 의미를 종합한 것으로 중국의 변강, 특히 북부·동북·서북·서남 일대는 국경과 내륙 사이에 거주하는 소수민족 집단이 주체를 이루며 역사상 오랫동안 중앙정부의 울타리 역할을 해 왔다. 이 때문에 중간지대인 변강은 늘 모호하고 불확실성이 커서 중앙정부의 강역 변천을 주도하였다.[83]

19세기 이래 근대적 의미의 국가 출현과 함께 국가 간 모호한 중간지대가 차례로 다른 강역 국가의 정치적 경계로 통합되고, 국경과 국경 방위에 대한 엄격한 경계로 고정되었다. 따라서 근대국가가 공통적으로 직면한 중대한 도전은 어떻게 기존의 중간지대를 재편하고 메워서 국가의 장악력에 포함하느냐로, 변강을 '효과적인 국족 강역'으로 전환하는 것이었다.[84] 중국의 현안 역시, 중간지대의 소수민족이 어떻게 하면 근대 중국의 정체성을 가질 수 있도록 만드는가에 있었다.[85]

변강을 단순한 국경선으로 만들겠다는 구제강의 생각은 효과적인 국족 강역을 구축하려는 염원을 보여 준다. 이를 실현할 방법은 변강의 각 민족과 내륙의 한족 사이에 존재한 심리적·문화적·경제적 장벽과 발전의 불균형을 완화시키고, 기존의 좁은 민족 구분을 타파하여 각각의 전통을 인정하며, 궁극적으로 '중화민족은 하나'라는 국족 개념을 확립하

---

83 중국에서 변강이란 지리적 요인을 근간으로, 역사·문화·경제·정치 등 여러 개념을 결합한 것으로 이해한다. 段金生, 2009, 위의 글, 92쪽.

84 Richard Muir, 1997, *Political Geography: A New Introduction*, New York: John Wiley(曲文雍, 2009, 앞의 글, 39쪽에서 재인용).

85 청말~민국 시기 변강의 국경화 논의는 박상수, 2005, 「중국 근대 '민족국가'(nation-state)의 창조와 '변강' 문제-청말~민국시기-」, 『中國學報』 52 참조.

는 것이었다.[86] 구제강에 따르면 사지 자료의 수집과 현지 조사를 통해 변강 문제를 연구하는 것은 중국의 민족 구성과 국토 범위를 알 수 있는 것으로, 진정한 '중국통사'를 완성하여 민족의 응집력을 높일 수 있는 좋은 방안이었다.[87] 더욱이 일본의 만주국 수립 이후 변강 문제는 초미의 관심사가 되었다. 그해 7월 평자성은 "우리 나라 학자들은 자신의 변강에 대한 연구가 거의 없어 이전 청대까지 다른 나라와 경계 문제를 협상할 때 얼마나 많은 손해를 입었는지 모른다. 민국 이래 이런 문제에 부딪히면서도 여전히 속아 넘어간다"라면서 다음과 같이 지적하였다.[88]

> 동북4성은 역사적으로나 지리적으로나 법률적으로나 분명히 중국의 영토인데 일본인은 영토의 야심을 실현하기 위해 여러 해 전부터 국제사회에서 '만몽비지나론(滿蒙非支那論)'을 선전하였다. 가련하게도 우리 나라 학자들 가운데 이에 대해 유력하게 반박할 수 있는 자가 하나도 없다. 또 일본인은 이러한 기초를 실현하기 위해 많은 학자들을 고용하여 '만선학(滿鮮學)' 혹은 '만몽학(滿蒙學)'에 전문적으로 역량을 쏟았고, 연구 성과가 독자적 일파를 형성하였다. 우리 나라를 돌이켜 보건대 9·18 이전까지 동북사지를 알아보는 사람이 전혀 없었다. 9·18 이후 동북이 중국의 영토라는 것을 증명하기 위해 임시 문장을 작성하였다. 맛보기로 말하자면 일본은 동북 연구의 성과에 의거해 동북을 빼앗아 가 버렸다. 만일 국제연맹이 학술연구를 중시한다면 우리가 임시로 작성한 몇 가지 소책

---

86 顾颉刚, 1984, 「考察西北后的感想」, 『西北史地』 第2期. 구제강의 '중화민족론'은 1939년에 발표된 顧頡剛, 1939.2.13, "中華民族是一個", 『益世報 · 邊疆週刊』 참조.

87 白寿彝, 1981, 앞의 글, 66쪽.

88 馮家昇, 1934, 앞의 글, 2쪽.

> 자에 근거해서는 또 실패할 수밖에 없고 동북4성은 다시 찾을 수 없게 될 것이다.

이와 같은 인식은 외세 침탈에 따른 위기감에서 비롯된 것으로 우공의 학술 활동에 항일구국의 수요가 반영된 것으로 볼 수 있다. 고대사지 연구에 중점을 둔 『우공』이 일본의 공세에 맞서 청대 고증학의 유산인 경세치용 사상을 변강사지 연구에 적용시킨 것이다. 이를 통해 역사적으로 중국 민족과 영토의 변화를 파악하여 모든 국민이 중화민족의 생활공간을 이해하고, 국가의 영토주권을 수호할 수 있도록 각성시키는 것이 목적이었다.

1935년 3월 1일 「우공학회요강」은 학회 취지를 수정하여 중국 지리 연혁사 및 민족사를 연구 목적에 명시하였다.[89] 1935년 9월 구제강이 양스(杨寔)에게 보낸 회신은 우공파의 변강 연구에 대한 자신감을 다음과 같이 언급하고 있다.[90]

> 본 간행물의 저자들 중 변강 및 이웃 나라를 연구하는 자가 적지 않아 만주·조선은 평자성 선생이 있고, 일본은 왕지우(王辑五)·저우이량(周一良) 선생, 신장(新疆)은 황원비(黄文弼)·왕르웨이(王日蔚) 선생, 티베트는 우위녠(吴玉年)·푸청융(傅成镛) 선생, 몽골은 양(스) 선생과 허우런즈 선생이 있어, 이렇게 열심히 활동하니 중국학계에서 유례없는 성과가 있을 것이라고 예언할 수 있다.

89 1935, 「禹贡学会简章」, 『禹貢』 第4卷 第3期(孙喆, 2012, 앞의 글, 147쪽에서 재인용).

90 1935, 「通迅一束」, 『禹貢』 第4卷 第4期, 94쪽.

그러면서 『우공』은 중국의 영토 축소에 따른 회복 의지를 명확히 밝혔다.

> 황량한 변방이 날로 자국민에게 인식되고 개발되어, 야심국의 노림수가 끊겼을 뿐만 아니라 우리 선조들이 열심히 개발한 땅을 하나의 군영(帐)으로 계산해 우리 국민이 누려야 할 유산을 합법적으로 감당하고 이웃나라의 폭력적 억압이나 기만, 분열 과정에서 빼앗긴 것을 되찾는 것이 우리의 가업임을 잊지 말아야 한다.[91]

또 비공개로 작성된 「우공학회의 향후 3년간 사업계획」은 변강사지 연구에 종사하게 된 이유와 목적을 상세히 서술하였다.

> 청나라 말기에 열강이 기승을 부리고, 변강을 침략했는데 우리 나라의 중요한 관리들은 종종 변방의 정세에 눈이 멀어, 너무 쉽게 영토를 잃었다. 예를 들자면 폔마(片馬)·젠다오(間島)의 교섭이 모두 이에 해당한다. 중화민국 이후 외부인의 침략이 심해질수록 동북4성, 내외몽골, 신장(新疆), 칭하이(青海), 시짱(西藏) 등 변방 지역에 대한 상세한 조사가 이루어졌다. 대개 민족풍속, 물산 경제, 강역 형세, 도시와 읍의 촌시, 도로교통, 기후 토양을 모두 상세한 그림으로 만들고, 전문 저서를 모아서 침략에 대비할 수 있도록 한다. 우리 나라 사람들은 변방의 정세에 대해 자세히 알지 못할 뿐만 아니라, 알고 싶어도 대부분 외부인의 저술에 의지하고 있는데 마치 가문의 주인이 자신의 집에 대해서 아무것도 모르는 것과 같아

91 1937,「紀念辭」,『禹貢』第7卷 第1·2·3合期, 1쪽.

서 무슨 일이 있을 때마다 다른 사람에게 물어봐야 한다. 만약 나라가 망하고 집안이 망하지 않는다면 말이다. 본회의 동료들은 국사가 나날이 비뚤어지고 민족의 쇠망을 두려워하며 '학문을 위한 학문'의 태도가 정말로 현재의 급한 일에 대처할 수 없다는 것을 잘 알고 있으며, 학자들이 학문으로 나라를 구하는데 응당 가야 할 길이 아니라는 것을 알기에 동지를 규합하여 우리 나라의 지리 연구에 종사하였다. 이를 통해 국내외 동포들의 애국심을 불러일으키고, 우리 나라의 강역 변천을 인식하며, 국토를 아끼려는 뜻을 견지하고 있다.[92]

1930년대 중반 이후 변강사지에 초점을 맞춘 우공파의 학술 경향은 동시대 중국학계의 추세와 밀접한 관련이 있었다. 근대 중국의 변강사지 연구는 아편전쟁 후 도광·함풍 시기에 활발하였고, 1930년대 들어서 새롭게 주목받으며 전문 잡지가 연속 발행되었다. 대표적으로 『지학잡지』, 『신아세아』, 『변정(边政)』, 『변사연구(边事研究)』, 『변강반월간(边疆半月刊)』, 『몽장월보(蒙藏月报)』, 『신몽골월간(新蒙古月刊)』, 『신청해(新青海)』, 『서북통신』, 『강장전봉(康藏前锋)』, 『돌궐(突崛)』, 『중국변강(中国边疆)』 등이 있고, 『우공』이 주요 동력이었다.[93] 이런 현상은 변강사지 연구가 중국 학계와 사회에서 큰 관심거리였음을 보여 주는 것으로, 『우공』이 이런 관심과 연구 열기를 촉진시킨 연결고리였음을 알 수 있다.[94]

---

92 1937, 「本會此後三年中工作計劃」, 『禹貢』 第7卷 第1·2·3合期, 13쪽.

93 『우공』의 폐간 이후로도 『변강연구계간』, 『변정공론』, 『변강연구론총』, 『변강주간』, 『변강통신』, 『변강건설』 등 변강사지와 관련된 학술지가 계속 간행되었다.

94 마다정(马大正)은 『우공』의 학술성과에 대해 "근대 이래 중국변강사지 연구의 제2차 연구의 고조를 촉진하고 발전시키는 데 중요한 역할을 했다. 본 세기 20년대부터 40년대에 이른 중국 변강사지 연구의 고조 중에 중국 변강사지 연구를 새로운 단계로

1936년 5월, 우공학회는 변강문제연구회를 따로 조직하고 변강 문제를 집중 논의하였다. 그 후 동북, 서북, 서남 지역에 대한 글들을 발표하면서 시세 변화와 항일을 연결 짓고 현지답사와 기록 활동에 나섰다. 『우공』에 발표된 변강 연구는 40여 편이지만 관련 내용이 포함된 글까지 합하면 전체의 4분의 1 이상을 차지한다. 주요 내용은 동북·서북·동남·서남·시짱(西藏)·북방 등 변강의 지리환경, 행정구역, 정치제도, 민족성분, 풍속습관, 문헌자료를 다루었고, 육지는 물론 해양의 국경까지 관심을 가졌다.

우공파의 변강 연구 중점은 동북·몽골·칭짱(靑藏)·신장·캉짱(康藏)으로 당시 중국인들은 이 지역에 대해 충분히 알지 못했으나, 서양 열강은 오래전부터 군사적·경제적 진출을 꾀하고 있었다. 특히 동북은 청조가 발흥한 곳으로 줄곧 봉쇄되어 일반인은 제대로 알기 어려웠다. 몽골·칭짱·신장·캉짱은 모두 소수민족이 사는 곳으로 문화·종교·경제 방면에서 중원과 교통·도로·신앙 등 여러 요인으로 인해 오랫동안 단절된 상태였다. 이들 지역은 중원의 한족에 의해 낙후된 문명의 민족으로 간주되었다. 1930년대 중반 구제강 등은 이 지역의 답사를 통해 변강의 생활, 생산력, 교육문화 수준 등이 개선되어야 한다고 인식했고, 제국주의의 침입으로 더욱 위기의식을 갖게 되었다.[95]

1936년부터 『우공』은 변강사지에 관한 특집호를 연속 간행하였다. 그해 4월 '서북연구전호'를 시작으로[96] '동북연구전호', '허우타오수리조

매우 영광스럽게 추진하였다"라고 높이 평가하였다. 马大正, 1992, 앞의 글, 35쪽.

95 顧頡剛, 1935, 「王同春開發河套記」, 『禹貢』 第2卷 第12期, 2~14쪽.

96 우공학회는 서북지역조사단을 직접 조직했기 때문에 다른 지역의 연구보다 자료가 상세하고 현실적인 관심도 높았으며, 서북 지역의 문화와 풍토에 대한 소개가 포괄

사전호(後套水利調査專號)', '남양연구전호(南洋研究專號)', '캉짱전호(康藏專號)', '차하르전호(察綏遠專號)' 등 변강의 역사지리와 문화를 전문적으로 다룬 특집호가 여섯 차례 나왔다. 이 가운데 1936년 10월 16일 간행된 『우공』 6권 3·4합기의 '동북연구전호'를 예로 보면 우공파의 변강사지 연구 배경과 방향을 충분히 알 수 있다. 여기에는 '동북4성 약도'를 첫 페이지로, 「중국 동북4성의 지리기초」, 「원시시대의 동북」, 「명대의 요동변장」, 「'만주'통화에 대한 일본의 통제」, 「동북기간목록」, 「동북사지참고문헌적목」 등 동북 지역에 대한 역사지리와 일본의 연구 동향, 참고문헌 목록까지 다양한 주제를 다룬 이십여 편의 글이 게재되어 고대부터 근대까지의 역사자료를 포괄적으로 제공하고 현실 문제까지 다루고 있다.

이 가운데 동북의 현실 문제에 관한 글은 두 편으로, 모두 경제 문제를 다루었다. 하나는 만주사변 직후 동북의 화폐 유통 상황을 고찰한 것으로, 일본의 통일된 통화정책이 이전의 화폐 혼란을 막았으나 동북경제에 대한 통제가 엄밀하여 "통화 통치는 모든 경제 통치의 완성체"라고 비판하였다.[97] 또 하나는 1842년부터 1931년까지 동북 지역에서 시행된 일본의 관세와 무역 상황을 소개한 것으로, 중국세관에 대한 통제와 관세 약탈 행위를 폭로하였다.[98]

『우공』의 저자 중 대표적 변강사지 연구자인 평자성은 동북변강사를

적이었다. 『우공』은 이들 지역과 중국의 연원을 역사적 지리연혁의 관점에서 증명하며 중국의 일부인 것을 부각하고 있다(曲文雍, 2009, 앞의 글, 44쪽).

97 洪逸生, 1936, 「日本對於「滿洲」通貨之統制」, 『禹貢』 第6卷 第3·4合期, 145~158쪽.

98 李竞敏, 1936, 「東北海關稅設立之經過及各關貿易之情形」, 『禹貢』 第6卷 第3·4合期, 119~144쪽.

포함하여 민족 및 종교에 관한 8편의 글을 발표하였다. 그에 따르면 동북 연구는 "건륭제 때 『만주원류고(滿洲源流攷)』, 『성경통지(盛京通志)』, 『열하통지(热河通志)』 등이 처음 나왔다. 그 이후 『길림통지(吉林通志)』, 『길림외기(吉林外紀)』, 『흑룡강외기(黑龍江外紀)』를 거쳐 조정걸(曹廷杰)의 『동삼성여지도설(東三省輿地圖說)』과 오정섭(吳廷燮)의 『동삼성연혁표(東三省沿革表)』까지 큰 발전이 없었다"라고 한다. 그렇게 된 이유는 "동북3성이 만청(滿淸)의 발상지로, 연구 과정에서 상세한 검토를 피할 수 없고, 만청이 꺼림칙하게 여긴 것까지 건드리지 않을 수 없기 때문"이라고 판단하였다. 또 현실적으로 "흠정(欽定)의 책은 금과옥조로 누가 감히 잘못을 바로잡을 배짱이 있겠는가! 역사를 연구한 사람은 『만주원류고(滿洲源流攷)』를 보면 그만이고, 지리를 연구하는 사람은 몇 가지 통지를 보면 그만이다"라고 지적하였다.

한편 평자성은 동북이 소외된 연구 영역이고, 범위가 너무 넓어서 어려움이 크며, 러시아와 일본의 학자들에 의해 이미 상당한 성과가 축적되었기 때문에 서북 지역보다 연구 진행이 훨씬 더딘 것으로 이해하였다. 그는 러시아와 일본 학자의 성과가 중국보다 더 낫다고 인정하면서도 "우리 자신의 것에 대해 쓸데없이 남에게 의지해서는 안 된다." "만약 다른 사람이 잘했다고 해서 스스로 하지 않는다면, 우리는 정말 할 일이 없을 것"이라고 우려하였다. 한 예로 동북사지에 관하여 일본인들이 진한부터 청대까지 섭렵했지만 위(魏)·수(隋)·당(唐)의 역사는 아직 연구되지 않은 부분이 많고, 금사(金史)와 원사(元史)도 이미 많이 해결된 것 같지만 요사(遼史)는 전혀 밝혀지지 않았다고 보았다. 따라서 그는 "학문에 국경이 없지만, 변강사지에는 국경이 있어야 한다. 만약 남들이 잘하고 우리는 가만히 앉아서 잘 할 수 있다고 생각한다면, 야노 진

이치(矢野仁一)의 '만몽비지나론'을 그대로 인정하는 것과 다르지 않다"라고 질타하였다.[99]

이런 인식을 바탕으로 평자성 자신은 정통적 역사학 순서인 『사기(史記)』, 『한서(漢書)』, 『수서(隋書)』, 『당서(唐書)』, 『명사(明史)』를 차례로 읽지 않고, 『요사(遼史)』를 먼저 읽었다.[100] 거란 · 여진 · 몽골이 모두 동호족으로, 동이열전이 따로 없기에 이들의 역사를 연구 토대로 삼고 싶다는 요량이었다. 이후 그는 「숙신계 민족에 관한 서술(述肅愼系之民族)」(3권 7기), 「동호계 민족에 관한 서술(述東胡系之民族)」(3권 8기), 「원시시대의 동북(原始時代之東北)」(6권 3 · 4기), 「두막류국고(豆莫類國考)」(7권 1 · 2 · 3기), 「흉노 민족 및 그의 문화(匈奴民族及其文化)」(7권 5기) 등 동북 관련 논문을 연이어 발표하였다. 따라서 평자성의 동북사지 연구는 외세 침략에 따른 구국 의식이 동기로 작용한 것이 사실이지만 고대사지 연구의 학문적 공백을 메우려는 열망이 더 컸음을 알 수 있다.

저우신(周信)은 청대 초기 동북 토인의 생활상을 묘사하면서 "동북은 지대박물(地大物博)이라 부를 수 있는데 본래 일찍 개발되었어야 했다. 그러나 만청이 한인을 배금하고, 토착인을 방임하여 풍요롭고 아름다운 땅은 수백 년 동안 거의 발전하지 않았으며, 결국 일본인에게 약탈을 당했다"라면서 먼저 동북사지의 연구를 증진시킨 후 영토 수복을 도모하자고 주장하였다.[101] 장웨이화(張維華)도 비슷한 견해였는데 동북이 일본

---

99 馮家昇, 1934, 앞의 글, 3쪽.

100 평자성은 1927년 옌칭대학 사학과에 입학하여 천위안(陳垣)의 애국주의 사학의 영향으로 요사(遼史)를 자신의 연구 방향으로 삼았다. 그는 9 · 18사변 이후 구제강의 영향을 받아 연구 범위를 동북 변강사로 확대하였다(许子豪, 2020, 「禹贡学会与『禹贡』半月刊在歷史地理学史中地位朔造的研究」, 云南大学 硕士研究生学位論文, 30쪽).

101 周信, 1935, 「清初東北土人的生活」, 『禹貢』 第3卷 第5期, 10쪽.

에 넘어간 배경으로, "외국 학자들은 그 땅의 산천 형세, 인종 문화, 물산 경제, 역사적 사실에 관한 연구"에 노력을 아끼지 않았음을 강조하였다. 그는 『요해총서(遼海叢書)』에서 역사지리를 소홀히 다루었고, 동북의 정치 주권은 이미 외세에 빼앗겼지만 뒤처진 학문연구를 통해 향후 강토 수복에 대비할 것을 촉구하였다.[102] 톈펑장(田风章)은 고고학, 지리학, 민족학, 문화 기원 등의 측면에서 원시시대 동북 주민과 중원의 양자 관계를 논하였다. 그는 "동북의 원시 거주민은 중국 민족의 일파가 아니더라도 원시부터 긴장, 이완으로 중국에 의해 동화되었다"라면서 동북 거주민의 문화는 완전한 중국문화의 반영이라고 주장하여 동북이 예로부터 중국과 나눌 수 없는 일부임을 강조하였다.[103] 또한 왕르웨이의 「거란과 회흘 관계고(契丹與回鶻關係考)」(4권 8기)와 멍원퉁(蒙文通)의 「고대민족 이주고(古代民族移徙考)」(7권 3·4기) 등이 있는데 동북 각 민족의 역사·문화를 논하면서 한족문화와 상호 관계 및 중원과의 정치적 종속 관계 등을 논하였다.

『우공』의 동북역사지리 연구로는 리진화(李晉華)의 「명대요동귀부 및 위소도사건치연혁(明代遼東歸附及衛所都司建置沿革)」(2권 2기), 장웨이화의 「명대요동위소건치고략(明代遼東衛所建置考略)」(1권 7기), 판청빈(潘承彬)의 「명대의 요동변장(明大之遼東邊牆)」(6권 3·4기), 리수팡(李漱芳)의 「명대변장연혁고략(明代邊牆沿革考略)」(5권 1기) 등이 있고, 지리고증은 탄치샹의 「요사지리지보정(遼史地理志補正)」(1권 2기), 펑자성의 「요금사 지리지 상호 검토(遼金史地理志互校)」, 저우이량의 「도이비고(都爾

---

102 金毓黻, 1936, 「《遼海叢書》總目提要」, 『禹貢』 第6卷 第3·4合期, 191쪽.

103 田風章, 1937, 「原始時代東北居民與中國之關係略識」, 『禹貢』 第7卷 第5期, 1쪽.

鼻考)」, 왕화이중(王懷中)의 「당대안동도호부(唐代安東都護府)」, 왕화룽(王華隆)의 「낙양사지(洛陽史蹟)」(6권 3·4기), 라오쭝이(饒宗頤)의 「고해양지고(古海陽地考)」, 장인탕(張印堂)의 「중국 동북4성의 지리기초(中國東北四省的地理基礎)」(6권 3·4기) 등이 있다. 역사문화 연구는 위에서 언급한 톈펑장의 「원시시대 동북 주민과 중국의 관계 약식(原始時代東北居民與中國之關係略識)」과 왕이퉁(王伊同)의 「연진서한과 동북(燕秦西漢與東北)」, 펑자성의 「한위시대 동북의 문화(漢魏時代東北之文化)」·「주진시대 중국의 동북 경영고략(周秦時代中國經營東北考略)」, 류쉬안민(劉選民)의 「동삼성 경기둔개간시말(東三省京旗屯墾始末)」, 궁웨이항(龔維航)의 「청대 한인의 동북 개척 술략(清代漢人拓殖東北述略)」 등이 있다. 이러한 글들은 대부분 동북 지역에 거주한 각 민족의 원류를 밝히고, 이들의 역사문화와 한족문화의 긴밀한 관계를 설명하면서 동북과 중원이 이전부터 맺어 온 정치적 예속 관계를 부각시켰다. 강역도 역대 왕조가 원래 동북에 대해 긴밀한 정치적 연계를 가지고 있으며, 동북의 개발과 발전이 만주족과 한족의 공동 성과라는 내용을 강조하였다.

이렇듯 『우공』의 변강사지 연구는 그동안 소홀한 학술계의 상황을 반성하고 앞선 일본과 러시아 학자들의 성과를 소개하면서 자국인에 의한 변강 연구를 촉진하였다. 그 목적은 일본의 만주 침탈로 위기에 직면한 국가와 민족을 구하는 데 학문 수단을 동원한 것이며, 변강 연구의 공백을 채우려는 열망이 함께 작용한 것이다. 이런 경향을 가장 선명히 드러낸 것이 『우공』으로, 창간 초기에 중점을 둔 고대 역사지리학을 변강사지와 민족 연구로 확대함으로써 학문 탐구의 본질을 유지한 채 학술구국의 요청에 부응한 것이다. 훗날, 시세의 영향을 강하게 받은 학술 활동은 실증적 연구와 다양한 해석에 의한 학문 성취보다 현실 수요에 부

응한 민족주의 사학으로 가공되는 결과를 낳았다.[104]

3. 민족사 연구의 발흥

중국은 다민족국가이며, 많은 소수민족이 대부분 변강에 거주하는 것이 중국의 특징 중 하나이다. 그러므로 중국의 역사지리나 변강을 연구하는 것은 민족 문제와 직결되며 그 반대의 경우도 마찬가지다. 중국학자들은 변강의 민족문화를 연구하면서 역사지리학·민족학·문화인류학을 혼동하는 경우가 많았다. 이런 학문 분야 간 명확한 구분 없이 두루뭉술한 사학으로 포괄했기 때문이다.[105] 구제강은 1935년 9월 후스에게 보낸 편지에서 "우공학회는 많은 동지를 모아 민족발전사와 지리연혁사를 연구함으로써 민족주의의 기초를 닦고 중국통사의 한 축을 세워야 한다"라고 밝혔다.[106] 1936년 초 우공학회는 『중국민족사』를 편집하면서 "은주(殷周) 이전의 중국 민족 분포는 고고학이 발달한 후에 탐지할 수 있고, 3천 년 동안의 진화는 문적(文籍)에 역력하며, 우리 민족

---

104 마다정은 우공학회를 "중국지학회(中國地學會)에 이어 또 한 세기 전반 중국 변강사지 연구에 중대한 영향을 끼친 학술단체"라고 높이 평가했다(馬大正, 1992, 앞의 글). 장전(蔣俊)은 "7·7사변을 전후하여 국내에 나타난 변강과 변정 연구의 열풍, 수많은 변강사지 간행물 및 변정 연구기관의 출현을 『우공』의 촉진 작용과 떼려야 뗄 수 없는 관계"라고 보았다(蔣俊, 1995, 「抗日戰爭與愛國主義史學」, 『史學史研究』 第2期). 러자후이(樂嘉輝)는 "학회와 반월간 변방의 사지에 관한 연구가 변방의 현재 상황을 대중에게 알리고 국가의 미래 운명에 대한 대중의 관심을 불러일으켰으며, 이로 인해 변강의 연구 사업이 사회 발전 추세에 더욱 적응하게 되었다"라고 지적했다(乐嘉辉, 2004, 「19世纪末到20世纪30年代中美边疆歷史研究比较」, 『中国边疆史研究』 第4期).

105 彭明輝, 1995, 『歷史地理學與現代中國史學』, 臺北: 東大圖書股份有限公司, 240쪽.

106 顾潮, 1997, 「顾颉刚先生与『禹贡』半月刊」, 『中国歷史地理論丛』 第3期.

은 종족의 좁은 견해가 없는 문화의 확장만을 추구했기 때문에 사표(四表)가 층층이 녹아 이 거대한 국족을 이룰 수 있었다"라고 했다.[107] 이러한 언급은 개별적인 변강사지와 소수민족의 역사문화 연구를 일체화시킨 것으로, 우공학파가 가장 크게 관심을 기울인 것은 '중국민족사'를 편찬하여 '하나 된 강한 민족의식'을 형성하는 것이고 동시에 이것이 궁극적인 목표였다.

1937년 4월 『우공』 창간 3주년 「기념사」는 학술 활동의 목적에 대해 "우리의 선조들이 천신만고 끝에 중화민족으로 결성된 과정을 탐구하여 국내 각 종족이 서로 불가분의 역사 배경과 시대 사명을 체득하고, 밀접한 관계를 맺으며, 상호 존중하고 함께 단결하여 가장 강한 민족이 되는 것"[108]이라고 밝혔다. 이외에도 『우공』은 민족과 관련된 글을 다수 게재하였고, 주요 내용으로 회족·만주족·장족·몽골족 등 서북, 동북, 캉짱의 변강에 분포한 소수민족을 중점적으로 다루었다.[109]

『우공』이 여러 민족 중 회족·회교에 유달리 관심을 가진 것은 구제강의 영향으로, 오랫동안 계속된 민족 장벽으로 야기된 갈등에서 청대 회족과 한족 간의 격차가 커졌고, 서구 열강의 간섭으로 민족 모순이 더욱 첨예하였는데 이는 서북에서 더욱 뚜렷한 것으로 이해하였다. 당시 러시아는 서북·동북의 중국 영토를 침략한 후 신장, 몽골까지 넘보고 있었다. 더욱이 동북3성이 일본에 의해 분리된 후 서북은 러시아에게 정

107 1936, 「禹貢學會募集基金啓」, 『禹貢』 第4卷 第10期, 2쪽.

108 1937, 「紀念辭」, 『禹貢』 第7卷 第1·2·3合期, 1~3쪽.

109 민족 문제에 관한 글은 110여 편으로 6분의 1을 차지하고 특히 회족·이슬람 연구가 많은데 '회교와 회족 특집호(回教與回族專號)'와 '회교 특집호(回教專號)'에 40여 편이 발표되었다. 王记录·林琳, 2010, 앞의 글, 61쪽.

치 · 군사상 매우 중요한 지역이 되었다. 이 때문에 우공학회는 고대사지 연구를 기초로 서북의 현장 조사를 강화하고, '서북사지고찰단'과 '허우타오수리조사단'[110]을 조직하여 1차 사료를 다수 확보하였으며, '서북사지' · '허우타오수리조사' · '회족과 회교(回族与回教)'(5권 11기, 7권 4기) 등의 특집호를 발행하여 국내외의 관심을 고조시켰다. 여기서는 주로 중국 내 이슬람교의 전파 양상을 소개하고, 회한(回漢) 분쟁의 실체를 규명하였다. 또 베이징 · 청두(成都) · 카이펑(开封) · 바오터우(包头) 등지에 거주하는 회족의 생산 · 생활 · 교육 · 종교 · 문화 실태를 상세히 소개하였으며, 회족문화교육과 회한 관계를 포괄적으로 다루었다.

『우공』의 민족 연구는 크게 두 가지로 하나는 고대 민족의 분포 연구이고, 다른 하나는 회족 · 회교 문화에 관한 것으로 민족 연구의 절반을 차지하였다. 그중 대표적인 글들은 '회교와 회족 특집호'(5권 11기), '회교 특집호'(7권 4기)에 수록되었다. 주요 연구 내용은 회족의 명칭 및 회교 전파에 대한 고증, 역사적 사건에 대한 반성, 회족의 교육문화, 각지의 이슬람교 현황, 회족 문제 등으로, "중화민족의 다원일체 사상"을 선양하며 회족의 애국 열정을 일으킨 것으로 본다.[111]

구제강은 "회한 문제가 중화민족 전체의 발전이나 현재 사회생활에서 결코 작은 문제가 아니다. … 같은 중국 국민이면서 전혀 무관하거나 서로 용납할 수 없는 두 단체에 속해 있는 것 같다. 이것은 얼마나 가슴

110 내몽골자치구 경내에서 바옌나오얼시(巴彦淖尔市) 덩커우현(磴口县)에서 바오터우둥(包头东) 사이의 황하를 허우타오라고 하며, 앞면과 뒷면을 합쳐서 허타오(河套)라고 한다. 이 일대는 지형이 평탄하고 토양이 비옥하지만 강수량이 적어 진한시대부터 주민들이 이미 이곳에 도랑을 파고 황하 강물을 끌어들여 관개하는 등 농업이 매우 발달해 '새외강남(塞外江南)', '요새창고(要塞倉庫)'라고 일컫는다.

111 王记录 · 林琳, 2010, 앞의 글, 61쪽.

아픈 일인가! 이런 선입견을 가지고 어떻게 사회사업에서 서로 시기하지 않고 존중하며, 협력을 할 수 있겠는가? 신중국의 건설에 어떻게 정성을 다해 단결하고 발전시킬 수 있겠는가"라고 지적하였다.[112] 이런 시각은 우공파의 회족 문제에 대한 관심을 이끌어 냈다.[113]

구제강은 회한 문제를 해결하는 실질적 방법으로 그들의 문화에서 손을 떼는 것이라고 판단하였다. 그는 "상당 기간 내 회족과 한인이 서로 격의 없는 혼합된 가족이란 사실을 깨닫게 해야 한다. 회한은 문화나 종족이나 현재 전체 생존에서 절대 불가분의 관계"라고 하여, 하나의 민족임을 강조하였다. 또한 각 대학에 '아랍어'와 '중국회교사' 과목을 추가하고 전문학과를 설치하여 회족의 교육 및 연구를 강화하며, 회교도의 자체 교육을 장려해 민족종교의 인재를 양성하도록 제안했다. 아울러 회족·회교에 대한 자료 수집과 정리를 중시하고, 전문 학술단체를 조직하여 회족·회교 문제를 직접 연구하도록 권장하였다.[114]

구제강의 견해는 많은 회교 인사들의 호응을 얻었는데 다펑솬(达凤轩)·진융퉁(金永同)·쉐원보(薛文波) 등은 글과 서신으로 직접 동의를 표하였다.[115] 1937년 2월 『과학시보(科學時報)』의 편집자 우짜오시(吴藻溪)가 구제강에게 보낸 편지에서는 "각 방면의 인재를 모아 국내 민족 문제 연구단체나 변방 민족의 문화건설기관을 공동으로 조직"하자며 신속한 민족 연구를 제안하였다. 이러한 학술·변강·인종 연구를 담당할

112 顧頡剛, 1937, 「附錄一·回漢問題和目前應有的工作」, 『禹貢』 第7卷 第4期, 179쪽.
113 孙喆, 2012, 앞의 글, 148쪽.
114 顧頡剛, 1937, 앞의 글, 179~181쪽.
115 王记录·林琳, 2010, 앞의 글, 62쪽.

이슬람문화 연구기관의 설립은 학계의 폭넓은 지지를 받았다.[116] 특히 바이서우이(白壽彝)는 지금까지의 교훈이 매우 엄중한데 회교 문화기관의 설립은 순수 학술에 많은 이점이 있을 뿐만 아니라 변강과 인종 문제의 해결에 필수 연구기관이라면서 찬성 의사를 밝혔다.[117]

그런데 구제강은 중화민족의 부흥에 회교도들도 무거운 짐을 나누어져야 한다면서 비회교도들 역시 회교에 대해서 가능한 한 모든 것을 알고, 서로 동정심을 갖고 협력해야 큰 사업을 이룰 수 있다고 주장하였다.[118] 그는 한족과 회족·회교가 서로 잘 이해할 수 있는 효과적인 방법은 회교문화를 최대한 확산시키는 것으로 보고, 아래와 같이 새로운 회교문화운동의 임무를 제기하였다.[119]

> 첫째, 회교의 근본 교리 및 각 부의 중요한 교법을 이론적으로 밝혀야 한다. 둘째, 회교 역사상 알라문화와 중국문화의 융합 및 회교도와 비회교도의 종족 구분이 없다는 사실을 교내외에 보편적으로 인식시켜야 한다. 셋째, 각종 회교도 문헌 전적을 대량으로 정밀하게 번역·정리하여 중국 학계에 신선한 자극을 주어야 한다. 넷째, 서아시아의 여러 회교 국가에 대한 긴밀한 연락과 확실한 이해가 있어야 한다. 이들과 문화적 관계가 중국 서부의 국방을 유지하는 데 중요한 요소가 될 수 있기 때문이다.

---

116 1937,「吴藻溪致顧頡剛」,『禹貢』第7卷 第1·2·3合期,〈通迅一束 140〉, 401쪽.

117 白寿彝, 1937.2.28, "週刊論壇",『申报』.

118 顧頡剛, 1937.3.7, "星期論文",『大公报』.

119 顧頡剛, 1937,「回族的文化運動」,『禹貢』第7卷 第4期, 187~189쪽; 1937.3.7,『大公報』.

요컨대 구제강의 회교문화운동은 민족단결과 민족부흥을 목적으로 하며, 그 과정에서 회교 지사들이 앞장서 추진하고, 국가와 사회는 이 운동을 진지하게 인식하고 실질적으로 보조를 해야 한다고 본 것이다. 이 글이 발표된 후 왕원쉬안(王文萱)·칭광(青光)·왕청산(王曾善) 등이 『남경조보(南京朝報)』와 『서북주보(西北周報)』 등에 별도 의견을 제시하고 회족·회교 연구를 추진하였다. 우공파의 회족·회교 연구는 쑨원의 민족주의 이념에 따른 것으로, 민족의 벽을 허물고 일치단결하여 제국주의 침략에 맞서기 위한 학술구국의 한 방안이었다. 이렇듯 중국학계에서 서북의 회족·회교 연구가 아직 본격화되지 않았을 때, 『우공』이 먼저 이를 지지하며 국가의 안정과 통일에 직결된 문제로 내세웠다. 그런 까닭에 중국학계는 『우공』이 "회족·회교 연구를 확대하여 그들의 좁은 울타리를 벗어나서 일반 학자와 독자들이 회족·회교의 역사와 현황을 이해하는 계기를 제공했다"라고 하면서,[120] 『우공』에 발표된 "회족·회교의 논문, 번역문, 자료, 소식 등은 1930년대 회족·회교 연구의 거대한 추동 작용을 했다"라고 평가한다.[121]

회족 이외의 다른 민족에 관한 연구는 대부분 고대 북방의 숙신·오환·흉노, 서북의 회흘·위구르·카자흐, 서남의 뤄뤄족(罗罗族) 등에 집중되었다. 대표 연구로는 왕르웨이의 「신장의 이란민족(新講之伊蘭民族)」(3권 11기)·「파령서회흘고(葱嶺西回鶻考)」(4권 5기)·「거란과 회흘 관계고(契丹與回鶻關係考)」(4권 8기), 왕멍양(王夢揚)의 「베이핑시 회민개황(北平市回民概況)」(7권 5기)과 바이서우이가 번역한 「페르시아금(波斯

120 李习文·张玉海, 2001, 「『禹貢』半月刊回族伊斯蘭教研究之特點」, 『青海民族研究(社會科學版)』 第2期.

121 李习文·张玉海, 2001, 「『禹貢』回族伊斯蘭教研究述略」, 『回族研究』 第2期.

錦)」(4권 12기) 등이 있다. 만주족 연구는 펑자성의 「숙신계 민족에 관한 서술(述肅愼系之民族)」(3권 7기) · 「동호계 민족에 관한 서술(述東胡系之民族)」(3권 8기) · 「연연국호고(蠕蠕國號考)」(7권 8 · 9합기) · 「흉노 민족 및 그의 문화(匈奴民族及其文化)」(7권 5기)와 톈펑장의 「원시시대 동북 주민과 중국의 관계 약식(原始時代東北居民與中國之關係略識)」(3권 8기), 가오리(高驪)의 「양한 흉노를 정벌한 영향(兩漢征伐匈奴之影向)」(7권 8 · 9합기), 류쉬안민(劉選民)이 번역한 나카야마 규시로(中山久四郎)의 「삼백 년 이래 만주 연구(三百年來之滿洲硏究)」(6권 10기) 등이 있다. 이런 글들은 만주족의 유래와 발전상을 고증하고 국내외 학자들의 연구 동향과 문제점을 소개하였다. 몽골족 연구는 허우런즈가 번역한 미국인 라딩모(拉丁摩)의 「몽골의 맹부와 기(蒙古的盟部與旗)」(3권 6기) · 「몽골의 왕공, 승려와 평민 계급(蒙古的王公 · 僧侶與平民階級)」(3권 10기)과 양중(楊窘)의 「명대 차하르부 연혁고(明代察哈爾部沿革考)」(4권 4기), 펑자성의 「모용씨건국시말(慕容氏建國始末)」(3권 11기), 리융린(李咏林)의 「13세기 전기의 몽골과 조선 관계(十三世紀前期的蒙鮮關係)」(7권 5기) 등이 몽골족의 발전과 실상에 대해 논하였다.

『우공』의 고대 민족사 연구는 크게 민족의 기원과 분포, 민족 이동으로 나눌 수 있다. 고대민족의 기원에 관한 글은 양샹쿠이의 「하민족 동방 기원 연구(夏民族起于東方考)」(3권 6기), 구제강의 「구주의 융과 융우(九州之戎與戎禹)」(3권 10기), 첸무의 「서주융화고(西周戎禍考)」(4권 4기), 라오간(勞干)의 「구주로부터 고대 동서양민족의 추론(由九丘推論古代東西二民族)」(3권 11기) 등이 있다. 고대 민족의 분포는 퉁이(童疑)의 「만이융적과 동남서북(夷蠻戎狄與東南西北)」(7권 10기)과 예궈칭의 「삼국시대 산월 분포의 지역(三國時山越分布之區域)」(2권 8기) 등이 있고, 고대 민족의 천이(遷移)는 마페이탕(馬培棠)의 「삼대민족 동천고략(三代民族東遷考略)」(7권 6·7합기), 류산리(劉掞藜)의 「서진 혜제시대 한족의 대류도(晋惠帝時代漢族之大流徒)」(4권 11기), 타오위안전(陶元珍)의 「양한 시기 북부 한족 남천고(兩漢之際北部漢族南遷考)」(4권 11기), 멍원퉁의 「중국고대민족이도고(中國古代民族移徒考)」(7권 6·7기) 등이 대표적이다.[122]

『우공』은 근대 민족이론에 관한 글도 발표했는데 치쓰허(齐思和)가 민족과 종족에 대한 쑨원의 인식 발전 과정을 분석하고 결함을 다음과 같이 지적하였다.

> 첫째, 종족은 인간의 골격 형태를 가리키는 물질적 현상이고, 민족은 한 집단의 단결된 정서를 가리키는 심리적 현상이다. 둘째, 종족은 유전과 환경에 의해 형성되는 생물학적 현상이며, 민족은 내부적 연계와 외부적 억압으로 형성되는 정치적 현상이다. 셋째, 종족의 차이는 선천적인 것으로 인력에 의해 바꿀 수 있는 것이 아니며, 민족은 후천적이며 바꿀 수 있다. 넷째, 종족은 자연 현상이고 객관적 사실이며, 민족은 정신적이고 주관적이다.[123]

이 견해는 현재까지 중국 민족학계에서 수용되고 있는 이론으로, 중국 민족의 기원에 대한 구제강의 견해와 매우 유사하다. 곧 중국은 현재 모든 민족이 혼합되어 순수 민족이 아니며, 특히 당시 한족의 원류는 이전의 이족(夷族)이 전쟁, 이주 등을 거쳐 중원지방과 오랫동안 혼합되어

122 王记录·林琳, 2010, 앞의 글, 62쪽.

123 齐思和, 1937, 「民族與種族」, 『禹貢』 第7卷 第1·2·3合期, 25~33쪽.

이루어졌다는 것이다. 또 전쟁, 가뭄, 수해로 인한 민족 이동을 통해 형성된 역사와 현재의 연혁을 고증하면서 여러 사료를 활용하여 삼묘(三苗)·서강(西羌)·견융(犬戎)이 본래 같은 근원이라고 설명하였다.[124]

이 시기에 첸무는 역사 기록 중 "만이융적(蛮夷戎狄)이 변강의 황폐한 땅에만 거주한 것은 아니다"라는 관점을 논증하고 "고대 소수민족은 결코 미개한 땅에 있지 않았다"라는 견해를 내놓았다. 이전 고서에서는 만이융적이 모두 변경의 근처에 있다고 생각했으나, 이에 대해서 의문을 제기한 것이다.[125] 또한 『우공』은 다른 종족과 협력하여 혁명의 대업을 일으키기를 원하였다. 예컨대 객가(客家)의 '국가'에 대한 인식 변화와 국내 각 민족의 사상적 변화를 반영하고, 청말 서구 제국주의 열강이 중국을 침공했을 때 국내 각 민족 간의 장벽을 허물고, 한족과 만주족 및 기타 민족이 함께 외적의 침략에 저항하는 의식을 형성했다고 본다. 그러나 『우공』은 당시 지식인들이 소수민족의 문화에 대해 알지 못했으며, 이를 신비한 것으로 여겼다고 지적한다. 소수민족에 대한 일반인들의 이해도 마찬가지로 뿌리 깊은 대한족주의(大漢族主義)가 존재하였으며 소수민족 문화를 경시하고, 소수민족과 한족 사이의 격차가 너무 커서 한족과 소통하기를 꺼렸다는 인식이다.[126]

우공파의 학술 방향에 큰 영향을 미친 구제강의 민족, 종교 신념 및 중국문화 집단의 구분에 관한 이론과 관점을 보면 부정확하고 불합리한 점이 많다. 예를 들어 문화 집단의 구분이 지나치게 단순하고, 서로

---

124 蒙文通, 1937, 「中國古代民族移徙考」, 『禹貢』 第7卷 第6·7合期, 13~24쪽.

125 錢穆, 1934, 「西周戎禍考(上)」, 『禹貢』 第2卷 第4期, 2쪽.

126 曲文雍, 2009, 앞의 글, 48쪽.

다른 민족과 서로 다른 문화 간의 교류와 융합, 변천 과정을 간과하고 있으며, 고대 중국에서는 한족문화의 주체적 지위를 주관적으로 부정하고 있는 점 등이 지적되었다. 그러나 서구 열강이 중국 영토를 분할 지배하려고 중화민족을 분열시키는 상황에서 민족 위기를 극복하기 위한 논리가 제시되었다. 중화민족은 다민족으로 구성된 대민족공동체가 아니라 역사상 많은 종족이 끊임없이 융합하여 형성된 민족이라는 것이다. 이런 주장은 민족의 평등 개념을 확립하고, 모든 민족의 힘을 단결시켜 외국 침략에 저항하는 데 긍정적 의미가 있었다.[127]

중화민족관이 『우공』에 반영된 대표적 사례로 제2권 제12기에 발표된 구제강의 「왕퉁춘허우타오개발기(王同春開發河套記)」가 거론된다.[128] 구제강은 1934년 쑤이위안(綏遠) 및 차하르(察哈爾)의 현지 답사를 통해 왕퉁춘(王同春)의 허우타오 개발사례를 수집하고, 왕퉁춘을 중화민족의 영웅적 인물상으로 추켜세웠다. 구제강은 일본의 침탈과 국가의 분할이라는 위기를 맞아 중화민족의 기치 아래 뭉치는 것이 무엇보다 필요하다고 판단하여 영웅적 인물상을 통해 추상화된 개념 대신에 감정적으로 민족주의를 먼저 수용하도록 만들었다. 이에 대해 다케다 다이준(武田泰淳)은 "민족의 사기를 진작시키기 위해 왕퉁춘의 개발에 열정을 쏟은 것은 구제강이 평범한 기술자가 아님을 잘 보여 준다"라고 지적하면서 "구제강이 민족의 사기 진작의 취지를 역사학자의 학술연구에 융합시킨 것"이라고 평가하였다.

난징 정부 시기 민족의식은 쑨원의 민족주의에 포함된 민족 평등, 단

---

127 曲文雍, 2009, 위의 글, 39~40쪽.

128 顧頡剛, 1935, 앞의 글, 2~14쪽.

결, 오족공화 등의 관념을 계승하였다. 그것의 실천 과정에서는 국공 양당의 정치사상과 현실정치의 영향으로 쑨원의 국족이론과 민족동화의식이 한층 더 발휘되어 중화민족일체관을 선전하며, 종족이론을 발전, 변화시켰다.[129] 그러므로 항일전쟁기 중화민족의 일체성과 구조적 본질에 대한 이성적 이해나 중화민족의 구조 개념은 쑨원의 국족 개념과 맥락을 같이 한 것으로 볼 수 있다.

Ⅳ. 맺음말

1931년 9월 만주사변 이후 1945년 8월 일본이 제2차 세계대전에서 패망할 때까지 중국 역사학계는 어떤 형식이든지 항일구국의 현실 요구에 호응하였다. 이 시기에 형성된 '항전사학'은 학술적 보편성과 시대적 특수성을 함축한 근대사학으로 민족주의 성향을 강하게 띠었다. 그러므로 민족 존망의 국난에 처한 항일전쟁기 중국 사학의 관점을 민족주의에 맞추어 동시대의 연구 실체와 후대의 해석 및 인식을 비교 검토함으로써 그 진상을 밝힐 수 있다.

그동안 항일전쟁기 중국 역사학계와 민족주의의 상관관계를 파악하기 위한 주요 연결고리로 민족, 영토, 변강 등의 문제가 거론되었다. 이 글은 항일전쟁기 우공학회의 정기간행물인 『우공』을 중심으로 고대사지, 변강사지, 민족사 연구를 주도한 우공파에 주목하였다. 주요 검토대상은 학회 정기간행물인 『우공』에 실린 고대사지, 변강사지, 민족에 관

129 段金生, 2009, 앞의 글, 91쪽.

한 글들로, 이 글들을 분석함으로써 근대사학의 실천적 선구이자 학술구국의 시세에 호응한 과정을 살펴보았다.

『우공』의 창간 동기에는 역사적 배경과 현실적 수요가 복합적으로 작용하였다. 무엇보다 구제강의 학문 배경인 고사변의 의고 전통과 고대사지에 관한 폭넓은 자료 수집 및 현장 실사의 연구 방법, 신진 역사지리 연구자 육성 등이 반영되었다. 연구 방향은 고대사지부터 역대 지리연혁, 변강사지, 민족사 분야로 확산되었는데 변강사지 연구에서 풍부한 성과를 거두었다. 또 현대 역사지리학자를 다수 양성하여 '중국 변강학 연구의 두 번째 발동'을 자극한 것으로 평가된다.

전문적인 역사지리 연구를 표방한 『우공』은 초기부터 실증적 방법을 취하였고, 학문적 관심뿐만 아니라 항일구국의 시대 요청에 따라 변강사지를 중시하였다. 이 때문에 중국학계는 우공파의 학술배경을 항일구국의 애국심에 기초한 민족주의로 보는 시각이 보편적이다. 그러나 『우공』 창간이 일본의 침략이란 외적 요인에만 기인한 것으로 본 견해는 일방적이란 시각도 있다. 이들은 우공파의 학술 방향이 전반적으로 『고사변』의 의고 전통을 계승한 것으로 보았기 때문이다. 실제로 『우공』의 논지가 고대지리연혁에서 변강사지로 전환한 것은 제4권부터로, 당시 비공개된 「우공학회연구변강계획서」도 "우리 나라 변강학 연구의 제2차 발동을 준비한다"라고 하여 1936년 이후 연구 방향의 전환을 밝혔다. 이와 관련하여 '민족 위기를 구하는 것이 모든 학자의 책임'이라는 중국 지식인의 오랜 전통을 우공학회의 배경으로 보는 견해도 있다. 애당초 구제강은 1920년대 초부터 변강 문제에 대해 관심을 가졌고, 고대사지 연구에 있어서 실증적 탐구를 중시하였으며, 이런 경향이 『우공』에 그대로 반영되었다는 이유로 우공파가 청대 서북사지학파의 학술 경향을 이어받은 것으로 보는 견해도 있다. 이러한 주장들은 역사지리학에서 변강사지 및 민족사로 관심이 전환된 『우공』의 학술 경향에 대해 논한 것으로, 경중의 차이는 있지만 민족주의적 해석이 일반적이다.

중국 역사학 중 역사지리 연구는 시대 변천과 가장 밀접히 연계된 분야로, 학문 자체의 탐구를 통해 시세에 부응할 수 있는 수단이었다. 곧 『우공』의 중심 활동인 지리연혁이나 변강사지, 민족 연구가 1930년대 중국의 국가적 위기와 직접 관련되어 시세의 수요에 호응한 것이며, 상호촉진시킨 것으로 볼 수 있다. 1930년대 중반 항일운동이 점차 가열되면서 우공파의 연구 활동은 지리연혁사에서 변강사지로 옮겨 갔다. 중국이 일본의 만주 침탈에 따른 국가적 위기와 민족적 굴욕을 인식하고, 민족의 안위와 자립을 위해 변방을 강화해야 하는데 변강사지 연구를 그 출발점으로 삼은 것이다. 이것은 당면한 일본 제국주의의 군사 공격, 영토 침탈, 문화 침략에 맞선 중국 지식인의 총체적 대응 중 『우공』의 구국 행위로 해석되고 있다.

우공파는 그동안 소홀했던 변강사지 연구를 자책하고 일본학자들의 선행연구를 소개하면서 자국민에 의한 변강 연구를 촉구하였다. 그 목적은 학문적으로 미흡한 변강사지 연구를 본 궤도에 올리고 이를 통해 민족 존망의 위기를 타개하려는 것이었다. 이런 경향은 『우공』의 창간 초기에 중점을 두었던 고대사지 연구가 1930년대 중반 이후 변강사지와 민족 연구로 전환, 확대되면서 현실 문제에 간여한 것에서 잘 드러난다. 이들의 학술 활동은 전적에 관한 철저한 고증 및 교감, 실증적 조사와 연구, 근대사학 방법론의 대중화 등을 적용하였다. 그 결과 역사학이 항일구국의 현실 수요에 매몰될 상황에서 고대사지, 변강, 민족 연구를 통해 학문의 본령을 유지하면서 항전사학의 기틀을 마련하였다. 대표적 사례로 『우공』의 동북사지 연구를 들 수 있다. 일본의 만주침략 이후 중국학계의 연구가 본격화되었지만 그 동기 및 배경, 내용은 항일보다 역사지리에 관한 학문적 의지가 강하였다. 이러한 학술 활동이 국난 상황에서 중국, 중국인을 하나로 뭉치게 만든 역할은 하였지만 현재 중화민족주의의 표본으로 보기는 어렵다. 시세의 영향을 받은 『우공』의 고대역사지리, 변강, 민족 연구가 실증적 검토와 다양한 분석을 통한 객관적 해석보다 당면한 현실 요구에 부응한 것으로 평가됨으로써 20세기 후반 중국 민족주의 사학의 전형으로 가공되는 결과를 낳았기 때문이다.

참고문헌

사료

『努力週報』, 『獨立評論』, 『禹貢』.

顧頡剛, 1923, 「與錢玄同先生論古史書」, 『努力』 週報增刊, 『讀書雜誌』 第9期.

顧頡剛 编着, 1982, 『古史辨』, 上海古籍出版社.

顧頡剛 · 史念海, 1938, 『中國疆域沿革史』, 上海: 商務印書館.

梁啓超, 1905, 「歷史上中國民族之觀察」, 『新民叢報』.

容媛, 1934, 「(二十三年一月至六月)國內學術界消息」, 『燕京學報』 第15期.

黄奋生, 1998, 「顾颉刚等为发起组织中国边疆学会呈与国民党中央社会部批(1940年7月—1941年11月), 中国第二历史档案馆, 『中华民国史档案资料汇编』 第五辑 第二编 文化(二), 南京: 江苏古籍出版社.

단행본

안병우 외, 2007, 『중국의 변강인식과 갈등』, 한신대학교출판부.

葛剑雄, 1997, 『悠悠长水-谭其骧前传』, 华东师范大学出版社.

姜义华 · 武克全 主编, 2005, 『二十世纪中国社会科学 历史学卷』, 上海人民出版社.

顾潮 编著, 1993, 『顾颉刚年谱』, 中国社会科学出版社.

顧頡剛 · 史念海, 1999, 『中國疆域沿革史』, 商務印書館.

马大正 · 刘逖, 1997, 『二十世纪的中国边疆研究-一门发展中的边缘学科的演进历程』, 哈尔滨: 黑龙江教育出版社.

杨思信, 2003, 『文化民族主义与近代中国』, 北京: 人民出版社.

王煦华 編, 2006, 『顾颉刚先生学行录』, 中华书局.

郑大华 · 邹小站, 2007, 『中国近代史上的民族主义』, 社会科学文献出版社.

胡逢祥 · 张文建, 1991, 『中国近代史学思潮与流派』, 华东师范大学出版社.

(美)施奈德 著 · 梅寅生 译, 1984, 『顾颉刚与中国新史学-民族主义与取代中国传统方案的探索』, (Schneider, Laurence A., 1971, Ku Chieh-Kang and China's New History, California University of California Press), 台北华世出版社.

논문

김창규, 2007,「傅斯年의 민족문제 이해와 '東北'인식」,『역사학보』193.

김하림, 2007,「1930년대 중국 지식인들의 아시아론과 민족주의-『新亞細亞』·『新東方』을 중심으로-」,『중국근현대사연구』35.

______, 2017,「1930년대 중국 지식인들의 '변강(邊疆)' 인식과 아시아주의」,『중국지식네트워크』10.

______, 2023,「1920~30년대 顧頡剛의 '新史學'과 中華民族論의 궤적」,『중국근현대사연구』100.

박상수, 2005,「중국 근대 '民族國家'(nation-state)의 창조와 '변강' 문제-청말~민국시기-」,『중국학보』52.

______, 2007,「中國 近代 네이션(nation) 개념의 收容과 變容」,『동아시아 근대 '네이션' 개념의 수용과 변용-한·중·일 3국의 비교연구』, 고구려연구재단.

박장배, 2017,「1930년대 顧頡剛의 역사지리 인식과 변강학 연구」,『중국근현대사연구』76.

손성욱, 2022,「최근 중국학계의 전근대 종번과 변강 인식 문제」,『동북아역사논총』78.

유용태, 2005,「중화민족론과 동북지정학: "東北工程"의 논리근거」,『동양사학연구』93.

______, 2009,「근대 중국의 민족제국주의와 단일민족론」,『동북아역사논총』23.

______, 2015,「四夷藩屬을 中華領土로-民國時期 中國의 領土思想과 동아시아 인식-」,『동양사학연구』130.

윤휘탁, 2003,「현대중국의 변강·민족인식과「동북공정」」,『역사비평』65.

______, 2008,「'以古爲今': 중국의 민족문제와 중화민족 국가관」,『동북아역사논총』21.

이재령, 2010,「중일전쟁시기(1931~1945) 중국 역사학계의 연구동향」,『한국사학사학보』22.

조병한, 2009,「근대 중국 민족주의의 형성과 中華帝國의 전통-중국 민족주의의 제국적 기원」,『동북아역사논총』23.

천성림, 2006,「20세기 중국 민족주의의 형성과 전개: 문화적 민족주의를 중심으로」,『동양정치사상사』5(1).

최은진·유현정, 2016,「譚其驤의『中國歷史地圖集』編纂과 中國現代歷史地理學의 誕生」,『中國史硏究』第103輯.

하주형, 2009,「학술과 구국의 사이: 民國시기 顧頡剛의 '學術救國' 인식과 中華民族論」, 서울대학교대학원 석사학위논문.

황종원, 2019,「20세기 초 양계초의 중화민족주의와 지리-문명 지식체계의 근대적 구성」, 『중국학논총』 63.

景凱施, 2016, 「顾颉刚民族与边疆思想述评」, 陕西师范大学 硕士学位論文.

顾潮 编著, 1995, 「顾颉刚先生与年『禹贡』半谱月刊」, 『中国歷史地理論丛』.

曲文雍, 2009, 「『禹貢』半月刊作者群的中華民族觀」, 中央民族大學 碩士學位論文.

段金生, 2012, 「20世纪三四十年代的中国边疆研究及其发展趋向」, 『中国边疆史地研究』 第22卷 第1期.

谭其骧, 1982, 「谭其骧自传」, 『文献』 11辑, 文献出版社.

______, 2000, 「谭其骧自述」, 高增德 丁东 编, 『世纪学人自述』 第4卷, 北京十月文艺出版社.

雷文景, 2002, 「选编点校者: 顾颉刚郑德坤信函辑录」, 『档案与史学』 第4期.

刘纬毅, 2002, 「历史不会忘记-顾颉刚先生创办的禹贡学会和禹贡半月刊」, 『沧桑』 第3期.

马大正, 1992, 「略论禹贡学会的学术组织工作」, 『中国边疆史研究』 第1期.

白寿彝, 1981, 「禹贡学会研究边疆计划书」, 『史学史研究』 第1期.

范铁权 · 李海健, 2012, 「新亚细亚学会及其边疆问题研究」, 『中国边疆史地研究』 第22卷 第4期.

本刊资料室, 1981, 「顾颉刚先生和禹贡学会」, 『史学史研究』 1.

史念海, 1993, 「顾颉刚先生与禹贡学会」, 『中国歷史地理論丛』 第3期.

______, 2000, 「顾颉刚创立禹贡学会及其以后的二三事」, 『学林往事』, 朝华出版社.

______, 2006, 「我与『中国疆域沿革史』」, 『歷史学家茶座』 总第4辑, 山东人民出版社.

徐彬, 1999, 「"拟古"和"考信"的史学大师顾颉刚」, 『歷史教学』 11.

徐象平, 1995a, 「『禹贡半月刊』的编辑特色」, 『西北大学学报(哲学社会科学版)』 第24卷 增刊.

______, 1995b, 「我国近代学术刊物-『禹贡半月刊』的内容及特色」, 『西北大学学报(自然科学版)』 第2期.

舒迎香 · 张可荣, 2021, 「近代中国民族主义的形成与特征研究」, 『领导科学論坛』 第5期.

徐兆奎, 1980, 「"禹贡学会"的歷史地理研究工作」, 『歷史地理(创刊号)』, 上海人民出版社.

孙喆, 2012, 「『禹贡』半月刊与20世纪三四十年代的中国边疆研究」, 『中州学刊』 第4期(总第 190期).

______, 2013, 「以沿革地理学重构边疆: 顾颉刚及『禹贡』半月刊对边疆问题的研究」,

『求是学刊』第40卷 第3期
孙喆 · 王江, 2009, 「时代变局下知识分子对“致知”与“致用”的探索-从顾颉刚创办『禹贡』半月刊谈起」, 『中国边疆史地研究』19-2.
杨军辉, 2008, 「禹贡学会与‘禹贡半月刊’研究」, 西北师范大学 硕士学位論文.
杨亚男, 2014, 「顾颉刚和禹贡学会对中国历史地理学的贡献」, 『宁波教育学院学报』2.
吴丰培, 1988, 「忆『禹贡』及其复刊鳞爪」, 『中国边疆史地研究导报』第1期.
______, 2000, 「吴豊培自述」, 高增德 · 丁东 编, 『世纪学人自述』第3卷, 北京十月文艺出版社.
王记录 · 林琳, 2010, 「『禹贡』半月刊对中国史学近代化的影响」, 『史学史研究』第1期.
汪洪亮, 2013, 「顧頡剛與民國時期邊政研究」, 『齊魯學刊』1(總第232期).
王煦华, 2001, 「抗日战争期间的中国史学会」, 上海图书馆历史文献研究所 编, 『历史文献』第4辑, 上海科学技术文献出版社.
王希隆 · 赵夏, 2005, 「顾颉刚先生在西北」, 『中国边疆史地研究』第4期.
牛润珍 · 杜学霞, 2005, 「略论抗日战争时期中国史学的学术趋向」, 『中共党史研究』第6期.
蒋俊, 1995, 「抗日战争与爱国主义史学」, 『史学史研究』第2期.
田亮, 1999, 「禹贡学会和『禹贡』半月刊」, 『史学史研究』3期.
______, 2003, 「略论吕思勉的民族主义史学思想 —以抗战时期为中心」, 『河北学刊』3期.
______, 2007, 「抗战史学与民族精神 —作为抗战文化的史学及其历史贡献」, 『抗日战争研究』4期.
郑大华, 2007, 「论中国近代民族主义的思想来源及形成」, 『浙江学刊』第1期.
郑师渠, 1995, 「近代中国的文化民族主义」, 『歷史研究』5.
丁超, 2010, 「燕大时期顾颉刚的学术事业与禹贡学会」, 『齐鲁学刊』第6期.
赵夏, 2002, 「顾颉刚先生对边疆问题的实践和研究」, 『北京社会科学』4.
中国社会科学院歷史研究所, 2003, 「勤奋为学, 终身以之-纪念顾颉刚先生110周年诞辰」, 『中国社会科学院院报』第1版.
陳儀深, 1994, 「二十世紀上半葉中國民族主義的發展」, 中央研究院近史所編, 『認同與國家: 近代中西歷史的比較』, 臺北: 中央研究院近代史研究所.

4장

중국 마르크스주의 역사학의 민족담론 분석: 뤼전위(呂振羽)의 민족사 연구를 중심으로

최은진 국민대학교 중국인문사회연구소 교수

Ⅰ. 머리말

일본과의 전쟁과 국민당과의 대립 속에서 공산당의 소수민족정책이 변화되었고 민족 문제는 여느 때보다 중요하게 제기되었다. 특히 장제스(蔣介石)가 1943년 『중국의 운명(中國之命運)』을 출간하여 중화민족관을 전파하자 이에 대해 중국공산당과 마오쩌둥(毛澤東) 및 마르크스주의 학자들은 정치적으로 또한 학문적으로 대응하였다. 타오시성(陶希聖)이 기초한 것이기도 했던 『중국의 운명』은 중국 경내 각 민족의 특성을 하나의 혈통이라고 주장하였다. 젠보짠(翦伯贊)을 비롯한 뤼전위(呂振羽) 등 1930년대 사회사 논전에 참여했던 마르크스주의 역사학자들이 이 논쟁에 참여했고 이를 통해 중국공산당은 민족 문제에 대해 정책과 입장을 확립해 나갔으며, 1949년 중화인민공화국 수립 후 민족정책은 이러한 과정을 거쳐 수립된 것이라 할 수 있다.[1]

그러므로 이러한 중화민족과 관련한 논쟁 속에서 중국공산당과 마르크스주의 역사학자들이 왜 마르크스주의 역사학 연구에서 민족 문제를 중시하게 되었으며 이를 학문적 연구에 어떻게 적용하고, 이것과 민족정책 내용의 변화와 그 형성 과정이 어떻게 연계되어 있었는가 하는 점을 고찰하는 것은, 중국 마르크스주의 역사학의 특징을 파악하고 동시에 중국공산당의 민족정책의 특징을 파악하는 데 도움을 줄 수 있을 것이다.

---

1 마르크스주의 민족 문제에 대한 연구로는 陳其泰, 2007,「當代中國馬克思主義史學家關於民族問題的理論」,『河北學刊』第1期; 李翹秀, 2018,『學術與政治之間: 以20世紀30,40年代的馬克思主義民族史研究爲中心的考察』, 中共中央黨校碩士論文 등이 있다.

기존의 항일전쟁 전후 시기 중화민족의 논쟁에 대한 연구는 국민당과 일본의 정계와 지식계 및 왕징웨이(汪精衛)파, 중국공산당 등의 대립지형에 따른 차이를 밝히고 동시에 국가와 민족에 관한 담론 형성 과정에 대한 역사적 연구와 연계하여 이루어졌다. 그리고 이러한 역사적, 구조적 연구 외에도 여러 각도에서 다양하게 연구되었다.[2] 그러므로 이 글에서는 이러한 중화민족론과 이에 따른 민족정책의 역사적 형성 과정과 특성에 대한 기존의 연구 성과의 기반 위에서 마르크스주의 역사학자들은 어떠한 민족담론을 형성하고 그 내용은 어떠했는가를 밝히는 데 초점을 두고자 한다. 왜냐하면 중국의 민족과 관련된 논의가 항일전쟁 시기 국민당과 중국공산당의 민족정책에 대한 연구에 집중되는 반면, 마르크스주의 역사학자들의 민족사 연구에 대해서는 소홀했다고 보기 때문이다. 그러므로 마르크스주의의 대표적인 역사학자들인 궈모뤄(郭沫若)나 판원란(范文瀾) 등을 살펴보아야 하지만, 이 글에서는 소수민족의 통사(通史)라 할 『중국민족간사(中國民族簡史)』를 저술한 뤼전위에 주목

2 관련 연구로 黃興濤, 2002, 「民族自覺與符號認同: “中華民族”觀念萌生與確立的曆史考察」, 『中國社會科學評論』 創刊號가 있고, 黃克武는 중화민족론과 관련된 연구에서 이러한 논쟁은 대외적 상황에서 단결을 하기 위한 정치적 담론 투쟁의 일환으로 전개된 것이라고 하였다(黃克武, 2016, 「民族主義的再發現: 抗戰時期中國朝野對“中華民族”的討論」, 『近代史研究』 第4期). 또한 鄭大華는 량치차오와 양두는 중국 민족을 문화로, 장빙린은 혈통으로 보았다고 구분하고 입헌파는 통일적다민족국가 구상을 제시하였고 혁명파는 구제달로를 주장하였지만 신해혁명 이후 오족공화와 오족 평등을 주장하게 되면서 과거와는 다른 길을 갔다고 지적하였다. 그러나 5·4운동 시기 정도에 중화민족은 중국 경내의 제 민족이라는 것에는 전체적인 동의가 이루어졌다고 한다. 그리고 1923년 ‘중국국민당선언’에 민족 간의 불평등을 없애고 국내 각 민족의 단결을 통해 대중화민족을 형성한다는 주장이 나왔는데 이 당시 량치차오는 민족의 의식을 강조하며 주변 민족과의 융합과 동화를 강조하는 주장을 전개했다고 한다(鄭大華, 2013, 「中國近代民族主義與中華民族自我意識的覺醒」, 『民族研究』 第3期, 6~7쪽). 그리고 이외 葛兆光, 2014, 「納“四裔”入“中華”?—1920-1930年代中國學界有關“中國”與“中華民族”的論述」, 『思想』 第27期 등의 연구가 있다.

해 보고자 한다. 뤼전위는 마르크스주의 역사학자로서 그의 글과 저서에서 소수민족 역사를 마르크스주의 관점에서 서술한 것으로 평가받는 인물이며 중화인민공화국 수립 후 중국인민정치협상회의(이하 '정협')의 소수민족위원으로 활동하였기에 실제 소수민족정책과도 긴밀한 연관이 있을 것으로 보이기 때문이다. 그러므로 뤼전위와 같은 학자가 마르크스주의자로서 민족사를 연구하고 실제 민족정책에 참여하여 어떠한 민족담론을 주창했는지 그 내용과 특징을 고찰해 보는 것은, 현재 중국 민족담론의 역사적 형성 과정을 이해하는 데도 도움을 줄 수 있을 것이다.[3]

하지만 마르크스주의 역사학의 정립에 기여한 바에 비추어 기존의 뤼전위의 민족담론과 관련된 연구는 그 내용과 특성을 소개하는 정도에 그치고 있다. 그러므로 이 글에서는 그가 혁명적 역사가로서 실천과 이론을 통합하는 과정에서 민족사 연구를 어떻게 수행하였는지 중국공산당의 민족정책과 연관지어 고찰하고자 한다. 또한 민족사 연구의 내용을 소개하는 것 외에도 항일전쟁 전후 시기 정치적 민족담론의 지형 속

3 뤼전위에 대한 자료는 呂振羽, 2014,『呂振羽全集』全10卷, 人民出版社가 있고, 이외 주된 연구로 劉茂林·葉桂生, 1990,『呂振羽評傳』, 社會科學文獻出版社; 朱政惠, 1992,『呂振羽和他的曆史學研究』, 湖南教育出版社가 대표적이며 朱發建·張林發, 1999,『呂振羽傳』, 湖南師範大學出版社; 王學典, 1993,「中國馬克思主義史學研究中的一部"掘井"之作—《呂振羽和他的曆史學研究》讀後」,『史學理論研究』第4期; 唐光懷, 2006,「呂振羽史學研究的馬克思主義特質探析」,『船山學刊』第4期; 周競紅, 2019,「馬克思主義理論與民族史書寫—重讀呂振羽《中國民族簡史》」,『學術界』第2期; 董夢婷, 2022,「民族主義在中國馬克思主義史學中的建構(1930-1949)—以范文瀾,呂振羽,翦伯贊爲例」,『泉州師範學院學報』第1期; 施建雄, 1994,「馬克思主義史學家呂振羽民族史觀的確立與發展」,『三明師專學報(社會科學版)』第1期; 申海濤, 2021,『呂振羽史學研究』, 蘇州大學博士論文 등이 있다. 申海濤는 뤼전위는 시대적 한계로 교조주의와 공식주의 경향이 있었고 혁명정치와 학술이성사이의 불균형이 있었다고 비판했다.

에서 뤄전위의 민족담론의 특징을 드러내고, 전후 중화인민공화국 시기까지의 주장도 검토해 보고자 한다.[4]

이를 위해 먼저 뤄전위가 마르크스주의 사학자로 전환하는 과정 및 항일전쟁 시기 『중국민족간사』를 쓰게 되는 배경과 과정을 고찰해 볼 것이다. 그리고 『중국민족간사』 서술 이후 민족사 연구의 특징에 대해서 살펴보고 나아가 1949년 이후의 민족사 연구까지 고찰하여 중국공산당의 민족정책과 마르크스주의 역사연구와의 관련을 드러내 보고자 한다. 이러한 뤄전위의 학술궤적을 통해 중국 마르크스주의 역사학의 민족정책과의 관련과 민족담론의 특징이 드러날 수 있을 것으로 기대한다.

Ⅱ. 마르크스주의 역사학자로의 전환과 학술활동

1. 뤄전위의 마르크스주의 세계관의 확립과 항일 학술 활동

뤄전위(1900~1980)는 궈모뤄, 젠보짠, 판원란, 허우와이루이(候外廬)와 함께 중국의 5대 마르크스주의 역사학자 중 한 명으로 1930년대부터 역사학 영역에서 활동하기 시작하면서 많은 글을 저술하였다.

그는 후난성(湖南省) 사오양(邵陽) 진청시(金秤市) 시톈촌(溪田村)[현 사오양현(邵陽縣)]에서 출생하고 성장하였는데 이 지역은 요족(瑤族), 묘족(苗族) 등이 거주하는 곳으로 명대에는 묘족, 청대에는 요족이 반란을

4 뤄전위는 1963년에 체포되어 1967년에 투옥되었다가 1975년에 석방되었다. 이후 1980년 7월 17일에 사망하였는데 이 글에서는 투옥되기 전까지의 활동에 국한하여 살펴 보고자 한다.

꾀한 곳이기도 했다. 뤄전위의 증조모는 돈을 주고 데려온 요족 출신이었고 이 때문에 당시 묘족과 요족을 구분하지 않고 뤄전위 형제들은 묘태(苗怠)로 불렸는데, 그는 어린 시절 소수민족에 대한 차별을 이미 경험하였다.

1925년 후난(湖南)대학 교수 리다(李達)를 만나서 마르크스주의 원전을 비로소 접하게 되었으나 당시의 뤄전위를 마르크스주의자라고 할 수는 없었다. 이후 국민혁명에 참여하고 1927년 일본 메이지(明治)대학 경제학과에서 공부하고 1928년 귀국한 뒤 당시 유행하던 향촌건설운동에 참여하는 등 공산당 활동과는 거리를 둔 행보를 보였다. 오히려 1929년 『촌치월간(村治月刊)』을 편집하고 농촌 문제를 촌정건설을 통해 이루고자 한 쑨원(孫文)의 생각을 실현시키는 데 관심이 있었다.

뤄전위가 마르크스주의 세계관을 확립하게 된 것은 1930년에서 1932년 사이라고 할 수 있다. 그는 베이징(北京)의 『신동방(新東方)』 잡지 발간에 참여하면서 마르크스주의자들과 접하게 되었고 국민당에 의해 1931년 잡지가 폐간되는 상황에 놓이자 언론통제에 대한 저항감을 갖게 되었다. 그리고 무엇보다 1930년 부임했던 베이핑(北平)의 중국대학(中國大學)에서 리다, 허우와이루이 등과 교류한 것이 결정적이었고 리다는 뤄전위를 경제학에서 마르크스주의 역사학 연구로 전환하도록 이끌었다.

특히 그는 사회사 논전에서는 마르크스주의 역사학자로서의 면모를 드러내게 되는데 1934년 6월 『사전기중국사회연구(史前期中國社會研究)』의 발간을 통해서였다. 그는 탁파(托派)와 신생명파(新生命派)의 아시아적 생산방식이론 연구의 문제, 노예제에 대한 문제에 대해서 비판하였고 1936년 『은주시대의 중국사회(殷周時代的中國社會)』를 발간하여 궈모뤄가 서주를 노예제 사회라고 한 것에 대해 은이 노예제 사회라고 주장하였다. 뤼전위는 당시 사회사 논전을 시작한 것으로 평가받고 공산당에서도 중요한 위치에 있던 궈모뤄를 비판하며 자신의 입지를 구축하였다. 뤼전위는 저서에서 은대 노예제를 아시아적 노예제라고 보고 그 근거로 은대의 토지국유, 씨족사회적 농촌사회의 성격, 계급사회가 시작된 것을 내세웠다. 그는 또한 당시 소련과 일본의 학자들이 동양봉건제의 변종이 아시아적 생산양식론이라고 한 것을 부정하고 중국도 노예제 단계가 존재했다는 점과 계급이 출현했음을 증명하여 마르크스주의 해석을 독자적이고 다양하게 한 것으로 평가받았다. 특히 사료를 중시하라는 리다의 영향으로 당시 발굴된 고고학적 사료뿐 아니라 문헌사료와 신화의 내용도 사료로 활용하여 학문으로서의 역사주의적 입장도 명확히 하였다.

한편 뤼전위는 1936년 국공담판의 막후에서 공헌하면서[5] 중국공산당에 가입하고 북방국에 소속되게 된다. 그리고 1937년에는 사회사 논전의 비판대상이었던 타오시성을 지속적으로 겨냥하고 타오시성이 1935년까지 발간했던 『정치사상사(政治思想史)』에 대항해 유사한 제목의 『중국정치사상사(中國政治思想史)』를 발간하였다. 뤼전위는 이 책에서 타오시성이 지배계급과 피지배계급의 정치사상투쟁이라는 고리를 간과하고 있다고 비판했으며 나아가 일본의 중국사상사 연구자 와타나베 히데카타(渡邊秀方)의 『중국윤리학사(中國倫理學史)』의 시각도 비판

5 1936년 입법원 부원장 비서였던 젠보짠의 연계로 국공합작의 막후 작업을 하게 된 뤼전위는 학교도 그만두고 난징(南京)에 가서 적극적으로 활동했고 이를 계기로 1936년 공산당에 입당하게 되었으며 젠보짠도 연말에 뤼전위의 영향으로 입당했다. 朱發建·張林發, 1999, 앞의 책, 102쪽.

했다. 사상사를 유물사관으로 접근하였기에 이 책은 마오쩌둥의 관심을 받았다.[6]

입당 전부터 항일운동에 적극적이던 뤼전위는 1937년 루거우차오(蘆溝橋) 사변 이후 톈진(天津)과 지난(齊南)을 거쳐 난징(南京)에 도착한 뒤 마오쩌둥의 비서 저우샤오저우(周小舟)의 전보를 받고 고향인 후난에서 항일구국 활동을 전개하였다. 1937년 9월 창사(長沙)를 거점으로 '후난 문화계 항적후원회'라는 합법적인 항일대중단체를 조직하여 항일 활동과 선전을 수행했다.

한편 뤼전위가 항일민족문화 통일전선의 활동을 전개하는 과정에서 민족 문제에 대한 관심을 증대시키게 되는 계기는 당시 중국공산당과 국민당의 전쟁 전후의 민족에 대한 논쟁 및 그 자장과 관련이 있었다.

중국공산당은 당시 초기의 민족정책과는 달라진 입장을 취하고 있었다. 즉, 1922년에서 1930년대 초반까지는 민족의 독립을 승인하는 입장이었으나 1930년대 중반 이후 독립을 승인하지 않는 방향으로 전환하였다.[7] 이러한 전환은 1937년 8월 15일 중국공산당의 '항일구국십대

6 허우와이루이의 『중국사상통사』의 저술에도 영향을 끼쳤다(於文善 · 牛和平, 2022, 「抗戰時期重慶馬克思主義知識群體"學術中國化"研究特點與啟示」, 『歷史教學問題』 第4期, 70쪽).

7 레닌의 민족자결권과 연방제 국가구상이 내재된 코민테른의 '식민지와 민족 문제에 관한 강령' 노선에 따라 민족의 자결과 독립을 의미하는 민족자치와 연방제를 민족정책으로 내세웠다[王希恩, 2007, 「論民族問題中的階級因素」, 『西南民族大學學報』 第2卷; 周競紅, 2017, 「"民族"與"階級": 馬克思主義經典作家之論及當代意義」, 『西南民族大學學報(人文社科版)』 第6卷, 37쪽]. 또한 중국공산당 제2차 전국대표대회선언에 중국 본부(동 삼성 포함)를 진정한 민주공화국으로 통일하고 몽골, 티베트, 회강은 자치제를 실시하여 민주자치연방으로 한 중화연방공화국을 수립한다고 하면서 천두슈(陳獨秀)는 외몽골의 독립을 승인했었다. 천두슈는 또한 대통일의 무력통일을 반대한다고 했다(王柯, 2022, 『從"天下"國家到民族國家』, 上海人民出版社, 291~294쪽; 「中華蘇維共和國憲法大綱」, 『民族問題文獻滙編』 1921.7~1949.9,

강령'에서 나타났는데 구체적으로는 몽민(蒙民)과 회민(回民) 및 기타 일체 소수민족을 동원하고 민족자결, 민족자치의 원칙하에서 공동항일을 한다는 내용이었다. 이는 통일과 단결을 강조하고 민족의 독립이 사실상 불가한 민족구역자치를 표방한 것을 의미하는 것이었다. 이렇게 민족의 독립이 사실상 폐기된 배경은 당시 중국공산당이 내몽골(內蒙古) 독립을 이용해서 일본제국주의가 침략을 강화하고 있다고 보았던 것과 1935년 대장정 과정에서 여러 소수민족과 접촉을 한 경험을 통해 소수민족 문제의 중요성을 실제로 체득했던 것에 있었다. 이외에도 중국공산당이 코민테른의 통제에서 벗어나고자 하면서 1938년부터는 중국국가와 중화민족의 이익을 강조하기 시작했던 것도 관련이 있다.

중국공산당은 1938년 옌안(延安)에서 열린 중공 6계 6중전회에서 항일민족통일전선이 새로운 단계로 진입하였음을 밝히고 계급투쟁과 민족투쟁이 일치한다고 강조하였다.[8] 중국공산당은 마오쩌둥의 지도하에 소련 유학파의 우경기회주의를 비판하고, 코민테른 지도하의 민족자결론을 버리고 민족자치론을 주장하면서 민족정당으로서의 성격을 지니게 되었다.[9] 그리고 1938년 10월 공산당이 일본에 대응하는 원칙하에 몽(蒙)·회(回)·장(藏)·묘(苗)·요(瑤)·이(彝) 등 각 민족과 한족은 평등한 권리를 지니고 한족과 연합해 통일된 국가를 설립한다는 민족구역자치제도의 구상이 언급되기에 이른다.

그렇다면 뤼전위의 학술활동에서 이러한 공산당의 민족정책의 변화

209쪽).

8 毛澤東, 1938,「論新階段」,『解放』第57期(宋逸平, 2020,『左翼史家的少數民族歷史敍事(1930-1949)』, 華東師範大學, 40쪽).

9 王柯, 2022, 앞의 책, 314쪽.

된 내용은 반영되고 있었을까.

1939년 가을 저우언라이(周恩來)의 명으로 쓰촨성(四川省) 충칭(重慶)으로 간 뤼전위는 체류하던 충칭 부근 베이베이(北培)의 매우 곤란한 경제적 상황 속에서도 여러 편의 중요한 글을 발표하였다. 뤼전위는 이 글들을 통해 중일관계의 역사적 고찰을 하고 항일전쟁에 대해 확고한 자신감을 불어 넣고자 했다. 그리고 이것은 공산당의 항일민족통일전선 정책에 따라 진행한 것이었다. 그리고 당시 충칭에는 궈모뤄, 젠보짠, 허우와이루이, 화강(華崗), 덩추민(鄧初民), 우쩌(吳澤), 자오지빈(趙紀彬), 후셩(胡繩), 양룽궈(楊榮國) 등이 함께 활동하면서 충칭 마르크스주의 학자 그룹을 형성하였다.

당시 국공 양당은 국공합작을 유지하면서도 1939년 1월 국민당은 제5기 5중전회를 개최하여 '반공(反共)'의 방침을 정하고 3월에는 '국민정신총동원강령'을 공포하여 고유도덕을 강조했고 복고적인 정책을 취하였다. 이에 대해 마오쩌둥은 『신민주주의론(新民主主義論)』을 저술하여 대응하였으며 마르크스주의 사학자 판원란은 마르크스주의 관점으로 경학을 다시 정리한 『중국경학사의 변천(中國經學史的演變)』을 발간하여 국민당의 복고정책을 비판했다.[10]

뤼전위도 이러한 공산당의 정책에 맞추어 1940년 「민족문화의 창조와 민족문화의 계승 문제」라는 글을 충칭에서 발표하여 일본의 문화침

10 전시 시기 옌안에서는 민족주의가 강조되기 시작했다. Arif Dirlik, 2012, *Culture and History in Postrevolutionary China: The Perspective of Global Modernity*, Columbia University Press; 판원란에 대해서는 오병수, 2023, 「范文瀾의 학술궤적과 『中國通史簡編』 저술 배경-중화인민공화국의 흠정사서는 어떻게 탄생했나?」, 『역사교육』 165를 참고할 것.

략에 대한 비판과 함께 전통민족문화에 대해서도 주의를 기울여야 한다고 주장하였다.[11] 단, 민족문화는 마르크스주의 입장에서 취사선택해야 하지만 세계의 문화성과에 대해서도 균형감 있게 수용해야 한다고 주장하여 절충적인 입장을 취하였다.

1942년 뤼전위는 상하이(上海)에서 『중국 사회사 제 문제(中國社會史諸問題)』를 출판하였는데 이는 주로 아키자와 슈지(秋澤修二)를 비판하는 내용이 들어 있었다. 그는 아키자와 슈지를 일본의 마르크스주의자로 동아시아에서 영향력을 행사했으나 일본의 어용문인으로 변신했던 인물이라고 보았다.[12] 뤼전위는 그가 1937년 출판한 『동방철학사(東方哲學史)』와 『중국사회구성(中國社會構成)』에서 중국 사회경제의 근대화 과정은 중국 자체에서 발생되는 자본주의 생산방식의 자생적 발전이 아닌 외력에 의해 결정되며 일본 황군의 무력이 중국사회의 아시아적 정체성을 타파하고 중국사회를 전진시키는 중요한 동력이라고 주장하고 있음을 드러내고, 아키자와는 중국사회를 정체사회라 보고 있다고 비판하였다.[13] 아키자와는 중국은 중국중앙집권적 전제주의였고, 수에서 당까지 천 년간 퇴행하였으며 자연경제로 회귀되었다고 주장했는데 이에 대해 뤼전위는 아래와 같이 주장했다.

사회생산으로 말하자면 비록 과거 중국 역사의 전 과정에서 매번 전쟁 파

---

11 呂振羽, 1940.11.5, 「創造民族文化與文化遺産的繼承問題」(呂振羽, 2014, 『呂振羽全集』 6卷, 人民出版社, 250~262쪽).

12 呂振羽, 1940.10.15, 「亞細亞生産方式和所謂中國社會的'停滯性"問題」, 『理論與現實』 第2卷 第2期(呂振羽, 2014, 『呂振羽全集』 6卷, 人民出版社, 181쪽).

13 呂振羽, 1940.10.15, 「亞細亞生産方式和所謂中國社會的'停滯性"問題, 『理論與現實』 第2卷 第2期(呂振羽, 2014, 『呂振羽全集』 6卷, 人民出版社, 187쪽).

괴로 인해 노동인구와 노동 가축 등의 결핍-도살과 이주-생산 도구의 파괴와 전원의 황폐화, 통치계급에 대한 인민봉기, 어떤 후진적 민족의 한족(漢族)과 기타 각 족 인민에 대한 야만적 학살과 압박 및 약탈 … 또한 사회생산의 쇠락 등의 현상이 드러났다. 그러나 잠시의 현상이었을 뿐 역사의 총과정에서 생산력과 생산 발전의 과정은 물결처럼 상승하였다. 아키자와 슈지의 결론과 전혀 같은 점이 없다. 우리가 말하는 중국 봉건사회 발전의 상대적 정체는 아시아의 정체성 때문이 아니다.[14]

그리고 그 정체의 원인은 지배집단의 착취 등에 기인한다고 아래와 같이 주장했다.

중화민족이 위치한 동아시아 대륙은 국내 소수민족이 차지하는 광대한 지역으로 생산량이 비교적 낙후되고 인구가 적기 때문에 각 소수민족과 한족 인민은 장기간의 경제, 문화 연결고리로 인해 서로 자주 인구교류를 일으켰으며 특히 박해와 착취에 반대하고 생계를 위해 투쟁하는 한족 노동 인민은 끊임없이 아내와 아들을 데리고 무리를 지어 고향과 집을 떠나 어려움을 겪으며 다른 형제 민족 지방과 변방으로 가서 가시밭을 베고 집을 재건했다. 이와 같이 한편으로 그들은 현지 민족 인민과 공동으로 노동과 투쟁을 진행하여 현지의 생산을 촉진하고 개발하여 조국의 강역을 다지게 되었는데 이는 역사를 발전시키고, 특히 소수민족 지방의 역사 발전을 촉진하게 하였다. 특히 선진 지역에서 낙후 지역으로 이주한 한족 사람들은 선진적인 생산기술이나 경험을 가지고 있지만 같은 설비를 가

14 呂振羽, 1940.5.15, 「關于中國社會史諸問題」, 『理論與現實』 第2卷 第1期(呂振羽, 2014, 『呂振羽全集』 6卷, 人民出版社, 154쪽).

저갈 수 없어 생산이 낙후되었던 것이다. 봉건통치계급, 민족 억압자에 의해 내지 생산이 파괴되었던 것이다.[15]

이렇게 한족의 소수민족 지방으로의 이동에 대해 긍정적인 역사적 작용을 한 것으로 평가한 것이다. 즉, 중국 봉건사회가 지체된 것은 인구의 증가와 중국 특유의 지리적 요인 외에 농민봉기로 인한 민족이동에 따른 생산력 발전의 저하, 외족의 중원 침입과 약탈, 봉건통치계급이 상업자본에 끼친 폐해 등을 들 수 있다고 보았다. 그러나 중국사회는 정체가 아닌 나선형 전진을 해 왔다고 주장했다. 또한 아키자와의 정체성(停滯性)이라는 표현은 역사적 유물론 관점에서 볼 때 전혀 타당하지 않으며 이는 지체성(遲滯性)으로 고쳐야 한다고 주장했다. 뤼전위는 아키자와 슈지의 중국사론이 지닌 독소는 항일민족문화통일전선 내부까지 전염시키는 데 있다고 비판했다.[16] 이러한 주장에서 나타나듯 뤼전위는 마르크스주의 역사학의 관점에서 중국사의 보편성과 발전 과정을 담보하여 민족의 자부심을 드러내고자 한 것으로 볼 수 있을 것이다.

2. 국민당과 공산당의 민족담론 경쟁과 옌안에서의 활동

중국공산당에 입당하여 당의 요구에 따라 충칭에서 활동하던 뤼전위는 1941년 2월 『간명중국통사(簡明中國通史)』 원고를 작성하였다. 그리고 3월에 완난사변((皖南事變)이 일어나자 중공중앙의 결정으로 쑤베이

15 呂振羽, 1940.5.15, 위의 글, 154쪽.

16 呂振羽, 1940.8.24, 「中國社會史上的奴隸制問題」, 『群衆』 第5卷, 第9 · 10 · 11期(呂振羽, 2014, 『中國社會史諸問題』, 『呂振羽全集』 6卷, 人民出版社, 223쪽).

(蘇北)항일근거지로 갔고 옌청(鹽城)의 중앙국 당교에서 강의를 하였다. 『간명중국통사』 상권은 5월에 홍콩에서 출판했지만 당시 복잡한 상황 속에서 하권의 작업을 지속할 수 없었다.[17]

강의교재로도 사용하기 위해 저술된 이 책은 일본에 저항하기 위한 애국주의의 선전과 국민당의 복고적 사관에 반대하기 위해 저술되었다. 또한 마르크스주의에 입각해 중국사회를 단계로 구분함으로써 마르크스주의 역사학을 정립하였던 것이고 또한 통사(通史) 서술로 대응하고자 한 것이었다.[18]

뤼전위는 원시공산제, 노예제, 초기봉건제, 전제주의 봉건제, 반식민지 반봉건으로 시대로 나누어 서술하였는데 이는 1938년 제시된 스탈린의 역사 5단계론(원시공산제, 노예제, 봉건제, 자본주의, 사회주의)이 보편적 분기관으로 정해짐에 따라 중국에서도 이를 수용했고 1940년대도 정식화하여 쓴 것에 따른 것이었다.[19]

이러한 마르크스주의적 시기 구분 외에 1941년 작성했던 서문에서는 "셋째, 가능한 한 중국 각 민족의 역사와 그 상호작용에 비추어 대민족주의와 지방민족주의의 관점이 들어가지 못하게 하였다"라고[20] 서술하

---

17 呂振羽, 1945, 『简明中国通史』(上), 生活書店, 242쪽(呂振羽, 2014, 『呂振羽全集』 5卷, 人民出版社, 2쪽).

18 마르크스주의 역사학은 전통 유가의 도덕적 서술을 대체할 사회(경제, 계급)적 이론에 기반한 통사 서술을 가능하게 하였다. 즉, 역사적 유물론은 사회를 역사연구의 중심에 놓게 되고 특히 경제적 행위와 관련을 깊게 사고하게 함으로써 특히 유가의 역사관을 전복시켰다. 아리프 딜릭 지음, 이현복 옮김, 2016, 『혁명과 역사: 중국 마르크스주의 역사학의 기원 1919~1937』, 산지니, 13쪽.

19 呂振羽, 1945, 『简明中国通史』(上), 生活書店(呂振羽, 2014, 『呂振羽全集』 5卷, 人民出版社, 3~7쪽).

20 呂振羽, 2014, 『呂振羽全集』 5卷, 人民出版社, 10쪽.

고 있어서 1938년의 민족정책의 변화를 반영하여 지방민족주의, 즉 몽골의 독립주장이나 한족 중심의 동화론을 비판하는 관점에 기반해 있었던 것을 알 수 있다.

뤄전위의 한족 중심의 동화와 대별되는 관점은 민족평등을 강조하는 것이었다. 그는 유물사관에 입각해 경제적 관계를 통한 민족관계에 기반하여 서술하였으며, 한족, 만주족, 회족, 몽골족, 티베트족, 묘족 등의 소수민족을 비교적 비슷한 분량으로 소개하고 많은 소수민족을 포함하고자 했다. 또한 민족 간의 전쟁에 대해서는 정의로운 전쟁과 그렇지 못한 전쟁으로 나누고 낙후된 사회형태에 처한 변경민족의 중원 침략은 선진 생산력을 파괴하는 것으로 부정적으로 평가했다. 이를 유물사관의 입장에서 민족 문제를 바라보는 것으로 간주했음을 알 수 있는데 한무제의 군사행동에 대해 초기에는 민족을 지키는 전쟁으로 정의롭다고 보았지만 이후에는 민족을 억압하고 학살하는 봉건적 침략전쟁을 일으켜 한의 지배력도 약화시켰다고 부정적으로 평가하였다. 그러므로 그는 『간명중국통사』에서 인민대중을 중심으로 서술하였고, 동시에 중국의 역사를 사라진 많은 민족과 현재 민족이 함께 만들어 간 역사라고 하면서, 각 민족의 역사적 지위와 기여, 민족 간의 관계를 객관적으로 반영하고자 하였다. 그리고 이러한 서술은 민족평등을 통해 항일의 동력을 이끌어 내고자 한 중국공산당의 민족정책을 반영한 역사서술이었다고 볼 수 있을 것이다.[21]

한편 뤄전위는 1942년 말에 류샤오치(劉少奇)의 비서로 함께 옌안으로 들어갔다. 그리고 1943년 1월에는 중앙 마르크스 레닌연구원의 특

21 朱政惠, 1992, 앞의 책, 148쪽.

별연구원이 되어 판원란, 인다(尹達) 등과 함께 옌안에서 활동하였다.

그런데 1943년에 장제스의 『중국의 운명』이 발간되었다. 장제스는 이 책에서 중화민족은 다수의 종족이 화합하여 이루어진 것이며 다수의 종족은 본래 하나의 종족과 하나의 갈래라고 주장했다.[22] 이 책의 내용은 1942년 8월 27일 장제스가 오족(五族) 지배층을 모아 '중화민족전체 공동의 책임'을 주제로 한 연설의 내용과 동일한 것으로 "여러분, 우리 중화민국은 전체 중화민족이 건립한 것이며 우리 중화민족은 우리 한·만·몽·회·장 5개 종족이 연합하여 조성한 전체의 총명사입니다. 나는 우리 5개 종족은 5개 민족이 아니라 우리 모두 중화민족의 분자를 구성하여 마치 형제가 가정을 조성한 것과 같다고 생각합니다. 『시경(詩經)』에 '본지백세(本支百世)' 또 "어찌 이들이 남이겠는가 형제와 조카 삼촌이라네(豈伊異人, 昆弟甥舅)"라고 하는 것은 우리 중화민족의 각 단위가 하나로 융합된 성격과 관계를 설명하기에 가장 충분합니다. 우리는 많은 가족을 모아 종족을 이루었고, 더욱이 종족이 합하여 중화민족 전체를 이루었습니다. 국부 손 선생은 '4억 명을 하나의 견고한 민족으로 결합시킨다'고 했습니다. 따라서 우리는 하나의 중화민족(中華民族)이며 그중 가장 확실한 단위의 명칭은 사실 종족(宗族)이라고 해야 합니다"[23]라고 하였다.

당시 장제스가 제시한 민족론은 '중화민족 종족설'이라 할 수 있는데, 이는 여러 민족집단이 혈연까지 연결되어 있다고 주장하여 중화민족은 하나라는 사상을 통해 소수민족과 변방민족의 국가의식을 강화하고 중

---

22 蔣介石, 1946, 『中國之命運』, 中正書店, 2쪽.

23 蔣介石, 「中華民族整介共同的責任」, 張其昀 主編, 1961, 『蔣總統集』 第2册, 國防研究院·中華大典編印會, 1422쪽(王柯, 2022, 앞의 책, 307쪽에서 재인용).

국의 침략에 함께 대응하게 하려 한 것이라 볼 수 있다. 이에 따른 민족 정책은 덕치(德治) 문명을 지닌 선진적인 한족의 배려와 관심으로 소수 민족과 변방민족들을 포괄하겠다는 것이었고, 이는 중화문화의 전파에 따라 이루어지는 것이므로 국경에 대한 명확한 규정도 필요하지 않았다. 또한 장제스의 중화민족 종족설은 당시 민족주의적 역사관에 기반한 민족론을 전파하던 푸쓰녠(傅斯年)과 구제강(顧頡剛)의 '중화민족은 하나'라는 한족 중심의 눈덩이 이론과 민족학자 뤄이푸(芮逸夫)의 소수민족을 새로운 국민으로 만드는 '한족중심동화'이론 등 민족주의적 역사학의 학문적 성과에 기반을 둔 것이기도 하였다.[24]

이러한 주장의 파장이 예상되자 옌안에서도 대응을 하게 되는데 류샤오치의 주재로 회의가 열려 천보다(陳伯達), 판원란 등과 뤼전위도 함께 대응하게 되었다. 이에 뤼전위는 8월 13일에 발간된 『해방일보(解放日報)』에 반박의 글을 실었다. 그는 역사적으로 국민당의 문제를 지적하면서 국민당이 진시황 이래의 대일통주의를 계승한다고 비판하였다. 그는 국민당의 주장은 루소의 천부인권과 반대되는 등급주의의 예제(禮制)와 국가의 인치주의인 형벌주의를 근간으로 한 관점이라고 지적하였다. 또한 이러한 주장은 일본의 노예주의의 도구에 다름 아니며, 파시즘, 나치즘으로 민족의 국방체를 건설하고자 하는 것이라고 하였다. 이외에도 무산계급의 세계주의를 반대하고 대게르만주의를 모방한 대한족주의를 위한 민족주의, 히틀러의 인종론을 공개적으로 설파한 것이라고 비판하였다.[25] 다소 장황하기는 하였지만 뤼전위의 주장은 파시스트적인 인종

24 구제강에 대해서는 젠보짠이 비판하였다. 黃克武, 2016, 앞의 글, 20쪽.

25 呂振羽, 1943.8.7, "國共兩黨和中國之運命(駁蔣著(中國之運命))", 『解放日報』; 呂振羽, 2014, 『呂振羽全集』 6卷, 人民出版社, 274쪽.

론과 장제스의 민족담론을 같은 것으로 비판한 것이었다.

한편 1944년 3월 12일에 저우언라이는 옌안의 쑨원 선생 서거 19주기 각계 기념 연설에서 이렇게 말했다.

> 중국 경내의 민족자결권을 승인한다. 중국인 혹은 중화민족의 범위 내에서 한·몽·회·장 등 민족이 존재하는 것은 사실이니 우리는 단지 각 민족자결권의 원칙하에서 평등하게 연합해야만, 성공적으로 자유롭고 통일적인 (각 민족 자유연합의) 중화민국을 조직할 수 있다.[26]

이는 중국 경내의 민족자결권의 승인이라고 할 수 있고 민족평등은 민족의 독립으로 이루어지는 것이기보다는 통일적이고 연합적인 국가의 형성으로 가능하다는 점을 강조한 것으로 해석할 수 있다.

이렇게 중국공산당의 민족정책은 일본이 내몽골 독립을 부추기는 것을 제국주의적 침략으로 보고 민족독립이 아닌 민족구역자치를 내세웠는데, 이는 항일전쟁의 상황에서 일본과 국민당에게서 민족담론을 선취할 필요가 있어서 나온 것이라 볼 수 있다. 일본은 내몽골의 독립을 부추겨 중국에서 분리시키고자 하고 장제스는 중화민족 종족설을 통해 한족 중심의 동화를 주장하고 있기에 중국공산당은 마르크스주의적 민족구역자치제를 제기하여, 일본과 한족 중심의 혈연과 문명을 강조하는 중화민족론에 대응하고자 한 것이었다. 그리고 당시 민족담론의 지형은 이렇게 형성되어 있었다. 그러므로 뤄전위의 중국공산당의 민족구역자

26 「關于憲政與團結問題」, 中共中央統戰部, 『民族問題文獻滙編』 1921.7~1949.9, 中共中央黨校出版社, 1991, 730쪽(王柯, 2022, 앞의 책, 300쪽에서 재인용).

치제에 기반한 연구와 활동은 이러한 정치적 지형 속에서 전개된 것이라 할 수 있다.

그러나 뤼전위는 옌안의 정풍운동에서 탁파로 몰리기도 하였고, 1944년과 1945년에는 실제적 연구를 진행할 수 없는 힘든 과정에 놓여 있었다.[27]

Ⅲ. 민족사 연구와 민족담론의 특징

1. 『중국민족간사』의 편찬과 '민족평등'과 '민족동화' 담론의 체계화

뤼전위가 옌안에서의 힘든 상황을 벗어난 것은 류샤오치의 도움으로 인한 것이었다. 류샤오치는 뤼전위를 1945년 10월에는 동북 지역으로 가게 했고 1946년 말부터 뤼전위는 하얼빈(哈爾濱)의 중국공산당 동북국에서 활동할 수 있었다. 그리고 1947년 2월 하얼빈에서 『중국민족간사』를 발간했으며 바로 3월에 류샤오치의 지시로 후난성(湖南省) 국통구에서 활동하고 다시 다롄(大連)으로 갔다. 이후 1948년 『간명중국통사』 하권을 출판하여 내전 시기 민족사 연구와 통사의 후속 작업을 마칠 수 있었다.

뤼전위의 『중국민족간사』는 기존의 대민족주의, 지방민족주의에 대한 비판의 연장선에 있던 것이었는데, 뤼전위는 1947년 2월 20일에 작성한

---

27 朱發建·張林發, 1999, 앞의 책, 116~119쪽.

서문에서 이렇게 적었다.

> 중국 국내 민족 문제는 객관적으로 봐도 시급히 해결해야 하며, 우리의 주관적인 측면에서도 이미 행동의 일정을 짜고 있다. 그러나 우리의 국내 각 민족, 특히 각 소수민족의 역사와 현실에 대한 이해는 아직 상당히 거리가 있다. 외국 부르주아 학자들의 중국 각 민족에 대한 연구는 대부분 침략주의의 관점에서 출발하고, 국내 부르주아 학자들의 연구는 대부분 대민족주의의 입장에서 출발하며, 대지주 대부르주아 계급의 어용 저작, 특히 '타오시성'이 교정한 『중국의 운명』은 봉건매판 파시스트의 대민족주의의 거짓말 선전에 불과하며, 중국의 각 민족과 인민에 대한 도전이다. 이것은 우리에게 기본적으로 좋은 점은 없고 나쁜 점만 있다.[28]

이 글을 통해 장제스의 대한족주의 민족담론에 대한 비판적 시각과 문화침략 관점의 외국 학자들의 입장 등을 비판하기 위한 작업이었던 것을 알 수 있다.

내전이 발생한 이후 뤼전위는 해결해야 할 중요한 국내 문제는 토지 문제와 민족 문제이며 공산당이 전국적 승리를 이루게 되면 민족 문제가 가장 중요하게 제기될 것이라고 보았다는 점에 주목할 필요가 있다. 즉, 마르크스주의 역사학자인 뤼전위는 민족사 연구를 통해 항일전쟁 기간 이래 민족의 평등을 제기하여 애국주의를 고취시키고 이를 통해 통일된 국가의 건설이라는 부분을 역사를 통해 정립하고자 했고, 내전 기간에는 이를 더욱 체계화하고 통사를 통해 정립하고자 했다.

---

28 呂振羽, 1950, 『中国民族简史』, 三聯書店, 1쪽.

또한 뤼전위가 민족평등의 입장에서 대한족주의를 비판하는 것과 함께 사료를 중시하고 답사와 조사를 중시하는 입장을 강조했던 것도 마르크스주의 민족사의 체계화 도모와 관련이 있다.

> 덧붙여서 언급해야 할 것: (1) 과거 대한족주의자들은 국내 각 소수민족에 대해 "고양이(猫)", "오랑캐 요(猺)[후난, 윈난(雲南)]", "오랑캐 나(玀)[구이저우(貴州)]" "오랑캐 만(蠻)", "오랑캐 단(蜑)(남쪽)"과 같은 칭호를 사용했다. 단지 한족(漢族)만을 '사람'으로 보고 기타 민족은 '개(犬)' 또는 '벌레(蟲)'로 하였는데 … 정확한 이름을 보이기 위하여 나는 '개'나 '벌레'를 버리고 『 』호를 붙였다.[29]

이처럼 뤼전위가 사료를 중시한 것도 나타난다. 또한 사료도 비교적 광범위하게 섭렵했지만 묘족에 대한 조사를 예를 들어 보면, 청대 건륭제와 가경제 시기 묘민의 폭동에 대한 서술에서 묘족의 기원 문제에 관해서 주자오관(朱观觀)이라는 사람이 '나에게 알렸다'라는 것을 들어 묘족의 기원은 북방일 수 있다고 제기했던 것과 같은 구술 자료 외에 현지 조사 및 답사도 중시했다.

> 우리는 업무와 행동에서 실제로 몇몇 소수민족의 상황을 접한 후, 일부 서적 자료를 발견했으나 대부분 신뢰할 수 없게 되었으며, 또한 나 자신의 과거의 비현실적인 인식이 변화되었다.[30]

---

29 呂振羽, 1950, 위의 책, 4쪽.

30 呂振羽, 1950, 위의 책, 2쪽.

또한 실제조사도 중시했다.

> 1936년 소수민족을 실제 조사하기도 하였으며 동북 지역에서 민족의 잡거 지역을 연구하기도 했었다.[31]

그는 연구를 하는 진보적인 사가와 민속학자가 "책과 같은 죽은 재료만으로 출발하는 방향에서 실지 조사연구와 구체적인 투쟁으로 출발하는 방향으로 옮겨야 한다"며 "살아 있는 상황을 파악하고, 살아 있는 재료를 얻고, 이러한 기초 위에서 책 재료를 인식하고 적용해야 한다"라고 주장했다.

경제에서 시작해서 계급과 민족의 모순을 분석하고, 전쟁의 원인을 변증법적으로 분석하고 역사의 주요 발전에서 소수민족의 역사를 가능한 한 포괄하는 서술방식이 형성된 것이다.[32]

또한 기존 마르크스주의 역사학의 민족사 연구는 주로 중국 민족의 기원과 한족의 형성, 민족관계를 동화, 융합, 침략의 어떠한 관계로 설명할 것인가에 집중되어 있었는데 뤼전위 역시 이를 중심으로 서술했다.[33]

첫째, 중화민족의 기원과 혈통에 대한 서술을 하고 있다. 그는 제국주의 국가의 일부 학자들이 중국 인종이 중앙아시아 등 외부에서 온 것으로 보는 것을 비판하고 상고시대 인류의 유골, 유적 및 유물과 인류학, 민족학, 민속학, 문헌학 자료에 근거하여, 중국 인종은 몽골 인종과 말

---

31 朱發建 · 張林發, 1999, 앞의 책, 149쪽.

32 宋逸平, 2020, 앞의 책, 64쪽.

33 蔣昌宏 · 羅米娜, 2022, 「呂振羽的中華民族曆史觀及其現實啟示」, 『文化學刊』 第3期, 235쪽; 朱發建 · 張林發, 1999, 앞의 책, 68~74쪽.

레이 인종에서 기원한다고 하였다.

한족의 형성 과정에 대해서는 룽산(龍山)과 양사오(仰韶)의 유적을 통해 상족(商族)계는 산둥(山東)반도 해안에서 서쪽으로, 하족(夏族)계는 서쪽에서 동쪽으로 확대되어 온 것을 확인하면서 산시(山西)에 도달한 하족과 산악지대의 묘족이 전쟁을 하여 묘족이 하족의 부족 동맹에 가입하게 된 것을 증명했다. 또한 하족과 상족은 서로 전쟁을 벌였고 생산력이 높았던 상족이 여러 족에게 승리하고 마지막으로 하족을 이겼던 것으로 설명하면서, 노예제에서 봉건제를 수립하는 시기에 하족과 상족이 근간이 된 화족(華族)이 형성된 것이라 설명하였다. 그리고 진(秦)은 생산력 외 모든 방면의 역량이 강하여 정복이 가능했던 것으로 설명하였다.

뤼전위는 또한 중화민족은 발전 과정에서 인도유럽, 중앙아시아, 남아시아의 여러 민족의 혈통과 섞였기에 한족을 순수한 혈통이라고 하는 것도 맞지 않는다고 하였으며 이러한 주장은 히틀러의 순수 아리안 혈통 주장과 일본 파시스트의 순수 야마토 혈통에 대한 고취를 도모하는 것과 유사한 것이라고 비판했다. 이는 중화민족은 한족에서 유래하고 소수민족은 한족의 지맥이라고 장제스가 주장한 바를, 근거를 제시하여 체계적으로 비판하기 위한 것이었다.

그리고 인류의 기원은 같은 조상이라고 할 수는 없으나 진화 이후의 사회 발전 과정은 일치하고 공통의 규칙성이 존재한다고 주장했는데 이는 사회사 논전 이래 그가 지속적으로 제기한 중국사의 보편성에 부합하는 것이었다.[34]

---

34 呂振羽, 1950, 앞의 책, 5쪽.

한편 소개된 민족은 한족(漢族), 만주족(滿族), 몽골족(蒙族), 회족(回族), 티베트족(藏族), 위구르족(維吾爾族), 카자흐족(哈薩克族), 자사크족(劄薩克族), 부르트족(布魯特族), 탕구라족(唐古拉族), 로로족(羅羅族), 묘족(苗族), 보(僰), 샨(撣), 와붕(瓦崩), 카르곤(卡箐), 미얀마(緬甸), 여족(黎族), 토번(土番), 단민(蜑民), 여민(畬民), 어룬춘(鄂倫春), 다후르(達呼爾), 후얼커(呼爾克), 헤이켄칠러(黑斤奇勒) 등으로 그들의 인종적 기원, 체질, 모습, 분포 지역, 생활 환경, 언어, 풍습, 종교, 생산 기술, 계급 관계, 문자, 결혼 형태, 정권 상황 및 전쟁 등 다양한 측면에 대해 서술했다. 물론 한족, 만주족, 몽골족, 회족, 티베트족의 5개 민족에 대해 집중적으로 분석하였고 서남, 동남, 동북 지역에 거주하는 민족의 순서로 서술했다. 만주족에 대한 설명에서는 '봉건파시스트 대한족주의자들은 만주족도 염황의 자손이라고 하지만 민족의 편견을 퍼뜨리고 민족의 분쟁을 야기한다'라고 비판하였다.

또한 뤼전위는 몽골의 상황에 대해서 언급하였는데 당시 중공중앙은 몽골의 인민해방을 지지했지만 몽골의 상층부가 주장하는 독립을 보장하는 것은 아니라고 하였다. 그리고 내몽골의 지도자 우란푸(烏蘭夫)가 이끄는 '내몽골 자치운동위원회'의 길이 근본적인 길이라고 주장하였다.

이러한 주장은 1945년 10월 23일 중공중앙이 진차지(晉察冀)중앙국에 내몽골의 기본 방침은 구역자치의 실행이라고 명시한 것을 반영한 것이었다. 이 지역에는 1946년 초 설립된 동몽골 인민자치정부에 몽골족 출신의 중앙위원회 후보위원 우란푸(烏蘭夫)가 파견되어 소련과 외몽골의 지지하에 중공동북중앙국, 중공진차지중앙국과 중공서북중앙국, 이 세 중앙국의 군사력을 배경으로 내몽골자치 연합회 세력이 통일되었다. 이로 인해 내몽골 민족운동은 완전히 중국공산당에 장악되었다.

이후 1947년 우란푸의 내몽골 자치정부는 소수민족 위주로 구성된 성급 자치구역의 성격을 띠도록 구성되었고, 민족자치와 지방자치(구역자치)를 결합한 내몽골자치구는 향후 중화인민공화국이 성립될 경우 민족문제 해결을 위한 모델로 간주되었다.[35] 뤼전위 서술은 이를 반영한 것이었다.

그리고 뤼전위는 회족에 대해서는 그동안 일본이 중국을 분열시키기 위해 회족의 단체를 조직하고 회족을 민족이 아닌 종교단체라고 하여 회족을 이탈시키고자 했다고 보았다. 그러나 회족은 한족 동포와 잡거하고 있으면서도 간쑤(甘肅), 닝샤(寧夏), 윈난, 칭하이(靑海), 신장(新疆) 등지에 밀집해 거주하고 있다고 설명하였다. 이외에도 티베트는 국민당의 대민족주의의 장기적 지배를 받아 와서 발전되지 못했다고 주장했다.[36]

이렇게 뤼전위는 일본과 국민당의 민족정책과 담론을 의식해 서술했으며 묘족을 차별받은 소수민족의 사례로 들어 역대 중국의 통치자들이 한화를 요구해 나간 상황을 서술하였다.

그리고 민족사 서술은 기본적으로 마르크스주의의 5개 사회형태 발전학설에 근거하여 매 시기 사회경제 형태, 계급 관계, 생산력 발전을 분석하는 데 중점을 두었으며, 인민의 혁명투쟁으로 묘민의 폭동과 티베트민의 폭동을 소개하였다.[37]

둘째, 뤼전위는 민족 간의 관계에 대해서도 분석하였다. 그는 기존의

---

35 王柯, 2022, 앞의 책, 310~311쪽.

36 周競紅, 2017, 앞의 글, 172~173쪽.

37 呂振羽, 1950, 앞의 책, 137쪽.

통사에서 민족의 평등을 강조했었는데 이를 더 체계화하였다. 뤼전위는 기본적으로 스탈린의 『마르크스주의와 민족 문제(Марксизм и национальный вопрос)』라는 글에서 "민족은 사람들이 역사적으로 공통의 언어, 공통의 지역, 공통의 경제생활, 그리고 공통의 문화로 표현된 공통의 심리적 자질을 가진 안정된 공동체"라고 한 의미의 민족 개념을 차용했다.[38] 하지만 뤼전위는 여기에서 그치지 않고 상호교류의 상황과 인구 분포를 더 추가해서 분석하였고, 뤼전위의 이러한 민족 간의 상호관계에 대한 분석은 상당히 주목을 받았다.[39]

한편 그는 민족관계를 동화(同化)로 설명하였다. 동화는 첫째, 국가 시대로 나아가지 못한 부족 간의 투쟁과 동화, 둘째, 계급사회로 진입한 민족과 그렇지 않은 민족 간의 투쟁과 동화, 셋째, 계급사회로 진입한 민족 간의 투쟁과 동화라고 분류하였다. 그리고 첫 번째 유형에서만 침략과 억압이 없는 동화가 있었다고 주장했다. 나머지 둘의 유형에서는 한족이 생산, 인구, 문화, 정치, 군사 방면의 힘이 다른 민족보다 월등하므로 중원에 입성했던 다른 민족도 한족에 의해 동화되거나 모방하는 과정을 밟는 것이 나타났다고 하였다. 그러므로 한족이 특유의 동화력을 따로 지니고 있는 것이 아니라 일반적인 민족 발전의 법칙이 작용했을 뿐이라고 뤼전위는 주장했다.[40] 이뿐만 아니라 한족도 다른 민족에 의해 동화된 적이 있다고 했다. 그러므로 한족이 특유한 동화력을 지

38 呂振羽, 1950, 위의 책; 『中国民族简史』(呂振羽, 2014, 『呂振羽全集』 6卷, 人民出版社, 19쪽).

39 蔣昌宏 · 羅米娜, 2022, 앞의 글, 235쪽.

40 呂振羽, 1950, 앞의 책, 5쪽; 李興年, 2010, 『中國馬克思主義史家的民族史觀—以呂振羽,翦伯贊,範文瀾和郭沫若爲代表』, 安徽大學, 2~3쪽.

녔다고 주장하는 것은 소수민족을 모욕하는 것이거나 인민의 혁명성을 마비시키고자 하는 의도라고 하였다. 또한 무조건 대민족주의의 자신감을 고취시키는 것은 적에 대한 경각심을 약화시킬 수 있다고 주장했다. 즉, 다른 소수민족이 대민족주의에 반감을 지닐 수 있게 될 수 있어서 오히려 이탈을 초래할 수 있고 제국주의에도 쉽게 항복하게 된다고 하면서 이러한 동화에 대해서는 비판적 입장을 취하였다.

또한 과거에도 대민족은 우수한 민족이며 특권을 향유해야 한다고 주장되었고 그러므로 작은 민족은 차별받고 배척받았다고 대민족주의를 비판했다.

뤄전위의 내전 기간 민족사 연구는 마르크스주의 민족사 연구의 학문적 체계화를 도모하고 민족정책과 부합하는 민족사 서사를 제공하고자 한 것이었다고 볼 수 있다.

한편 뤄전위는 동북 지역 안둥(安東)의 농촌 지역에서 활동을 하고 다시 난징과 난창(南昌)까지 내려갔다가 북상해서 10월에 베이징에 도착하여 신중국 수립의 행사에 참여할 수 있었다.[41]

2. 중화인민공화국 건립 후 민족사 연구와 '민족단결' 담론

뤄전위는 중화인민공화국 성립 이후 바로 전국인민대회 제1계민족위원회 상무위원, 민족사무위원회 위원이 되고 민족사 연구도 지속하였다.[42]

41 朱發建·張林發, 1999, 앞의 책, 121쪽.

42 蔣昌宏·羅米娜, 2022, 앞의 글, 234~235쪽.

그는 1950년 5월 14일 다롄에서 『중국민족간사』 증보판을 출판하면서 인민정협의 공동강령에 의해 민족사를 서술한다고 밝혔다.

> … 따라서 모든 민족은 먼저 우리의 승리를 지키고 공고히 하기 위해 함께 노력해야 한다. '인민정치협상회의 공동강령' 제6장 「민족정책」은 중화인민공화국 경내의 각 민족은 일률적으로 평등하고, 단결하여 서로 돕고 제국주의와 각 민족 내부의 인민공적을 반대하며 중화인민공화국을 각 민족의 우애합작의 대가정으로 만들어야 한다. 대민족주의와 편협한 민족주의를 반대하고 민족 간의 차별, 억압, 민족 단결을 분열시키는 행위를 금지한다. … 즉, 각 민족 인민의 "단결적 상호 원조"와 "우애적 협력"은 우리 국책의 중요한 부분으로 규정되었다.[43]

이처럼 뤼전위는 민족의 단결을 강조하였다. 여기서 언급된 인민정협의 공동강령은 1949년 인민정치협상회의에서 확립된 민족구역자치제도에 관한 것이다. 이는 민족자치지방을 건립해 소수민족의 자주관리를 실현하고 소수민족의 권익을 보장하는 동시에 근본법 형식으로 소수민족 문제의 해결 방안이 국가 영역의 범주를 넘지 않는 것으로 제한한다는 것이었다. 이는 과거 소수민족정책이던 민족의 독립에 기반한 연방제 성립이 실질적으로 폐기된 것을 의미하는 것이다.

뤼전위는 또한 스탈린의 주장을 근거로 민족의 독립이 아닌 구역자치를 시행해야 한다고 주장하고 내몽골자치구 인민정부가 이를 실현하였다고 다시 강조하였다.[44] 그리고 당시 제기된 연방제 폐지의 근거인

43 呂振羽, 1950, 앞의 책, 4~5쪽.

소수민족 인구가 중국 인구의 6%에 불과하다는 점, 소수민족과 한인의 잡거가 이루어지고 있다는 점, 한족은 역사상 지배민족이기도 했고 피지배민족이기도 했으며 소수민족을 억압하지 않았고, 소수민족 지역의 자원은 풍부하나 기술이 낙후되고 한족 지역은 그 반대였기에 고대로부터 한족 지역과 소수민족 지역은 하나의 경제공동체로 이루어졌다는 점은[45] 뤼전위 민족사 연구의 내용과도 일치하고 있다.

> 우리가 민족 문제, 각 소수민족의 문화경제사업의 건설과 발전을 돕는 문제를 모두 방치하는 것은 아니다. 다만 그것은 모든 업무의 중심 임무에 복종하는 지위에 있으며, 우선적이고 필요한 총체적 이익에 복종하는 것이다. 사실 국가의 공업화 문제가 해결되지 않으면 인민민주독재의 기초가 공고해질 수 없으니 국가의 공업화가 진전됨에 따라 비로소 성큼성큼 효과적으로 각 소수민족의 문화경제사업을 도울 수 있다. … 그들은 서로 다른 역사적 상태로부터 '각 민족의 문화, 경제 수준을 능가하는' '그들을 최고의 경제 형태와 연결시킨다는 것은 확고부동한 원칙과 방침, 변화를 용납할 수 없는 요구이자 공산당의 임무이다.[46]

또한 뤼전위는 이처럼 국가 공업화의 총체적 이익에 부합하는 것이 소수민족의 문화경제사업을 발전시킬 수 있는 전제가 되고 각 민족의 각기 다른 경제적 수준을 향상시킬 수 있게 된다고 하여 국가 공업화가

---

44 呂振羽, 1950, 위의 책, 13쪽.

45 江平, 1985, 「李維漢同志在民族理論方面的卓越貢獻-在李維漢同志民族理論學術報告會上的發言」, 『民族研究』 第1期, 4쪽.

46 呂振羽, 1950, 앞의 책, 16~18쪽.

더 우선적인 문제라는 인식을 드러내었다.

이제 인민정협의 공동강령에 부합하는 민족정책의 실현을 위해 1953년부터 중앙에서 민족식별공작이 시작되었고 뤄전위는 이에 참여하였을 뿐 아니라 1954년 전국인민대표대회 제1차 대표자회의에서 대표로 선출되고 전인대의 상무위원, 민족문제위원회 위원, 제3기 정협 전국위원회 위원, 민족팀의 부조장 등을 역임하면서 민족정책을 수행해 나갔다. 이렇게 실질적인 민족정책의 내용과 뤄전위의 연구가 긴밀한 관련이 있었던 것은 1957년 8월 4일 저우언라이의 언급에서도 찾아볼 수 있다. 저우언라이는 칭다오(青島)에서 열린 민족 문제 좌담회에서 단일국가제도와 민족구역자치를 분석할 때 중국이 연방공화국제를 할 수 있는 조건을 갖추지 못하였고 민족공화국을 구성하려면 독립된 경제단위와 절대다수의 민족인구가 모여 살아야 하지만 역사가 이러한 조건을 구성해 주지 않았다고 연구한 것을 더 많이 써 달라고 뤄전위에게 공개적으로 부탁하였다.[47]

한편 민족관계에 대한 논의가 1960년대 초반에 활발하게 이루어졌는데 뤄전위는 민족동화에서 융합의 주장을 전개했다. 그는 예를 들어 몽골 지역에서 한인과의 잡거 상황은 언어의 융합을 일으켰다고 설명하고 선진적 경제가 이전의 경제공동체를 흡수하는 방식을 동화라고 하였다. 즉, 장기간 한 국가 내에서 생활하는 각 민족의 노동인민 간에는 불가피하게 상호 접촉하고 부단히 증강되는 경제, 문화 연계의 작용 속에서 공동으로 진행하는 생산투쟁과 계급투쟁이 발생하는데, 여기서 필연적으로 서로 영향을 주고받으면서 배우고 흡수하여 점차 차별성이 약화, 감

47 朱發建·張林發, 1999, 앞의 책, 177쪽.

소되고 소멸된다. 이와 동시에 공통성이 형성되고 발전되는데 이는 일종의 자연 융합의 추세로 나타난다고 하였다. 그리고 이러한 융합은 노동인민의 이익과 역사 발전에 부합하는 것이어서 강제 동화와 구별되고 대립한다고 하였다.[48]

1961년 당교(黨校)에서 한 강의에서 뤼전위는 레닌과 스탈린이 공산주의에 도달해야만 민족통합이 가능하다는 주장을 기계적으로 인식할 것이 아니며[49] 중국의 경우 역사적으로 각 종족의 노동인민이 함께 계급투쟁과 생산투쟁을 하는 과정에서 상호 간 융합의 문제가 항상 존재했다고 주장하였다.[50]

이는 민족구역자치의 시행 근거를 설명하는 문제와도 깊이 관련되어 있다. 뤼전위는 민족 간의 융합 문제를 '잡거(雜居)'의 역사적 사실과 관련지어 설명하였다. 그는 중국 각 민족이 오랜 기간 자신들의 주거지에서 서로 뒤섞여 거주하며(雜居), 상호 교류하고(交接), 경제적으로 상호 지원하며, 긴밀하게 융화되어 왔다고 보았다.

뤼전위에 따르면, 성탕(成湯)과 이윤(伊尹) 등이 이끈 노예제 형성을 이끈 혁명, 그리고 무왕(武王)이 주도한 혁명전쟁, 즉 봉건제도의 형성은, 이른바 '만방(萬邦)', 곧 여러 부족과 그 인민이 공동으로 참여하여 이루어진 것이다. 그는 "혁명을 거쳐 창설된 노예제 국가나 초기 봉건 국가들은 모두 다민족적인 성격을 지녔다"라고 주장하였다.

---

48 呂振羽, 1959, 「關於曆史上的民族融合問題」, 『曆史研究』 第4期, 531~540쪽.

49 민족의 융합과 동화와 관련된 여러 논의가 있었는데 레닌은 과도기를 거쳐 민족은 필연적 융합에 도달할 수 있다고 하였고, 스탈린은 민족차별의 소멸과 통합은 프롤레타리아트 독재가 전 세계적으로 실현된 시기에 가능하다고 주장했다.

50 呂振羽, 1984, 『中國歷史講稿』(呂振羽, 2014, 『呂振羽全集』 7卷, 人民出版社, 15쪽).

또한 위진남북조 시기에 비록 '팔왕의 난', '오호난화'와 같은 격렬한 전쟁과 재해로 인해 각 민족의 노동인민들이 희생되었지만, 그 과정에서 자위와 회복, 그리고 생산 재개와 재건의 노력을 통해 민족 간 관계는 더욱 긴밀해졌고, 혈통, 언어, 문화, 생활, 풍습 등 여러 방면에서 상호 접근하고 융합하게 되었다고 보았다.

원대(元代) 또한 마찬가지였다. 그는 오랜 공동 투쟁과 공동 생산의 경험 속에서 민족 간 관계는 더욱 밀접해졌으며, 공통성은 강화되고 차별성은 줄어들었으며, 많은 한인(漢人)들이 다른 형제 민족 안에 융합되어 갔다고 평가하였다.[51] 뤼전위는 이러한 역사적 사실들을 바탕으로, 중국 각 민족은 상호 관계 속에서 불가분의 관계에 있으며, 이는 민족 간의 융합과 단결의 역사적 기반이 된다고 강조하였다.

1963년에 발표한 글에서 그는 침략전쟁은 국가와 국가 간에만 일어나는 것으로 한 국가 내에서의 민족전쟁, 계급전쟁, 동일 계급 내의 각 집단의 전쟁은 침략전쟁이 아니라고 하였다. 그러므로 남북조, 송과 요, 송과 요금, 송, 금, 원, 명과 청 간의 전쟁은 모두 국내 전쟁이며 억압적 민족전쟁일 뿐이라고 주장했다.[52] 즉, 북위, 금, 송, 원 즈음의 몽골, 명·청시기 즈음의 후금은 모두 외국이 아니라고 하였으며, 이들은 한족 지주계급을 지배 주체로 하는 조정과 적대적이었고 일정 기간의 분열 국면에 있었을 뿐이므로 독립된 국가이지만 중국의 인접국이 아닌 중국 전체 안에 있던 조국의 성원이라고 뤼전위는 주장했다. 이러한 뤼전위의

---

51 呂振羽, 1961, 「論我國曆史上民族關系的基本特點」, 『學術月刊』 第6期(呂振羽, 2014, 『呂振羽全集』 8卷, 人民出版社, 454~455쪽).

52 呂振羽, 1963, 「中國歷史上民族關系的幾個問題」, 『學術月刊』 第1期(呂振羽, 2014, 『呂振羽全集』 8卷, 人民出版社, 534쪽).

주장은 역사상 이미 조국의 성원이 된 민족을 적국으로 판단할 수 없다는 것이며 중국 전체란 중국 강역 혹 중국 경내를 의미하는 것으로 파악했던 것을 의미한다.

또한 국가 통일의 입장에서 문제를 고려한다고 해서 각 민족의 이익을 수호한 민족 영웅을 부정할 수 없고, 이는 전쟁에는 정의와 비정의의 구분이 있을 뿐이며 역사 발전을 촉진하면 정의라고 본다고 하였다. 그리고 이 과정에서 눈물겨운 민족 영웅이 배출된다고 하였다. 그러므로 뤼전위는 요금의 중원 침략은 선진생산력을 파괴한 것으로 비정의로운 전쟁이었으며 송대에 금과 요에 항거한 것은 중원의 선진생산력을 보호하고자 한 것으로 정의로운 것이었다고 주장했다. 이외 송의 주전파의 행동이 기본적으로 인민의 이익에 부합했다고 하고 이러한 논리에 따라 악비(岳飛)는 금에 대항해 송의 이익을 보호해 역사 발전의 추세에 부합한 것으로 민족의 위대한 영웅이라고 하였다.

이렇게 민족사 연구에서 뤼전위의 관점의 변화는 민족담론 지형의 변화와 국가건설에 종속된 민족정책의 실현을 위한 목적에서 비롯된 것이라 할 수 있을 것이다.

Ⅳ. 맺음말

뤼전위는 사회사 논전을 거치며 촌민(村民)의 자치를 주장하는 '촌치파' 활동가이자 대학의 경제학자에서 마르크스주의 사학자로 전환되고 이후 중국공산당에 입당하였다. 충칭과 옌안에서 활동하면서 대표적 마르크스주의 역사학자들과의 교류를 통해 마르크스주의 역사학의 질적인 발전과 제도화를 위해 노력했다. 그의 저술 전반에서 사료를 통한 입증을 중시하고 마르크스주의 관점과 방법론을 적용하고자 한 부분과 함께 현실사회 문제의 해결을 위한 방안과 역사연구를 일치시키고자 한 부분이 드러나 있다. 더욱이 항일전쟁과 내전을 거쳐 중화인민공화국의 수립이라는 과정에서 중국공산당과 마오쩌둥의 민족정책과 동일한 입장을 취하고 있었다. 또한 마오쩌둥, 저우언라이, 류샤오치 등과 긴밀한 관계를 맺어 왔으며 판원란과 젠보짠 등과 마르크스주의 역사학자로서의 교류도 긴밀하였던 점에서 그의 민족사 연구는 중국공산당 민족정책의 수립을 위한 학문적 토대가 되었다고 볼 수 있다.

한편 뤼전위는 국민당과 일본 제국주의의 민족담론에 대항하여, 민족평등의 입장에서 소수민족의 역사적 역할을 중시하였으며, 혈통론과 인종론을 파시즘적·침략적 관점으로 강하게 비판하였다. 항일전쟁 시기를 거치며 그는 계급을 기반으로 한 민족 문제의 접근을 통해, 마르크스주의 역사학 내에서 민족 문제에 대한 이론적 입장을 점차 정립해 나갔다.

이는 장제스와 달리, 민족평등의 입장에서 소수민족 문제를 바라보고 논리를 체계화하려는 시도였으며, 동시에 스탈린의 민족 문제에 대한 중국공산당의 민족 문제 정립의 과정을 함께 내포한 담론체계를 형성하고자 한 것이었다. 그의 저서인 『중국민족간사』는 비록 간략한 개설서에 불과하지만, 마르크스주의 관점에서 경제공동체로서의 중국사 전개 속 민족의 역사적 역할을 조망하려는 시도로 평가된다.

뤼전위의 이러한 연구는 사료의 보완과 실지 조사를 통해 더욱 체계화되고 제도화된 연구로 발전하기 위한 선도적 작업의 일환이었다. 그는 마르크스주의 역사 단계론에 입각하여, 역사 발전의 5단계 속에서 각 민족의 경제적·사회적 구성체가 맺은 상호 관계에 주목하였다. 특히 한족의 기술력과 소수민족의 자원이 경제 성장과 역사 발전을 촉진한 역할을 '동화(同化)'의 개념을 통해 설명하였다.

또한 그는 경제적 발전을 촉진하는 경우에 한해 전쟁조차도 긍정적으로 평가하며, 그 안에서 민족의 역할을 강조하였다. 중화인민공화국 건국 이후에는 저우언라이의 독려 아래 중앙민족위원회 위원으로서 활동하며, 민족구역자치의 합리성을 역사적으로 규명하는 작업을 강화해 나갔다.

그는 '민족의 동화'로부터 '민족의 융합'을 설명하면서, 한족과 소수민족 간의 장기적인 잡거(雜居)를 역사적 긍정 요소로 해석하였다. 이를 통해 그는 중국에서 연방제를 실시할 수 없는 이유를 역사적 맥락에 기반하여 서술하였다. 마르크스주의자로서 그는 민족 문제는 궁극적으로 프롤레타리아트 독재를 통해 소멸될 수 있으며, 경제 발전 과정에서 해소 가능한 문제라는 인식을 지니고 있었다.

그러나 항일 시기에는 민족의 평등과 자결을 강조하였던 반면, 중화인민공화국 수립 이후에는 민족 독립보다는 민족 단결과 통합, 구역자치의 불가피성을 강조하는 서술로 더욱 분명하게 전환되었음을 알 수 있다.

이처럼 뤄전위의 마르크스주의적 민족사 연구는 혁명과 건국의 과정에서 민족 문제에 대응한 마르크스주의 역사학의 한 사례로 볼 수 있다. 항일전쟁과 내전이라는 정치적 지형 속에서, 그는 민족 문제를 학문적으로 선도하는 담론을 형성하고, 마르크스주의 민족사 연구의 이론적 방향을 제시하고자 하였다. 이러한 시도는 마르크스주의 역사학의 제도화와 체계화 구상 속에서 이루어진 것이기도 하다.

그러나 마르크스주의 이론과 중국 현실 사이의 부조화에서 비롯된 내적 긴장을 극복할 이론적 방안을 마련하지 못한 채, 그의 연구는 점차 이데올로기화되는 경로를 밟아 갔다. 이로 인해 항일전쟁기와 내전기에서 강조되었던 민족평등의 시각과 학문적 성과를 지속적으로 유지하기는 어려웠다고 평가할 수 있다.

마르크스주의 민족사 연구는 다양한 이론적 견해의 차이와 역사적 인식 변화 속에서, 이론과 현실 적용의 불일치를 인정하고 이를 비판적으로 성찰할 수 있는 학문적 환경이 필요했으나, 중국에서의 민족사 연구는 공산당의 이데올로기와 밀접하게 연계되어 진행되었다는 점에서 한계를 드러낸다. 이는 뤼전위의 연구 경향을 통해서도 확인할 수 있다.

한편, 뤼전위의 민족사 연구는 주로 민족 간의 동화와 융합, 중국 경내 민족의 단합, 그리고 잡거(雜居)의 경제적 긍정성을 강조하는 데 초점을 맞추었다. 그는 이를 통해 한족의 경제적·문화적 선도성을 상대화하고자 했지만, 역설적으로 그의 분석은 역사적으로 한족의 중심성을 완전히 부정하기 어려운 이론적 딜레마를 함께 내포하고 있었다. 물론 이는 마르크스주의가 전제하는 민족의 궁극적 소멸이라는 이론적 전망 속에서, 중국 특수성을 드러내기 위한 긍정적인 시도로 평가할 수 있는 측면도 있다. 그러나 동시에 민족을 구성하는 인민의 정치적 권리에 대한 뚜렷한 인식과 접근이 결여되었다는 비판 역시 제기될 수 있다.

결국, 뤼전위의 마르크스주의 민족사 연구는 사회주의 건설을 위한 중국의 통일과 단합이라는 시대적 과제에 역사가 부합해야 한다는 입장에서 이루어진 것이며, 혁명의 실천과 역사연구의 일치를 지향한 노력이라는 점에서 일정한 이론적 성과를 거두었다고 평가할 수 있다. 마르크스주의 역사학에 따르면, 민족 문제는 사회주의로 나아가는 역사 발전

과정에서 경제적으로 자연스럽게 소멸될 수 있는 문제로 간주되었기 때문이다.

그러나 실제로는 생산력의 발전만으로는 민족 문제가 쉽게 해소되지 않으며, 이에 따라 마르크스주의 역사학의 틀 내에서 민족 문제에 대한 지속적인 탐구와 이론화가 필요하였다. 그러나 이러한 민족사 연구의 확장과 심화는 공산당의 민족정책을 정당화하거나 추종하는 방식이 아니라, 그와 일정한 거리를 유지하며 비판적으로 접근하는 연구 태도를 통해서만 가능하였을 것이다.

참고문헌

단행본

아리프 딜릭 지음, 이현복 옮김, 2016, 『혁명과 역사: 중국 마르크스주의 역사학의 기원 1919~1937』, 산지니.

(法)吉爾·德拉諾瓦(GilDelannoi), 2005, 『民族與民族主義』, 三聯書店.

康士坦·丁諾夫 著, 中國人民大學研究部編譯室 譯, 1951, 『馬克思列寧主義與民族殖民地問題』, 人民出版社.

桂遵義, 1992, 『馬克思主義史學在中國』, 山東人民出版社.

金炳鎬, 2005, 『民族關系理論通論』, 中央民族大學出版社.

羅玉嬌, 2021, 『呂振羽對唯物史觀的運用研究』, 西南科技大學博士論文.

呂振羽, 1948, 『中國民族簡史』, 光華書店.

______, 1959, 『簡明中國史』 上冊, 北京: 人民出版社.

______, 2014, 『呂振羽全集』 全10卷, 北京: 人民出版社.

劉茂林·葉桂生, 1990, 『呂振羽評傳』, 社會科學文獻出版社.

劉鵬程, 2012, 『呂振羽早期思想研究—以《村治月刊》和《新東方》爲例』, 清華大學博士論文.

李翹秀, 2018, 『學術與政治之間: 以20世紀30,40年代的馬克思主義民族史研究爲中心的考察』, 中共中央黨校碩士論文.

李興年, 2010, 『中國馬克思主義史家的民族史觀—以呂振羽,翦伯贊,范文瀾和郭沫若爲代表』, 安徽大學博士論文.

徐黎麗, 2005, 『論民族關系與民族關系問題』, 民族出版社.

宋逸平, 2020, 『左翼史家的少數民族曆史敘事(1930-1949)』, 華東師範大學博士論文.

楊淩林, 2006, 『抗戰時期中國馬克思主義史學的發展』, 西南大學博士論文.

於文善, 2011, 『抗戰時期重慶馬克思主義史學研究』, 華東師範大學博士論文.

王柯, 2022, 『從“天下”國家到民族國家』, 上海人民出版社.

王文光, 2005, 『中國民族發展史』, 民族出版社.

汪書路, 2019, 『呂振羽與馬克思主義中國化』, 武漢理工大學博士論文.

莊福齡, 1999, 『簡明馬克思主義史』, 人民出版社.

張秦, 2014, 『呂振羽《簡明中國通史》研究』, 陝西師範大學博士論文.

程鵬宇, 2013,『建國前馬克思主義史學的中國史觀』, 西北大學博士論文.
朱發建·張林發, 1999,『呂振羽傳』, 湖南師範大學出版社
朱政惠, 1992,『呂振羽和他的曆史學研究』, 湖南教育出版社.
______, 2000,『呂振羽學術思想評傳』, 北京圖書館出版社.
中共中央統戰部, 1991,『民族問題文獻滙編』, 北京: 中共中央黨校出版社.
陳育寧, 2006,『民族史學概論』, 寧夏人民出版社.
青覺著, 2004,『馬克思主義民族觀的形成與發展』, 民族出版社.
沈桂萍, 2007,『馬克思主義民族觀與黨的民族政策』, 中央編譯出版社.

Dirlik, Arif, 2012, *Culture and History in Postrevolutionary China: The Perspective of Global Modernity*, Columbia University Press.

논문

오병수, 2023,「范文瀾의 학술궤적과『中國通史簡編』저술 배경-중화인민공화국의 흠정사서는 어떻게 탄생했나?-」,『歷史敎育』165.
유용태, 2019,「개혁개방시기 中國의 通史·文明史 편찬과 그 인식체계-사회형태설에서 다민족국가론으로-」,『東洋史學硏究』147.

唐光懷, 2006,「呂振羽史學研究的馬克思主義特質探析」,『船山學刊』第4期.
戴開柱, 2002,「抗戰時期呂振羽在重慶的革命活動述論」,『山東社會科學』第6期.
______, 2003,「略論呂振羽的民族文化遺產繼承觀及其現實意義」,『甘肅社會科學』第6期.
______, 2014,「呂振羽與《新東方》」,『湖南社會科學』第1期.
董夢婷, 2022,「民族主義在中國馬克思主義史學中的建構(1930-1949)—以范文瀾,呂振羽,翦伯贊爲例」,『泉州師範學院學報』第1期.
杜玉亭, 2009,「民族識別與馬克思主義中國化—基諾人識別50年的曆史哲學視角」,『雲南社會科學』第6期.
梁銀妹, 2012,「呂振羽對亞細亞生產方式研究發展的呈現與原因」,『雲南社會主義學院學報』第1期.
劉開軍, 2011,「呂振羽晚年詠史詩中的民族思想與史學史理論」,『淮北師範大學學報』第3期, 2011.
劉力平, 2005,「論呂振羽史學研究的特質」,『零陵學院學報』第2期.

李大生, 1991,「發揚老一輩馬克思主義曆史學家的優良傳統——重讀《簡明中國通史」,『史學輯刊』第4期.
李珍, 2004,「民族融合與民族史觀」,『史學月刊』第9期.
馬俊毅, 2005,「論二戰中的極端民族主義和種族主義一紀念世界反法西斯戰爭及抗日戰爭勝利60周年」,『民族研究』第5期.
孫冬華·彭忠信, 2022,「呂振羽的馬克思主義信仰確立路徑及現實啟示」,『邵陽學院學報』第4期.
宋淑琴·付彩霞, 2014,「呂振羽與"南方抗大"一塘田戰時講學院」,『檔案時空』第7期.
施建雄, 1994,「馬克思主義史學家呂振羽民族史觀的確立與發展」,『三明師專學報(社會科學版)』第1期.
楊天通, 2016,「抗戰時期馬克思主義民族史的理論與實踐」,『廊坊師範學院學報』第4期.
於文善·牛和平, 2022,「抗戰時期重慶馬克思主義知識群體"學術中國化"研究特點與啟示」,『歷史教學問題』第4期.
榮孟源, 1983,「悼念呂振羽先生」,『史學集刊』第4期.
王學典, 1993,「中國馬克思主義史學研究中的一部"掘井"之作—《呂振羽和他的曆史學研究》讀後」,『史學理論研究』第4期.
蔣昌宏·羅米娜, 2022,「呂振羽的中華民族曆史觀及其現實啟示」,『文化學刊』第3期.
鄭大華, 2019,「近代中國革命進程中馬克思主義史學的民族化轉向」,『史學月刊』第7期.
周競紅, 2017,「"民族"與"階級": 馬克思主義經典作家之論及當代意義」,『西南民族大學學報(人文社科版)』第6期.
______, 2019,「馬克思主義理論與民族史書寫一重讀呂振羽《中國民族簡史》」,『學術界』第2期.
朱發建·張林發, 1998,「呂振羽與中國社會史論戰」,『湖南師範大學社會科學學報』第6期.
陳其泰, 2007,「當代中國馬克思主義史學家關於民族問題的理論」,『河北學刊』第1期.
陳抗生, 2010,「呂振羽論治學」,『邵陽學院學報(社會科學版)』第2期.
彭忠信, 2007,「呂振羽倫理思想探析」,『求索』第8期.
馮曉蔚, 2010,「劉少奇秘書呂振羽的史學革命」,『廣東黨史』第4期.
黃克武, 2016,「民族主義的再發現: 抗戰時期中國朝野對"中華民族"的討論」,『近代史研究』第4期.
黃興濤, 2002,「民族自覺與符號認同: "中華民族"觀念萌生與確立的曆史考察」,『中國社會科學評論』創刊號.

2부

중국공산당, 중화인민공화국, 그리고 중화민족

5장

중국공산당의 중화민족 수용: 계승과 단절, 그리고 마르크스-레닌주의 요소

손장훈 동북아역사재단 연구위원

Ⅰ. 머리말

중화민족(中華民族)을 이야기할 때 마오쩌둥(毛澤東)과 그의 중국공산당[이하 '중공(中共)']은 미묘한 입장에 설 수밖에 없었다. 그들은 신중국의 집권자로서 중국인들을 '일어서게(站起來)' 만들어야 했으며[1] 이는 통일 중국을 이룩하고 중화민족을 부활시킬 것임을 의미하고 있었다. 하지만 동시에 그들은 마르크스-레닌주의 이데올로기를 신봉하고 있었기 때문에 제국(帝國) 중국의 부활을 시사하는 중화민족이라는 명제를 중공은 공개적으로 승인할 수 없었다. 그렇기 때문에 마오쩌둥과 중공의 중화민족에 대한 태도는 변화해 왔다. 이는 때로 일관성을 결여한 것처럼 보이기도 했다.

혁명을 시작하던 무렵 마오쩌둥은 중화민족 대신 중국 내 소수민족의 자결을 외쳤다. 그는 중국의 문제는 대국주의에 있으며 자결에 근거해 중국을 27개의 국가로 나누자고 주장했다.[2] 그의 정당인 중공 역시 연방제를 중국의 미래로 구상하고 있었다. 중공의 태도가 변하기 시작한 시점은 1938년의 6기 6중전회였다. 이때 마오쩌둥의 언사에서는 '통

---

1 제국주의를 극복하고 이전의 국토와 주권을 회복했다는 표현으로서 '일어서다(站起來)'라는 표현은 마오쩌둥(毛澤東)의 1949년 9월 21일 중국인민정치협상회의(中國人民政治協商會議) 개막사에서 언급되었다. 그는 여기서 "중국 인민은 이제부터 일어설 것이다. … 우리 민족은 더 이상 모욕을 당할 민족이 아니다. 우리들은 이미 일어섰다(站起來)"라고 발언했다. 胡繩主 編, 1991, 『中國共産黨的七十年』, 北京: 中共中央黨校出版社, 256쪽.

2 「湖南建設問題的根本問題一湖南共和國」, 中共中央文獻硏究室·中共湖南省委《毛澤東早期文稿》編輯組 編, 2008, 『毛澤東早期文稿』, 長沙: 湖南人民出版社; 「打破沒有基礎的大中國建設許多的中國從湖南做起」, 中共中央文獻硏究室·中共湖南省委《毛澤東早期文稿》編輯組 編, 2008, 『毛澤東早期文稿』, 長沙: 湖南人民出版社.

일된 중국'이 '연방제'를 대체했고 소수민족의 정치적 독립 가능성은 완전히 부정되었다. 변화의 명분은 통일전선과 모순론이었다. 중국이 일본과 전쟁을 치르고 있는 상황 속에서 중국의 모든 인민은 연합하여 일본에 맞서기 위한 '통일전선'을 이루어야 하며, 이를 위해 하나의 중국 이외 다른 문제들은 부차적으로 다루어져야 한다는 것이었다. 소수민족의 독립은 일본 제국주의가 중국의 분열을 책동하기 위해 사용하는 수단으로 매도되었다.

국공내전에서 최종적인 승리를 거둔 이후 마오쩌둥과 중공은 본격적으로 연방제에 대한 약속을 철회하기 시작했다. 신장위구르와 티베트가 1949년과 1951년 차례로 중화인민공화국에 병합되었다. 두 곳은 자치구역이 되었지만 해당 지역에 살고 있는 소수민족의 정치적 권리는 극도로 축소되었다. 이 조치는 소수민족의 의사와는 아무 관계없이 행해진 명백한 병합이었다. 티베트와 신장위구르를 병합하면서 중공은 신중국이 건국되었으니 소수민족들은 마땅히 대가족(大家庭)의 품으로 돌아와야 한다고 선언했다. 이 대가족을 '중화민족'으로 해석할 때 이는 중공이 중화민족이라는 명제를 내재화한 주장으로 해석될 수 있다.

근현대 중국의 '중화민족론'을 분석한 연구[3]가 적지 않으며 신중국 시기

---

3 김승욱, 2019, 「중국 근대 역사학에서 國家 개념의 재구성」, 『역사와 담론』 89; 김승욱, 2022, 「근현대 중국에서 민족 담론의 전개: 다양한 지식 기반과 내적 긴장」, 『東北亞歷史論叢』 78; 박장배, 2003a, 「근현대 중국의 역사 교육과 中華民族 정체성 1: 민국시대의 민족통합문제를 중심으로」, 『中國近現代史研究』 19; 오병수, 2014, 「중국 근대 역사 교과서의 자국사 구축과정과 '중화민족'」, 『歷史教育』 132; 오병수, 2017, 「항전시기 중국의 "중국 근대사" 서술과 동아시아 인식의 변용 및 그 유산」, 『西江人文論叢』 50; 오병수, 2018, 「民國時期 傅斯年 史學의 興衰; 과학주의와 민족주의의 연쇄」, 『歷史學報』 240; 유용태, 2009, 「근대 중국의 민족제국주의와 단일민족론」, 『東北亞歷史論叢』 23; 전인갑, 2020.3, 「국가건설 패러다임의 전환과 민족주의: 민족과 천하의 길항(拮抗)」, 『東北亞歷史論叢』 67; 전인갑, 2022, 「중국국가

중화민족 개념과 소수민족 문제를 연결 지어 고찰한 저작[4]이나 중화인민공화국의 소수민족 정책을 다룬 연구[5]가 존재한다. 상술한 연구들을 개괄해 보면 소수민족을 중화인민공화국의 분리될 수 없는 일부분이라고 규정한 중공의 다양한 정책과 법률들은, 분리될 수 없는 하나의 전체로서 성립되는 역대 중화민족론에 대한 인정이었다. 당시 중공은 중국을 '통일적 다민족국가'로서 명시하여 개혁개방 이후 소수민족의 문화적 다원성을 전제로 수립된 다민족 통합의 실체로서 중화민족 관념이 수립되는 데 가교가 되었다.

선행연구의 지적은 정확하다. 그러나 그 대부분에서 중화인민공화국 건국을 전후한 시기가 차지하는 위치는 다른 시기에 비하면 대단히 협소하다. 그 이유는 마오쩌둥이 중공을 영도하던 때는 토지개혁, 진압반혁명운동, 반우파운동 같은 사건이 시사해 주듯 '계급'이 중심이 되고 '민족'은 상대적으로 주목받지 못했던 시기였기 때문일 것이다. 따라서 앞서 제시되었던 중공의 '변화', 즉 연방제로부터 하나의 중국으로 전환하는 과정과 이를 지탱하는 논리 구조에 대한 설명이 결여되어 있다. 이 글은 상술한 문제의식을 바탕으로 중공이 건국을 전후한 시기 중화민

건설 100년의 역정과 역사학(I): 천하 패러다임의 해체와 근대 역사학」, 『歷史學報』 256; 조병한, 2009, 「근대 중국 민족주의의 형성과 中華帝國의 전통: 중국 민족주의의 제국적 기원」, 『東北亞歷史論叢』 23.

4 박장배, 2003b, 「근현대 중국의 역사교육과 中華民族 정체성 2」, 『中國近現代史研究』 20; 박장배, 2006, 「현대 중국 역사 교과서에 투영된 역사관: 1950년대를 중심으로」, 『白山學報』 75; 유용태, 2005, 「중화민족론과 동북지정학: "東北工程"의 논리 근거」, 『東洋史學研究』 93.

5 송한용, 2015, 「중화인민공화국 초기 국가통합으로서의 구역 자치」, 『歷史學研究』 57; 최승현, 2017, 「중화인민공화국 성립이전, 몽골독립에 관한 중국공산당의 태도 연구」, 『한국동북아논총』 82; 허종국, 2004, 「신민주주의 혁명 시기 중국공산당의 민족정책 및 민족구역자치제 채택 배경」, 『한국과 국제정치』 46.

족이라는 개념을 어떻게 설명하였는지 그리고 이 설명이 이전 시기 중화민족론과는 어떤 관계성을 맺고 있는지 규명해 보고자 하였다.

'제국' 중국을 계승하는 중화민족론은 제국주의를 배격하는 마르크스-레닌주의와 조응하기 힘들었다. 그렇지만 동시에 중공은 중국인들의 정당으로서 전통시대 중화제국이 향유했던 영토와 지배권을 사수해야 했다. 마오쩌둥 시대 중공은 이 딜레마를 해결했고 이는 시진핑 정권의 '중화민족공동체'로 이어졌다. 그렇기 때문에 마오쩌둥과 그의 중공이 소수민족의 정치적 독립에 대한 태도를 변화시키면서 이 과정을 정당화하는 모습을 고찰하며 그 과정에 내재된 논리를 분석해 볼 필요가 있다. 이 글의 시도를 통해 중공이 중화민족이라는 관념을 수용하고 내재화하는 모습이 보다 선명하게 규명될 수 있기를 희망한다.

Ⅱ. 중화민족론과 중국공산당

1. 중화민족론

논의를 위해 우선 중화민족이라는 개념이 근현대 중국에서 어떻게 성립되었으며 소수민족과의 관계성을 어떻게 정의 내리고 있었는지의 '중화민족론'에 관하여 간략히 검토해야 한다. 중화민족이라는 개념부터 살펴보면 '중화(中華)'는 본래 전근대 중국의 천하관이자 세계관이었다. 황제 중심의 다원적 세계에 대한 인식 체계였던 중화는 아편전쟁 이후 제국주의 세력의 침략과 함께 민족주의적인 의미를 내포하기 시작한다. 한족과 비한족, 본부와 번부라는 이원 구조로 이루어져 있던 전근대 제국을 일원적인 국민국가로 전환하여 제국주의가 중국을 분할하는 것을 막아 보고자 한 것이다.

근현대 중국에서 중화민족론의 시작은 대민족주의(大民族主義)였다. 량치차오(梁啓超)는 중국의 역사와 영토를 한족을 중심으로 민족 통합이 펼쳐지는 무대로서 제기하였다. 중국은 본부(18행성)과 속부[만주, 몽골, 회부(回部), 시짱(西藏)]가 대일통을 이루는 단일 공간이며, 대민족주의는 이 단일공간 안의 본부와 속부의 제족(諸族)이 합쳐 국외의 제족을 대하는 태도였다.[6] 대민족주의는 한족 중심의 전통적인 천하관의 연장선상에 서서 한족을 중심으로 하여 제족이 동화되어 온 것이 중국이라고 주장하여 국민국가로서 성립하는 '하나의 중국'을 만들어 내고자 했다. 여기에는 전근대의 강역을 온전히 국민국가 중국으로 흡수하려는 의도가 담겨 있었으며 이를 통해 당시 제국주의 세력이 중국을 분할하려는 행위에 이의를 제기하고자 한 것이다.[7]

이후 국민정부 역시 중화민족론을 토대로 '하나의 중국' 개념을 받아들였다.[8] 청나라의 판도를 토대로 한 '중국'과 그 지리적 공간을 차지하는 허구의 실체 '중화민족'을 설정한 후 이를 현실에서 구현하고자 한 것이다. 1912년 중화민국이 건립되었을 때 한, 만, 몽, 회, 장 지역을 하나의 나라로 합치는 오족공화 체제를 표방했는데 1894년까지만 해도 쑨원(孫文)과 흥중회(興中會)는 만주족을 몰아내고 중화를 회복하여 합

6 김승욱, 2022, 앞의 글, 400~401쪽.

7 박장배, 2006, 앞의 글, 104쪽.

8 중화민국 시기의 역사 교과서는 '중화민족' 개념을 주목하고 변경의 민족들을 동화의 대상으로 간주하였다. 상하이(上海) 중화서국의 '초중 본국'사는 청조 전성기에 '중화민족'이 형성되었다고 하면서 '중화민족의 확대'를 역사 발전의 추세로 인식하였다. 박장배, 2003a, 앞의 글, 83쪽.

중정부를 건립한다는 구호를 내세우고 있었다. 여기서 회복해야 할 '중화'는 명나라 대의 18개 행성을 지칭했으며 이 '중화' 안에 만, 몽, 회, 장은 포함되지 않았다.[9] 이후 1920년 11월 4일 상하이(上海)의 중국국민당 본부 회의 자리에서 쑨원은 기존의 중화를 재정의한다. 이 자리에서 그는 중국의 민족주의는 중국의 모든 민족을 하나의 민족으로 융화시킨 후 비로소 완성되기에 금후 중국 내 모든 민족은 하나의 중화민족으로 융화되어야 한다고 강조했다.[10] 이 변화는 다분히 정치적인 이유 때문이었다. 제국주의의 압력으로 상실한 청나라 시기의 강역을 회복하려는 의도 아래 중화민족론을 재구성한 것이다.

여기서 한 가지 짚어 보아야 할 점이 있다. 앞선 량치차오의 대민족주의는 한족의 문화적 통합력을 전제로 한 한족 중심의 동화논리였다. 그렇다면 국민정부의 중화민족 또한 그러했는가. 국민정부의 지도자 쑨원은 1924년 1월 중국국민당 1차 전국대표대회의 강연에서 한족을 중심으로 중국의 민족들을 통합하여 강한 국가를 건설해야 한다는 민족입국(民族立國)을 호소했다.[11] 여기서 알 수 있듯이 중화민족의 중심은 '한족'이었고 '비한족'은 한족에 의한 동화의 대상이었다. 1920년대 전반 중국에 '소수민족' 개념이 도입되었으며 이를 통해 비한족은 중화민족 내의 소수민족으로 거듭났다. 1928년 중국을 재통일한 장제스(蔣介石)는 소수민족을 중화민족의 일원에 포함시키면서 '중화민족'과 '소수민족' 사이를 종족(宗族)과 지족(支族)의 관계로 간주했다.[12]

---

9 김승욱, 2022, 앞의 글, 403쪽.

10 김승욱, 2022, 위의 글, 409~410쪽.

11 김승욱, 2022, 위의 글, 427쪽.

12 박장배, 2008, 「'新中國'의 티베트 정책」, 『中國近現代史硏究』 39, 157쪽

다만 한족 중심주의에 입각한 중화민족론에 대해서는 당시 주장이 엇갈리고 있었던 것으로 보인다. 구제강(顧頡剛)이나 우원짜오(吳文藻)는 단일민족으로서 중화민족은 존재하지만 이 민족이 한족을 중심으로 한 하나의 기원(同祖同根)을 가지는 것은 아니라고 부정하였다. 정치, 경제, 문화적 실체로서 소수민족의 특수성을 인정했기에 민족적 동일성을 앞세운 동화론을 비판한 것이다. 하지만 푸쓰녠(傅斯年) 같은 경우 이러한 인식은 '제국주의의 지원을 받아 분열 의식을 야기하고 있다', '본질적으로 제국주의 식민지 학설을 베낀 것에 불과하다'라고 힐난하였다. 그는 '한인(漢人)은 대혼합을 통해 형성된 민족'으로 중국에서 민족 통합은 대대로 한인에 대한 동화의 형태로 이루어져 왔다고 강조하였다.[13]

중화민국 시기 중화민족론을 개괄해 보면 한족 중심론에 대해서는 이견의 여지가 남아 있었지만 국민국가 중국의 단일한 민족(nation)으로서 '중화민족'의 존재와 의의에 대해서는 그렇지 않았던 것으로 보인다. 역대 중국의 '민족'이란 중화민족만을 의미하며 이 중화민족에는 한족은 물론 만주족, 몽골족, 회족, 장족 등 소수민족까지 모두 포함되어 있다. 따라서 그들의 역사와 영토 모두 국민국가 중국으로 귀속되어야 하며 소수민족의 독립은 중국을 분할하려는 제국주의의 획책에 의한 것으로 부자연스럽고 정당하지 못한 것이다. 이러한 담론 체계 속에서 중화민족은 제국주의 열강에 맞서 근대 영토 주권을 회복할 수 있는 명분이었다.

13 오병수, 2023, 「민국 시기 푸쓰녠 사학의 성쇄: 과학주의와 민족주의의 연쇄」, 오병수 편, 『동아시아 근대의 형성과 역사학: 1930년대 중국 민족주의 역사학의 발흥』, 동북아역사재단, 206쪽.

2. 중국공산당의 연방제

초기 중공의 경우 티베트, 몽골, 위구르 등 소수민족을 하나로 포괄한 실체라는 '중화민족' 개념을 공언하지 않았다. 따라서 여기에 기초한 정치 체제도 구상하지 않았다. 대신 중공은 연방제를 주장했다. 리다자오(李大釗)는 중국의 한족, 만주족, 몽골족, 회족, 장족 다섯 개의 대종족(大族)이 연방주의 원칙 아래 각자 다른 종족과 그 어떤 예속도 존재하지 않는 관계를 구축해야 한다고 주장했다.

그는 소련, 영국과 스위스를 예로 들면서 그 방향성을 시사했다.

> … 새롭게 조성된 러시아 사회 연방 소비에트 공화국 또한 연방의 조직 형식을 하고 있다. 러시아와 같은 연방공화는 러시아의 각 부족과 종족의 노동자들이 자유롭게 연합한 것이다. 이 러시아의 연방은 영국의 연방, 그리고 스위스의 연방과 다르다. 러시아의 연방은 소비에트공화로 러시아 각 부족 노농조직이 결성한 사회공화이기에 만약 소비에트의 연합한 각 부분들이 서로 분리되기를 원한다면 이를 막을 수 있는 건 아무 것도 없다. 하지만 영국 연방은 오직 힘에 의해 유지된다. 영국은 아시아, 아프리카, 오스트레일리아의 인민과 압박-복종의 관계를 형성하고 있다. 아일랜드의 자치 활동만 봐도 신페인(Sinn Fein)당은 다년간의 노력과 분투를 거쳐 간신히 영국의 구속으로부터 풀려나올 수 있었다. 영국 자본가들은 지금도 교묘하게 말을 꾸며 내며 자신들은 하나의 연방으로 만방연합국이라고 선전한다. 그러나 그 어느 때이든 이 연방의 인민들이 영국의 압박과 중급사회 수준으로부터 탈출하려고 시도하면 무력을 이용해 그들을 징벌한다. 이전의 미국, 근래의 아일랜드와 인도가 그 좋은 예시다. 영국

의 연방 조직은 장래 반드시 변화를 겪고 말 것이다. 스위스의 연방공화는 수많은 칸톤(Canton)이 연합한 것이다. 그러나 이 연합 또한 병력에 의지하여 조성된 것이다. 스위스의 '칸톤'이 만약 스위스에서 분리되어 나가려고 하면 반드시 스위스 공화군이 이를 징벌할 것이다. …[14]

리다자오의 글을 보면 초기 중공은 중화민족이라는 가상의 단일민족을 토대로 한 국민국가 대신 소비에트 공화국을 이상형으로 삼은 연방제 국가를 지향하고 있었음을 알 수 있다. 글에서 명시되었듯이 그 핵심은 예속 관계의 부재, 즉 연방 구성원들에게 보장된 '분리 독립의 자유'다. 이 '분리 독립의 자유'가 사회주의 연방제를 영국, 스위스 같은 자본주의 국가의 연방제와 구별해 주기 때문이다.

1922년 7월 중공 2전대회는 몽골, 시짱, 회강 지역에서 자치를 실행하고 이들과 민주자치방(民主自治邦)을 이루겠다고 선언했다.[15] 1923년 6월 3전대회에서 통과된 중공의 당 강령 역시 아래처럼 명시하고 있었다.

8. 시짱, 몽골, 신장(新疆), 칭하이(青海) 등 지역과 중국 본부 사이 관계는 각 민족의 자결로부터[16]

---

14 李大釗, 1991, 「平民主義」(1923.1), 中共中央統戰部, 『民族問題文獻匯編』, 北京: 中共中央黨校出版社, 56~57쪽.

15 「中國共產黨第二次全國代表大會宣言」(1922.7), 中共中央統戰部, 1991, 『民族問題文獻匯編』, 北京: 中共中央黨校出版社, 18쪽.

16 「中國共產黨黨綱草案」(1923.6), 中共中央統戰部, 1991, 『民族問題文獻匯編』, 北京: 中共中央黨校出版社, 22쪽.

초기 중공은 '중국'을 가공의 단일민족인 '중화민족'을 바탕으로 한 국민국가가 아닌 실재하는 여러 민족들의 연방으로서 구상하고 있었던 것이다.[17]

1931년의 중화소비에트공화국 헌법에서는 보다 구체적으로 이를 적시했다.

> (14) 중국 소비에트 정권은 중국 내 소수민족의 자결권을 승인하며 각 약소 민족들이 중국으로부터 이탈하여 스스로 독립한 국가를 세울 권리가 있음을 인정한다. 몽골, 회족, 장족, 묘족, 여족, 고려인 등, 중국 안에 거주하는 모든 민족은 완전한 자결권을 지닌다; 중국 소비에트 연방에 가입하고 이탈할 수 있으며 자신의 자치구역을 건립할 수 있다.[18]

중화인민공화국 수립 이후 지금까지 유지되고 있는 소수민족의 '자치구역' 제도는 당시 헌법에 따르면 '중국 소비에트 연방으로의 가입 및 이탈'과 함께 해당 민족에게 주어진 선택지 중 하나였을 뿐이었다. 1931년 11월 중화공농소비에트 1차 전국대표대회에서 통과된 '중국 내 소수민족 문제에 관한 결의안'에서는 다음과 같이 명기했다.

---

17 당시 국공합작의 분위기 속에서 '하나의 중국'을 각 소수민족들의 자결권에 전제한 채 구성하는 방법은 국민당 측도 공유했던 것으로 보인다. 1924년 1월 중국국민당 제1차 전국대표대회 선언을 보면 '중국 내 각 민족의 자결권을 승인하며' 제국주의와 군벌과의 투쟁에서 승리를 거둔 이후 '각 민족이 자유롭게 연합한 자유 통일 형태의 중화민국'을 조직한다고 공표하고 있다. 「中國國民黨第一次全國代表大會宣言」(1924.1.23), 中共中央統戰部, 1991, 『民族問題文獻匯編』, 北京: 中共中央黨校出版社, 28쪽.

18 「中華蘇聯埃共和國憲法大綱」(1931.7), 中共中央統戰部, 1991, 『民族問題文獻匯編』, 北京: 中共中央黨校出版社, 166쪽.

(1) … 소위 '민족공화', 소위 '오족공화' 이것들은 완전히 국민당 정부의 기만에 불과하다. 중화공농소비에트 제1차 전국대표대회는 단호하게 전국의 노동자, 농민과 중국 내부의 소수민족이 일어서기를 호소하며 쑨원의 "민족주의"를 반대한다. 이것들은 완전히 지주, 자산계급의 이익을 대표하고 있어 중화소비에트공화국의 주장과 근본적으로 융화될 수 없다.[19]

이는 쑨원과 중국국민당의 '중화민족'에 찬성할 수 없음을 직접적으로 표현한 것이다. '중화민족'은 지주와 자산계급의 이익을 대변하므로 계급투쟁을 위해 부정할 수밖에 없다는 것이다. 그렇다면 계급투쟁을 중심으로 하면 '중화민족'을 대체할 수 있는 민족 통합의 형태를 제시할 수 있는가? 그 구체상은 1935년 중공 천남특위(川南特委)의 강령에서 엿볼 수 있다.

… 약소 민족은 대대로 제국주의에 물든 한인(漢人) 호신(豪紳), 지주(地主), 자산(資産) 계급의 억압과 착취로 토지의 자유를 상실해 왔다. 오직 중국공산당의 영도 아래서만 민족자결을 실행하고 스스로의 소비에트와 홍군을 조직하여 중화소비에트공화국에 가입하여 공동의 적-제국주의, 국민당 군벌에 맞서 싸워 비로소 민족해방을 쟁취할 수 있는 것이다.[20]

우선 중공의 지도 아래 소수민족이 자신들의 소비에트와 홍군을 조

19 「關于中國境內少數民族問題的決議案」(1931.11), 中共中央統戰部, 1991, 『民族問題文獻匯編』, 北京: 中共中央黨校出版社, 169쪽.

20 「中國共産黨川南特委關于川南工農苦群衆目前鬪爭綱領」(1935.5.1), 中共中央統戰部, 1991, 『民族問題文獻匯編』, 北京: 中共中央黨校出版社, 169쪽.

직하여 그들의 거주 지역 내부의 한족(漢族) 출신 토착 권력층을 붕괴시켜 소비에트 정권을 조직한다. 그 후 중화소비에트공화국에 가입하여 제국주의 및 국민당과 투쟁함으로써 '중화민족'에 기초한 국민국가를 대신하는 것이다. 배격해야 할 착취계급의 민족성분을 '한족'으로 특정한 부분에서 중공은 한족 중심주의도 부정하고 있음을 알 수 있다.

Ⅲ. 중화민족대가정: 계승, 단절, 마르크스-레닌주의 요소

1. 민족 문제에 대한 중국공산당의 태도 전환

중공은 소수민족의 정치적 독립을 전제로 한 연방제를 표방하며 '중화민족'이라는 가공의 단일민족을 기반으로 한 국민국가를 부정했다. 중공에게 '하나의 중국'이란 계급에 기초하여 연합하는 것이었지 민족에 기반한 것이 아니었기 때문이다. 그러나 소수민족의 정치적 독립 가능성에 대하여 중공은 1937년부터 그 태도를 변화시키기 시작한다. 일단 소수민족에게 '민족자결권'에 근거하여 중국 연합을 이루겠다는 약속은 이전과 같았다. 1937년 5월 중국공산당 중앙위원회(이하 '중공중앙') 선전부장 장원톈(張聞天)은 '민족통일강령에 대한 우리의 의견'에서 "소수민족에 대해 그들의 민족자결권을 승인하여야 하며, 평등호조의 원칙에 근거해서 중화민국 내 각 민족의 연합을 공고히 해야 한다. 일본이 제창하는 대몽골주의와 대회족주의의 제국주의적 성질을 파괴해야만 하며, 만-몽 민족과 한족이 연합하여 공동으로 항일을 추구해야 한다"라고 강조하였다.[21] 또 마오쩌둥이 1938년 6기 6중전회에서 "각 민족에게 한족과 평등한 권리를 갖는 것을 허락하며… 한족과 연합하여 통일된 국가를 수립한다"[22]라고 발언한 데서도 이를 확인해 볼 수 있다. 하지만 '소수민족의 독립' 문제에 대하여 이전에는 볼 수 없었던 논리가 나타났다. 1937년 10월 류사오치(劉少奇)가 작성한 문건을 보자.

> 항일 정부가 각 소수민족에 대하여 펼쳐야 하는 정책은 반드시 각 민족을 단결시켜 공동으로 항일하게 하며 각 소수민족의 자결을 지원하고 대한족주의에 반대함을 그 원칙으로 삼아야 한다. 현재 국민정부 및 중국이 역대로 실시해 온 소수민족에 대한 복속시키려는 정책은 반드시 바꾸어야 한다. 이와 같이 선포한다.
>
> (1) 중국 내 모든 소수민족이 자치를 실행하도록 하고 그들이 자신의 자치정부를 조직하도록 협조하며, 소수민족과 한인이 함께 사는 지역에서는 만약 한인이 다수를 점했다면 반드시 그 지역 정부에 소수민족의 위원회를 둔다.
>
> (2) 소수민족은 스스로 무장할 권리를 지닌다.
>
> … 중국 정부가 위와 같은 정책을 취하지 않고 각 소수민족의 독립과 자치에 협조하지 않는다면 일본 제국주의자들이 도리어 각 소수민족의 독립과 자치를 도와주겠다고 기만할 텐데 이건 대단히 위험하다. 이는 소수민족 중의 일부분으로 하여금 일본 정부가 중국 정부와 한인보다 낫다고 생각하게 만들어 일본의 기만에 넘어가 중국으로부터 독립을 요구하고

21 中共中央統戰部, 1991,『民族問題文獻匯編』, 北京: 中共中央黨校出版社, 457쪽.

22 中共中央統戰部 編, 1991,『中國共産黨史資料集』第9卷, 北京: 中共中央黨校出版社, 337쪽.

중국에 반대할 것이기 때문이다. 이러한 위험을 없애기 위해서는 중국 정부가 정책적으로 소수민족의 독립과 자치를 도와주어야 하며 그런 후에야 비로소 일본 제국주의의 기만에 대항할 수 있는 것이다. 소수민족의 독립과 자치는 절대로 두려워해서는 안 되는데 그들의 독립과 자치 후에야 비로소 중국 연합에 가입하여 공동으로 일본에 항거할 수 있기 때문이다.[23]

류사오치는 '소수민족의 독립'을 일본 제국주의의 기만에 넘어간 책동이라고 단정 짓고 있다. 이 기만전술에 대항하기 위해 중국이 소수민족들에게 독립과 자치를 보장해 주어야 한다고 주장하지만 여기서 소수민족의 독립이 제국주의와 연결되어 부정적인 의미를 내포하기 시작했다는 점에 주목해 볼 필요가 있다. 이는 앞서 장원톈이 말한 '일본이 제창하는 대몽골주의와 대회족주의의 제국주의적 성질'이라는 문구와 그 맥락을 같이한다.

1938년 9월부터 11월까지 옌안(延安)에서 열린 6기 6중전회에서 마오쩌둥은 '신단계를 논함'이라는 정치보고를 했는데 그중 '중화(中華) 각 민족을 결집하여 일치하여 일본에 맞서는 일'에 대해 다음과 같이 서술하고 있다.

우리의 항일민족통일전선은 국내의 각 정당정파와 계급뿐 아니라 국내 각 민족마저도 포함한다. 적이 이미 우리 국내 각 소수민족을 분열시키려는 책략을 행하고 있으며 이 술수를 한층 강화하려고 하는 데 대항하여

23 「抗日遊擊戰爭中的若干基本問題」(1937.10.16), 中共中央統戰部, 1991, 『民族問題文獻匯編』, 北京: 中共中央黨校出版社, 563~564쪽.

> 당면한 임무는 각 민족을 결집하고 일체화시켜 함께 일본 침략자에게 대처하는 일이다. 이 목적을 위해 다음에 대해 주의를 기울여야 한다. 첫 번째로 만(滿), 몽(蒙), 회(回), 장(藏), 묘(苗), 요(傜), 이(夷), 번(番) 각 민족에게 한족과 평등한 권리를 부여하도록 허락하고 공동으로 일본에 맞선다는 원칙 아래 (각 민족이) 스스로의 일은 스스로 관리할 수 있는 권리를 보유하게 함과 동시에 한족과 연합하여 통일 국가를 수립하도록 한다. 두 번째로 각 소수민족과 한족이 섞여 사는 지역에서는 그 토지의 정부는 그 토지의 소수민족을 구성원으로 하는 위원회를 설치하고 성, 현 정부의 한 부문으로서 그들과 스스로와 관련된 사항을 관리시키고 각 민족 상호 관계를 조정하도록 하는 식으로 성, 현 위원회에서 그들이 점하는 위치를 부여해야 한다. 세 번째로 각 소수민족의 문화, 종교, 습관을 존중하고 그들에게 중국의 문자, 중국어를 학습하도록 강제하지 않으며, 그들이 각 민족의 고유한 언어, 문자를 이용한 문화 교육을 발전시키도록 원조해야만 한다. 네 번째로 현존하는 대한족주의를 시정하여 한인이 평등한 태도로 각 민족을 대하게 하여 친선의 태도를 더욱 강하게 하도록 제창함과 동시에 그들을 모욕하거나 경멸하는 언어, 문자, 행동을 모두 금지한다.[24]

이 보고에서 두 가지 점에 착목해야 한다. 우선 소수민족의 정치적 권리에 있어서 중국으로부터의 분리 독립에 대한 언급이 사라지고 '통일국가'와 '소수민족이 구성원이 된 위원회'가 그 자리를 차지했다. 두 번째로, 중화(中華) 각 민족이 결집해야 하는 이유로 일본 침략자에 대한 대

24 日本國際問題硏究所, 1974, 『中國共産黨史資料集』 9 (1937.10-1939.7), 東京: 勁草書房, 337쪽.

처가 언급되고 있다. 각 민족을 결집하고 '일체화'시켜야 하는 이유는 일본이 이미 중국 각 소수민족을 '분열시키려는 책략'을 행하고 있으며 이를 한층 강화하고 있기 때문이라고 서술되어 있다. 이른바 통일전선(統一戰線) 논리다. 중국이 일본과 전쟁을 치르고 있는 상황 속에서 중국의 모든 인민은 연합하여 일본에 맞서기 위한 '통일전선'을 이루어야 하며, 그 외의 다른 문제들은 부차적으로 다루어져야 한다. 이러한 전제 위에서 소수민족의 정치적 독립을 전면적으로 제창하는 행위는 제국주의 일본에 의한 적성 공작이 되어 버렸다.

중공중앙이 1946년 2월 동몽골 인민자치정부에 대하여 내려보낸 지시는 소수민족의 분리 독립을 대하는 그들의 입장이 완전히 변화했음을 보다 분명하게 보여 주고 있다. 이 문건은 동시에 이 변화가 어떤 이유에서 비롯되었는지도 시사해 준다.

> 우리들은 동몽골 인민자치정부의 주장과 행동을 연구한 이후 오늘날 국내와 국제 정세를 고려해 보았을 때 이런 유의 자치공화국식 정부는 극좌에 해당하여 몽골 민족에 대해서도 그리고 중국 인민과 소련 및 외몽골 사이 외교 관계에 대해서도 불리하며 오히려 반동파에게 반소반공을 외칠수 있는 빌미를 주고 중국 인민들 중 존재하는 편협한 민족주의자들에게 공포감을 불러일으킬 수 있다고 판단하였다. 동몽골은 이 시점에서 화평건국강령(和平建國綱領)[25] 제3절 제6조에 의거하여 지방자치를 실행하여 랴오베이(遼北)성과 러허(熱河)성 성 정부 밑에 자치구를 성립시키며 최대한의 경우라도 단독의 성(省)을 성립시켜 평범한 지방정부를 출범

25 일명 정치협상회의시정강령(政治協商會議施政綱領)으로 1946년 1월 31일 중국국민당, 중공 및 민주당파가 정치협상회의에서 통과시킨 정치협상회의의 핵심 강령이다.

> 시키는 데 그쳐야지, 중국과 종주국-자치공화국의 관계를 구축할 필요가 없으며 독자적인 화폐와 군대, 심지어 국기 등등을 요구할 이유가 없다.[26]

자치공화국을 부정하며 독자적인 화폐, 군대, 국기를 '요구할 이유가 없다'라고 단언한 것은 명백히 정치적 독립 가능성에 대한 부정이었다. 그리고 분리 독립이 가능한 정치적 권한의 보장 요구를 극좌(極左)라고 규정짓고 있다. 그 이유도 제시되는데 중국 내 자치공화국의 수립을 인정하면 반동파와 편협한 민족주의자들에게 공격의 빌미를 준다는 것이다.

1949년 10월 중공은 최종적인 승리를 거두고 국민당을 대신한 집정당이 되었다. 바로 이 시점에서 중공중앙은 소수민족 문제에 대해 다음과 같은 지시를 내렸다.

> 소수민족의 '자결권' 문제는 오늘날 다시금 강조할 필요가 없는데, 과거 내전 시기에 우리 당은 소수민족의 지지를 얻고 이를 통해 국민당의 반동통치에 반대하기 위해(그들은 각 소수민족을 향해 대한족주의를 표방하고 있었으므로) 이 구호를 강조했으며 이는 이 당시에는 정당했다. 그러나 오늘날의 형세를 봤을 때 이미 근본적인 변화가 생겨 국민당의 반동통치는 이미 타도되었으며 우리 당이 영도하는 신중국이 탄생하였다. 통일대업을 완성하고 제국주의와 그 주구(走狗)들이 단결된 중국 민족을 분열시키려는 음모에 맞서기 위해 국내 민족 문제에서 두 번 다시 이 구호를 강조해서는 안 되며, 이를 통해 제국주의 및 국내 각 소수민족 중 반

26 中共中央統戰部, 1991, 앞의 책, 1011쪽.

동분자들이 이를 이용해 우리를 조종받는 위치로 몰아넣는 걸 방지해야 한다.[27]

중공은 소수민족의 분리 독립을 허용하지 않겠다는 입장을 보다 명백하게 표현했다. '중화민족'과 유사하게 '중국 민족'을 전면에 내세웠으며 이를 바탕으로 한 '통일의 대업'을 강조하며 소수민족의 자결권을 논외의 대상으로 간주했다. 중공은 이런 자신들의 입장이 형세의 변화로 인해 원래 주장과 달라진 것임은 인정했다. 그리고 '당시에는 정당했던' 사항을 현 시점에서 부정해야 하는 경분을 제국주의와 대한족주의의 배격으로 들었다. 자결권을 내세워 타도하고자 했던 대상은 국민당의 대한족주의였는데 국민당 정권이 사라진 지금 더 이상 그럴 필요가 없으며, 이 상황에서 자결권은 오히려 제국주의가 중국 민족을 분열시키려는 위험한 도구로 활용될 수 있으므로 부정한다는 것이다.

중화인민공화국의 건국과 함께 중공은 중화민족대가정(中華民族大家庭)의 탄생을 선포했다. 1951년 중공중앙 민족사무위원회는 그들의 보고에서 혁명의 성공과 중화민족대가정을 등치시켰다.[28] 신중국은 중화민족을 위한 노정의 시작이 아니라 종착점으로 정의 내려졌다. 이 전제 위에서 소수민족의 정치적 권리는 자치(區域自治)로 한정되었다. 정무원은 소수민족의 자치가 허용된 구역은 어디까지나 중화인민공화국의 영토라고 규정하였으며[29] 중공중앙 또한 소수민족에게 허용된 자치구역은

---

27 「中共中央關于少數民族"自決權"問題給二野前委的指示」, 中共中央文獻研究室, 1992, 『建国以来重要文献选编』 1冊, 北京: 中央文獻出版社, 20쪽.

28 李維漢, 2016, 『統一戰線問題與民族問題』, 北京: 中共黨史出版社, 585쪽.

29 李維漢, 2016, 위의 책, 597쪽.

어디까지나 지방정권일 뿐이며 민주집중제와 인민대표대회를 기반으로 중앙인민정부의 통일적인 영도 아래에 있어야 한다고 규정했다. 중화인민공화국의 헌법도 "중화인민공화국은 통일된 다민족국가"이며 "각 민족의 단결을 파괴하는 행위를 금지하고" "각 민족의 자치구역은 중화인민공화국으로부터 분리 불가능한 부분"이라고 명기하였다.[30] 초기 중공이 주장했던 연방제는 이로써 완전히 파기되었으며 중화민족은 중화민족대가정이라는 새로운 이름으로 승인받았다. 이 전환은 어떠한 논리적 구조 위에서 그 타당성을 강변하고 있었는가?

2. 반제국주의

민족 문제를 대하는 중공의 태도는 1930년대 후반을 기점으로 명백하게 변화했다. 1937년 이후 그들의 태도는 기존의 입장과는 상충되었지만 동시에 중화민족을 바탕으로 한 국민국가 수립이라는 근현대 중국의 시대적 과제와는 부합하고 있었다. 건국 직후 이 과제를 달성한다는 것은 곧 제국주의의 간섭으로 인해 중국이 영향력을 상실한 소수민족과 그 영역을 다시 복속시키는 것이었다. 중공은 이를 소수민족의 '중화민족대가정'으로의 귀환이라고 표현했다. 여기서 이 귀환을 정당화는 핵심 논리는 반제국주의였다. 중화민족의 각 족 인민은 모두 외래 민족의 압박에 반대해야 하며 전원 반항의 수단을 동원하여서라도 이 압박을 해소해야 한다는 마오쩌둥의 말[31]처럼 제국주의와 중화민족 사이의

30 李維漢, 2016, 위의 책, 588~589쪽.

31 毛澤東, 1991, 「中國革命和中國共産黨」(1939.12), 『毛澤東選集』 第2卷, 北京: 人民出版社, 623쪽.

모순은 건국 직후 중공이 해결해야 할 모순 중 하나였다.[32] 시짱, 신장, 몽골의 독립적인 소수민족 정권을 소멸시키는 일은 이를 위한 중요한 절차였다. 중공의 주장에 따르면 상기 정권들은 제국주의가 이 지역을 중화민족으로부터 분리시키기 위한 목적으로 조성한 괴뢰정권이었다.[33]

내몽골의 경우, 그들의 독립은 제정 러시아와 일본의 제국주의의 산물로 규정되었다. 두 제국주의 국가가 내몽골을 분할하자는 밀약을 맺었고, 1931년 만주사변 이래 특히 일본 제국주의가 적극적으로 몽골침략에 나서서 덕왕(德王) 등 반동파 왕공들을 사주해 벌인 것이 소위 내몽골의 '고도자치(高度自治) 운동'이라는 것이었다.[34]

외몽골의 경우 사정이 다소 복잡했다. 소련이 몽골인민공화국의 주권을 승인했기 때문이다. 외몽골의 독립을 승인할 수밖에 없었던 중공은 다음과 같은 논리로 대응했다. 러시아 제국주의가 외몽골의 반동파를 책동하여 '독립 자치'를 실행하였으나 러시아 10월혁명이 성공한 이후 외몽골 인민이 소련의 원조 아래 이 제국주의 세력과 반동통치계급을 몰아내고 비로소 몽골인민공화국을 세울 수 있었다. 소련의 도움으로 외몽골 인민의 투쟁이 성공하여 제국주의가 이미 타도되었으므로 이 지역의 독립을 인정할 수밖에 없다며 불가피한 현실을 수용한 것이다. 상술한 바와 같이 소수민족의 독립과 중국으로부터의 이탈을 허용할 수밖에 없었던 경우에도 반제국주의 논리는 유효했다.

---

32 국내의 계급 모순, 즉 봉건주의, 관료자본주의와 인민대중 사이의 모순도 포함한다. 「中國民主革命中的民族問題」(1962), 李維漢, 2016, 『統一戰線問題與民族問題』, 北京: 中共黨史出版社, 735쪽.

33 「中國民主革命中的民族問題」(1962), 李維漢, 2016, 위의 책, 731쪽.

34 「中國各民族解放的道路」(1962), 李維漢, 2016, 『統一戰線問題與民族問題』, 北京: 中共黨史出版社, 741~742쪽.

반제국주의는 특히 신장과 시짱 지역을 중화인민공화국이 합병하는 중요한 명분으로 작용했다. 1951년 중앙민족사무위원회 제2차 위원 확대회의의 민족관계 방면 임무 보고는 제국주의와 그 주구들이 각 민족 사이를 도발하고 이간질하는 과정에서 중국의 서부와 서남 변강의 민족들이 취약한 상태로 노출되어 있다고 지적했다.[35]

신장의 경우 이 지역 소수민족의 독립 요구는 제국주의 일본과 영국의 사주로 인한 것이라고 간주되었다. 영국은 1865년부터 이 지역에 침입했고 1931년 군벌 간 투쟁이 일어난 틈을 이용해 괴뢰 국가인 '동투르키스탄 이슬람공화국'과 '호탄(和闐) 이슬람공화국'을 세웠으며 일본은 1937년 신장 지역의 반동분자를 이용해 해당 지역에 이슬람교 왕국을 세웠다는 것이었다.

시짱 지역에서 티베트의 독립 요구를 거부하고 군사력을 동원해 병합할 때도 반제국주의가 중요한 명분으로 작용했다. 중공은 중국으로부터의 분리를 요구하는 티베트인들의 행동이 제국주의 영국의 책동으로부터 비롯되었다고 주장했다. 멜빈 G. 골드스타인(Melvyn G. Goldstein)의 연구에 의하면 중공은 1913년 13대 달라이 라마가 모든 중국인들을 티베트에서 내쫓고 중국과 관계를 단절했던 일이 그가 영국 외교관 찰스 벨(Charles Bell)과 인도에서 친밀한 관계를 구축한 지 겨우 2년 만에 일어났다는 데 주목하고 있었다.[36] 1997년의 홍콩과 마찬가지로 티베트에 대한 중국의 주권을 회복하는 일은 아편전쟁 이래 중국을 수탈해 온 제국주의 영국의 유산을 온전히 청산하는 민족적인 사업이 되어 버린

35 李維漢, 2016, 앞의 책, 595쪽.

36 Melvyn G. Goldstein, 1989, *A History of Modern Tibet, 1913-1951: The Demise of The Lamaist State*, Berkely: Unversity of California Press, p. 623.

것이다.[37]

중화인민공화국이 인민해방군을 티베트 영내로 진군시키며 평화의 조건으로 내세운 세 가지 제안 중 하나가 반드시 제국주의 국가와의 관계를 단절하는 것이었으며[38] 1951년 5월 23일 티베트와 중화인민공화국 사이 7개 조약을 통해 티베트가 마침내 병합되었을 때에도 반제국주의가 다음과 같이 언급되었다. 티베트는 오랜 기간 중국 국경 안에 거주해 온 민족으로 다른 민족들과 마찬가지로 위대한 모국의 창조와 발전을 위한 영광스러운 의무를 수행해 온 역사가 있음에도 티베트 지방정부는 독립을 시도했다. 지난 100년간 제국주의자들이 중국으로 침투하여 티베트 지역을 분리시키기 위해 갖은 종류의 조종과 기만을 해 왔기 때문이다. 이 설명에 의하면 티베트의 독립은 제국주의자들의 기만과 계책에 편승하여 티베트 민족을 노예 상태로 고통에 신음하게 만드는 비애국적 행위였다.[39]

이 반제국주의는 '중화민족대가정' 개념으로 이어졌다. 1951년 4월 30일 중국과 티베트의 협상 과정에서 통일전선 공작부장 리웨이한(李維漢)은 "인민들은 반드시 모국으로 돌아와야 한다"라고 발언했다.[40] 상술한 1951년 5월의 조약문 역시 1949년 건국과 함께 외세를 몰아냈기 때

37 물론 티베트의 입장은 달랐다. 티베트는 중국과의 관계가 담월(檀越) 관계, 이른바 승려와 시주 사이 관계에 불과하여 티베트는 절대 중국의 일부가 될 수 없고 티베트에는 더 이상 제국주의자가 남아 있지 않다고 정부 차원에서 공식적으로 반박했다. Melvyn G. Goldstein, 1989, *Ibid.*, p. 623.

38 다른 두 가지 조건은 ① 티베트는 중국의 일부임을 인정할 것과 ② 인민해방군이 티베트 국경이 진주하게 할 것이었다. Melvyn G. Goldstein, 1989, *Ibid.*, p. 686.

39 Melvyn G. Goldstein, 1989, *Ibid.*, pp. 763~764.

40 Melvyn G. Goldstein, 1989, *Ibid.*, p. 761.

문에 이제 중국 내의 모든 민족들은 중화인민공화국을 하나의 일치된 가족으로 만들어야 한다고 서술하고 있다. 탐욕스러운 제국주의 세력이 티베트 내에서 성공적으로 일소되었기에 티베트 민족은 중화인민공화국의 큰 가족 안으로 돌아와 다른 민족들과 같은 권리를 누리며 정치적, 경제적, 문화적, 교육적 작업들을 완수해 나가야 한다는 것이다.[41] 이 논리 구조 속에서 중화인민공화국이 티베트에 강제한 외교권의 박탈, 군대의 해산은 티베트가 제국주의 침략자들의 노역으로부터 벗어나 중화민족대가정으로 돌아오는 길로 미화되었다.[42]

이처럼 반제국주의 논리는 중화민족대가정을 단순한 민족 통합에서 더 나아가 역사적이고 이타적인 개념인 제국주의로부터의 '해방(liberation)'으로 치환되도록 만들었다. 여기서 주목해야 할 부분은 중공 집권 이전의 중화민족론 역시 반제국주의를 준거로 삼고 있다는 사실이다. 청나라의 판도를 역사적으로 지배해 왔다는 허구의 실체로서 중화민족을 설정한 이유는 동북, 신장, 시짱을 포함하여 제국주의 세력에게 침탈당하고 있던 청대의 강역을 모두 국민국가 중국의 영토로 귀속시키고자 하는 의도에서 비롯된 것이다. 즉, 제국주의 열강에 맞서 근대 영토 주권을 회복하자는 반제국주의는 중공이 구시대와의 분기점으로 설정한 1949년[43] 이전에

---

41 Melvyn G. Goldstein, 1989, *Ibid.*, pp. 763~764.

42 李維漢, 2016, 앞의 책, 583쪽.

43 마오쩌둥은 1949년 새로운 국가(nation) 중화인민공화국의 성립으로 1911년에 이래의 혁명이 완전히 새로운 단계에 진입했다고 천명했다. 이전까지는 구질서와 '봉건주의'가 혁명의 대의를 어지럽혔지만, 이후로는 그렇지 않을 것이라는 것이었다. 이후 중공 지도자들의 수사와 정치 프로파간다는 1949년을 기점으로 중국이 그 전 시기와는 '단절'했다는 주장이 지배했으며 이는 현대까지도 중공의 공식적인 역사관으로 계승되고 있다. 이 전환의 분기점으로서 1949년이란 이미지는 심지어 국민당조차도 공유하고 있었다. 국민당 역시 1949년이 총체적 변화의 시기였음을 인정하고 있으며

도 중화민족론의 핵심 부분이었다. 중화민족대가정의 반제국주의는 사실상 구시대의 중화민족론으로부터 계승한 요소였고 또한 국민정부가 중화민족을 설명하는 방식과도 일맥상통하고 있었다.

3. 동화와 융합

중화민족대가정을 승인했다는 사실은 사실상 신중국 이전 중화민족론을 계승하겠다는 뜻이었다. 그러나 중공은 혁명을 정당화하기 위해 구시대의 중화민족론과 스스로의 중화민족론을 차별화시켜야 했다. 그리고 이는 동화와 융합의 구분으로 나타났다.

중공은 혁명 이전 중화민족론이 중화민족을 동화의 산물로 규정하고 있다고 주장했으며 이는 역사적 사실과 부합하고 있었다. 청대의 캉유웨이(康有爲)와 량치차오 모두 중화민족을 '그들 민족(이민족)이 중국에 일단 들어오면 그들의 본성을 잃고 한인에 동화된다'라고 하는 한족 중심 동화의 산물로서 이해하고 있었다. 다만 캉유웨이는 청조의 통치 아래 이 동화가 이미 완성되었다고 본 반면 량치차오는 만주족이 동화되었을 뿐 몽골족, 회족, 묘족, 서장족 등 여러 주변 집단은 향후 점진적인 동화의 과정을 거쳐야 한다고 보는 차이점이 있었을 뿐이다.[44] 이 동화

단지 부정적인 방향으로의 변화였음을 강조할 뿐이다. Paul A. Cohen, 2003, "Reflections on A Watershed Date: The 1949 divide in Chinese history," in Jeffrey N. Wasserstrom ed., *Twentieth-century China: New Approaches*, London: Routledge.

44 이춘복, 2016, 「청대 公羊學派의 대일통사상과 淸末 개혁파의 대민족주의-옹정제·공양학파의 대일통사상과 대민족주의의 연속성을 중심으로-」, 『中國近現代史研究』 71, 51쪽.

의 논리는 청조 이후 중화민국으로 이어졌다.

중화민국 시기의 중화민족론 역시 동화의 결과물로서 중화민족을 설명했지만 청나라 말기의 중화민족론과 다른 점이 있다면 그 과정을 상대화시켜 종족성을 은폐하고 동화의 구심점이 되는 '한족' 혹은 '화족(華族)'을 제 민족이 통합된 존재로 재규정했다는 것이다. 그렇지만 중심 민족이 문화적 구심력을 발휘하여 주변부의 민족을 감화하여 이질적인 습속과 전통을 소멸시켜 가는 동화를 중화민족의 형성 과정으로 인식한다는 사실은 변함이 없었다.[45] 이 동화의 담론은 1920년대와 1930년대에 사회 전반으로 확산되었으며 항일전쟁을 거치면서 더욱 심화되었다. 장제스의 국민당 정부가 실시하던 민족정책 역시 한족 중심주의에 바탕을 둔 동화정책이었다. 중공은 장제스 정권의 중화민족론은 동화의 담론에 준거하여 한족 이외에 다른 민족의 존재를 인정하지 않으며 한족 이외의 민족은 종족 혹은 종교에 불과할 뿐 절대로 민족이 될 수 없다고 보는 파시스트적인 태도라고 주장했다.[46]

중공은 동화의 담론이 현실 사회와 접목할 때 필연적으로 한족 중심주의로 연결될 수밖에 없다고 보았다. '문화적 우위를 바탕으로 한 동화'라는 개념 자체가 동화의 중심이 되는 민족은 누구인가라는 문제로 연결될 수밖에 없고 중국의 역사와 민족 구성을 고려할 때 이는 필연적으로 한족일 수밖에 없기 때문이다. 이 담론이 학계를 넘어 국가 및 사회와 직접 접촉하면 담론의 구체상, 즉 이 한족(漢族) 단일민족이 아니

---

45 오병수, 2014, 「중국근대역사 교과서의 자국사 구축 과정과 '중화민족'」, 『歷史敎育』 132, 88쪽; 오병수, 2023, 앞의 글, 206~207쪽; 박장배, 2017, 「1930년대 顧頡剛의 역사지리 인식과 변강학 연구」, 『中國近現代史硏究』 76, 197쪽 참조.

46 「中國民主革命中的民族問題」(1962), 李維漢, 2016, 앞의 책, 732쪽.

라 제 민족이 통합된 존재를 지칭하는 것이라는 내용은 소실되어 버리고 한족 중심주의 논리, 즉 대한족주의(大漢族主義)만 남을 수밖에 없다. 중공은 이 대한족주의가 ① 소수민족을 경시하고 모멸 ② 한족의 법은 물론 생활풍습과 습속까지 소수민족에게 실행할 것을 강요 ③ 소수민족의 요구를 존중하지 않고 압제 수단으로 통치 ④ 한족 출신 간부가 소수민족 출신 간부를 배제한 채 독단적으로 일을 처리(包辦代替)하는 구시대의 폐단을 낳았다고 주장했다.

중공은 또한 소수민족의 독립 요구를 이 대한족주의의 부산물로 보았다. 구체적으로 대한족주의는 지방민족주의(협소민족주의)를 잉태하게 만든다는 것이다. 대한족주의에 고통받아 왔던 소수민족들은 ① 중화인민공화국이 중화 각 민족에게 공동의 조국이라는 걸 인정하지 않고 조국 통일을 반대하고 ② 자신의 민족이 보유한 착취 제도와 반동 세력을 보호하려 들고 ③ 민족주의 집단의 통치를 통일보다 우선시하면서도 ④ 스스로보다 작은 민족에 대해서는 대민족주의 태도를 보이게 된다.[47] 소수민족들의 독립 요구는 이 지방민족주의(협소민족주의) 때문에 촉발된 것이므로 달리 말해 대한족주의가 사라진다면 그 준거를 잃게 된다. 중공은 동화를 배격함으로써 소수민족 독립의 정당성을 부정했다.

여기서 재미있는 점은 중공의 논리에서 이 대한족주의와 지방민족주의가 연결될 때 '자산계급'을 매개로 한다는 것이다. 소수민족이 거주하는 지역은 자본주의의 발전이 충분히 이루어지지 못해 소수민족 출신 민족자산계급은 봉건지주계급과 연합할 수밖에 없다. 이로 인해 봉건계

47 「關于民族工作中的几个問題」(1961), 李維漢, 2016, 『統一戰線問題與民族問題』, 北京: 中共黨史出版社, 656~657쪽.

급에게 주도권을 빼앗겨 반동 성향이 강해진다. 이 반동 성향의 가장 대표적인 모습이 한족 중심의 사회 구조를 타파한다는 명목을 내세워 지방민족주의를 부추기는 것이다.[48] 예를 들면 신장에서 봉건계급 상층 분자와 자산계급 민족주의자가 혁명을 주도하면서 민족분열주의를 조장하는 식이다. 그 결과가 중화민족으로부터의 분열 그리고 동투르키스탄 공화국의 수립이었다. 내몽골도 상층부 대다수가 만주국 고급 군관이자 봉건계급으로 그들은 자산계급 민족주의 사상을 지닌 청년 지식분자를 이용하여 그들이 동몽골에서 보유하고 있는 특권을 유지하고자 했다. 그들이 청년들을 동원할 때 내세웠던 명분이 한족의 차별로부터 벗어나 몽골족의 나라를 세운다는 지방민족주의였다.[49] 중공은 소수민족들이 중화민족을 배격하고 독립을 주장할 때 내세운 명분들이 이처럼 모두 반동통치계급인 한족과 노동인민인 한족을 구분하지 못한 채 흑백논리로 모든 한족을 배척하고 있기 때문에 정당하지도 온전하지도 못하다고 주장했다.[50]

중공은 중화민족은 긍정하지만 동화로 이루어진 중화민족을 부정한다는 논리를 내세웠다. 동화는 대한족주의로 비화하고 대한족주의는 지방민족주의 정서를 자극하여 소수민족으로 하여금 중화민족으로부터의 분리를 시도하게 하는 결정적인 착오를 범하게 만든다.[51] 그렇다면 '동화'를 배격한 중공의 중화민족론은 어떻게 중화민족을 설명하는가.

48 「中國各民族解放的道路」(1962), 李維漢, 2016, 위의 책, 745쪽.

49 「中國各民族解放的道路」(1962), 李維漢, 2016, 위의 책, 747쪽.

50 「中國各民族解放的道路」(1962), 李維漢, 2016, 위의 책, 745쪽.

51 「在民族工作會議上的講話紀要」, 李維漢, 2016, 『統一戰線問題與民族問題』, 北京: 中共黨史出版社, 707~709쪽.

우선 중공이 한족(漢族)과 다른 민족 사이 관계성에 대하여 어떻게 설명하고 있는지 알아보자. 동화를 비판했지만 중공도 기본적으로 중화민족의 중심을 한족으로 설정하고 있었다. 다만 그 당위성을 동화의 담론과는 다른 곳에서 찾았다. 한족은 중국 총인구의 90% 이상을 차지하는데 비해 소수민족은 6% 정도로 100만 이상의 인구를 가진 민족은 총 10개 민족에 불과하다. 아울러 중국 혁명은 줄곧 한족이 거주하는 지역을 중심으로 전개되었고 소수민족의 혁명은 한족의 원조와 영향력이 부여된 후에야 비로소 발전할 수 있었기에 한족으로부터 멀리 떨어져 있는 곳일수록 혁명의 진행 속도가 느린 양상을 보였다. 중공은 여기에 기초하여 중국의 혁명은 기본적으로 한족 노동자계급이 영도하는 것이며 한족 농민을 주력군으로 삼는 것이라고[52] 단언했다.

한족의 중심성을 전제한 채 한족과 소수민족이 통합하여 하나의 민족을 형성해야 하는 이유에 대하여 중공은 다음과 같이 설명하였다. 전국 총인구의 90% 이상인 한족은 전 영토의 40%에서 50%의 면적에 분포되어 있는 반면 인구가 6% 정도에 불과한 소수민족은 50%에서 60%의 면적을 차지하는 변강(邊疆)에 거주하고 있다.[53] 이런 불균형은 인구와 영토에만 국한되지 않는다. 소수민족이 거주하는 곳은 영토가 넓고 자원이 풍부한 반면(地大物博) 공업 기반이 없고 노동력, 기술 및 간부가 부족하다. 반면 한족은 공업, 기술적인 기초를 갖추고 있으며 숙련된 노동력과 간부가 많다. 이런 불균형을 해소하기 위해 중국의 한족과 소수민족은 경제적인 분업 관계를 맺을 수밖에 없고 또 실제로도 오랜 기

52 「中國各民族解放的道路」(1962), 李維漢, 2016, 위의 책, 750쪽.

53 「中國各民族解放的道路」(1962), 李維漢, 2016, 위의 책, 750쪽.

간 그런 관계를 유지하여 왔기에 이제는 불가분의 관계를 형성하고 있다.[54] 이를 보면 한족이 민족 통합의 중심이 되어야 한다는 전제 아래 한족과 소수민족 사이의 관계를 설명할 때 중공의 담론은 국민정부 시기의 담론과는 다르다는 사실을 알 수 있다. 중공의 경우 역사문화적 요소보다는 경제적 요소에, 그리고 전근대사보다는 근대사에 중심을 두고 있었다.

그렇지만 혁명 이후 성립된 중화민족이 한족의 우월한 위치를 전제로 한다면 이는 혁명 이전의 동화와 다를 바가 없다. 중공은 이 문제에 대하여 중화인민공화국의 중화민족대가정은 동화가 아닌 융합에 바탕을 두고 있다고 대답하며 이를 다음과 같이 설명했다. 스탈린에 의하면 민족은 기본적으로 '공동의 언어', '공동의 지역', '공동의 경제 관계', '공동의 문화와 심리'를 특징으로 하는 집단으로 이 네 가지 요소는 동시에 민족 사이를 차별화시키는 근본 요소이기도 하다. 중공은 사회주의의 발전과 함께 목표로 삼아야 할 것은 이 네 가지 요소의 점진적인 소멸이며 이것이 민족융합이라고 설명했다.[55] 여기까지는 '동화'와 다를 바가 없다. 그러나 중공은 융합은 공산주의 사회로 이행된 후 비로소 실현되는 것으로, 특히 언어가 하나로 융합되고 민족 간 서로 다른 심리적 특징까지 소실되는 현상은 인류 역사 발전의 마지막 단계인 공산주의 사회에서나 구현 가능하다고 주장했다. 그렇기 때문에 혁명 성공 이후 사회주의 국가가 들어섰다 하더라도 이 단계에서 각 민족들이 공유하는 것은 사회주의 체제뿐이며 각 민족의 고유한 종교, 풍습, 문화는 온존되

54 「中國共産黨解決國內民族問題的基本政策」(1962), 李維漢, 2016, 『統一戰線問題與民族問題』, 北京: 中共黨史出版社, 758쪽.

55 「關于民族工作中的几个問題」(1961), 李維漢, 2016, 위의 책, 663쪽.

고 지속되는 것이다.[56]

중공도 동화, 즉 하나의 중심이 되는 문화를 구심점으로 각 민족이 통합되어 고유성이 사멸하는 모습 자체를 부정하지는 않았다. 이런 모습의 출현과 성장은 객관적으로 존재하며 또한 필연적이라고 보았다.[57] 그러나 중공이 융합이라는 단어로 다르게 표현한 이 현상은 미완이며 현재의 중화민족은 그 융합을 위한 노정 위에 서 있을 뿐이다. 바로 이 지점이 동화와 구분되는 지점이다. 동화는 중화민족으로의 통합이 중국이 거쳐 온 역사를 통해 기본적으로 완성된 상태라고 보기 때문이다.

역사 발전에 따라 자연스럽게 완성되는 융합과 다르게 동화는 그 논리에 맞춰 강제로 차별성을 소멸시키려 하며 이것이 바로 구시대의 중화민족론이라고 중공은 간주했다. 이 동화의 관점은 유구한 역사적 근원을 가지고 있으며 중국 인민들의 의식 구조 속에서 상당 기간 지배적인 위치를 차지하고 있었다. 그래서 중공은 현재 당 내부에서조차 동화와 융합을 구분하지 못하는 동지들이 있으며 이런 이유로 폭력과 압박을 통해 동화를 강요하는 현상이 아직도 발생하고 있는데 이는 결단코 배격해야 한다고[58] 강조했다. 한족 출신 간부들이 먼저 ① 헌법이 보장한 자치권리과 민주에 대한 존중하며, ② 각 소수민족의 개별적인 특징을 반드시 고려하고, ③ 당이 정한 민족정책을 준수함으로써 소수민족에게 ① 조국은 오직 중화인민공화국 하나뿐이며, ② 미래는 사회주의와 공산주의의 길 하나만이 있을 뿐이고, ③ 이를 영도하는 주체는 노동자 계

56 「在民族工作會議上的講話紀要」, 李維漢, 2016, 위의 책, 694쪽.

57 「關于民族工作中的几个問題」(1961), 李維漢, 2016, 위의 책, 663~665쪽.

58 「關于民族工作中的几个問題」(1961), 李維漢, 2016, 위의 책, 667쪽.

급과 그 선봉대 중공이라는 사실을 이해시킬 수 있다는 것이다.[59]

이 융합의 논리는 '각 족 인민은 평등한 연합에 찬성하며 서로를 압박하는 데 찬성하지 않는다'라는 마오쩌둥의 말로 요약된다.[60] 앞선 반제국주의가 혁명 이전 구시대의 중화민족론에서 계승하는 부분이었다면 융합은 혁명 이전 구시대의 중화민족론과 일선을 긋는 단절의 지점이다. 동시에 융합은 교묘한 논리다. 민족 간 문화적 차이가 소멸되는 융합은 역사 발전의 최종 단계에 가서야 실현되는데 바로 이 논리 때문에 소수민족의 언어, 풍습, 종교를 공인하면서 동시에 억압하는 일이 가능해진다. 사회주의 체제에서 민족 간 문화적 차이가 엄존하는 것은 당연한 일이지만 동시에 현재의 사회주의 체제는 끊임없이 그 차이가 소멸된 공산주의 사회로 이행해 가야 하기 때문이다.

4. 마르크스-레닌주의

중공은 러시아혁명의 영향을 직접적으로 받은 정당이었기 때문에 신중국의 중화민족대가정도 마르크스-레닌주의의 틀 안에서 설명되어야 했다. 관건은 1920년대 초기의 중공은 민족 통합 문제에 대해 마르크스-레닌주의 이데올로기에 근거해 결정을 내렸는데 이 결정이 중화민족과 모순된다는 점이었다. 마르크스-레닌주의 이데올로기에서는 계급을 중심으로 한 연대를 우선시하여 각 민족에게 자결권을 보장할 것을 권고하고 있었다. 그렇다면 중화인민공화국이 마르크스-레닌주의 이데올

59 「關于民族工作中的几个問題」(1961), 李維漢, 2016, 위의 책, 656~658쪽.

60 毛澤東, 1991, 앞의 글, 623쪽.

로기에 기반했음에도 소수민족의 정치적 권리를 당초 약속에 비해 극도로 제약해 버렸다는 사실을 어떻게 설명할 수 있는가? 중공 내부에서도 이 문제에 대한 의문이 제기되었다. 1961년 7월 란저우(蘭州)에서 열린 서북 민족공작회의와 1961년 9월 신장위구르자치구 간부회의에서 일부 당원들은 당의 민족정책에 대해 의문을 제기했다. 그들은 당이 현재 소수민족을 대상으로 취하고 있는 민족정책이 민족자결과 연방제를 부정한다는 점에서 본질적으로 마르크스-레닌주의와 맞지 않다고 지적했다.

회의에서는 이 의견에 대해 마르크스-레닌주의가 민족 문제를 대하는 근본원칙을 고려하지 않았다고 비판이 가해졌다. 구체적인 반박의 내용은 다음과 같다. 마르크스-레닌주의는 각 민족의 평등, 단결, 연합, 즉 완전한 평등과 자원(自願)을 전제로 한 연합이며 민족의 자결권을 분리독립의 권리로 해석한다. 이는 사실이다. 그러나 마르크스-레닌주의는 민족자결권을 단 한 번도 절대적인 것으로 상정하지 않았다. "마르크스주의자가 마르크스주의와 일반 사회주의의 원칙 범주 내에서 머문다면 사회주의의 이익이 민족자결권의 이익보다 위에 위치한다는 걸 부정할 수 없다"라는 레닌의 말이 그 근거였다.[61]

중공은 민족자결은 옹호되어야 하지만 그것이 어떤 조건하에서든 무조건 수행되어야 하는 일은 아니라고 강조했다.[62] 마르크스-레닌주의는 민족이 자결권에 근거하여 분리될 수 있는 자유가 있음을 인정하지만 이것은 분리해야 할 의무를 명시하지 않으며 어떤 조건 아래서든 반드

61 「關于民族工作中的几个問題」(1961), 李維漢, 2016, 앞의 책, 640~641쪽.

62 「關于民族工作中的几个問題」(1961), 李維漢, 2016, 위의 책, 640~641쪽.

시 분리를 실행해야 한다는 의미도 아니라는 것이다. 중공은 레닌의 발언을 그 근거로 들었다. "민족이 자유롭게 분리될 수 있다는 문제와 어떤 민족이 어떤 시기에 분리를 실행하는 게 옳은가 그른가의 문제는 혼재되어 이야기될 수 없다. 무산계급 정당은 서로 다른 경우에 처해 있다. 그러므로 사회 발전의 이익과 사회주의 계급 투쟁의 이익이라는 두 가지 조건만 명심한 채 분별해서 해결해야 한다."[63]

이처럼 혁명을 근거로 민족자결권을 부정하기 위해서는 양자가 어째서 공존하지 못하고 충돌하는지에 대한 설명이 있어야 한다. 즉, 소수민족이 중화민족으로부터 분리되어 나가는 일이 혁명을 어떻게 방해하는지에 대한 구체적인 사례가 있어야 한다. 중공은 이 문제를 반제국주의와의 연결을 통해 해결했다. 소수민족의 분리 독립은 제국주의자들이 그들의 주구(走狗)를 이용해 분열을 책동하여 식민통치하는 국가들의 혁명을 좌초시키는 수단이라는 것이다. 중공은 그 대표적인 예로 혁명이 성공하기 전의 '만주국'과 '몽강자치' 그리고 혁명이 성공한 후 미국이 조장한 '두 개의 중국'과 '타이완 독립'을 들었다. 중공에 의하면 노동자 계급이 혁명에 성공하여 정권을 얻은 신중국에서 남은 과제는 혁명의 성과를 공고히 하는 일이다. 그런데 제국주의는 이를 원하지 않기 때문에 소수민족의 분열을 책동한다. 이는 곧 제국주의 국가가 중국을 분열시킴으로써 성공한 혁명을 좌초시키려는 방해 공작이라는 것이다.[64]

중공이 해결해야 할 또 다른 이데올로기상의 난관은 마르크스-레닌

63 「中國共產黨解決國內民族問題的基本政策」(1962), 李維漢, 2016, 위의 책, 763~765쪽.

64 「中國共產黨解決國內民族問題的基本政策」(1962), 李維漢, 2016, 위의 책, 760~765쪽.

주의에 기반하여 세워진 소련이 연방제를 실시하는데 중화인민공화국은 중화민족대가정을 명분으로 이를 거부하고 있다는 사실에서도 발생했다. 이에 대해 중공은 레닌과 스탈린 모두 사회주의 국가들이 역사적 조건을 따지지 않고 무조건 연방제를 취해야 한다고 요구한 적은 없다고 대응했다.[65] 그렇다면 여기서 중공이 연방제를 취하지 말아야 할 '역사적 조건'이 문제가 된다. 중공은 그 역사적 조건을 다음과 같이 설명하며 소련과의 차이점을 강조했다. 첫 번째로 중국은 진한 왕조 이래로 통일적인 중앙집권국가를 운영해 온 데 반해 러시아는 통일적인 중앙집권 국가를 운영해 온 역사가 중국보다 훨씬 짧다.[66] 두 번째로 1917년 10월혁명 전 러시아의 소수민족 인구는 총인구 중 50% 정도였는데 중국은 6% 정도에 불과하다. 세 번째로 러시아의 수많은 소수민족은 그들끼리 집중적으로 거주하고 있고 내부 관계가 비교적 단순하고 밀도가 높다. 그에 반해 중국의 경우 대다수가 한족과 섞여 살고 있다. 네 번째로 러시아의 수많은 소수민족은 자본주의 단계에 도달해 있었기 때문에 1917년 2월 최초의 혁명 후 자산계급 민족정부를 발족시킬 수 있었다. 이에 반해 중국 소수민족들은 자본주의 경제 요소를 발전시키지 못했으며 따라서 혁명에서 한족의 영도적 위치를 인정할 수밖에 없는 상황에 있었다.[67] 이처럼 중국과 소련은 여러 상황이 서로 다르기 때문에 단순하게 소련을 답습하여 소수민족에게 자결권을 부여하고 이에 기초한 연방제를 건설할 수 없다는 것이 중공의 논리였다.

---

65 「關于民族工作中的几个問題」(1961), 李維漢, 2016, 위의 책, 642~643쪽.

66 「中國共産黨解決國內民族問題的基本政策」(1962), 李維漢, 2016, 위의 책, 767~769쪽.

67 「關于民族工作中的几个問題」(1961), 李維漢, 2016, 위의 책, 646~647쪽.

Ⅳ. 맺음말

신중국의 중화민족론은 복잡한 과정을 거쳐 형성되었다. 1920년대 창당 직후의 중공은 개별 소수민족의 자결권을 인정하고 이에 근거한 연방제를 실시하자고 주장했다. 한족을 중심으로 소수민족을 동화시킨 가상의 실체 '중화민족'이라는 개념을 토대로 국민국가를 운영하려 했던 중화민국의 인식과는 확실하게 달랐다. 중공 역시 근대화의 목표로서 '통일 중국'을 구상했지만 이는 가공의 단일민족인 '중화민족'의 국가가 아니라 실재하는 여러 민족들의 연합체였다.

중공은 1937년부터 스스로의 중화민족론을 변화시키기 시작했다. 중일전쟁, 그리고 2차 국공합작 이후 중공은 소수민족의 정치적 독립을 중국을 분열시키려는 제국주의의 획책으로 단정 지었다. 이 논리는 1949년 중공이 내전에서 승리하고 중화인민공화국이 건국된 후 새로운 '중화민족' 개념인 '중화민족대가정'으로 나타났다. 중화민족대가정을 이루어야 한다는 명분 아래 정무원(政務院)은 소수민족에게 보장해 줄 수 있는 것은 민족자치구역뿐으로 이는 어디까지나 지방정권이며 중앙인민정부의 통일적인 영도 아래 있어야 한다고 선언했다. 연방제로부터의 극적인 전환이었다. 이 전환을 정당화한 이론적 토대는 중공의 중화민족론을 직조한 논리 체계이기도 하다. 이 체계는 크게 세 가지 요소에 기반하고 있는데, 바로 반제국주의, 융합, 그리고 마르크스-레닌주의다.

반제국주의는 중화민족대가정을 정당화하는 핵심 논리이자 구심력이다. 중공은 시짱, 신장, 몽골의 소수민족 독립 정권을 제국주의가 이 지역을 중화민족대가정으로부터 분리시키기 위한 목적으로 조성한 괴뢰정권으로 규정지었다. 이 논리에 따르자면 혁명 이후 제국주의 세력이 성공적으로 일소되었기 때문에 그 괴뢰정권 역시 사라지는 게 마땅했다. 중화인민공화국이 소수민족에게서 외교권을 박탈하고 그들의 군대를 해산한 것은 제국주의 침략자와 그들의 주구로부터 벗어나게 해 준 '해방'으로 정당화되었다. 이 반제국주의는 제국주의 세력에게 강탈당한 청나라 시절 강역의 회복을 위해 구축된 혁명 이전 구사회(舊社會)의 중화민족론, 즉 청말 및 국민정부 시기 중화민족론으로부터 계승한 부분이었다.

반면 중화민족을 '융합'의 결과로 해석한 측면은 명백히 이전의 중화민족론과는 차별화되는 부분이었다. 중공은 혁명 이전 구시대가 중화민족을 동화의 결과물로 해석하는 오류를 범했다고 주장했다. 청말과 중화민국 시기 소수민족은 특유의 종교와 습속을 상실하고 한족에게 문화적으로 동화되었다는 한족 중심 민족 동화의 논리로 다른 민족의 정체성을 부정하고 말살하는 오류를 범했다는 것이다. 몽골, 티베트, 신장에서 소수민족이 중국으로부터 독립을 주장하고 있는 상황은 동화를 내세운 태도가 지방민족주의(협소민족주의)를 자극한 결과에 불과하며 자연스럽지도 정당하지도 못한 요구라고 중공은 주장했다. 중공은 이 동화와 차별화되는 '융합'이라는 개념을 내놓았다. 융합은 완전한 통합으로 동화와는 다르게 인류 역사의 최종 단계인 공산주의 사회에 들어서야 현실화되는 개념이었다. 역사 발전에 따라 자연스럽게 완성되는 융합은 강제로 차별성을 소멸시키려 하는 동화와 구분되었다. 앞선 반제국주의와 다르게 동화와 융합의 구분은 혁명 이전의 중화민족, 그리고 중화민족론과 일선을 그은 단절이었다.

마르크스-레닌주의 역시 중공의 중화민족론에서 중요한 이론적 근거였다. 마르크스-레닌주의는 계급을 중심으로 한 연대를 우선시하여 각 민족의 자결권을 보장해 줄 것을 권고했기 때문에 여기에 대응할 수 있는 논리가 필요했다. 중공은 마르크스-레닌주의에 따르면 민족자결은 절대적인 것이 아니라 혁명의 차선이라고 역설했다. 제국주의 국가와 그들의 사주를 받은 반혁명 성향의 상층부가 민족자결을 명분으로 분열을 주도하여 혁명을 방해하려는 상황에서 소수민족의 독립은 이데올로기적으로 옳은 행동이 될 수 없다는 것이다. 마르크스-레닌주의에 기반한 또 다른 국가 소련이 연방제를 택하는데 중화인민공화국은 그렇지 않은 이유에 대해서는 두 국가의 역사적, 문화적, 사회적 조건이 다르기 때문에 이데올로기를 일률적으로 적용할 수 없다고 대응했다.

중공은 공산주의 정당이기 이전에 중국인의 정당이었다. 그들도 '중화민족'이라는 개념에 기초한 국민국가라는 담론을 받아들일 수밖에 없었다. 그 과정에서 민족 문제에 대한 그들의 태도 또한 변화했다. 2차 국공합작과 신중국 이후 중공은 중화민족대가정을 표방하면서 소수민족의 정치적 자결과 연방제에 대한 약속을 방기했다. 중공이 이 변화를 논리적으로 설명하고 정당화하며 스스로의 중화민족론을 기존의 담론 체계 속에 위치시키면서 또 차별화하는 모습은 곧 마르크스-레닌주의 정당의 중국화로 해석할 수 있다.

참고문헌

사료

李維漢, 2016,『統一戰線問題與民族問題』, 北京: 中共黨史出版社.

中共中央文獻研究室 · 中共湖南省委《毛澤東早期文稿》編輯組 編, 2008,『毛澤東早期文稿』, 長沙: 湖南人民出版社.

中共中央文獻研究室. 1992,『建国以来重要文献选编』1冊, 北京: 中央文獻出版社.

中共中央統一戰線部 編, 1991,『中國共産黨史資料集』第9卷, 北京: 中共中央黨校出版社.

中共中央統戰部, 1991,『民族問題文獻匯編』, 北京: 中共中央黨校出版社.

단행본

오병수 편, 2023,『동아시아 근대의 형성과 역사학: 1930년대 중국 민족주의 역사학의 발흥』, 동북아역사재단.

胡繩主 編, 1991,『中國共産黨的七十年』, 北京: 中共中央黨校出版社.

Goldstein, Melvyn G., 1989, *A History of Modern Tibet, 1913-1951: The Demise of The Lamaist State*, Berkely: Unversity of California Press.

논문

김승욱, 2019,「중국 근대 역사학에서 國家 개념의 재구성」,『역사와 담론』89.

______, 2022,「근현대 중국에서 민족 담론의 전개: 다양한 지식 기반과 내적 긴장」,『동북아역사논총』78.

박장배, 2003a,「근현대 중국의 역사 교육과 中華民族 정체성 I: 민국시대의 민족통합 문제를 중심으로」,『中國近現代史研究』19.

______, 2003b,「근현대 중국의 역사교육과 中華民族 정체성 2」,『中國近現代史研究』20.

______, 2006,「현대 중국 역사 교과서에 투영된 역사관: 1950년대를 중심으로」,『白山學報』75.

______, 2008, 「'新中國'의 티베트 정책」, 『中國近現代史研究』 39.

______, 2017, 「1930년대 顧頡剛의 역사지리 인식과 변강학 연구」, 『中國近現代史研究』 76.

송한용, 2015, 「중화인민공화국 초기 국가통합으로서의 구역 자치」, 『歷史學研究』 57.

오병수, 2014, 「중국 근대 역사 교과서의 자국사 구축과정과 '중화민족'」, 『歷史教育』 132.

______, 2017, 「항전시기 중국의 "중국 근대사" 서술과 동아시아 인식의 변용 및 그 유산」, 『西江人文論叢』 50.

______, 2023, 「민국 시기 푸쓰녠 사학의 성쇄: 과학주의와 민족주의의 연쇄」, 오병수 편, 『동아시아 근대의 형성과 역사학: 1930년대 중국 민족주의 역사학의 발흥』, 동북아역사재단.

유용태, 2005, 「중화민족론과 동북지정학: "東北工程"의 논리근거」, 『東洋史學研究』 93.

______, 2009, 「근대 중국의 민족제국주의와 단일민족론」, 『東北亞歷史論叢』 23.

이춘복, 2016, 「청대 公羊學派의 대일통사상과 淸末 개혁파의 대민족주의-옹정제 · 공양학파의 대일통사상과 대민족주의의 연속성을 중심으로-」, 『中國近現代史研究』 71.

전인갑, 2020, 「국가건설 패러다임의 전환과 민족주의: 민족과 천하의 길항(拮抗)」, 『東北亞歷史論叢』 67.

______, 2022, 「중국국가건설 100년의 역정과 역사학 (I): 천하 패러다임의 해체와 근대 역사학」, 『歷史學報』 256.

조병한, 2009, 「근대 중국 민족주의의 형성과 中華帝國의 전통: 중국 민족주의의 제국적 기원」, 『東北亞歷史論叢』 23.

최승현, 2017, 「중화인민공화국 성립이전, 몽골독립에 관한 중국공산당의 태도 연구」, 『한국동북아논총』 82.

허종국, 2004, 「신민주주의 혁명 시기 중국공산당의 민족정책 및 민족구역자치제 채택 배경」, 『한국과 국제정치』 46.

Cohen, Paul A., 2003, "Reflections on A Watershed Date: The 1949 divide in Chinese history," Wasserstrom, Jeffrey N. ed., *Twentieth-century China: New Approaches*, London: Routledge.

6장

개혁개방 이후 중국의 민족정책 변화와 '시진핑 신시대'의 민족이론 분석

장영석 성공회대학교 인문융합콘텐츠학부 중어중국학전공 교수

Ⅰ. 머리말

중국공산당이 민족사무에서 취득한 최대의 성과를 거론할 때 반드시 언급하는 말 하나가 있다. 소위 '두 개의 결합(兩個結合)'이다. '두 개의 결합'이란 '중국공산당이 민족 문제를 해결할 때 마르크스주의의 기본원리와 중국의 구체적인 실제를 결합하고, 마르크스주의의 기본원리와 중화의 우수한 전통문화를 결합했다는 것을 말한다. 중국공산당은 이 '두 개의 결합'을 통해서 중국특색의 민족 문제 해결 방안을 찾았고, 마르크스주의 민족이론을 더욱 발전시켰다고 선전한다.[1]

그런데 중국공산당이 찾았다고 하는 중국특색의 민족 문제 해결 방안의 내용은 무엇인가? 중국공산당은 어떤 경로를 통해서 그것을 찾았을까? 중국공산당이 마르크스주의 기본원리와 결합시켰다는 중화의 우수한 전통문화의 내용은 무엇인가? 중국공산당이 더욱 발전시켰다는 마르크스주의 민족이론의 내용은 무엇인가? 사실 이 같은 질문들은 중국공산당이 민족 문제를 해결하기 위해 걸어온 복잡한 역사와 그 역사 이면에 깔린 이론적 문제와 연관되어 있어 대답하기가 쉽지 않다.

이 글은 위의 질문들에 직접적으로 대답하기보다는 상대적으로 답하기 쉬운 지점들을 찾아서 그에 대답하는 방식을 통해 위의 질문들에 대답해 나가고자 한다. 말하자면 개혁개방 이후 중국공산당의 민족정책의 주요한 변화, 그 안에 내재된 쟁점 사안들을 검토함으로써 위의 질문들에 대답할 수 있는 실체적 근거를 찾고, 그 실체적 근거에 기초하여 이론적으로 대답하는 방식이다.

---

1 本書編寫組, 2023,『中華民族共同體概論』, 高等教育出版社.

이 작업을 수행하기 위해서는 무엇보다 민족 문제를 다룬 중국공산당의 주요 회의의 내용을 자세하게 살펴볼 필요가 있다. 특히 개혁개방 이후 중국공산당은 1992년, 1999년, 2005년, 2014년, 2021년 총 다섯 차례의 중앙민족공작회의(中央民族工作會議)를 개최했는데, 회의마다 그 당시의 국내외 정세를 반영한 중국의 민족 문제와 쟁점을 다루고 있다. 중국공산당의 민족정책 변화의 내용에 대해서는 역대 중앙민족공작회의의 내용, 국가민족사무위원회 웹사이트에 올라와 있는 정책 문건과 정책 보고서, 학계의 주요 출판물 등을 통해 분석하고, 이 분석을 기초로 앞서 제기했던 이론적인 문제들을 좀 더 심도 있게 분석해 보고자 한다.

한편, 중국공산당이 제시하고 있는 민족 문제를 해결하는 중국특색의 올바른 길은 학계의 다양한 성과를 흡수하면서 발전해 왔다는 점을 주목할 필요가 있다. 학계의 다양한 성과 가운데 무엇보다 중요한 것은 '중화민족' 개념의 정립이다. 중화민족 개념은 량치차오(梁啓超)가 1902년에 발표한 「중국 학술사상 변천의 대세를 논한다(論中國學術思想變遷之大勢)」에서 처음으로 제기했다. 그는 1905년에 발표한 「역사상 중국 민족의 관찰(歷史上中國民族之觀察)」에서는 중화민족은 처음부터 한 민족이 아니라 다민족의 혼합으로 형성되었다는 관점을 제시했다. 그의 이 관점은 1930년대 구제강(顧頡剛)과 페이샤오퉁(費孝通)의 논쟁, 1980년대 페이샤오퉁의 '중화민족 다원일체 격국' 개념 제시 등을 통해서 그 내용과 함의가 더욱 풍부해졌다.[2]

---

2 1939년 구제강(顧頡剛)으로 대표되는 중국의 역사학자들과 페이샤오퉁(費孝通)으로 대표되는 중국의 인류학·사회학자들 사이에서 민족 개념을 둘러싸고 논쟁을 전개한 바 있다. 논쟁의 초점은 중국 경내 서로 다른 역사적 발전 경험과 서로 다른 문화적 특징을 가진 군체(집단)를 '민족'이라고 명명해도 좋은가 하는 점이다. 유럽의 인류학적 훈련을 받았던 중국의 인류학자들은 문화적 차이를 중시하여, 그 차이가

중국공산당은 중화민족 개념을 내세워 중국 내 수많은 소수민족을 중국이라는 국가 내부로 통합시켜 나가려 하고 있지만, 이 '중화민족'이라는 개념을 둘러싸고 학계에서는 여전히 논쟁이 그치지 않고 있다.[3] 본문은 '중화민족' 개념의 이면에 자리잡고 있는 '민족(nation)'과 '종족(ethnic groups)', '중화민족'과 '소수민족' 사이의 팽팽한 긴장, 알력, 대립, 갈등에 주목한다.

개혁개방 이후 중국공산당은 소수민족의 경제를 발전시키는 서부대개발 정책, 일대일로 정책 등 대형 프로젝트를 추진하고 있지만, 2008년 라싸(拉薩) 3·14사건, 2009년 우루무치(烏魯木齊) 7·5사건 등과 같이 중국 내에서 폭력을 수반한 민족적 갈등이 끊이지 않고 발생하고 있다. 중국공산당이 민족정책을 강화하고 있지만, 정작 중국 내부에서 민족적 갈등은 더욱 심화된 형태로 표출되고 있는 양상이다. 이는 '중국공산당 민족정책의 패러독스'라고 말하지 않을 수 없다.

중국공산당 민족정책의 패러독스는 우연적인 현상인가 아니면 필연적인 현상인가? 민족주의의 '원초주의이론(primordialism)'에 입각한 관점은 '중국공산당 민족정책의 패러독스'는 필연적인 현상이라고 보는 듯

큰 집단을 '민족'이라고 한다. 이에 반해 중국의 역사학자들은 중국 역사 전통의 관점에서 그 집단을 중화국가의 한 구성 부분으로 보는데, 현대의 '민족국가'의 관점에서 말하자면 이들 집단을 '민족(nation)'으로 보아서는 안 된다고 주장한다. 馬戎·關凱, 2015, 「國家建設視覺下的中國民族問題: 馬戎教授訪談」, 『學術月刊』 第8期; 김승욱, 2022.12, 「근현대 중국에서 민족 담론의 전개: 다양한 지식 기반과 내적 긴장」, 『동북아역사논총』 78; 費孝通, 1989, 「中華民族的多元一體格局」, 費孝通 等著, 『中華民族多元一體格局』, 中央民族學院出版社, 1~36쪽.

3 중국의 일부 학계는 1980년대부터 전개되어 왔던 '민족'과 '종족' 개념의 논쟁은 여전히 진행 중이고 지금까지도 중국학계는 어떤 컨센서스도 형성하지 못하고 있다고 진단하고 있다. 참고로 중국에서는 '종족'이라는 말 대신에 '족군(族群)'이라는 말이 통용된다. 馬戎·關凱, 2015, 위의 글.

하다. 민족주의의 원초주의이론은 원래부터 사람들의 의식의 심층에는 선험적으로 축적된 문화적 요소가 있고, 그것이 종족성과 민족성을 결정짓는다고 주장한다.[4] 80여 년 전 중화민국으로부터 외몽고의 독립 문제를 다룬 오언 래티모어(Owen Lattimore)의 관점은 민족주의의 원초주의이론에 입각해 있다. 그는 외몽고의 독립을 지지하면서 "중국의 공화국이 몽고에 대한 청조의 통치를 계승할 수 있다는 관점은 역사의 논리를 위배한 것이다"라고 썼다.[5]

래티모어의 이 관점은 제국 시기 일본의 일부 동양사학자들의 '만선사관'이나 오늘날 미국의 '신청사(新清史)' 학파의 관점과 동일하다. 이들의 공통점은 몽고, 기타 일부 청조의 통치를 받았던 비한족 지역은 한족 주도의 중국 고유의 구성 부분이 아니고, 한족이 지배한 지역은 중국의 18개 성밖에 되지 않기 때문에 만리장성 밖은 한족이 아닌 다양한 민족이 지배한 강역으로서 중국이 아니라고 주장한다.[6] 이들은 민족주의의 원초주의이론에 입각하여 "종족으로써 중국의 구조를 해체하고 있다(以種族解構中國)." 중국은 과연 소수민족을 중화민족으로 통합하고, 민족주의의 원초주의이론을 압도하는 중국특색의 마르크스주의 민족주의

---

4 김광억, 2005, 『종족과 민족, 그 단일과 보편의 신화를 넘어서』, 아카넷, 26~27쪽.

5 Lattimore, Owen, 1935, "Prince, Priest and Herdsman in Mongolia," *Pacific Affairs* 8, No. 1, p. 44(劉曉原, 2022.12, 「中蒙關係'正常化': 一個政治現像的歷程(上)」, 『二十一世紀』 總第194期, 40~41쪽에서 재인용).

6 제국 시기 일본의 일부 동양사학자들의 '만선사관'에 대해서는 다음을 참고하라. 기세찬, 2017, 「신청사 연구사 분석을 통한 담론의 함의」, 『군사연구』 144. '신청사' 논쟁에 관한 종합적인 서술은 다음을 참조하라. 徐泓, 2016, 「新清史論爭: 從何炳棣, 羅友枝論戰說起」, 『首都師範大學學報(社會科學版)』 2016年 第1期, 1~13쪽; 劉姍姍, 2020.11.30, "'新清史'流派的形成及主要觀點", 『中華文化網』, www.qinghistory.cn/qsck/431146.shtml; 潘岳, 2021.3.31, "爲什磨是"中華民族"?顧頡剛與費孝通有一場爭論", 『人民政協報』.

이론을 만들고 있는가?

Ⅱ. 개혁개방 이후 중국공산당의 민족정책 변화

중국공산당은 시진핑을 총서기로 선출한 제18차 당대표대회(2012년) 이후부터 '시진핑 신시대'가 형성되었다면서 개혁개방 이후의 시기와 시진핑 집권 시기를 구분하고 있다. 이 구분법은 민족정책에도 적용된다. 중국공산당은 민족사무 영역에서도 '시진핑 동지를 핵심으로 하는 당 중앙은 중화민족의 과학적 함의, 기본 구성, 중국의 각 민족들 간의 민족관계에 대한 인식을 진일보하게 심화했다'면서 시진핑 신시대 이전과 이후의 민족정책을 구분한다. 본문에서는 중국공산당의 이 구분법에 따라서 중국공산당의 민족정책 변화의 내용을 살펴보도록 한다.

한편, 시진핑 신시대 이전의 시기는 과거 민족정책의 '잘못을 바로 잡고(拔亂反正)' 민족정책을 새롭게 확립하는 시기(1978~1991년)와 개혁정책의 심화와 더불어 서부대개발 정책 등 소수민족지구의 경제 발전 정책이 본격화되고 민족사무의 내용이 풍부해진 시기(1992~2011년)로 나누어 살펴볼 수 있다. 따라서 본문은 크게 세 시기로 나누어서 중국공산당의 민족정책 변화의 내용을 살펴본다.

첫 번째 시기는 과거의 민족정책의 '잘못을 바로잡고' 새로운 민족정책을 확립하는 시기(1978~1991년)이다. 1978년 중국공산당 11기 3중전회 이후 중국공산당은 중국사회의 각 영역에서 존재하던 과거의 '잘못을 바로잡는' 광범위한 활동을 전개하면서 국가 사무의 중점을 정치운동에서 사회주의현대화 건설로 전환했다. 민족사무의 영역에서도 과거

의 '잘못을 바로잡는' 활동이 전개되었고, 민족, 종교, 통일전선의 업무가 전면적으로 회복되었다.[7]

민족사무에서 과거의 '잘못을 바로잡는' 활동 중 정책의 방향과 관련된 문제는 민족 문제를 계급문제로 접근한 소위 '좌경노선'을 바로 잡는 것을 말한다. 이 문제와 관련하여 중국공산당 정책의 변화를 상징적으로 보여 주는 글이 『인민일보(人民日報)』에 게재되었다. 1980년 7월 15일 『인민일보』는 「소위 "민족 문제의 실질은 계급 문제이다"를 평한다」라는 제하의 특약평론원(特約評論員)의 글을 게재했다. 이 특약평론원은 "민족 문제의 실질은 계급 문제이다"라는 명제는 잘못된 명제이기 때문에 민족사무의 잘못을 시정하기 위해서는 무엇보다 사상이론의 문제를 해결해야 한다고 주장했다.[8] 즉, 민족 문제의 성격과 계급 문제의 성격은 다르다는 점을 밝히고, 계급 문제의 해결 방법과 다른 민족 문제의 해결 방법을 제시해야 한다는 것이다.

개혁개방 이전의 중국에서 민족 문제를 계급 문제로 접근하여 민족 문제가 발생한 대표적인 사례로 인용되는 것은 1959년에 시짱(西藏) 라싸에서 발생한 무장 반란과 1962년 신장(新疆)에서 발생한 변방 주민의 탈중국 사건이다. 당시 시짱에서 일부 당원과 단원들은 아직 계급 문제가 제대로 해결되지도 않았는데, 내지의 '대약진운동(大躍進運動)'과 '인민공사화(人民公社化)' 운동의 영향을 받아서 급진적인 집체화를 추진했고, 이에 반발한 사람들은 무장폭동을 일으켰다.[9] 1962년 신장에서 발

7 郝時遠, 2019, 「改革開放四十年民族事務的實踐與討論」, 青覺 主編, 『民族政治輯刊 第五輯』, 社會科學文獻出版社, 20쪽.

8 郝時遠, 2018, 『中國共産黨怎樣解決民族問題』, 江西人民出版社, 124쪽.

9 郝時遠, 2018, 위의 책, 187쪽.

생한 '변방 주민의 탈중국(邊民外逃)' 사건 역시 대약진운동이 전개되었던 1959~1961년 사이에 발생한 대기황과 무관하지 않다.

과거의 잘못을 바로잡고 민족 문제를 새롭게 확립하는 이 시기에 국가의 민족사무의 업무 방침은 과거의 계급투쟁·정치투쟁을 지양하고 소수민족지구의 경제를 발전시키는 것으로 조정되었다. 1979년 중국공산당 중앙과 국무원은 변방공작회의(邊防工作會議)를 개최하여 상대적으로 더 발전된 특정한 지역이 상대적으로 덜 발전된 소수민족지구의 특정한 지역을 지원하는 소위 '파트너 간의 협력 지원(對口支援)' 정책의 경험을 전국적으로 확대한다는 결정을 내렸다. 이에 따라, 베이징(北京)은 내몽고(內蒙古)를, 허베이(河北)는 구이저우(貴州)를, 장쑤(江蘇)는 광시(廣西)와 신장을, 산둥(山東)은 칭하이(青海)를, 톈진(天津)은 간쑤(甘肅)를, 상하이(上海)는 윈난(雲南)과 닝샤(寧夏)를, 전국(全國)은 시짱을 지원하기로 확정되었다. 문화대혁명 이후 기능이 막 회복된 중앙서기처는 1980년 시짱공작좌담회를 개최했고, 곧이어 신장, 내몽고, 윈난 등지에서 좌담회를 개최했다.[10] 이처럼 과거의 잘못을 바로잡는 이 시기에 '파트너 간의 협력 지원(對口支援)'제도와 특정 민족지구에 부합하는 '특별정책' 확립을 위한 좌담회 제도 등과 같은 중국 특유의 민족사무 제도들이 확립되었다.

이 시기 민족사무 건설에서 가장 중요한 성과는 1984년 5월 제6기 전국인민대표대회를 통해서 제정된 '중화인민공화국 민족구역자치법'

---

10 江平, 2000,「關于民族工作問題的幾點看法和意見」, 毛公寧·王鐵志 主編, 國家民委民族問題研究中心 編,『跨世界民族問題研究與探索』, 中央民族大學出版社, 15~16쪽.

이다.[11] 민족구역자치제도는 중국공산당이 '민족 문제를 해결하는 중국 특색의 올바른 길을 찾아왔다'라고 언급할 때 언급되는 제도 중 하나이다. 1947년 내몽고자치구 정부 수립으로 시작된 이 민족구역자치제도는 본문의 다른 장에서 살펴보겠지만, 중국공산당이 혁명을 추진하는 과정에서 코민테른의 압력을 극복하고 독자적으로 찾은 제도이고, 중화인민공화국 수립 이후 중국과 소련 간의 우호협정 체결과 중국과 몽고 간의 국경 조약 체결에도 관계되어 있었던 아주 복잡한 문제였다.[12]

개혁개방 정책이 성과를 내기 시작하자 1987년 10월에 개최된 중국공산당 13차 당대표대회는 중국의 사회주의 현대화 실현의 '3단계(三步走)' 목표와 임무를 제시했다.[13] 1980년대 중국공산당의 개혁개방 정책으로 연해 지역과 내지 및 서북 소수민족자치지구의 경제 발전의 격차가 커졌다. 상대적으로 낙후된 내지 및 서북 소수민족자치지구의 불만을 달래기 위해서 덩샤오핑(鄧小平)은 1988년 '두 가지의 큰 국면(兩個大局)'을 제시했다. 즉, '연해 지역을 먼저 발전시켜 내지의 발전을 추동하는 국면을 내지가 고려해야 하고, 일정한 발전에 도달한 연해 지역이 더 많은 역량을 할당하여 내지를 발전시키는 국면을 연해 지역이 복종해야 한다'라는 것이다.[14] 나아가 덩샤오핑은 "사회주의의 최대의 우월성

---

11 郝時遠, 2019, 앞의 글, 20쪽.

12 劉曉原, 2022.12, 앞의 글; 劉曉原, 2023.2, 「中蒙關係'正常化': 一個政治現像的歷程(下)」, 『二十一世紀』 總第195期.

13 1단계는 GDP가 1980년에 비해 두 배로 되어서 인민의 온포(溫飽) 문제를 해결한다. 이 임무는 기본적으로 실현되었다. 2단계는 20세기 말 GDP가 다시 두 배로 증가되어서 인민의 생활 수준이 소강(小康) 수준에 도달한다. 3단계는 21세기 중엽에 이르러 1인당 평균 GDP가 중등국가의 수준에 도달하여 인민의 생활이 비교적 부유하게 되고, 현대화를 기본적으로 실현한다.

14 郝時遠, 2018, 앞의 책, 130쪽.

은 공동부유이다. … 만약 양극분화를 만들어 낸다면 상황은 달라진다. 민족모순, 구역 간 모순, 계급모순이 모두 발전하고, 상응하여 중앙과 지방의 모순 역시 발전하여 혼란이 나타날 것이다"라고 지적했다.[15]

1980년대 들어 연해 지역과 내지 및 소수민족자치지구의 발전 격차가 확대되자 덩샤오핑의 민족모순 발발 예견은 현재화되었다. 1980년대 중반기 이후 중국의 민족 문제에 영향을 미쳤던 국내외의 중요한 사건들이 발생했다. 국내 사건은 1989년 톈안먼 민주화운동이고, 국외 사건은 1985년 고르바초프 등장 이후 가속화된 소련·동구권의 개혁과 갑작스러운 붕괴이다. 민족 문제와 관련하여 당시 중국학계의 주요 과제 가운데 하나가 소련 민족 문제의 중국에 대한 영향 분석이었는데, 중국학계는 중국 민족구역자치제도가 '소련 모델'인지의 여부, 광활한 지역을 민족구역자치구역으로 만든 것이 분열의 씨앗을 배양하는 '천연적인 토양'이 되는 것은 아닌지의 여부 등의 문제를 연구했다.[16] 당시 국제정세의 영향을 받아서 시짱에서는 1987~1989년 대중운동과 폭동 사건이 발생했고, 1990년 신장의 바런향(巴仁鄉, Barin Township)에서는 '동투르크' 폭동 사건이 발생했다.[17] 소련 해체 이후 중국 접경 국가에서는 중국의 소수민족에게 영향을 미치는 다양한 정치적 변동이 나타났다. 몽고에서는 정치적 변동이 나타났고,[18] 중앙아시아 국가에서는 '세계카

---

15 郝時遠, 2018, 위의 책, 138쪽.

16 郝時遠, 2019, 앞의 글, 22쪽.

17 1990년 4월 5~6일에 발생한 사건이다. 무장한 수백 명의 분리주의자들이 바런향 정부를 공격했고, 무장 경찰과의 충돌이 발생했다. 무장경찰과 민병 8명이 사망했고, 21명의 무장한 분리주의자가 사망했다. 이 사건은 개혁개방 이후 신장 분리주의자 활동의 서막이라는 평가를 받는다.

18 1980년 중반부터 구소련으로부터 불어온 개혁개방운동이 몽고에도 상당한 파급효

자흐스탄인대회' 개최 등 민족주의의가 확산되었다.

두 번째 시기는 개혁정책의 심화와 더불어 서부대개발 정책 등 소수민족지구의 경제 발전 정책이 본격화되고 민족사무의 내용이 정치·사회·문화로 확대된 시기(1992~2011년)이다. 일부 학자는 이 시기를 '발전형' 민족정책의 시기라고 명명하기도 한다.[19] 1992년 1월 개혁개방 이후 첫 번째 중앙민족공작회의가 개최되었다. 이 회의는 소련·동구권 붕괴 이후 처음 개최된 중앙민족공작회의라는 점에서 대내외의 주목을 끌었다. 중국공산당 중앙은 민족구역자치제도와 소수민족구역자치가 상호 결합된 특징, 그것이 국가의 통일 유지에 미친 영향에 대해서 '민족문제를 중국특색으로 해결하는 올바른 길'이라고 긍정했다. 이 시기의 민족정책의 내용을 살펴보자.

이 시기 연해 지역의 시장경제가 신속하게 발전하는 가운데 서부 지역에서도 점차 시장 관념이 형성되었고, 중국 전역이 사회주의 시장경제로 전환되어 나갔다. 1990년대 초기 서부 지역의 상인들이 연해 지역에 나타나기 시작했다. 쌍방 유동이 나타난 것이다. 1993년에 발표된 '도시민족공작조례'는 소수민족의 도시 융합의 문제를 해결하기 위한 것이다.

과를 주어 몽고인민혁명당은 1988년 12월 중앙위원회에서 이러한 개혁개방운동의 파급효과를 염두에 두고 먼저 개혁을 단행하기에 이른다. 형식적 개혁조치에 만족하지 않았던 몽고의 민주화 세력은 1989년 12월 '몽고민주연맹(MDU: Mongolian Democratic Union)'을 결성했고 민주화 시위를 주도하였다. 1990년 3월 몽고인민혁명당은 양대 세력이 함께 참여하는 원탁회의를 개최하기로 하고 이 회의에서 인민혁명당은 정당법개정, 즉 다당제의 도입과 기존 헌법에 명시되어 있는 인민혁명당의 권리를 포기하는 것에 대한 문제를 인민대회의에 안건으로 상정하기로 결의한다. 이 결의는 같은 해 5월 인민대회의에서 '몽고인민공화국 정당에 관한 법률'을 통과시킴으로써 실현된다.

19 常寶, 2013, 「社會轉型與反思中的中國民族政策與民族理論」. 『中央民族大學學報(哲學社會科學版)』 40(03).

이 시기 외지의 노동력을 많이 수용했던 선전(深圳), 상하이 등 연해 지역의 일부 경제가 발전된 지역은 중국의 다른 지역보다 민족사무에서도 앞서갔다. 가령 선전의 경우, 1990년대 들어 훈련반을 개설하여 타지에서 유입된 소수민족을 관리하기 위해 통일전선부, 민족사무위원회 계통의 간부를 훈련시켜 나갔다. 선전에는 특히 신장에서 온 위구르족이 많았는데, 선전 당국은 신장 당국과 협력하면서 경찰을 포함한 관리자의 타지(他地) 교류를 전개해 나갔고, 그 결과 신장의 위구르족 경찰이 선전으로 와서 위구르족이 많이 거주하는 사구(社區)의 업무를 담당하기도 했다.

1999년 신중국 성립 50주년 때 개최된 제2차 중앙민족공작회의는 '소수민족과 민족지구의 경제 발전 및 사회진보의 가속화'라는 주제를 다루었다. 이 주제는 중국공산당 중앙이 중·서부 지역의 발전, 특히 서부대개발 전략 실시의 조건이 기본적으로 성숙했다고 판단한 것과 맥을 같이 한다.[20] 이 회의는 '변경 지역을 부흥시키고 인민을 부유하게 한다'는 소위 '흥변부민행동(興邊富民行動)'을 가속화한다는 결정을 내렸다. 이에 따라 국가민족사무위원회와 재정부는 '먼저 실험을 전개하고, 실험의 경험을 총결하여, 업무를 점진적으로 추진한다(試点先行, 總結經驗, 逐步推進)'는 업무의 원칙을 확립하고 2000년에는 '흥민부민행동'을 추진하기 위해 처음으로 9개의 변경 지역의 성(省)과 자치구(自治區)에 9개의 실험구를 선정했다.[21]

중국 당국은 2000년부터 중국의 경제 발전 중심을 연해 지역에서 서

20 郝時遠, 2019, 앞의 글, 25쪽.

21 國家民委·財政部, 2004, 「國家民委, 財政部關于繼續推進興邊富民行動的意見」, 民委發[2004]1號(2004.1.18).

부지구로 변경했다.[22] 서부대개발 전략의 실시로 일련의 종합적인 정책들이 제정되었다. 국가재정의 이전지불(轉移支付)의 규모 및 내지의 서부 지역 협력 파트너 지원 규모의 확대, 서부 지역의 대외 개방 확대, 흥변부민행동 전개 등과 같은 정책이다. 또한 중국의 중앙정부는 「신장 경제사회 발전을 진일보 촉진하는 데 관한 국무원의 약간의 의견(2007년)」, 시짱(2008년), 광시(2009년), 간쑤(2010년), 내몽고(2011년), 윈난(2011년), 구이저우(2012년)를 대상으로 하는 발전 계획 등 서부 지역의 특정 지역을 대상으로 하는 '특별정책(專項政策)'과 공작좌담회(工作座談會) 등 다양한 방법의 지원 정책을 통해서 서부 지역을 발전시켜 나가고자 했다.

이 시기 중국공산당은 민족이론과 연관된 몇 가지 중요한 조치를 취했다. 우선, 2002년 11월에 개최되었던 중국공산당 16차 당대표대회에서는 "중화민족은 전국 56개 민족을 대표하는 총칭"이라는 문구를 당장(黨章)에 삽입했다. 그 다음, 2005년에 개최된 제3차 중앙민족공작회의는 민족 문제에 관하여 그간 중국공산당이 형성한 '12개 항의 기본 이론과 정책'을 제시했는데, 중국공산당은 이를 마르크스주의 민족이론을 더욱 풍부하게 하고 발전시킨 것이라고 해석했다.[23] '12개 항의 기본 이

22 1999년 6월 장쩌민(江澤民) 총서기는 시안(西安)에서 개최된 '서북 5개 성구(省區) 국유기업 개혁과 발전 좌담회'에서 중서부지구의 발전 속도를 가속화할 시기가 이미 성숙되었다고 밝혔다. 동년 9월에 개최된 중국공산당 15기 4중전회에서 통과된 '국유기업 개혁과 발전의 약간의 중대 문제에 관한 중공중앙의 결정'에서 "국가는 서부대개발 전략을 실시할 필요가 있다"라고 밝혔다. 동년 11월 중앙경제공작회의는 '서부대개발' 전략을 정식으로 시작했다. 2000년 1월 국무원은 국무원서부지구개발영도소조를 설치했는데, 주룽지(朱鎔基) 국무원 총리가 조장을, 원자바오(溫家寶) 국무원 부총리가 부조장을 맡았다. 전국인민대표대회의 심의를 거친 후 국무원 서부개발판은 2000년 3월부터 업무를 시작했다.

23 中共中央·國務院, 2005, 「中共中央, 國務院關于進一步加强民族工作加快少數民族和民族地區經濟社會發展的決定」 中發[2005]10號.

론과 정책'의 내용을 간략하게 정리하면 다음과 같다. ① 민족은 일정한 역사 발전 단계에서 형성된 안정적인 인간 공동체이다. ② 민족은 기나긴 역사적 과정을 통해서 형성, 발전, 쇠망한다. ③ 사회주의 시기는 각 민족이 공동으로 번영하고 발전하는 시기인데, 각 민족 간의 공동 요소는 부단히 증가하지만, 민족 차이와 경제·문화의 발전에서 각 민족의 차이는 장기적으로 존재한다. ④ 민족 문제는 민족 자신의 발전뿐만 아니라 민족 간, 민족과 계급, 국가 간 등의 관계까지 포함한다. ⑤ 중국특색 사회주의의 길은 중국의 민족 문제를 해결하는 근본적인 길이다. ⑥ 중국은 각 민족과 인민이 공동으로 만든 통일적 다민족국가이다. ⑦ 각 민족은 인구의 다소, 역사의 장단, 발전 정도의 고저를 구분하지 않고 일률적으로 평등하다. ⑧ 민족구역자치는 중국공산당이 중국의 민족 문제를 해결하는 기본 정책이고, 중국의 국정에 부합하는 기본 정치제도이다. ⑨ 평등, 단결, 상조(互助), 조화(和諧)는 중국 사회주의 민족관계의 본질적 특징이다. ⑩ 각 민족의 공동단결분투, 공동번영발전은 현 단계 민족사무의 주제이다. ⑪ 문화는 민족의 중요한 특징이고, 소수민족 문화는 중화민족문화의 중요한 구성 부분이다. ⑫ 소수민족 간부의 육성과 선발은 민족 문제를 해결하고, 민족사무를 잘하는 핵심적인 조치이고, 장기적·근본적 대사를 관리하는 조치이다.

아이러니한 것은 중국의 발전 중심이 서부 지역으로 이전하고, 중국특색의 민족이론과 정책을 제시했던 이 시기에 중국의 민족 문제가 더욱 두드러지게 나타났다는 점이다. 중국 정부가 올림픽 개최를 준비하기 위해 대외업무를 전면적으로 시작하고 있던 시점인 2008년 3월 시짱에서는 3·14사건이 발생했다. 2009년 신장 우루무치에서는 유혈폭동 사건인 7·5사건이 발생했다. 중국공산당은 3·14사건과 7·5사건의 주된 원인을 '경외 적대 세력의 침투와 영향'으로 간주하고 있지만, 중국학계에서는 중국의 민족 문제 발발의 원인을 민족 문제에 접근하는 중국공산당의 접근법과 제도에서 찾는 새로운 관점을 제기했다. 즉, 일부 학자는 중국에서 민족 문제가 발생하는 것은 민족을 구분하는 민족식별제도, 소수민족에게 특권을 부여하는 민족정책 등 제도와 정책에서 비롯된 것이라며 '민족 문제 해결을 위한 탈정치화' 접근법을 제기하기도 했고,[24] 일부 학자는 미국, 브라질, 인도와 같이 '대용광로'로 족군 간의 경계를 허무는 '탈민족'적 접근, 소위 소수 '족군'의 주류 족군으로의 동화를 핵심으로 하는 '제2세대 민족정책'을 채택해야 한다고 제안하기도 했다.[25] 물론 이런 관점에 대한 강력한 반론도 이어졌다.

세 번째 시기(2012년~현재)는 소위 '시진핑 신시대'인데, 민족 문제를 새로운 방법으로 다루면서 '공동번영'의 민족정책이 추진된 시기이다.[26] 2014년 9월에 개최된 제4차 중앙민족공작회의에서 시진핑 총서기는 "최근 들어 우리 나라 민족관계에는 새로운 상황이 나타났고, 민족지구의 개혁·발전·안정은 새로운 문제에 직면했으며, 특히 라싸 '3·14', 우루무치 '7·5' 등의 사건이 발생한 후 사회에서, 당 내외에서 민족 문제와 민족사무에 대한 서로 다른 인식이 나타났으며, (그 가운데에는) 긍정적이고 건설적 성격의 의견이 있기도 하지만 비판적이고 의문을 제기하는 성격의 견해도 있다. 당 중앙은 특별히 민족공작회의를 개최하는 것

24 馬戎, 2004,「理解民族關係的新思路: 少數族群問題"去政治化"」,『北京大學學報』第11期.

25 胡鞍鋼·胡聯合, 2011,「第二代民族政策: 促進民族交融一體和繁榮一體」,『新疆師範大學學報』第5期.

26 常寶, 2013,「轉型與反思中的中國民族政策與民族理論: 對中國當代民族研究的一點體會和評論」,『中央民族大學學報(哲學社會科學版)』40(3).

이 대단히 필요하다고 느낀다"라고 밝혔다.[27]

시진핑 총서기는 당시 민족 문제를 둘러싼 중국학계의 다양한 의견을 정리하고자 했다. 이와 관련하여 시진핑 총서기는 "일부 사람들은 이 제도(민족구역자치)는 소련 모델이라고 하고, 현재 국내에서도 그렇게 말하는 사람이 있고, 소련·동구권의 급변 이후 서구에서도 그렇게 말하는 사람이 있었다. 그런 말은 사실에 부합하지 않는다"라고 했고, 나아가 "일부 사람들은 민족구역자치제도를 하지 말아야 하고, 민족 자치구는 다른 성시(省市)와 같은 제도를 실행해야 한다고 주장한다. 그 견해는 맞지 않고, 정치적으로 유해하다. 나는 다시 명확하게 말하고자 한다. 민족구역자치제도를 취소해야 한다는 말은 수명을 다했다"라고 했다.[28] 이처럼 시진핑 총서기가 중국공산당의 입장과 배치되는 중국학계의 견해를 '정치적으로 유해한' 관점이라고 단정함으로써 민족구역자치제도를 둘러싼 중국학계의 논쟁은 더 이상 진행될 수 없게 되었다.

한편, 2014년 제4차 중앙민족공작회의에서 행한 시진핑 총서기의 연설에서는 과거에 없었던 독특한 표현이 있었다. 각 민족의 '3교[교왕(交往), 교류(交流), 교융(交融)] 촉진'이라는 말이다. 여기서 주목되는 것은 민족의 '교융(交融)' 촉진이라는 말인데, 이 말은 '동화'를 의미하는 것이어서 과거에는 제기할 수 없었던 말이다.[29]

제4차 중앙민족공작회의가 개최되었던 2014년은 중국 당국이 일대일로 정책을 발표한 해이다. 일대일로 정책은 중국의 18개 성, 시, 자치

27 郝時遠, 2019, 앞의 글, 29쪽.

28 郝時遠, 2018, 앞의 책, 280쪽.

29 馬戎·關凱, 2015, 앞의 글.

구와 연관된 정책이다. 내몽고, 신장, 시짱, 광시, 닝샤 등 5개 소수민족 자치구, 윈난, 간쑤, 칭하이, 헤이룽장(黑龍江), 지린(吉林), 랴오닝(遼寧) 등 소수민족이 집중적으로 거주하는 성과 변강 지구 모두 '일대일로'의 대외개방의 통로로 중요한 임무를 안고 있다.

한편, 2021년에 개최되었던 제5차 중앙민족공작회의는 2012년 이후 시진핑 총서기가 언급한 민족사무에 관한 다양한 정책과 견해를 소위 '12개의 반드시(十二個必須)'로 개괄하고 있다. '12개의 반드시'의 내용을 간략하게 정리하면 다음과 같다. ① 반드시 중화민족의 위대한 부흥 전략의 고도에서 신시대 당의 민족사무의 역사적 방위를 파악해야 한다. ② 반드시 사회주의 현대국가 건설을 위해 각 민족을 공동으로 분투하도록 추동하는 것을 신시대 당의 민족사무의 중요한 임무로 삼아야 한다. ③ 반드시 중화민족공동체의식의 단단한 주조를 신시대 당의 민족사무의 주선(主線)으로 삼아야 한다. ④ 반드시 정확한 중화민족 역사관을 견지해야 한다. ⑤ 반드시 각 민족의 일률적 평등을 견지해야 한다. ⑥ 반드시 중화민족 대단결의 기치를 높게 들어야 한다. ⑦ 반드시 민족구역자치제도를 견지하고 개선하도록 해야 한다. ⑧ 반드시 중화민족 공유의 정신적 고향을 구축해야 한다. ⑨ 반드시 각 민족의 광범위한 교왕·교류·교융을 촉진해야 한다. ⑩ 반드시 법에 의거하여 민족사무를 다루어야 한다. ⑪ 반드시 국가의 주권, 안전, 발전이익을 견결히 보호해야 한다. ⑫ 반드시 당의 민족사무 영도를 견지해야 한다.

Ⅲ. '시진핑 신시대'의 민족주의 이론

'12개 항의 기본 이론과 정책'과 '12개의 반드시'에는 모두 중국공산당이 중국특색의 민족 문제 해결 방안을 찾았고, 마르크스주의 민족이론을 더욱 발전시켰다고 선전하고 있는 내용들이 들어 있다. 이 장에서는 '12개 항의 기본 이론과 정책'과 '12개의 반드시'의 내용을 비교·검토해 보면서 양자의 공통점과 차이점은 무엇인지, 중국공산당은 어떤 점을 들어서 '시진핑 신시대'에 접어들어서 마르크스주의 민족이론을 더욱 풍부하게 발전시켰다고 선전하고 있는지를 살펴본다.

'12개 항의 기본 이론과 정책'과 '12개의 반드시'에 공통적으로 언급되는 내용은 민족과 중화민족 개념과 관련된 문제, 민족과 국가의 관계에 관한 문제, 중국의 민족 문제를 해결하는 제도의 문제이다. 즉, '민족은 기나긴 역사적 과정을 거쳐서 형성, 발전, 쇠퇴하고, 중화민족도 그러하다. 중국은 각 민족과 인민이 공동으로 만든 통일적 다민족국가이다. 중국특색의 사회주의의 길, 사회주의 현대국가를 건설하는 것이 중국의 민족 문제를 해결하는 근본적인 길이고, 중국의 민족 문제를 해결하는 기본정책과 제도는 민족구역자치, 민족구역자치제도'라는 것이다. 차이점은 민족사무의 주된 과제 설정에서 나타난다. 중국공산당은 민족사무의 주된 주제를 2005년에는 각 민족의 공동단결분투, 공동번영발전으로 보았지만, 2021년에는 '중화민족공동체의식의 단단한 주조'로 보았다. 시대가 다르기 때문에 민족사무의 시대적 주제도 달라진 것이다.

시진핑 총서기가 제기한 '중화민족공동체의식의 단단한 주조'라는 시대적 과제는 '중화민족의 위대한 부흥의 꿈'[30]의 실현이라는 목표와 연결되어 있다. 시진핑 총서기는 2012년 11월 29일 국가박물관에서 개최된

'부흥의 길(復興之路)' 전시회에서 행한 연설에서 "나는 중화민족의 위대한 부흥이 바로 근대 이후 중화민족의 가장 위대한 꿈이라고 생각한다"라고 밝힌 후 '중화민족의 위대한 부흥의 꿈'을 실현하려면 '중화민족공동체의식의 단단한 주조'가 필요하다고 반복해서 강조하고 있다. '중화민족공동체의식의 단단한 주조'는 '12개의 반드시' 가운데 '중화민족의 역사관 형성', '중화민족 공유의 정신적 고향 구축', '각 민족의 광범위한 교왕 · 교류 · 교융 촉진'과 더불어 '시진핑 신시대'의 마르크스주의 민족이론의 발전을 구성하는 요소이다.

국가민족사무위원회가 2021년 중국의 학자들을 조직하여 편찬한 『중화민족공동체개론(中華民族共同體概論, 이하 '『개론』')』[31]은 '시진핑 신시대'의 마르크스주의 민족이론의 발전, 중국특색의 민족주의이론을 집대성한 것이라고 볼 수 있다. 『개론』은 모두 16개의 장으로 구성되어 있는데, 그중 제1장 「중화민족공동체 기초이론」은 민족사무의 강화와 개선에 관한 시진핑 총서기의 주요한 사상, 특히 '중화민족공동체의식의 단단한 주조'에 관한 시진핑 총서기의 주요한 논술을 중점적으로 소개

---

30 중국공산당 19차 당대회를 계기로 중국이 실현해야 할 국가적 목표가 변화되었다. 19차 당대회 이전까지만 하더라도 중국공산당은 '두 개의 백 년' 중 두 번째 백 년인 건국 1백 주년에 도달해야 할 목표로 '사회주의 현대화 국가'의 건설을 제시했지만, 19차 당대회 보고에서는 '사회주의 현대화 국가' 건설의 목표는 2035년으로 앞당기고, 새로운 목표로 2049년까지 '사회주의 현대화 강국' 건설을 제시했다.

31 국가민족사무위원회는 『중화민족공동체개론』이 출판되어 나오기 전까지는 6개의 직속 대학에 각각 한 권의 강의록을 작성하여 사용하도록 했다. 국가민족사무위원회는 2021년 많은 대학을 연합하여 『중화민족공동체개론』 편찬 조직을 구성했다. 편찬 조직은 동년 11월 초고를 냈고, 2022년 11월 2교를 완성했다. 그 후 편찬 조직은 『중화민족 교왕(交往), 교류(交流), 교융(交融) 사강(史綱)』 편찬 조직과 협력하여 3교를 완성했고, 2023년 4월까지 의견 수렴을 거쳤다. 『중화민족공동체개론』 시용본은 2023년 7월 하순에 완성되었다(本書編寫組, 2023, 「後記」, 『中華民族共同體概論』, 高等教育出版社).

하고 그 의미를 해석하고 있다. 제2장 「올바른 중화민족 역사관」은 제1장의 민족이론에 기초하여 중화민족의 교왕·교류·교융의 역사를 개괄하고 있다. 제3장부터 제15장까지는 선사시대부터 신시대까지 중화민족공동체의 교왕·교류·교융의 역사적 맥락과 내용을 다루면서 잘못된 역사관을 비판하고, 이론적 난점에 대해 대응하고 있다. 제16장은 중화민족공동체 건설과 인류운명공동체 건설의 관계를 설명하면서, 중국과 서구의 비교를 통해서 새로운 형태의 인류문명의 세계적 의의를 설명하고 있다.[32]

'시진핑 신시대'의 마르크스주의 민족이론의 발전을 검토하려면 '중화민족공동체이론'을 다루고 있는 『개론』 제1장의 내용을 꼼꼼하게 검토해 볼 필요가 있다. 『개론』 제1장은 시진핑 총서기가 제기한 '중화민족공동체의식의 단단한 주조'라는 '창의적 논단과 이와 연관된 중요한 논술'은 '두 개의 결합'이라는 이론·역사·실천적 논리로부터 결정되어 나온 것이며, 심오한 사상이론적 연원, 역사·문화적 전통, 마르크스주의 민족이론의 중국화·시대화의 이론적 성과를 담고 있다고 서술하고 있다.[33] 이 서술은 세 가지의 문제로 구성되어 있다. 즉, '중화민족공동체의식의 단단한 주조'는 '두 개의 결합'이라는 이론·역사·실천적 논리와 어떻게 연결되어 있고, 또 중국의 역사·문화적 전통과는 어떻게 연결되어 있으며, 나아가 마르크스주의 민족이론과는 어떻게 연결되어 있는가라는 문제이다. 『개론』 제1장은 이 세 가지의 문제에 대해서 역순으로 대답하고 있다. 아래는 『개론』의 논리이다.

---

32 本書編寫組, 2023, 앞의 글.

33 本書編寫組, 2023, 앞의 책, 10쪽.

우선, 마르크스주의 민족이론과 공동체사상과 '중화민족공동체의식의 단단한 주조'의 관계이다. 전자는 후자를 위한 이론적 근거를 제공한다. 마르크스주의 민족이론의 기본 주제는 민족해방, 민족평등, 민족단결, 민족융합이다. 마르크스주의는 민족평등의 원칙에 기초하여 전 세계 무산계급과 피압박 민족의 진정한 단결·연합을 실현하여 민족해방을 달성하고, 무산계급의 정당은 정권을 획득한 후에는 반드시 사회주의 원칙으로써 민족의 평등·단결을 촉진해야 하며, 각 민족의 조화(和諧)·교융(交融)을 촉진해야 한다고 주장한다. 마르크스주의 민족이론의 핵심은 민족융합이다. 마르크스주의는 이에 대해 세 가지의 규율적 인식을 형성했다. 첫째, 민족융합을 하려면 반드시 정치적으로 통일되어야 한다. 다민족국가는 반드시 권력을 집중통일해야 한다. 레닌은 다음과 같이 지적하고 있다. "서로 다른 민족이 구성한 통일적 국가의 상황하에서… 마르크스주의자는 어떠한 연방제 원칙의 실행을 주장하지 않으며, 어떠한 분권제 실행도 주장하지 않는다. 중앙집권제의 대국은 중세기의 분산 상태로부터 장차 전 세계 사회주의의 통일을 향해 거대한 역사적 일보를 내디딘 것이고, 이러한 국가(자본주의와 긴밀하게 연관된)를 통하지 않는 한, 사회주의로 향하는 길은 없고 또 있을 수도 없다." 둘째, 민족융합을 하려면 반드시 인심이 서로 통해야 한다. 레닌은 민족문화 보호를 내건 '정치(精致)한 민족주의'를 특별히 반대한다. 그는 "'민족문화자치'는 가장 정치한데, 그것은 또한 유해한 민족주의이며, 곧 민족문화라는 구호를 통해서 노동자를 부식하는 것이고, 또한 대단히 유해하며 심지어 반민주적인, 민족에 따라서 학교를 나누는 주장이다"라고 지적한다. 레닌은 각 민족이 문화·교육적으로 서로를 격리하는 상황을 반대한다. "'민족문화자치'라는 이 구호는 각 민족이 교육사업(전체 '문화' 사업에 이르기까지)상 상호 격리를 고취하는 것이고, 격리는 모든 특권(그중 민족 특권 포함)의 기초를 유지하는 필요에 완전히 부합하는 것이다." 민족융합 실현을 위해, 레닌은 줄곧 문화융합과 공동교육을 주장했다. 그는 "민족 간의 거리를 해소하려면, 각 민족의 아동이 한 학교 안에서 한데 뭉치도록 한다"라고 호소했다. 셋째, 민족융합을 하려면 반드시 진정한 공동체를 건설해야 한다. 마르크스, 엥겔스는 "공동체 내에서만, 개인은 비로소 자신의 재능을 전면적으로 발전시킬 수 있는 수단을 획득할 수 있다"라고 말했다. 그들은 자산계급의 '거짓된 공동체'를 비판하는 동시에 공산주의를 '진정한 공동체'와 '자유인들의 연합체'라고 정의했다. 마르크스주의가 말하는 공동체는 조화롭지만 동일하지는 않은(和而不同), 일치하는 것은 취하고 다른 것은 보류하는(求同存異) 사회적 유기체, 영욕을 함께하고, 화복(禍福)이 공존하는 조화로운 경관, 일치성도 있지만 차이성도 있는 공동의 고향(共同家園)이다.[34]

그 다음, '중화민족공동체의식의 단단한 주조'와 중국의 역사·문화적 전통과의 관계이다. 중국의 역사·문화적 전통 가운데 대통일 이념과 그 제도적 실천은 중화민족이 초대규모의 정치적 공동체를 형성하도록 하는 제도와 문화적 기초를 다져 놓았고, 중화민족공동체의식의 단단한 주조를 위한 역사·문화적 근거를 제공했다. 진(秦)나라가 중국 역사에서 처음으로 대통일을 달성한 이래 중화대지에 등장한 각 지역적 성격의 정권은 모두 대통일을 추구했고, 그것이 고대 중화민족의 집단적 컨센서스가 되었다. 대통일은 중화민족이 조화롭게 공존하는 길과 중화민족의 정체성의 길을 만들어 주었다. 한 민족이 중화민족대가정의 성원인

34 本書編寫組, 2023, 위의 책, 10~12쪽.

지의 여부를 판정하는 기준은 종족, 혈연, 지연이 아니라 중화문화이다. 대통일의 예속문화(禮俗文化)와 전장제도(典章制度)를 수용하기만 하면, 곧 중화민족의 일원이 된다. 또한 대통일은 중화민족공동체의 다원일체(多元一體)의 기본적인 상황을 다져 놓았다. 이는 중국이라는 국가의 건설 과정에서 서구적 의미의 제국도 서구적 의미의 민족국가도 형성하지 않도록 하는 근거가 되었다. 중화민족공동체는 상업무역과 문화적 회유, 조공체계의 호혜적 이해에 근거하여 유지되고 있지만, 서구의 민족국가는 군사적 정복과 제국식민에게 기대고 있고 패권의 논리를 따르고 있다. 서구의 문명은 '나누는(分)' 논리이고, 중화문명은 '합치는(合)' 논리이다. 역사상, 수많은 서구의 제국은 강성한 후 구름처럼 사라졌고, 수많은 서구의 민족국가는 일시적으로 통합된 후 다시 분리되었지만, 중화민족공동체와 중화문명은 국가 형태로서 수천 년 동안 중단되지 않고 지속될 수 있었다. 이는 바로 오늘날 중화민족공동체와 사회주의 현대화 강국 건설이 의지하는 독특한 역사적 전통이다.[35]

마지막으로, '중화민족공동체의식의 단단한 주조'와 '두 개의 결합'의 관계이다. 중국공산당은 성립 초기 민족 문제 해결의 중심 임무를 제기했다. 장정(長征)의 세례를 거쳐서 중국공산당은 무산계급의 선봉대로부터 전 민족의 선봉대로 발전했고, 중국공산당의 민족주체성을 확립했다. 외적의 침략에 직면하여, 중국공산당은 항일민족통일전선의 구축을 창도했고, 중화민족이라는 총체적(整體) 의식의 전면적 각성을 촉진했다. 중국공산당은 민족혁명과 민주혁명을 결합하고, 정치적 국가 건설과 민족공동체 건설을 결합하여, 통일적 다민족 현대국가 형태의 중화인민공

35 本書編寫組, 2023, 앞의 책, 12~13쪽.

화국을 건설했다. 사회주의 혁명과 건설의 시기, 중국공산당은 민족평등을 입국의 기본 원칙 가운데 하나로 삼고, 민족식별을 전개하며, 민족지구에 민주개혁과 사회주의 개조를 전개하여, 민족평등, 민족단결, 민족구역자치, 각 민족의 공동번영을 주요 내용으로 하는 민족이론과 민족정책의 기본적인 틀을 확립했고, 민족사무의 일련의 기본 제도를 형성했다. 개혁개방과 사회주의 현대화 건설의 신시기에 당이 직면한 주요 임무는, 중국 사회주의 건설의 올바른 길을 지속적으로 탐색하고, 사회적 생산력을 해방하고 발전시키며, 사람들이 빈곤에서 탈피하도록 하며, 가능한 한 빨리 부유해져서, 중화민족의 위대한 부흥 실현을 위해 새로운 활력이 충만한 체제적 보증과 고속 발전의 물질적 조건을 제공하는 것이었다. 중국공산당은 민족사무 영역에서 혼란을 바로잡았고(拔亂反正), 소수민족과 민족지구의 발전을 가속화했으며, 민족사무의 중심을 사회주의 현대화 건설을 위한 복무로 전환시켰다. 이 시기, 당은 전국 각 민족과 인민을 단결시키고 이끌어 서부대개발 전략 등 소수민족과 민족지구 발전을 가속화하는 일련의 정책적 조치들을 실시했고, “한족은 소수민족을 떠나서 존재할 수 없고, 소수민족은 한족을 떠나서 존재할 수 없으며, 각 민족 간에도 서로 떠나서는 존재할 수 없다”라는 중요 사상을 제기했고, ‘공동단결분투, 공동번영발전’의 민족사무 주제를 형성했고, 중국 사회주의 민족관계의 기본 특징을 풍부하게 하고 발전시켰다.[36]

36 本書編寫組, 2023, 위의 책, 13~14쪽.

Ⅳ. '시진핑 신시대' 민족주의 이론에 대한 몇 가지 질문

'시진핑 신시기' 마르크스주의 민족이론의 발전과 관련하여『개론』제1장의 설명 방식에 대해서는 크게 이론적인 측면과 제도적인 차원에서 좀 더 심도 있게 검토해 볼 지점들이 있다. 이론적인 차원에서는 민족융합의 관점에 대한 검토이고, 제도적인 차원에서는 민족구역자치제도에 대한 검토이다. 전자는 '중화민족'의 실체와 관련된 문제이고, 후자는 민족자치 원칙 혹은 민족자결 원칙의 채택과 관련된 문제이다. 아래에서는 이 이론과 제도적인 문제를 둘러싼 다양한 관점을 살펴본다.

『개론』은 민족융합의 관점에서 중국의 역사를 다시 쓴 한 권의 새로운 역사서이다. 이 관점에 따르면 중화대지에 거주하는 다민족은 긴 역사적 과정을 거쳐서 점차 하나의 '중화민족'으로 융합되어 나가고 있고, 중화민족의 독특한 중화문명을 형성해 나가고 있다. 그런데 여기서 근본적인 의문점 하나가 제기된다. 과연 중국에 거주하는 각 민족은 자신을 '중화민족'으로 간주하고 있는가 하는 점이다. 페이샤오퉁(費孝通)은 '중화민족'을 둘로 구분한다. 그는 '중화민족'을 '자각적 민족실체(自覺的民族實體)로서의 중화민족'과 '자재적 민족실체(自在的民族實體)로서의 중화민족'을 구분하면서 전자는 근대 시기 약 백 년 동안 중국이 서방 열강과 대항하는 가운데 형성된 것이고, 후자는 몇천 년의 역사 과정에서 형성되었다라고 주장한다.[37]

---

37 費孝通, 1989,「中華民族的多元一體格局」, 費孝通 等著,『中華民國多元一體格局』, 中央民族學院出版社, 1쪽.

‘자각적 실체로서의 중화민족’과 ‘자재적 실체로서의 중화민족’이 구분되고 양자가 병존한다는 점에서 ‘중화민족’의 개념은 중층적 구조를 띠고 있다. 상층은 ‘일체성’의 ‘중화민족’이고, 하층은 ‘다원성’의 56개 ‘민족’이다.[38] ‘중화민족’에서 ‘일체성’이 강조된 ‘중화민족’은 국가의 시민(公民)적 정체성을 중시하는 개념인데, 이는 앤서니 스미스(Anthony Smith)가 말한 정치적 함의가 강조된 ‘시민 민족 모델(civic model of nation)’의 개념에 가깝다. ‘다원성’이 강조된 ‘중화민족’은 중화민족을 구성하는 다양한 종족(ethnic groups), 중국 정부의 공식 용어로는 ‘소수민족’이라고 하는 56개 민족의 정체성을 중시하는 개념인데, 이는 스미스가 제기한 ‘종족 민족주의 모델(ethnic model of nation)’에 가깝다.[39]

‘일체성’이 강조된 ‘중화민족’과 ‘다원성’이 강조된 ‘중화민족’의 내용은 다르고, 또 민족의 운영 원리도 다르다. ‘일체성’이 강조된 ‘중화민족’은 곧 ‘시민적 민족’이라고 할 수 있는데, 시민적 민족은 국가 안에 이미 존재하는 다양한 종족이나 민족들을 모두 포괄하는 개념이고, 그 운영 원리는 종족이나 민족을 초월한 자유와 평등, 박애 등과 같은 근대적인 가치와 국민적 참여 및 시민적 권리 등 민주 제도를 바탕으로 하고 있다. ‘다원성’이 강조된 ‘중화민족’은 ‘종족적 민족’이라고 할 수 있는데, 그 운영의 원리는 혈연적 계보, 공동의 언어, 역사, 문화전통, 자신에 대

38 馬戎, 2016, 「如何認識“民族”和“中華民族”: 回顧1939年關于“中華民族是一個”的討論(代導論)」, 馬戎 主編, 『“中華民族是一個” 圍繞1939年這一議題的大討論』, 社會科學文獻出版社, 20쪽.

39 馬戎, 2016, 위의 글, 18쪽.

한 자기인식 등을 중시하는 문화를 바탕으로 하고 있다.[40]

중국공산당이 '민족융합'을 강조하면서 '중화민족'의 '다원성'보다 '일체성'을 강조할 경우 발생할 수 있는 문제는 무엇인가? 일체성이 강조되면 각 소수민족이 자기의 민족 혹은 종족적 정체성과 전통을 재생산하려는 욕구는 억압되고 은폐된다.[41] 그 경우 '일체'에 대한 '다원'의 인정은 점차 약화될 것이다.[42] 중국공산당은 '중화민족의 위대한 부흥의 꿈'을 실현하려면 중화민족의 공동체의식의 단단한 주조가 요구된다고 호소하고 있다.

중국공산당은 어떤 방식으로 중화민족의 정체성, 중화민족의 공동체의식을 강화하려 하고 있는가? 중국공산당은 '시민 민족 모델'과 '종족민족주의 모델'이 아니라 '중국 모델'을 통해서 그 목적을 달성하려 하고 있다. 시진핑 총서기는 2016년 중국공산당 성립 95주년 기념 연설에서 중국특색 사회주의 노선·이론·제도·문화에 대한 자신을 가져야 하며, 이 4개의 자신[43] 가운데 가장 중요한 것은 문화자신이라고 밝혔다. 시진핑 총서기는 이 문화자신은 5천여 년에 걸친 문명의 발전 과정에서 잉태된 중화의 우수한 전통문화와 당과 인민의 위대한 투쟁 과정에서 잉태된 혁명문화, 사회주의 선진문화가 축적된 중화민족의 독특한 정신

---

40 박정수, 2022, 「중국 민족주의와 한중 문화충돌」, 김인희 편, 『문화의 시대: 한중 문화충돌』, 동북아역사재단, 45쪽.

41 김광억, 2005, 「종족(Ethnicity)의 현대적 발명과 실천」, 김광억 외, 『종족과 민족: 그 단일과 보편의 신화를 넘어서』, 아카넷, 21쪽.

42 馬戎, 2016, 앞의 글, 14쪽.

43 '4개의 자신'은 '3개의 자신'에서 발전된 개념이다. 2012년 중국공산당 18차 당대회에서 후진타오 총서기는 '3개의 자신(길, 이론, 제도)'을 제기했다. 그 후 시진핑 총서기는 2016년 7월 중국공산당 창당 95주년을 기념하는 연설에서 '3개의 자신'에서 '문화 자신'을 추가하여 '4개의 자신'으로 정식화했다.

을 대표한다고 했다.

중화민족이 수천 년에 걸쳐서 형성한 중화의 우수한 전통문화와 중국공산당이 1백 년에 걸쳐서 형성한 혁명문화 및 사회주의 선진문화가 축적한 독특한 정신의 내용은 무엇이고, 양자의 관계는 어떠한가? 또 양자는 중화민족의 정체성 형성 및 중화민족공동체의식의 단단한 주조와 어떤 관련성이 있는 것일까? 『개론』은 이 문제에 대해 별도로 설명하지 않고 있다.

다만, 『개론』은 '중화의 우수한 전통문화'에 대해서는 다음과 같이 설명하고 있다. 즉, "중화의 우수 전통문화에는 수많은 중요한 원소들이 있다. 예를 들면, 천하위공(天下爲公), 천하대동(天下大同)의 사회적 이상, 나라의 근본은 백성(民爲邦本)이고 도덕으로 국가를 다스리는(爲政以德) 치리사상(治理思想), 구주가 관통한다(九州共貫)는 다원일체의 대통일 전통, 수신제가치국평천하와 국가의 흥망에도 필부의 책임이 있다는 가(家)와 국(國)을 함께 고려하는 마음, 후덕한 사람이 중대한 임무를 담당할 수 있고(厚德載物) 덕행을 명확하게 하여 도를 넓게 펼쳐 나가는(明德弘道) 정신적 추구, 백성을 풍족하게 하고(富民厚生) 명분과 실리를 함께 고려하는 경제윤리, 천인합일(天人合一)과 만물을 함께 키우는 생태이념, 실사구시, 지행합일의 철학사상, 한쪽에 치우치지 않고(執兩用中) 중도를 택해서 조화에 도달하는(守中致和) 사유방식, 신용을 지켜 이웃과 화목하고(講信修睦) 인자한 사람과 친근하며 이웃과 잘 지내는(親仁善隣) 교류의 도(交往之道) 등, 모두 중화문명의 두드러진 특성을 만들었다"라는 것이다. 이상의 서술에서 알 수 있듯이 '중화의 우수한 전통문화'는 유교적 가치관을 중심으로 하여 형성된 것이다.

시진핑 총서기는 2023년 6월에 개최된 문화전승발전좌담회에서 처음으로 '중화문명의 두드러진 특성(中華文明的突出特性)'을 다섯 가지의 특성, 즉 연속성, 창의성, 통일성, 포용성, 평화성으로 개괄한 바 있다. 『개론』은 이 '중화문명의 두드러진 특성'은 그가 앞서 제기한 '네 가지 공동(四個共同)'[44]의 중화민족역사관, '네 가지 함께(四個與共)'[45]의 중화민족공동체이념과 더불어 중화민족공동체이론의 함의를 더욱 풍부하고 완전하게 만들고, '중화민족'을 더욱 깊게 이해하는 데 완전히 새로운 문명적 시각을 제공한다고 밝히고 있다.[46]

『개론』이 설명하고 있는 '중화문명의 두드러진 특성'의 내용을 살펴보자. 첫째, 연속성이다. 이는 중화민족이 끊임없이 성장하고 번성하는 역사적 발전에 뿌리를 두고 있다. 세계에서 오래된 문명 가운데 오직 중화문명만이 중단된 적이 없었고, 중화민족만이 한줄기로 이어져 내려오고 있다. 둘째, 창조성이다. 중화민족은 화약, 나침판, 인쇄술 등 세계적으로 유명한 과학기술의 성과를 창조한 민족이다. 셋째, 통일성이다. 중화민족은 대통일의 역사적 전통을 견지한다. 심지어 분열의 시기에서조차 대

44 시진핑 총서기는 2019년 전국민족단결진보표창대회에서 처음으로 '4개의 공동'의 관점에서 올바른 중화민족역사관의 함의를 설명하고, '하나의 중국사', 즉 각 민족이 교융·회취(交融匯聚)하여 형성한 다원일체의 중화민족의 역사를 제시했다. '4개의 공동'이란 다음과 같다. ▲우리의 광활한 강역은 각 민족이 공동으로 개척한 것이다. ▲우리의 유구한 역사는 각 민족이 공등으로 쓴 것이다. ▲우리의 찬란한 문화는 각 민족이 공동으로 창조한 것이다. ▲우리의 위대한 민족정신은 각 민족이 공동으로 키워낸 것이다(本書編寫組, 2023, 앞의 책, 7~8쪽).

45 시진핑 총서기는 "중화민족공동체의식의 단단한 주조는 곧 각 민족의 인민이 기쁨과 고통을 함께하고, 영예와 굴욕을 함께하며, 생사를 함께하고, 운명을 함께한다는 공동체 이념을 확고하게 수립하도록 인도할 것을 요구한다"라고 밝혔다. 이 말은 『習近平談治國理政』(外文出版社, 2022, 245쪽)에 나오는데, 本書編寫組, 2023, 위의 책, 8쪽에서 인용했다.

46 本書編寫組, 2023, 위의 책, 15쪽.

통일의 문화적 정체성과 가치 추구는 변화하지 않았다. 넷째, 포용성이다. 중화민족은 줄곧 세계문명을 개방적으로 수용했고, '제로섬 게임'의 배타적 관념과 체질적 차이에 기초한 서구의 종족주의 관념을 가진 바 없으며, 기타 문명의 장점을 부단히 학습하고 배우고, 그것을 중화문명의 내적 원소로 내화한다. 다섯째, 평화성이다. 이는 중화민족은 만국과 조화롭게 잘 어울린다는 천하관(天下觀)을 드러낸다. 평화성은 중화민족의 뿌리깊은 문화적 유전자(文化基因)이고, 중화민족이 족군(族群)의 충돌을 해소하는 귀중한 자산이다. 중국은 세계에서 가장 넓은 농경지역을 가지고 있었고, 기나긴 역사를 통해 중국에서 형성된 농경문화는 질서를 추구하고, 안정을 지향하며, 평화를 사랑하는 문화적 성격을 농축시키는 토대가 되었다. 중국은 국력이 왕성할 때조차 외부로 식민지를 개척한 적이 없고, 상업무역에 기대어 먼 지역에 있는 사람들을 회유했으며, 조공체계에 기대어 왕래를 했고, 대외적으로 문화적 패권을 추구한 적이 없으며, 듣고 배우러 오는(有聞來學) 것에 기대어 인심을 얻었다.[47]

'중화문명의 두드러진 특성'은 '중화민족'의 두드러진 특성인가 아니면 한족(漢族)의 두드러진 특성인가? 이런 문제 제기는 시진핑 총서기가 '중화문명의 두드러진 특성'을 제기하기 이전에도 있었다. 말하자면, 중국공산당이 '중화민족'과 '중화사상'을 강조할 때마다 그것은 '중화민족'의 '중화사상'이 아니라 한족의 중화사상이라는 문제 제기이다.[48] 이와 관련하여 『개론』에서 언급하고 있는 '중화민족의 뿌리깊은 문화적 유전

47 本書編寫組, 2023, 위의 책, 15~16쪽.

48 박정수, 2022, 앞의 글, 56~59쪽.

자(文化基因)'라는 표현은 주목을 요한다. 이 표현은 시진핑 총서기의 문화적 유전자론에서 차용한 것이다.

시진핑 총서기의 문화적 유전자론은 시진핑이 2014년 독일의 쾨르버 재단(Körber-Stiftung)에서 행한 연설에서 처음으로 제기되었다. 그는 중화민족은 평화를 애호하는 민족이라면서 "한 민족의 가장 깊은 곳에 내재해 있는 정신적 추구는 그 대대토 내려오는 민족정신 중에서 유전자 배열(基因測序, DNA Sequencing)을 반드시 진행한다"라고 말했다. 국가민족사무위원회는 이 같은 유전자 배열은 "중국의 역사에서, 어느 민족이 황제를 자칭했든 관계없이, 건립된 것은 모두 다민족국가이고, 게다가 강성한 왕조일수록 흡수한 민족도 더 많다. 어느 민족이 중원에 진입했든 관계없이, 모두 자신이 건립한 왕조를 통일된 다민족국가의 정통으로 간주한다"라는 것을 증명한다고 해석한다.[49]

'유전자 배열'로 대표되는 시진핑 총서기의 문화적 유전자론은 중화민족의 문화는 중화민족을 구성하는 다민족의 문화 가운데 가장 우수한 문화들을 종합·융합하여 계승하고 있다는 점을 강조하기 위한 것이다. 그렇지만 이 관점에 대해서는 반론의 여지가 많다는 점만 지적해 둔다.

이제 제도적인 차원의 문제에 대해 검토해 보자. 먼저 중국공산당이 '두 개의 결합'을 통해서 찾았다고 선전하고 있는 중국의 민족 문제를 해결하는 제도, 즉 민족구역자치제도의 채택 과정부터 살펴본다.

중국공산당의 창당부터 중화인민공화국 건국 직전까지 중국공산당

---

49 國家民族事務委員會 編, 『中央民族工作會議情神學習輔導讀本』, 26쪽(郝時遠, 2018, 앞의 책, 294쪽에서 재인용)

내에서는 신장, 시짱, 칭하이 등 소수민족이 집중적으로 거주하는 지역의 경우 소련과 같이 민족자결의 원칙을 적용하여 독립국가를 형성하도록 하고 그 독립국가를 연방국가에 편입할 것인지 아니면 민족자치의 원칙을 적용하여 자치의 정도가 높은 지방정부를 수립하도록 하고 그 지방정부를 단일한 국가에 편입할 것인지에 대해 논쟁이 끊이지 않았다. 중국공산당은 3단계의 모색 과정을 통해서 민족구역자치제도를 채택하는 자신의 방침을 확정했다.[50]

1단계는 1922년부터 1931년 9·18 만주사변 발발 이전까지의 시기이다. 이 시기 중국공산당은 소련의 영향을 받아서 민족자결 및 연방제를 제기했다. 1922년에 개최된 중국공산당 2차 당대회에서 통과시킨 '선언'은 "자유연방제를 통해 중국 본부, 몽고, 시짱, 후이장(回疆)을 통일해 중화연방공화국을 건설"한다고 천명했다. 1923년에 개최된 중국공산당 3차 당대회가 통과시킨 '당강 초안(黨綱草案)'은 "시짱, 몽고, 신장, 칭하이 등지와 중국 본부와의 관계는 각 민족의 자결에 따른다"라고 하여 민족 문제 해결의 원칙으로서 민족자결을 제시했다.

2단계는 1931년에 발발한 9·18 만주사변부터 1938년에 개최된 중국공산당 6기 6중전회 이전까지의 시기인데, 중국공산당은 연방제와 민족구역자치제도를 병행하여 제시했다. 1931년 11월 마오쩌둥(毛澤東)의 명의로 발표된 '중화소비에트공화국 헌법대강'은 민족자결 및 연방제와 함께 '스스로 자치구역을 건설한다'고 서술하고 있는데, 이는 민족구역자치에 관한 중국공산당의 최초 주장이다.

---

50 최승현, 2016, 「중국민족구역자치제도의 형성 및 毛澤東의 역할에 대한 비판적 검토」, 『중국인문과학』 64, 506쪽.

3단계는 1938년에 개최된 중국공산당 6기 6중전회부터 1949년 9월 말 중화인민공화국이 성립되기 직전까지의 시기이다. 중국공산당은 민족자결과 연방제를 포기하고 그 대신 민족구역자치제도를 채택했다. 마오쩌둥은 1938년 「신단계론(論新段階)」에서 "몽(蒙), 회(回), 장(藏), 묘(苗), 요(瑤), 이(夷), 이(彝), 번(番)의 다민족과 한족은 평등한 권리를 갖고, 항일의 원칙하에, 자신의 사무를 관할할 권리를 가지며, 동시에 한족과 연합하여 통일된 국가를 건립한다"라고 했다. 중국공산당은 1940년 「몽고민족 문제 제강」, 「산시(陝西), 간쑤, 닝샤 변구 시정 강요」 등의 문건에 기초하여 몽고족과 회족이 밀집한 지역에는 구(區)와 향(鄉) 자치정권을 건설했다. 1945년 마오쩌둥은 「연합정부론(論聯合政府)」에서 "소수민족의 대우를 개선하고, 각 소수민족의 민족자치의 권리를 허가한다"라고 밝혔다.[51] 1945년 9월 15일 중국공산당 중앙은 몽고족이 집중적으로 거주하고 있는 쑤이위안(綏遠) 지역에 지방 자치정부 수립을 결정했고, 몽고인 군대를 건설했다. 동년 10월 23일 중국공산당 중앙은 내몽고에 대해서는 구역자치를 실시한다는 기본 방침을 확정했다. 이 기본 방침에 근거하여 중국공산당은 1947년 5월 1일 내몽고 자치정부를 수립했다. 1949년 9월 29일에 개최된 중국인민정치협상회의의 제1차 전체회의에서 통과된 '중국인민정치협상회의 공동강령'은 "각 소수민족

51 靑覺, 2019, 「中國民族區域自治實踐的理性解析」, 靑覺 主編, 『民族政治輯刊第5輯』, 社會科學文獻出版社, 263쪽. 민족구역자치제도 형성과 관련하여 빠짐없이 인용되는 문헌은 마오쩌둥이 1945년 「연합정부론」이다. 그런데 이 「연합정부론」의 내용은 판본별 차이가 있다. 「연합정부론」이 처음 게재되었던 『해방일보』에는 "각 소수민족이 민족자결권을 가지고 자원의 원칙 아래 한족과 연합하여 연방국가를 건립할 권리가 있음을 허락"한다고 되어 있는 데 반해, 건국 이후 출간된 『마오쩌둥선집』의 「연합정부론」에는 연방에 대한 문구는 삭제되고 "각 소수민족이 민족자치의 권리가 있음을 허락"한다고 되어 있다(최승현, 2016, 위의 글, 504쪽).

의 민족구역자치를 실시하고, 인구수 및 지역 규모에 따라 민족자치기관을 각기 건립한다"라고 규정하고 있다.[52]

중국공산당은 소련과 같이 민족자결의 원칙에 기초한 연방제도를 채택하지 않고 민족자치의 원칙에 기초한 통일적인 국가제도를 채택한 이유에 대해서 다음과 같이 밝히고 있다. 첫째, 중국과 러시아의 역사는 다르다는 점이다. 중국은 진한(秦漢) 이래 통일적 다민족국가를 형성했고, 각 민족은 2천여 년 동안의 통일된 상황에서 상호의존의 밀접한 관계를 형성했으며, 각 민족 간의 친화력과 응집력이 대단히 강하다. 이에 반해 러시아의 중앙통일의 역사는 5백여 년밖에 되지 않았고, 비러시아 민족은 독립의 길을 걸으면서 민족국가를 건립했으며, 각 민족의 상호의존성은 대단히 약하고 독립성은 대단히 강하다. 둘째, 중국과 러시아의 민족 성분과 분포가 다르다는 점이다. 중국의 소수민족은 신중국 성립 초, 전체 인구의 6%를 점하고, 각 민족은 주로 잡거(雜居) 형태로 거주했지만, 러시아의 경우 소수민족이 전체 인구의 절반을 점하고, 각 민족들은 서로 분리하여 거주했다. 셋째, 중국과 러시아국의 혁명의 발전 모델이 다르다는 점이다. 중국의 혁명은 농촌에서 도시로 진행되면서 각 민족이 혁명에 공동으로 참여했고, 공동으로 중국을 건설한 데 반해 소련의 혁명은 도시에서 농촌으로 진행되었고, 혁명의 과정에서 변경 지역에는 적지 않은 독립적 민족국가가 건설되었기 때문에 홍색 정권이 건립된 후

52 민족구역자치제도는 1952년 '민족구역자치 실시 강요', 1954년 및 1982년 '중화인민공화국 헌법'의 관련 규정, 1984년과 2001년 '민족구역자치법' 등의 법규를 통해 중국의 민족 문제를 해결하는 기본적 정치제도로 법률적으로 보장받고 있다. 1947년 내몽고자치구를 기본 토대로 삼아 1955년 신장위구르자치구, 1958년 광시좡족자치구, 1958년 닝샤회족(寧夏回族)자치구, 1965년 시짱(西藏)자치구를 설립했다(최승현, 2016, 위의 글, 503쪽).

연방제를 채택할 수밖에 없었다.[53]

중국공산당이 연방제 대신 민족구역자치제도를 채택한 이유는 이처럼 다양하지만, 청 제국의 영토적 판도를 중화인민공화국이 유지·계승해야 한다는 강박감도 크게 작용한 것으로 볼 수 있다. 그 강박감은 쑨원(孫文)부터 시작된 중국 엘리트의 중화민족 국가의 관념과 밀접하게 연관되어 있다. 쑨원은 혁명을 위해서 만주족 배제를 외쳤다가 민족에 따른 영토적 분열을 염려하여 오족공화(五族共和)를 외쳤고, 심지어 개량파의 중화민족 개념을 수용한 것으로 잘 알려져 있다. 중국공산당의 영토 보존에 대한 강박감은 중국공산당이 이미 1945년에 이미 독립한 외몽고를 중국의 판도 내로 편입하려고 치열하게 노력한 점을 통해서도 확인할 수 있다. 외몽고는 1945년 중화민국 정부와 소련 정부가 체결한 중소우호동맹조약에 근거하여 국민투표를 거쳐서 독립국가가 되었지만, 중국공산당 안에는 외몽고의 수복 주장이 있었다. 1949~1950년대 중국공산당의 지도자는 다섯 번에 걸쳐 서로 다른 장소에서 소련공산당 지도자에게 중국의 외몽고 수복 문제를 제기했지만, 소련의 반대에 직면하여 그 뜻을 이루지 못했다.[54]

한때 청나라의 판도 속에 포섭되어 있었던 몽고의 경우, 중국의 혼란기 때 그 일부는 외몽고로 독립했고, 또 다른 일부는 내몽고로 민족자치의 형태를 취했다. 이는 무엇을 의미하는가? 중국의 주권국가의 힘이 현

53 周恩來, 1957, 「關于我國民族政策的幾個問題」(1957.8.4), 中文馬克思主義文庫; 李維漢, 2016, 「關于民族工作中的幾個問題」(1961), 『統一戰線問題與民族問題』, 中共黨史出版社, 640~642쪽; 王冬麗, 2015.6.12, "李維漢關于中國民族區域自治自治的探索", 『中國民族報』.

54 劉曉原, 2023.2, 앞의 글, 51쪽.

저히 약화되었을 때 소수민족이 많이 거주하는 중국의 변경 지역에서는 주권국가로부터 독립하려는 원심력이 크게 작동한다는 것을 보여 준다. 한편 중국의 중원에서 지배력을 획득한 중국공산당은 중화인민공화국이 수립되기 직전부터 외몽고를 수복하려고 시도했다. 이는 무엇을 의미하는가? 주권국가의 힘이 강화되었을 때에는 변경 지역에 대한 구심력이 크게 작동한다는 것이다. 이는 민족자치 혹은 민족자결 중 어느 제도가 중국의 토양에 부합하는가의 문제가 아니라 주권국가의 영토를 보존하는 주권국가의 능력과 관계된 문제이다.

V. 맺음말: '중화민족' 역사 다시 쓰기의 함정

본문에서는 개혁개방 이후 중국공산당의 민족정책 변화 과정을 크게 세 시기로 구분하여 살펴보았다. 1978년부터 1992년까지는 민족 문제를 계급 문제로 접근한 기존의 노선을 바로 잡고, 민족사무의 방침을 소수민족 지구의 경제 발전으로 조정했다. 1992년부터 2011년까지는 중국공산당은 서부대개발 정책 등 소수민족 지구의 경제 발전 정책을 본격화했고, 당장(黨章)에 "중화민족은 전국 56개 민족을 대표하는 총칭"이라는 문구를 삽입했고, 민족구역자치제도를 민족 문제 해결의 기본 정책이라는 점을 확인했다. 2012년부터 지금까지는 소위 시진핑 '신시대'로 중국공산당이 각 민족의 교왕·교류·교융을 강조하면서 중국 내의 각 민족의 통합을 강조하고 있다.

그간 중국공산당이 '중화민족'의 '일체성'을 강조하면 강조할수록 중국은 내적으로는 소수민족과 한족의 갈등이 강화되었고, 외적으로는 타국과의 마찰이 더욱 커지는 딜레마에 빠졌다. 그런데 역설적이게도 '시진핑 신시대'에 들어와서 중국공산당은 '중화민족'의 정체성을 더욱 강화하는 정책을 채택하고 있다. 왜 이 같은 일이 발생했을까? 이에 대해 몇 가지 해석이 가능하다.

우선, 민족사무의 중점 과제를 변경해야 하는 상황이 나타났다는 점이다. 중국공산당은 서부대개발 정책, 일대일로 정책 등의 발전 정책을 통해서 소수민족이 집중적으로 거주하고 있는 변경 지역의 경제가 현저하게 발전하고 있다고 판단하고 이제는 중화민족의 정체성 형성과 관련된 정책을 강화하고 있다. '시진핑 신시대' 전후로 민족사무의 주축이 소수민족 지역의 경제 발전과 공동번영에서 '중화민족공동체의식의 단단한 주조'로 전환한 것은 이를 잘 말해 준다.

그 다음, 국제 정세 변화에 따른 중국공산당의 능동적 대응이다. 중국공산당은 "지금 세계는 백 년 동안 없었던 대변국(百年未有之大變局)을 경험하고 있다"면서 '중화민족의 위대한 부흥 전략의 전국면'에 입각하여 신시대 중국특색 사회주의의 새로운 승리를 쟁취해야 한다고 강조한다. 시진핑 총서기는 '중화민족의 위대한 부흥의 꿈'의 실현이라는 국가적·민족적 과제를 내세워 국가 최고지도자의 권력과 중화민족의 응집력을 강화해 나가고 있다. 헌법 개정을 통한 국가 주석의 3연임 제한 규정 폐지 이후 중국 최고지도자에게는 종신집권의 가능성이 열렸다.

'시진핑 신시대'의 중국공산당은 마르크스주의 민족이론에서 '중화민족'의 정체성과 '중화민족공동체의식'을 강화하는 데 도움이 되는 관점들을 집대성하고, 이를 마르크스주의 민족이론의 새로운 발전, 중국특색의 민족이론이라고 선전하고 있다. 이 선전에서 가장 주목을 끄는 것은 '민족융합'이 마르크스주의 민족이론의 핵심이라는 주장이다. 이 주장은 민족을 구성하는 네 가지 요소, 즉 동일한 언어, 동일한 지역, 동일한 경제생활, 동일한 문화적 소양을 구비하면 독립된 민족이 될 수 있다는 스탈린의 민족이론, 중국공산당의 민족식별이론과 다르다.

'시진핑 신시대'의 중국공산당은 민족융합의 관점에서 '중화민족'의 역사서를 다시 쓰고 있다. 사실 '중화민족'의 역사를 다시 쓰는 작업은 시진핑 '신시대' 이전부터 있어 왔다. 중국공산당은 2000년대 들어와 동북 변경 연구공정, 신장 지역 변강연구공정, 서남항목, 시짱항목 연구공정 등을 통해서 '이민족'의 역사를 '중화민족'의 역사로 편입하는 공정을 대대적으로 추진했다.[55] '시진핑 신시대'의 중화민족 역사 다시 쓰기는 한편으로는 이들 공정의 성과를 계승하고, 다른 한편으로는 마르크스주의 민족이론, 중국특색의 민족이론을 더욱 정교하게 가다듬고 민족융합에 부합하는 사료를 보완하면서 진행되고 있다.

어느 국가나 역사를 재구성하는 다양한 시도들이 있어 왔고, 중국도 예외는 아니다. 국가 차원에서 추진되고 있는 역사 재구성은 국가 건설이라는 프로젝트에 매여 있고, 이 국가 프로젝트는 민족을 궁극적으로 모든 차이를 초월하는 주체로 보기 때문에 응집되고 초월적인 이상으로 진화하는 단 하나의 역사를 전제한다. 이런 방식으로 역사적 프레임이 짜지면 민족주의자들은 인민들의 다중적인 역사들을 억압하거나 융합하려고 한다.[56] 이런 위험성이 내재하기 때문에 '국가로부터 역사를 구해야 한다'는 주장이 제기되었다.[57]

---

55 박장배 · 이천석 · 박선영 · 정면 · 이평래, 2014, 『중국의 변경연구』, 동북아역사재단.

56 Prasenjit Duara, 1993, "De-Constructing the Chinese Nation," *The Australian Journal of Chinese Affairs*, Jul., No. 30, p. 25.

57 杜贊奇, 2020, 『從民族國家拯救歷史: 民族主義話語與中國現代史研究』, 江蘇人民

민족 건설의 거대한 프로젝트가 진행되고 있는 중국에서 '국가로부터 역사를 구할' 방법이 있는가? 단일한 방향의 계몽적인 역사 서술에 내재된 다양한 쟁점들을 드러내고 복수의 역사가 가능하다는 담론을 형성하는 길밖에 없다. 민족은 창안되었건 아니건 관계없이 하나의 역사적 동력으로 작용해 왔고, 앞으로도 그럴 것이다. 더구나 역사와 민족이 결부되어 있음을 부인할 사람은 거의 없다. 역사와 민족의 관계가 과거의 대안적 개념들을 지워 버렸던 것도 아니다. 이러한 과정들을 제대로 이해하기 위해서는 '국가로부터 역사를 구출해 내는 것'이 아니라 그 모든 복잡성 아래 민족을 역사 속에서, 그리고 역사를 민족 속에서 보는 것이 중요하다.[58] 이는 온전한 역사를 구성하려는 연구자의 몫이다.

出版社.

58 아리프 딜릭 지음, 황동연 옮김, 2005, 『포스트모더니티의 역사들: 유산과 프로젝트로서의 과거』, 창비, 41쪽.

참고문헌

공봉진, 2007, 「'중화민족' 용어의 기원과 정체성에 관한 연구」, 『Journal of China Studies』 2.

기세찬, 2017, 「신청사 연구사 분석을 통한 담론의 함의」, 『군사연구』 144.

김광억, 2005, 「종족(Ethnicity)의 현대적 발명과 실천」, 김광억 외, 『종족과 민족: 그 단일과 보편의 신화를 넘어서』, 아카넷.

김승욱, 2022.12, 「근현대 중국에서 민족 담론의 전개: 다양한 지식 기반과 내적 긴장」, 『동북아역사논총』 78.

박장배, 2003, 「근현대 중국의 역사교육과 중화민족 정체성 2」, 『중국근현대사연구』 20.

박장배 · 이천석 · 박선영 · 정면 · 이평래, 2014, 『중국의 변경연구』, 동북아역사재단.

박정수, 2022, 「중국 민족주의와 한중 문화충돌」, 김인희 편, 『문화의 시대: 한중 문화충돌』, 동북아역사재단.

아리프 딜릭 지음, 황동연 옮김, 2005, 『포스트모더니티의 역사들: 유산과 프로젝트로서의 과거』, 창비.

최승현, 2016, 「중국민족구역자치제도의 형성 및 毛澤東의 역할에 대한 비판적 검토」, 『중국인문과학』 64.

江平, 2000, 「關于民族工作問題的幾點看法和意見」, 毛公寧 · 王鐵志 主編, 國家民委民族問題研究中心 編, 『跨世界民族問題研究與探索』, 中央民族大學出版社.

江平 · 黃鑄 主編, 1995, 『中國民族問題的理論與實踐』, 中央黨校出版社.

國家民委 · 財政部, 2004, 「國家民委, 財政部關于繼續推進興邊富民行動的意見」, 民委發〔2004〕1號(2004.1.18).

杜贊奇, 2020, 『從民族國家拯救歷史: 民族主義話語與中國現代史研究』, 江蘇人民出版社.

劉曉原, 2022.12, 「中蒙關係'正常化': 一個政治現像的歷程(上)」, 『二十一世紀』 總第194期.

______, 2023.2, 「中蒙關係'正常化': 一個政治現像的歷程(下)」, 『二十一世紀』 總第195期.

李帆, 2011, 「以"中華"爲族稱:辛亥革命前後的民族認同」, 『北京師範大學學報(社會科學版)』 第5期(總第227期).

李維漢, 「關于民族工作中的幾個問題」(1961), 2016, 『統一戰線問題與民族問題』, 中共黨史出版社.

馬戎, 2004,「理解民族關係的新思路:少數族群問題“去政治化”」,『北京大學學報』第11期.

_____, 2016,「如何認識“民族”和“中華民族”: 回顧1939年關于“中華民族是一個”的討論(代導論)」, 馬戎 主編,『“中華民族是一個” 圍繞1939年這一議題的大討論』, 社會科學文獻出版社.

馬戎 · 關凱, 2015,「國家建設視覺下的中國民族問題:馬戎教授訪談」,『學術月刊』第8期.

毛公寧 · 王鐵志 主編, 國家民委民族問題研究中心 編, 2000,『跨世界民族問題研究與探索』, 中央民族大學出版社.

本書編寫組, 2023,『中華民族共同體概論』, 高等教育出版社.

費孝通, 1989,「中華民族的多元一體格局」, 費孝通 等著,『中華民國多元一體格局』, 中央民族學院出版社.

常寶, 2013,「社會轉型與反思中的中國民族政策與民族理論」.『中央民族大學學報(哲學社會科學版)』40(03).

常寶, 2013,「轉型與反思中的中國民族政策與民族理論: 對中國當代民族研究的一點體會和評論」,『中央民族大學學報(哲學社會科學版)』40(3).

徐泓, 2016,「新清史論爭: 從何炳棣, 羅友枝論戰說起」,『首都師範大學學報(社會科學版)』2016年 第1期.

周恩來, 1957,「關于我國民族政策的幾個問題」(1957.8.4), 中文馬克思主義文庫.

中共中央 · 國務院, 2005,「中共中央, 國務院關于進一步加强民族工作加快少數民族和民族地區經濟社會發展的決定」中發[2005]10號.

青覺, 2019,「中國民族區域自治實踐的理性解析」, 青覺 主編,『民族政治輯刊第5輯』, 社會科學文獻出版社.

郝時遠, 2016,『中國特色解決民族問題之路』, 中國社會科學出版社.

_____, 2018,『中國共産黨怎樣解決民族問題』, 江西人民出版社.

_____, 2019,「改革開放四十年民族事務的實踐與討論」, 青覺 主編,『民族政治輯刊』第五輯, 社會科學文獻出版社.

胡鞍鋼 · 胡聯合, 2011,「第二代民族政策:促進民族交融一體和繁榮一體」,『新疆師範大學學報』第5期.

Duara, Prasenjit, 1993, “De-Constructing the Chinese Nation,” *The Australian Journal of Chinese Affairs*, Jul., No. 30.

Lattimore, Owen, 1935, “Prince, Priest and Herdsman in Mongolia,” *Pacific*

Affairs 8, No.1.

劉姍姍, 2020.11.30, ""新清史"流派的形成及主要觀點", 中華文化網, www.qinghistory.cn/qsck/431146.shtml.

潘岳, 2021.3.31, "爲什麽是"中華民族"?顧頡剛與費孝通有一場爭論",『人民政協報』.

王冬麗, 2015.6.12, "李維漢關于中國民族區域自治自治的探索",『中國民族報』.

7장

21세기 '중화민족' · 중화주의 · '동일성의 제국': 시진핑 체제의 '중화민족공동체'와 '중화적 종주권의식'을 중심으로

조경란 연세대학교 국학연구원 연구교수

Ⅰ. 시진핑 체제의 '중화민족공동체'와 '중화적 종주권의식'
Ⅱ. '중화민족'의 히스토리와 중화내셔널리즘의 탄생
Ⅲ. '중화민족공동체'와 제국모델(대일통): 21세기 '동일성의 제국'
Ⅳ. '중화민족공동체'와 국제사회 모델-다원의 열린 공동체
Ⅴ. 결론을 대신하여: 한국, 어떻게 할 것인가

Ⅰ. 시진핑 체제의 '중화민족공동체'와 '중화적 종주권의식'

시진핑(習近平) 정부는 '인류운명공동체'(2012년), '아시아운명공동체'(亞洲命運共同體, 2015년), '중화민족공동체'(2017년)를 차례로 제시했다. 이로써 미국과 개발도상국을 겨냥한 글로벌 차원, 주변 국가를 포함한 아시아 차원, 중국 내부의 한족과 소수민족의 통합을 위한 민족·국가 차원 등 세 층위에 대한 시진핑 정부의 대체적 구상이 드러난 셈이다.

중화민족공동체는 시진핑 주석이 2017년 19대 당대회에서 "중화민족 공동체의식을 공고히 한다(鑄牢中華民族共同體意識)"를 보고한 후 '중국 공산당 당장(中國共産黨黨章)'에 포함되어 새로운 민족이론으로 확정되었다. 중화민족공동체는 유기적인 운명공동체를 목표로 한다.[1] 사실상 이 구상의 실제 목표는 소수민족, 홍콩, 타이완을 포함한 중국 내부의 국민적, 민족적 통합에 있다. 즉, 한족을 중심으로 한 다양한 에스닉(ethnic)이 유기적 실체임을 강조하고자 하는 것이다. 여기서 공동체라는 단어를 붙인 것은 유기성을 강조한 것이지만 소수민족이 가지고 있는 최소한의 특수성보다는 '동일성의 제국'을 지향한다는 의미로 읽어야 한다. 시진핑 정부가 등장하면서 내건 '중화민족의 위대한 부흥'이라는 슬로건에서 이미 시진핑은 '중화민족의 아버지'라는 말이 나올 정도로 '중화민족'이라는 단어는 의인화되고 있다.[2]

---

1 이에 대한 간략한 내용은 楊福忠, 2021.8.30, "鑄牢中華民族共同體意識", 『光明日報』; 김인희, 2022.7.20, "중국이 새로 내건 중화민족공동체", 『중앙일보』 참조.

2 鈴木隆, 2022, 「'中華民族の父'を目指す習近平, あるいは'第二のブレジネフ'か'第二のプ-チンか'」, 川島眞·小嶋華津子 編, 『習近平の中國』, 東京大學出版會, 95쪽.

필자는 여기에 팍스 시니카(pax sinica) 지향의 대일통(大一統) 사상과 레닌주의적 정치시스템의 당 영도 원칙이라는 정체성의 정치가 개입되어 있다고 본다. 전자는 "최고지도자는 천하만민을 다스리는 것을 사명으로 한다"라는 유교의 전통이다. 후자는 '시진핑 사상'을 21세기 마르크스주의로 규정하는[3] 현 중국 지도부의 의지가 반영되어 있다.

중국의 '중화민족공동체' 주장에 대해 우리가 긴장해야 하는 것은 그 타깃이 소수민족이나 타이완의 복속에만 있는 것이 아니라는 점이다. 그 안에는 전통시대 주변의 사이(四夷)에 대한 역사 전략이 숨어 있고 이 과정에서 역사왜곡이 일어날 가능성이 존재한다. 한국 고대사 속의 한중 관계를 '속국'(심지어 현재까지도) 또는 '종번 관계'라고 자연스럽게 말하는 중국인을 어렵지 않게 발견할 수 있다.[4] 이는 어떤 면에서는 중국에서 역사교육을 어떻게 하고 있는지를 가늠할 수 있는 중요한 지표다.[5] 이런 종류의 역사왜곡이 지속된다면 한·중 간의 갈등은 불가피할 것으로 보인다.[6] 이러한 현상들은 세계가 '근대적 주권 개념'으로 전환했음에도 중국은 아직도 중세적인 '중화적 종주권 의식'에서 벗어나지 못하고 있다는 증거라 할 수 있다.[7]

---

3 *The Fundamentals of Xi JinPing Thought on Chinese Socialism in a New Era*[習近平新時代中國特色社會主義思想基本問題](Beijing: CCP Central Committee Cental Party School Press, 2020), p. 1.

4 이개석·이희옥·박장배·임상선·유용태, 2005,『중국의 동북공정과 중화주의』, 고구려연구재단; 박장배 외, 2014,『중국의 변경 연구』, 동북아역사재단.

5 우성민, 2022,「한중 수교 30주년 시점에서 살펴 본 중국 중고등학교 역사교과서 속의 한국사 서술 현황과 시사점」,『中國古中世史硏究』65, 316쪽 참조.

6 이에 대해서는 임동욱·박정수·박영환·윤경우·신종원·권혁희 지음, 김인희 엮음, 2022,『문화의 시대 한중 문화충돌』, 동북아역사재단 참조.

7 이런 우려를 보여 주는 글로 오병수, 2014,「중국 근대 역사 교과서의 자국사 구축

그렇다면 21세기에 들어와 시진핑 체제는 왜 중화민족공동체를 주장하는 것일까. 대내적으로 글로벌화와 경제성장에 따른 원심력의 가속화를 견제할 내부통합을 위한 프로파간다가 요구되었을 것이다. 대외적으로는 위상이 달라진 '세계 최대의 행위자'인 'G2 중국'이 갖는 가치와 공간에 대한 새로운 개념화가 필요했을 것이다. 중화인민공화국은 기본적으로는 청의 판도를 거의 그대로 계승했다. 시진핑 정부가 중화민족공동체를 제시한 것은 사실상의 '상상의 공동체'로 더 이상 만족할 수 없다는 판단에 의한 것일 가능성이 높다. 법가 사상(마르크스주의적 관리통제)에 기초한 탑다운 방식에 익숙한 공산당의 시각으로는 에스닉 문제는 아직 미해결 상태로 남아 있다. 마오쩌둥(毛澤東) 시기에 티베트 '해방' 전쟁을 위시하여 이후에도 폭력적 방식으로 소수민족의 국민화 정책을 폈지만 별 효과를 거두지 못했다고 판단한 것이다.

이에 따라 중국 정부 내에서 내부 정체성의 '단일화'의 정도가 훨씬 더 견결한 '동일성의 제국'을 만들어야 한다는 발상이 나왔을 법하다. 그래야 인류운명공동체라는 더 큰 목표를 달성하는 데 효과적인 구심점 역할을 할 수 있기 때문이다. 중국이 만들려는 중화민족공동체는 다원성을 인정하는 열린 공동체가 아니라 동일성에 근거한 닫힌 공동체가 될 공산이 크다. 그렇게 된다면 우선적으로 소수민족과 홍콩의 시민에게는 AI(인공지능)를 활용한 감시가 이전보다 강화될 것이다. 나아가 중국의 일반 인민들의 일상에서도 자기검열의 내면화가 이전보다 훨씬 심화될 가능성이 높다.

과정과 '중화민족'」, 『역사연구』 132(오병수, 2021, 「중국 근대 역사 교과서의 자국사 구축 과정과 '제국'적 서술의 지속: 중화민족론을 중심으로」, 오병수 편, 『한중 역사 교과서 대화: 근대의 서사와 이데올로기』, 동북아역사재단) 참조.

이러한 문제 인식 아래 이 글은 시진핑 체제에서 민과 관의 '총동원 체제'가 가동되어 펼쳐지는 주류 담론의 갑론을박이 21세기라는 시대에 타당하지 않다는 것을 말하려 한다. 역설적이지만 다원성은 국가가 위기를 맞았거나 분열되었을 때 보장된다. 소프트파워는 다원성이 보장되었을 때만 발전을 허락한다. 세계 패권의 달성을 목표로 하는 중국은 역설적으로 한국과 같이 이웃 나라에서 발신하는 중국 밖의 이야기를 무시해서는 자신들의 목표와 점점 멀어진다는 것을 명심해야 한다.

이 글은 다음 순서로 진행한다. 2장에서는 '중화민족'과 중화내셔널리즘에 의한 한족 중심의 국가 통합구상은 소수민족에게는 억압과 예속을 의미했다는 것을 밝힌다. 더불어 중화인민공화국 이후 소수민족의 국민화 작업은 '다원'을 삭제하는 과정이었다고 주장한다. 3장에서는 '동일성의 제국'를 추구하는 제국모델의 사상적 원천인 대일통 사상에 대해 알아본다. 중화민족공동체는 바로 이에 근거한 정책이다. 시진핑 정부에서 대일통의 전통은 '사상통일'을 강화하는 것으로 귀결될 것이며 결국은 '동일성의 디지털 제국'으로 연결될 가능성이 높다고 주장한다. 4장에서는 대일통에 기초한 제국모델에 대항하여 국제사회 모델도 정당한 역사로 수용해야 한다고 주장한다. 이 모델은 다원성이 존중된다는 의미에서 평화와 공존의 모델이기도 하다. 이 모델 아래에서 중국에서는 오히려 보편을 내장한 사상, 즉 소프트파워가 탄생할 수 있다고 주장한다. 5장 결론에서는 중국의 '현상변경' 태세에 대응하여 한국은 어떻게 해야 하는지를 초보적 수준에서 생각해 본다. 단, 5장은 중화인민공화국 성립 이래 75년이라는 긴 시간을 통해 '독자적 체계'를 갖춘 '당 문화'와 그 속에서 형성된 "중국적 특색을 지닌 당대의 중국 지식분자"[8]를 의식하면서 전개한다.

Ⅱ. '중화민족'의 히스토리와 중화내셔널리즘의 탄생

중국 근대사에서 '중화민족'이라는 개념어는 '국민'의 창출이 필요하다는 자각과 함께 등장한다. 다시 말해 다민족 구조의 중국이 새로운 근대국가로 이행해 가는 국면에서 복수의 국민국가로 분열하지 않고 하나로 통합하려는 욕구가 관철된 용어라 할 수 있다. 중화민족의 히스토리는 중화내셔널리즘의 탄생의 과정과도 겹치지만 이는 소수민족의 희생과 억압이라는 복잡한 사정 위에서 만들어졌다.

중국에서 근대적 의미의 국가와 국민의식이 담론화되고 일반화된 계기는 1895년 청일전쟁의 패배였다. 청일전쟁의 패배는 중국의 지식인들을 집단적 충격에 빠트렸다. 옌푸(嚴復)가 사회진화론(天演論)을 소개한 것은 청일전쟁의 패배가 계기였다. 중국의 지식인들을 향해 세상이 중국을 중심으로 돌아가지 않는다는 사실을 알리고자 한 것이다. 그는 경전체제, 즉 도덕이 아닌 부와 강의 논리로 세상은 움직여진다는 사실을 강조했다. 사회진화론이 소개되면서 국가와 국민의식이 강조되었고 그럼으로써 기존의 천하를 중심으로 하는 전통적 중화주의의 균열은 불가피해졌다. 대신 근대적 형태의 중화주의, 즉 중화내셔널리즘이 새롭게 만들어졌다. 그러니까 한족 중심의 새로운 중화내셔널리즘은 사회진화론적 세계 인식 이후에야 가능했던 것이다.[9] 옌푸가 "금일 (정치)당파에서

---

8 첸리췬 지음, 이복희 옮김, 2022, 『1948 천지현황』, 한울, 5~16쪽.

9 한족 지식인들은 이전과는 다른 다민족으로 구성된 새로운 형태의 초월적인 정치적 통일체인 청에 대한 새로운 정의를 받아들였다. 그러나 19세기 후반 민족국가의 올바른 기초는 민족적 조국이라 주장하면서 새로 탄생한 중화민국은 한족만이 독점하

는 비록 신구의 차이가 있지만 민족주의에 대해서는 다투지 않고 모두 단결해야 한다"[10]라고 주장한 것에서도 알 수 있다.

영국을 중심으로 만들어진 글로벌한 세계 체제 속에서 중국은 서양처럼 국민국가의 형태를 취하지 않으면 생존할 수 없다는 압박을 느꼈고 이것은 민족주의와 국민의식을 촉구했다. 이러한 국면 속에서 기존의 중화주의는 (자각적으로) 해체될 기회를 갖지 못했다. 오히려 근대적 형태의 내셔널리즘이 합쳐져 더 강한 중화주의인 중화내셔널리즘이 만들어졌다. 예컨대 쑨원(孫文)이 "국족주의가 중화세계적 틀 속에서 국민국가적 레벨에서의 응집력으로서 현상하고 있다"라고 말한 것처럼 당시 독서인들은 중화세계를 국민국가의 틀 속에서 파악하려 했다. 그 결과로 나온 것이 중화내셔널리즘이다. 신해혁명 시기만이 아니라 20세기 전반기까지 서구와 일본의 지속된 침략행위는 저항적 형태의 중화내셔널리즘이 점점 더 강고하게 되는 환경을 만들어 주었다. 그러나 이러한 환경은 역설적으로 중화의 정체성을 갖지 않은 에스닉에게는 억압과 예속을 강화하는 결과를 초래했다.

19세기 말 민족담론이 생성될 당시 중국 내부의 타자이며 또 다른 의미의 '식민지'라고도 할 수 있는 소수민족의 입장에서는 주류적 민족담론이 매우 낯설게 보였을 가능성이 높다. 소수민족의 자결과 독립의 요구에 대해 민족담론 유포를 통한 '국민화' 작업에 몰두했던 중국의 정치지도자들의 이율배반적 태도는 지적되어야 한다. 배경한에 의하면 신해혁명으로 만주족의 지배에서 벗어난 한족은 티베트와 몽골의 독립 요구

는 영역임을 암시하는 것처럼 보였다. 윌리엄 T. 로 지음, 기세찬 옮김, 2014, 『하버드 중국사 청-중국 최후의 제국』, 너머북스, 504쪽.

10 E. Jenks 지음, 嚴復 옮김, 1981, 『社會通詮』, 商務印書館, 115쪽.

는 묵살했는데 이 점에서 오히려 저항적 민족주의와는 상반되는 팽창적 민족주의의 모습을 드러낸 것이라고 할 수 있다.[11]

민족주의 담론이 19세기 후반 중국에 들어와 20세기 초까지의 학술계를 장악하게 된 주요 원인은 서구 세력의 침략과 이에 따른 국민국가 창출의 필요성 때문이었다. 중국 내의 소수민족의 입장에서 보면 이들에게 근대는 서구제국주의가 들어오기 전부터 이미 식민화되는 과정이었다. 18세기에 빈번하게 일어나는 소수민족의 반란을 겪으면서 청조는 행정적 지배와 교육을 통해 이들을 한화(漢化)시켜 나갔으며 따라서 소수민족에게 근대는 한족에게 동화 또는 식민지화되어 가는 과정이었다. 따라서 동아시아적 근대는 아편전쟁으로부터 시작된 것이 아니라 청제국의 팽창이 극도에 달한 18세기 중기부터 이미 시작되었고,[12] 또 근대 시기 민족주의 역시 서구 열강의 침입에 대응한 중국적 형태 이전에 중국의 팽창에 대한 소수민족의 저항에서 시작되었다고 본다. 바로 이 점에서 근대 중국은 조공국과 소수민족의 희생 위에서 발전한 측면이 있다.[13]

대청제국은 이전의 중국왕조나 이방인들의 정복왕조와는 달랐다. 내향적이고 '폐쇄된' 중국왕조가 아니었다.[14] 다민족의 세계적 제국으로서 청제국은 '중국'의 지리적 범위를 확장했고 몽골족, 여진족, 티베트족, 내

11 배경한, 2000, 「19세기 말 20세기 초 중화체제의 위기와 중국 민족주의」, 『역사비평』 2000년 여름호, 247쪽 참조.

12 Joshep Fletcher, 1978, "Ch'ing Inner Asia C.1800," *The Cambridge History of China*, Vol. 10, Part 1, Cambridge: Cambridge University Press, p. 35.

13 유장근, 2002, 「동아시아 근대에 있어서 중국의 위상」, 『근대 동아시아 국제관계의 변모』, 혜안, 47쪽.

14 윌리엄 T. 로, 2014, 앞의 책, 509쪽.

륙 아시아의 이슬람교도 등 한족이 아닌 민족을 새로운 형태의 초월적인 정치적 통일체로 아우르는 놀랄 만한 성과를 달성했다.[15] 정복왕조는 태생적으로 포용적 태도를 취해야 제국의 운영이 가능했다. 청조 입장에서는 팽창적 포용이고, 소수민족 입장에서는 타협적 희생이라 할 수 있다.

중화민족이라는 단어가 중국에서 가장 최초로 사용된 예는 1903년 4월 발행한 잡지 『호북학생계』 제4기에 수록한 '중화민족론'이다.[16] 다음 해에 량치차오(梁啓超)가 '중국의 신민'이라는 필명으로 '역사적인 중화민족의 관찰'이라는 글을 『신민총보』에 게재했다.[17] 이 점에서 '중화민족'이라는 개념의 오리지널 저작권은 청말 정치가이자 사상가인 량치차오에게 있다. 그가 이 개념을 창안한 것에는 두 가지 의도가 있다. 하나는 통치구역으로는 역사상 최대였던 청나라라는 강역을 염두에 둔 것이다. 다른 하나는 당시 국민국가나 민족국가의 수립이라는 국제적 추세다. 물론 당시에는 혁명가 쑨원의 '오족공화(五族共和)'에 대한 견제의 의미가 컸을 것이다.[18] 그러니까 왕조가 구너지고 근대국가 체제로 변화해야 하는 상황에서 '제국'의 영역은 그대로 둔 채 국민국가의 형태를 취해야 하는 것, 다시 말해 글로벌 자본주의 체제에 적응하기 위해서는 국민국가로 변환되어야 하지만 청나라가 남긴 넓은 강역은 결코 포기할 수 없다는 이중의 과제를 량치차오는 직관적으로 알고 있었다. 당시에 그

15 윌리엄 T. 로, 2014, 위의 책, 504쪽.

16 중화민족 개념의 복잡성에 대해서는 김승욱, 2022, 「근현대 중국에서 민족 담론의 전개-다양한 지식 기반과 내적 긴장 」, 『동북아역사논총』 78, 385~389쪽 참조.

17 大崎雄二, 1995, 「中華人民共和國における國民統合と民族政策 ―「中華民族」の概念を中心として―」, 『法政大學教養部紀要』 94, 29쪽.

18 오족공화의 한계에 대해서는 김승욱, 2022, 앞의 글, 403~404쪽 참조.

는 중국이 '현대국가'라는 장기 계획을 세우기 위해서는 '문명-국가(civilization-state)'로서의 광대한 중국이 가지고 있는 '국성(國性)'을 발양하는 것이 중요하며 그렇지 않으면 중국은 튀르키예처럼 될 것으로 내다봤다. 국성은 문명성을 의미한다.[19] 결국 량치차오는 단기적으로는 국민국가를, 장기적으로는 '천하'질서의 재구성을 꿈꾸었던 것이다.[20]

그렇다면 쑨원은 어땠을까. 당시 정치 지도자의 지위에 있었던 쑨원도 '천하'에 대한 과제를 더더욱 무겁게 느꼈을 것이다. 그것을 상징적으로 보여 주는 쑨원의 말바꾸기가 있다. 쑨원은 처음에 오족공화를 주장하고 선창했었다. 청나라 판도 내의 소수민족, 또는 비한족의 정치적 자격을 한족과 똑같이 부여하고자 한 것이다. 소수민족에게는 그 소리가 제1차 세계대전 후 식민지민들에게의 윌슨의 민족자결론과 같은 의미로 받아들여지지 않았을까? 그러나 한족 중심의 국민국가를 만들려고 했던 쑨원은 끝까지 그 입장을 견지할 수는 없었다. 따라서 중화민족론이라는 용어로 바뀐다. 한(漢), 만(滿), 몽(蒙), 회(回), 장(藏) 족의 평등한 일체를 주장하는 오족공화론을 반대한 이유는 두 가지였다. 하나는 중국에는 오족 이상의 소수민족이 존재한다는 것이다. 다른 하나는 한족 또한 혈통 및 역사의 자존자대한 민족의 명칭을 희생하고 만, 몽, 회, 장의 인민과 합쳐 하나의 새로운 중화민족의 개념을 수용했다는 것이었다. 당시 한족 독서인들은 소수민족을 포용한 '제국성'을 유덕함 또는 정당성으로 인식했다.[21]

---

19 甘陽, 2012, 『文明 國家 大學』, 三聯書店, 3쪽.

20 전인갑은 천하 패러다임의 해체와 재구성을 20세기 100년의 시야를 가지고 설명한다. 전인갑, 2022, 「중국 국가건설 100년의 역정과 역사학(Ⅰ)-천하 패러다임의 해체와 근대 역사학」, 『역사학보』 256, 3쪽의 〈표 1〉 참조.

중화인민공화국 성립 이전의 중국공산당은 '중화민족'에 대해 어떤 태도를 취했을까. 1922년 7월 제2회 당대회에서 중국공산당은 자유연방제의 '중화연방공화국'의 수립을 결의하여 당초 코민테른 노선에 충실한 민족자결의 원칙을 내걸었다. 하지만 1937년 항일전쟁이 발발하자 마오쩌둥은 당원 교과서용으로 집필한 「중국혁명과 중국공산당」(1939)에서 '불가분일체의 다민족통일국가'의 청사진을 제시했다. 한족을 중심으로 한 중화민족 개념을 다시 강조한 것이다. 이후부터 소수민족의 자결(自決)은 환상이 되어 버렸다고 할 수 있다.[22] 중국공산당은 사회주의 체제를 성립한 이후에는 공식적으로는 '민족'보다는 '계급'을 우선시했으나 티베트나 신장위구르를 병합할 때는 대가족(大家庭)이라는 용어를 사용하기도 했다.[23]

'중화민족'을 말할 때 인류학자 페이샤오퉁(費孝通, 1910~2005)의 역할을 빼놓을 수 없다. 중앙민족대학 총장을 역임한 바 있는 페이샤오퉁은 1989년 '중화민족다원일체구조론'(이하 '다원일체론')을 발표했다. 이 글은 홍콩 중문대학의 태너(Tanner) 강좌에서 행한 학술강연을 통해 「중화민족다원일체격국(中華民族多元一體格局)」이라는 제목으로 발표되었다.[24] 다원일체론은 개혁개방 이후 시장화가 가속화되는 가운데 혹시 발생할지도 모를 긴장된 상황을 미연에 방지하고 국민의 통합과 질서를

---

21 조경란, 2016, 「21세기 손문과 삼민주의는 어떤 의미인가-'제국성'과 국민국가의 이중성」, 『성균차이나브리프』 4(2).

22 大崎雄二, 1995, 앞의 글, 27쪽.

23 마오 시기의 중화민족 문제에 대해서는 손장훈, 2023, 「'중화민족공동체' 의식의 기원과 전개 과정」, 『동북아역사리포트』 37의 3장 참조.

24 費孝通, 2003, 「民族研究-簡述我的民族研究經歷與思考」, 『中華民族多元一體格局』(修訂本), 中央民族大學出版社, 13쪽.

강화하기 위해 나온 이론이다. 하지만 이 다원일체론으로 중국 중앙정부의 제 민족의 평등, 민족자치 정책, 각 민족 상층 리더와의 통일전선 구축이라는 기존의 민족정책이 변화한 것은 아니다. 이 정책들은 기본적으로 한족과 소수민족 사이에 문화적 단위와 정치적 단위가 일치하지 않는 상황에서 나온 고육지책의 결과다. 중국 정부는 개혁개방을 진행하면서 소수민족을 포함한 중화민족에 대한 한층 강화된 국민화 전략이 필요했을 것이다. 이에 따라 '주문 생산된' 것이 바로 다원일체론이다.

그 내용의 대강은 다음과 같다. "중화민족이란 현재 중국의 영역 내에서 민족으로서의 공통인식을 갖는 11억 인을 가리킨다. 50여 개의 민족 단위를 다원(多元)으로, 중화민족을 일체로 한다. 각각을 민족이라 부르지만 그 심급은 다르다. 국가 영역을 중화민족의 범위로 정하는 것이 적당할지 모르지만 국가와 민족은 다른 개념인 동시에 상호 관계하는 개념이다. 이 분류는 다소 불필요한 정치논쟁을 피하기 위한 것이다. 크게 보면 양자의 범위는 기본적으로 일치한다고 할 수 있다. 중화민족이란, 자각적 민족실체로서는 100년 이래 중국과 서구 열강이 대항하는 속에서 출현한 것이며, 실체로서 존재하는 민족실체로서는 수천 년의 역사적 과정에서 형성되어 온 것이다."[25] 페이샤오퉁은 자각적 민족실체와 자유로운 민족실체를 구분하면서 다원의 토대 위에서 일체가 되어야 한다고 말한다. 하지만 일원성을 강조하는 시진핑 체제하에는 다원(多元)을 삭제하려 한다. 그러나 이 다원이라는 말은 상징적으로라도 중요했다. 다원이 없으면 역동성은 사라진다.

"한족과 55개 소수민족은 하나의 등급에 속하며 그들은 서로 결합하

---

25 費孝通, 2005, 「中華民族多元一體格局」, 『費孝通集』, 中國社會科學出版社, 259쪽.

여 중화민족을 이룬다. 중화민족은 56개 민족의 다원으로 형성된 일체이며 높은 단계의 공통체 의식을 갖는 민족실체라고 할 수 있다."[26] 여기서 요점은 중화민족이 민족실체라는 것이다. 이 말 속에서 페이샤오퉁은 56개 민족이 함께 있는 물리적인 총칭이 아니며 너의 속에 내가 있고 나의 속에 네가 있는 상호 불가분의 정체이고 공동운명체라는 점을 강조한다. 또한 여기서 그는 민족공동체의식에 대한 다층성을 인정하고자 한다. 다원일체 구조 중에서 56개 민족이라는 하위(基層) 개념과 중화민족이라는 상위(高層) 개념을 확실히 구분했다. 또 페이샤오퉁은 다원일체의 구조 속에서 한족은 다만 다원적 하위 개념 중 일원(一元)일 뿐이며 다원이 결합하여 일체가 된 이후에는 한족이라고 할 수 없고 중화민족이라고 해야 한다고 강조한다. 그리고 이것이 높은 단계의 공동체의식을 갖는 민족이 된다. 따라서 실제로는 일체이기도 하고 다원적 복합체이기도 하다. 중국의 어떤 학자는 다원일체론은 최소한 이론적으로는 기존의 '대한족'이라는 말의 패권을 깼으며 국가가 창도하는 민족평등과 각 민족 공동번영 방침에 대한 역사주석을 달았다[27]라고 평가한 바 있다.

페이샤오퉁의 다원일체론은 민족 자각을 갖는 민족실체로서 중화민족을 구성하려 한다는 점에서, 이때만 해도 한족 중심주의라는 비판을 받았다. 그러나 그는 적어도 부동(不同)을 의미하는 다원을 개념어로 설정하여 소수민족의 존재를 인정하려 했다. 그러나 이 글의 주제인 중화민족공동체에서는 아예 다원이라는 말을 삭제했다. 따라서 중화민족공

---

26 費孝通, 2003, 앞의 글, 13~14쪽.

27 張植榮, 2005, 『中國邊疆與民族問題』, 北京大學出版社, 18~19쪽 참조.

동체는 페이샤오퉁의 중화민족 다원일체구조론의 폐기를 의미한다. 앞으로 중화민족공동체가 현실화될수록 에스닉의 다원성은 약화되고 일방향적 동화주의가 강화될 것이다. 결국 시진핑 체제는 다원성을 부정한 '동일성의 제국'을 구상하고 있다는 비판을 피하기 힘들다. 이는 공자가 말하는 화이부동(和而不同)의 가치를 부정하는 꼴이다. 여기서 부동은 동일성의 부정을 의미한다. 서로 다른 것들이 어울려 조화를 이루지만 이들이 똑같을 필요가 없으며 무리를 짓지 말아야 한다는 의미다.

Ⅲ. '중화민족공동체'와 제국모델(대일통): 21세기 '동일성의 제국'

중국 정부는 2017년에 '중화민족공동체' 구상을 내놨으며 2022년 10월 20차 공산당대회 개회식에서도 이를 다시 한 번 강조했다. 이 구상은 앞에서도 말한 것처럼 일차적으로 한족을 구심점으로 하여 홍콩의 조기 흡수, 타이완의 독립 저지, 소수민족의 분리를 막기 위한 것이다. 제국모델은 규모는 크지만 닫힌 공동체 구상이라 할 수 있다. 중국 역사를 논의할 때 '중국'과 '천하'와 같은 개념에 비해 '대통일'은 한동안 사람들의 시야에서 벗어나 있었다. 하지만 '대통일'은 정치와 종교 말고도 영토 거버넌스와의 관련성 때문에 최근 다시 주목받게 되었다.[28]

---

28 김승욱은 家와 國이 긴밀히 연결되면서 '대일통'의 국가 개념이 출현했다고 본다. 김승욱, 2019, 「중국 근대 역사학에서 國家 개념의 재구성」, 『역사와 담론』 89, 166쪽. 이 주제와 관련해서는 최근 중국에서 나온 杨念群의 『"天命"如何转移: 清朝"大一统"观的形成与实践』(上海人民出版社, 2022)도 참고할 만하다. 이 책은 '대일통'을

그러니까 중화민족공동체는 과거의 언어로 표현하면 중앙집권적 천하일통을 지향하며 '대일통'의 21세기 버전이다. 중국의 역사 인식에서 '대일통'은 천하일통을 의미한다. 중국의 역대 왕조는 '안정'과 '질서' 확보를 위해 '대일통'의 실현을 선제조건으로 여겼다.[29] 여기서 대일통의 의미를 검토해 볼 필요가 있다. 일통은 통일과 다르다. 일통은 군주를 중심으로 하는 통일이다. 이럴 때 일통은 묵가에서 말하는 상동(上同)의 의미에 가깝다. 위의 지시에 따른다는 의미다. 따라서 일통은 기본적으로 전제적이다. 반면, 통일은 다원성을 용인한다. 통일은 다원적이며 다원의 통일로서 '공화(共和)'를 이루고자 한다.[30]

중국의 역대 왕조에서도 지배의 정당성은 바로 '대일통'을 주 내용으로 하는 제국적 중화(Imperial China)를 달성해야 획득된다는 인식이 있다.[31] 중국인이 분열은 악이고 통합은 선이라고 교육받는 것도 이래서다. 이는 국민국가 시스템의 형성을 목표로 했던 중국 근현대 100년을 이해하려 할 때도 매우 중요하다.[32] 왜냐하면 중화인민공화국도 기본적으로는 청나라의 판도와 에스닉을 승계받았기 때문이다. 신해혁명과

주제로 하여 청대 황권의 본질을 깊이 있게 드러낸 작품으로 평가받는다.

29 덩샤오핑이 톈안먼 사건 직후 "안정이 모든 것을 압도한다(稳定压倒一切)"라고 말한 것도 이 맥락에서 이해할 수 있다.

30 이중톈은 통일의 개념을 설명하기 위한 예로 아메리카를 가져온다. 13주가 연방헌법의 틀 안에서 통일된 나라를 구성하고 있는 아메리카 합중국의 경우 '통일'이지 '일통'이 아니라고 말한다. 이중톈 지음, 심규호 옮김, 2015, 『국가를 말하다』, 라의눈, 97쪽.

31 王柯, 2003, 「帝國と民族-中國における支配正當性の視線」, 山本有造 編, 『帝國の研究』, 名古屋大學出版會, 220쪽.

32 조경란, 2016, 「중국은 '제국의 원리'를 제공할 수 있는가-가라타니 고진 『제국의 구조』의 비판적 분석」, 『역사비평』 2016년 여름호, 336쪽.

마오쩌둥 혁명으로 시대는 바뀌었으나 국가의 존재 조건은 바뀌지 않았다. 형식은 국민국가지만 내용은 제국인 '제국적 국민국가'라는 조건은 본질적으로 동일하다. 중국 정부의 '중화민족공동체' 슬로건도 현시점에서 중국 내부의 통합과 안정을 위한 것이라고 주장하지만 이 슬로건의 주목적은 베이징(北京)과 연결고리가 약했던 신장(新疆)과 티베트 같은 국경 지방을 더욱 강하게 지배하려는 의도에 있다.[33]

이 묘사만으로는 중국의 역대 왕조뿐 아니라 지금 시진핑 체제에서 대일통이 다시 주목받는 이유를 다 설명하기 힘들다. 조금 더 들어갈 필요가 있다. 중국에서 지배의 정당성은 지배자의 민족적 출신으로 판단하는 것이 아니고 '대일통'을 실현한 왕조야말로 '정통'의 중화왕조라고 하는 사고방식이 있다. 그리고 '정통'의 근원은 '천(天)'이라는 '중화'적 정치신화에서 유래한다.[34]

왕커(王柯)의 말을 더 들어 보자.

> 중화왕조와 중화제국의 공간적 구조는 다르지만 그 구별은 '외'라고 하는 이문화 집단을 포함하느냐의 여부, 특히 동서남북의 사방을 포섭하느냐 마느냐로 결정된다. 모든 중화왕조가 제국적 구조를 목숨을 걸고 구축하여 중화제국으로 변신하려고 노력한 이유는 천하사상의 틀로 자신의 정당성이 찾아지기 때문이다.[35]

---

33 켄트 콜더 지음, 오인석·유인승 옮김, 2013, 『신대륙주의-에너지와 21세기 유라시아 지정학』, 아산정책연구원, 350쪽.

34 王柯, 2003, 앞의 글, 206쪽.

35 王柯, 2003, 위의 글, 219~220쪽.

그에 의하면 모든 왕조가 중화왕조로 만족하지 않고 중화제국을 달성하려 한 것은 그 자체로 지배의 정당성이 확보되기 때문이다. 지배의 정당성을 확보하려면 '사방'의 포섭 여부가 중요하다. 중국인이 보유한 '중화적 종주권 의식'을 이해해야만 쑨원 등 중국의 정치인과 지식인이 왜 1920년대까지도 조공의식에 사로잡혀 있었는지가 납득이 간다. 쑨원은 『삼민주의』의 「민족주의」에서 이렇게 말한다. "보다 이전에 잃은 땅으로 조선과 타이완, 펑후(澎湖)도가 있다. 이들 땅은 청일전쟁에 의해 일본의 손에 넘어간 것이다. … 이로써 중국이 강대했을 무렵에는 … 아시아의 서남제국에서 … 진상품을 바치는 것을 영광으로 여기지 않은 곳이 없었다는 사정을 알 수 있을 것이다."[36] 과거에 조공했던 국가를 자신이 지배했던 지방정권으로 인식하는 사고습관은 쑨원 개인의 한계이기보다는 중국 정치인, 지식인 일반에서 보여 주는 중세적 인식이다. 이러한 인식은 1925년 공화국 시대에도 조공국인 사이(四夷)가 포함되어야 지배의 정당성을 확보할 수 있다는 심리적 강박에서 벗어나지 못하고 있었다는 사례다.

이처럼 중국에서 '대일통'에 대한 강박이 강한 이유는 바로 '통치의 정당성' 문제와 연계되어 있기 때문이다. G2의 경제체를 계승한 시진핑 정부도 여기서 제외되지 않는다. 실제르 중요한 것은 국가적 이해관계다. 중국에서 소수민족 자치 지역의 면적을 모두 합하면 전 국토의 64%가 된다. 여기에는 어마어마한 자원이 매장되어 있는 것으로 알려져 있다. 시진핑 체제도 소수민족의 이탈 방지와 '타이완의 수복'이 통치의 정당성을 확보하는 길일 터이다. 타이완 문제는 마오쩌둥이 남긴 사후 과제

36 孫文 지음, 홍태식 옮김, 1974, 『孫文全集』 上, 삼성출판사, 45~46쪽.

인 만큼 시진핑은 이 과제를 해결함으로써 자신을 마오와 같은 반열에 올려놓을 수 있는 좋은 기회가 될 것으로 생각할 개연성이 높다.

중국에서는 '굴욕의 근대사'를 극복하고 '충분히 강한' 국가를 만들고 '중국의 꿈'을 이루는 데서 타이완은 빠질 수 없는 영토라고 생각한다. 중국공산당에게 타이완은 '굴욕의 근대사' 속에서 일본에 '빼앗긴' 땅이고 또 중국 내전에서 패한 국민당에 철퇴를 허용한 '해방'되지 않은 땅이다. 또한 미국의 '개입'에 의해 장기적으로 통합이 어렵게 된 땅이다.[37] 현행 중화인민공화국 헌법의 서문에도 "타이완은 중화인민공화국의 신성한 영토의 일부이다. 조국통일의 대업을 달성하는 것은 타이완 동포도 포함한 전 중국 인민의 신성한 책무"라고 쓰여 있다. 시진핑은 2017년, 2019년에 「타이완 동포에게 고하는 글」을 발표하여 '신시대 타이완 공작'을 내놨고, 여기서 '양안 일가친(一家親)', '양안운명공동체' 등 민족주의적 성격을 띤 이념을 제시했다.[38]

그렇다면 대일통이라는 관념은 어떻게 만들어졌을까. 동중서(董仲舒)는 천하사상으로 지배의 정당성의 사이클을 완성하여 중화제국 통치이데올로기 서사를 만들었다. 동중서는 영원불변의 도는 어떤 것이냐는 무제의 질문에 "『춘추』의 천하통일을 중시하는 공자의 도에 집약되어 있다"라고 대답했다. 그는 진나라가 단명한 것을 보면서 그것을 반면교사로 삼아 한나라가 어떻게 하면 오래 버틸 수 있을까를 고심했고 그 결과 유교를 기초로 한 방대한 제국의 통치원리를 탄생시켰다. 그 저작

---

37 福田円, 2022, 「習近平は臺灣を'統一'できるのか-對臺灣政策の理念·政策·課題」, 川島眞·小嶋華津子 編, 『習近平の中國』, 東京大學出版會, 159~160쪽.

38 "習近平: 爲實現民族偉大復興 推進祖國和平統一而共同奮鬪", 『人民日報』, 2019.1.2.

이 바로 『춘추번로(春秋繁露)』이다. 이후 유교는 국가의 안정과 질서를 유지하는 정치 이데올로기로 자리 잡게 되었고 그 전통은 지금까지 이어 오고 있다. 여기서 법가를 편애했던 마오쩌둥과 진시황이 오버랩되고, 유교를 끌어들여 마르크스주의와 법가 사상을 보완함으로써 장기집권을 시도했던 시진핑과 한무제가 오버랩된다. 여기서 중요한 것은 동중서가 개조한 유가 사상은 공맹의 그것과 다르다. 전자는 천하일통의 사상이며 그것은 인의예지보다 군신의 질서를 중시한다.

그런데 여기에 중요한 사실이 하나 더 있다. 그것은 동중서가 유교라는 이데올로기를 한족만의 것이 아닌 국가 또는 제국의 것으로 확장했다는 점이다. 유교가 한(漢) 민족에 내속(內屬)된 것이 아니라 '국가에 내속'되게 만들었다.[39] 만주족의 청나라도 유교를 이용하여 통치하였다. 천명을 받는 것에 대한 기준은 혈통보다는 유교의 문화에서 말하는 개인적 덕성이었다.[40] 이는 동중서가 유교를 가지고 종족의 계기를 뛰어넘는 방대하고도 '보편적 통치원리'를 만들어 냈기에 가능한 것이었다. 최근 대륙신유가는 도가 무너진 춘추 시기에 주나라 모델을 재건하려 했던 공자의 역할과 한무제 시기 동중서가 한 역할이 비슷하다고 평가한다. 그리고 근대에 와서는 서세동점의 위기 속에서 캉유웨이(康有爲)가 바로 이 역할을 하려 했다고 보는 것이다.[41] 이들에 의하면 공자, 동중서, 캉유웨이는 공히 '유학의 재구성'이라는 작업을 통해 난세를 구하

---

39 渡邉義浩, 2009, 「儒教の'國教化'論と'儒教國家'の成立」, 『中國-社會と文化』, 東京大學出版會, 321쪽.

40 윌리엄 T. 로, 2014, 위의 책, 44쪽.

41 萧公权, 1997, 『近代中国与新世界: 康有为变法与大同思想研究』, 江苏人民出版社, 107~108쪽; 干春松, 2015, 「康有为与现代儒学思潮的关系辨析」, 『中国人民大学学报』 第5期.

려 했다.[42]

현재 시진핑 체제에 들어와 동중서와 캉유웨이로 이어지는 이른바 '대일통'의 춘추공양학 전통이 우세해지면서 대륙신유가에게 박대받는 유파가 존왕양이(尊王攘夷)를 주장했던 춘추좌전학 계열이다.[43] 계열로 따지면 지금 중국에서 주자학적 화이론(華夷論)이 배척당하고 있는 것이다. 이 때문에 춘추공양학을 일찌감치 주장한 대륙신유학의 태두 격의 인물인 장칭(蔣慶)은 타이완 신유학자들로부터 집중포화를 받았을 뿐 아니라 대륙의 다른 학자들로부터도 강한 비판을 받은 바 있다.[44] 자오팅양(趙汀陽)뿐 아니라 장칭도 '화'와 '이'를 구별하는 것을 '춘추'의 잘못된 이해라고 비판한다. 굳이 계통으로 따지자면 만주족을 쫓아내고(驅除韃虜), 중화를 회복하자(恢復中華)는 구호를 내걸고 신해혁명을 이끌었던 쑨원 계열의 부정이기도 하다.

그렇다고 이 글이 존왕양이나 화이론에 동의하는 것은 아니다. 이 또한 전통시대 중화와 이적의 차별을 옹호하는 편벽된 사상임이 분명하다. 그러나 적어도 이론적으로 주자의 화이론에는 도덕의 수용 여부를 기준으로 이가 화가 될 수도 있고, 화가 이가 될 수도 있는 수양론이 들어 있다. 인종론이나 국족론이 기준이 아니라 도덕이 기준이 된다는

42 이에 대해서는 趙京蘭, 2023, 「天下秩序和儒教普遍主義的重組可能性-以大陸新儒家的論述爲主」, 干春松·安樂哲 編, 『重思天下』, 香港城市大學出版社, 206~207쪽 참조.

43 이러한 복잡한 구도에 대해서는 4장에서 〈표 1〉로 설명한다.

44 Ming-huei Lee, 2014, "A Critique of Jiang Qing's "Political Ruism"," *Contemporary Chinese Thought*, Vol. 45, No. 1; 거자오광 지음, 양일모 옮김, 2017, 「기상천외: 최근 대륙신유가의 정치적 요구」, 『동양철학』 48 참조[원문은 葛兆光, 2017, 「異想天開: 近年來大陸新儒學的政治訴求」, 『思想』(台湾) 第33期].

점에서 보편주의적이라 할 수 있다. 그렇다 해도 분명 천부적인 인권과 평등을 인정한 것이 아니라는 점에서 현대의 시각에서는 비판받아 마땅한 면이 있기는 하다. 다만 여기서는 주자의 화이론이 보여 주는 역설에 주목하자는 것이다. 주자의 화이론이 배타주의적 측면이 강한 것은 사실이지만 도학파의 자주독립과 자존감이라는 춘추학(春秋學)의 기본원리가 바탕에 있다. 따라서 해석하기에 따라서는 이의 존재 자체를 인정한 것이다. 공양학에서는 화와 이가 같다고 하지만 여기서 같음이란 동화를 전제로 한 같음이다. 따라서 본질적으로는 이의 존재가 갖는 차이를 부정하는 것이나 다름없다. 그러나 주자학의 화이론에서는 원리적으로라도 이의 존재 자체를 인정한 위에서 논의가 출발한다.

이와 비교하여 중화민족공동체는 한족과 소수민족이 일체였음을 증명하기 위해 기존의 '화하(華夏)와 이적(夷狄)은 다르다'라는 것을 부정한다. 그리고 '화하와 이적이 일체임'을 새롭게 주장한다. 그러나 여기에는 차이를 인정한 공동체(一體)라는 전제조건이 들어 있지 않다. 차이의 인정이 없는 공동체는 건강한 공동체가 될 수 없다. 강요된 공동체다. 차이를 전제로 한 평등, 이 조건이 지켜지지 않는 한, 다민족 사회에서 공동체를 추구한다는 것은 인종적 동화와 문화적 동화를 '공식적'이고 '강제적'인 형태로 진행할 것이라고 공표하는 것과 같다. 설사 이들이 목표한 바 공동체가 '성공'한다 하더라도 그것은 작위적이고 닫힌 공동체에 불과하다. 그러나 닫힌 공동체는 지속 가능하지 않다.

시진핑 정부가 궁극으로 추구하는 것은 '동일성의 디지털 제국'일 수도 있다. 기술강국인 중국은 국민통합에 디지털 테크놀로지를 적극 활용한다. 중국사회 전역이 감시의 대상이지만 소수민족 지구는 더 철저하다. 신장 지역에 AI와 얼굴인식 CCTV 설치를 통해 '이질분자'를 가려

내는 상시적 감시는 중국의 다른 지역과는 비교할 수 없을 정도로 촘촘하다.[45] 이에 대해서는 대런 바일러(Darren Byler)의 증언을 통해 확인되고 있다.[46] '중국의 정실 자본주의' 연구로 유명한 민신페이(MinXin Pei)에 의하면 중국 감시 국가의 효율의 원천은 안면 인식 AI나 휴대폰 추적과 같은 첨단 기술만이 아니다. 더 중요한 것은 중국의 방대하고 노동집약적이고 아날로그적인 국내 스파이 인프라다. 중국에는 비밀경찰이 없는 곳이 없다. 이른바 '감시병(sentinel) 국가'인 것이다.[47] 중국의 이중톈(易中天)도 현재의 이러한 중국사회주의를 '묵가사회주의'와 같다고 주장한다. 묵가 집단에서 최고의 우두머리는 보지 않아도 듣지 않아도 모든 것을 알고 있다. 비밀경찰의 존재가 우두머리의 눈과 귀가 되어준다는 의미다.

시진핑 정부의 동일성의 디지털 제국의 면밀함은 여기서 그치지 않는다. 중국의 대중들을 관리하기 위해 모바일 앱과 소프트웨어를 만들어 중국만의 우주를 창조했다는 말이 나올 정도다. 중국인들을 외부 세계와 연결하기보다는 격리시키는 것을 목표로 한 작업이다.[48] 모바일 앱을 통해 이른바 다른 세계와의 장벽 쌓기가 가능해졌고 국가는 인민들

---

45 Markus Gabriel · 中島隆博, 2020, 『全體主義の克服』, 集英社, 52쪽; 가지타니 가이 · 다카구치 고타 지음, 박성민 옮김, 2021, 『행복한 감시국가, 중국』, 눌와, 74~75쪽.

46 대런 바일러 지음, 홍명교 옮김, 2022, 『신장 위구르 디스토피아-중국의 첨단기술 형벌 식민지에서 벌어지는 탄압과 착취의 기록』, 생각의힘.

47 MinXin Pei, 2024, *The Sentinel State: Surveillance and the Survival of Dictatorship in China*, Harvard University Press.

48 Ian Johnson, 2023, "Xi's Age of Stagnation: The Great Walling-Off of China," *Foreign Affairs*, Vol. 105, No. 5, Sep/Oct. 사실상 중국의 '디지털 실크로드'는 중국의 밖을 향해 '소리 없이' 진행되고 있기에 사람들이 미처 자각하지 못한다. 그러나 중국 문제에서 이는 다른 무엇보다 급박하게 인식해야 하는 문제이다.

의 대화를 들여다본다. 문제는 중국 대중들이 '안전'을 대가로 자신들의 대화를 누군가가 보고 있다는 사실을 당연한 일로 받아들인다는 점에 있다.

인종적 동화와 문화적 동화는 자기우월성에 근거해서 진행된다. 이 우월성은 유교라는 중국문화가 다른 문명권과 달리 그 기원 이래 오늘날까지 중단 없이 지속되어 왔다는 데서 오는 자긍심에서 출발한다. 자기의 정치체제, 문화가치를 타자의 그것보다 우선시키는 자기우월성은 '중국'을 단순히 하나의 국가로 보지 않고 '천하', '세계'로 보려는 태도와 관련이 있다. 이를 주된 골자로 하여 '중화사상'이 형성된 것이다. 이 중화사상의 정치적, 제도적 표현의 하나가 한 사람의 천자를 정점으로 하는 유사 봉건관계, 즉 조공 관계였다.[49] 이러한 발상은 '중화적 종주권 의식'에 깊이 터하고 있다. '천하'라는 언어를 계속 고집하는 것도 중국식의 '질서'가 우월하다는 인식의 반영이다. 여기서 중요한 문제는 이러한 관념이 시대의 전환에 맞게 변화하지 못했다는 점이다. 청왕조가 무너지고 공화제로 제도적 전환이 되었음에도 중국의 위정자와 지식인은 중화제국 체제 시기의 중세적 인식은 해체하지 못하고 온존시켰다. 이로 인해 중국인 자신이 보는 중국과 다른 나라 사람들, 즉 타인이 보는 중국의 모습은 격차가 있을 수밖에 없다.

이와 관련하여 모리 가즈코(毛里和子)는 중국인을 속박해 온 세 개의 신화를 지적한다. 첫째, 주권이 인권 이상으로 절대적이고 불가침이라는 신화, 둘째, 중국 역사상 대일통이 지배적이었다는 신화, 셋째, 중국문화의 특질은 문이 무보다 상위에 있다(전쟁을 좋아하지 않는다)는 신화다.[50]

49 민두기, 1976, 『중국근대사론』, 지식산업사, 90~91쪽.

이 세 문제를 본격 서술하기에는 이 글의 주제를 벗어나기도 하고 지면의 문제도 있다. 여기서는 일단, 이 신화가 역사 인식에서 생겨난 것이라고 한다면 중국 역사상 대일통이 지배적이었다는 것도 역사 인식의 영역이라는 것만 지적한다.[51] 그러니까 주권, 대일통, 호전적이지 않은 것을 중시한다는 것은 역사적 팩트이기보다 역사 인식의 문제이고 교육의 결과이기도 하다는 이야기다. 구체적 사례를 제시하자면 국제정치학자 앨리스테어 이언 존슨턴(Alastair Iain Johnston)의 연구가 참고할 만하다. 이근욱의 도움을 받아 소개하자면 존스턴은 무경칠서(武經七書)[52]에 근거한 중국의 전략문화가 오늘날에도 영향을 미친다고 주장한다. 그리고 중국이 유교적 해석에서 시사하는 것과는 달리 매우 공격적인 국가이며 군사력 사용에 매우 적극적이라 진단한다.[53] 이런 진단 아래 그는 중국의 전략문화는 물질적 현실에 기초하기보다 군사력 사용과 관련된 문화적 현실주의(cultural realism)라 주장한다.[54]

---

50 毛里和子, 2021,『現代中國の內政と外政』, 名古屋大學出版會, 19쪽.

51 劉傑·中村元哉, 2022,『超大國中國のゆくえ 1-文明觀と歷史認識』, 東京大學出版會, 109쪽.

52 『武經七書』는「孫子兵法」,「吳子兵法」,「司馬法」,「尉繚子」,「太公六韜」,「黃石公三略」,「唐太宗李衛公問對」로 구성되어 있다.

53 이근욱, 2009,『왈츠 이후』, 한울, 276쪽.

54 이러한 전략문화는 명나라의 안보정책, 특히 몽골계 북방민족에 대한 군사정책에 직접적인 영향을 미쳤다. 이근욱, 2009, 위의 책, 273쪽.

Ⅳ. '중화민족공동체'와 국제사회 모델-다원의 열린 공동체

시진핑 체제에서 중화민족공동체와 인류운명공동체는 그 구상과 접근방식 자체가 과거 회귀적이다. 현실에서 문제가 발생하는 조건과 쟁점에 따라 구획을 정하고 거기에 따른 구체적인 해결책을 강구하는 방식은 아니다. 과거 통치방식인 내와 외를 구분하고, 어떻게 외를 지배하고 통치할 것인가. 그리하여 영향력을 얼마나 확대할 것인가. 결국 대일통의 강박에서 벗어나지 못하고 제국모델에만 초점을 맞추다 보니 전가의 보도인 왕도와도 어긋나는 지경에 이르렀다고 할 수 있다. 맹자에 의하면 이 제국모델이야말로 왕도정치와 부합하지 않는다. 그는 말한다. "힘으로 다스리되 인(仁)을 가장하는 것은 패도이니 패자는 반드시 큰 나라를 차지하려 한다. 덕(德)으로 인(仁)을 실천하는 것은 왕도이니, 왕도는 (영토가) 큰 것을 기다리지 않는다"(『孟子』 公孫丑上: 以力假仁者覇 覇必有大國 以德行仁者王 王不待大).

그렇다면 우리는 이제 중국은 왕도국가를 목표로 하는가, 패권국가를 목표로 하는가라는 질문을 해야 한다. 국제관계론에서 말하는 패권(hegemon)은 가치중립적 용어이다. 춘추 시대에 패(覇)라는 단어에는 네거티브한 뉘앙스가 있었으나 제후들을 리드하는 맹주의 의미에 더 부합한다. 전국 시기 맹자가 왕도와 패도를 대비시키면서 선과 악이라는 요소를 강화했다. 이후 패라는 단어에 횡포, 압박, 통제, 침략이라는 의미가 더해졌다.[55] 현대 중국에서도 패권을 네거티브하게 받아들이지만

55 山口信治, 2022, 「中國の目指す覇権と國際秩序とはなにか」, 川島眞・小嶋華津子

시진핑 체제에서도 그럴지는 지켜봐야 한다. 그들도 패권국가를 목표로 할 것이기 때문이다. 어찌 되었든 중국이 '표면적으로' 반대하는 것은 강권적이고 억압적인 태도이며 초대국이 국제정치를 리드하는 것 자체를 부정하는 것은 아니다.[56]

이렇게 본다면 중국은 왕도국가가 되는 것까지는 현실에서 바랄 수 없더라도 강권적 국가라는 오명은 피해야 할 것이다. 가치중립적인 패권국가가 되기 위해서라도 과감하면서도 근본적인 차원에서 발상의 전환이 필요하다. 즉, 제국모델과 국제사회 모델 모두 그 자체로 존재 이유가 있다고 생각해야 한다. 분열 시기인 국제사회 모델에서 소프트파워 탄생의 요소가 생겨났다는 점에 주목하면 더더욱 그렇다. 중국 지식계에 소수지만 이러한 작업을 하는 사람들이 존재한다. 거자오광(葛兆光), 왕페이링(王飛凌), 첸리췬(錢理群) 같은 이들이 그들이다.

현재 중국 지식계를 좀 '자의적'으로 구분한다면 제국모델파와 국제사회 모델파로 나눌 수 있다. 전자는 '대일통' 담론에 적극 참여해 온 자오팅양, 장칭, 왕후이(汪暉) 등이다. 거자오광, 왕페이링, 첸리췬 세 사람이 후자에 해당한다. 전자에 속하는 지식인이 '신정통'이라면, '국제질서 모델'을 주장하거나 현재 중국의 지식 환경이나 조건을 문제 삼는 이들 세 지식인은 '신이단'에 속한다. 신정통이 춘추공양학파의 전통을 이었다면[57] 신이단은 춘추좌전학파의 전통을 계승했다. 전자는 표면적으

編, 『習近平の中國』, 東京大學出版會, 146쪽

56 山口信治, 2022, 위의 글, 146쪽.

57 조경란, 2023, 「'신냉전' 시기, '범신좌파'의 '20세기 중국' 재인식-왕후이 '단기 20세기'와 국가주의 비판」, 『중국근현대사연구』 99, 60~63쪽; Wang Hui, 2017, "From Empire To State: Kang Youwei, Confucian Universalism, and Unity," *Chinese Vision of World Order*, Duke University Press, p. 58.

로는 화이를 따지지 않으면서 21세기의 팍스 시니카를 추구한다. 이들은 공식적으로는 왕도국가를 내걸지만 실제로는 공산당이 추구하는 '패권국가'의 전략에 반대하지 않는다. 이들은 천하와 '정치유학'을 강조한다. 후자는 존왕양이를 따지며 '심성유학'을 주장한다. 결국 주자의 심성유학이 '신이단'이 된 아이러니한 형국이다. 설상가상으로 시진핑 3기에서 사상통일을 노골적으로 요구하고 있는 것도 이런 구분을 부추기는 요인이 된다.[58]

아래에서는 '신이단'에 속하는 세 사상가의 고민을 따라가면서 국제사회 모델에 대해 말하려 한다. 첫째, 거자오광에 의하면 진한 시대 이후 시작된 중화세계의 '천하'라고 하는 아이덴티티가 위기를 맞이했을 때 중국인은 '무엇이 중국인가'라는 주제를 가지고 논의해 왔다. 그에 의하면 중국 역사상 이런 시대가 세 차례 있었다. 전연북송 시대, 20세기 초, 그리고 당대(當代)다.[59] 북송 시기 '전연의 맹(澶淵之盟)'이 성립하고 나서 북송은 기본적으로 안정되고 대송과 대거란은 공존하게 된다. 이 시기 누가 중국인가, 누가 화이고 이인가, 누가 정통인가 하는 것이 큰 문제가 되었다. 당시 두 나라 사이에 왕래하는 국서에서 서로 북조와 남조로 칭했다. 거자오광은 결론에서 정권의 합법성, 영토의 신성성, 에스닉 그룹의 통일성 문제를 논의할 때 고대 영역과 현대의 영토가 다르다는 것을 충분히 인식해야 한다고 강조한다.[60] 그에 의하면 중국의 정체성과

---

58 이 정책은 그 자체로 마오쩌둥 시기 사상통일을 위해 '기획된', '반우파 투쟁'의 기억을 공유하고 있는 중국 지식인 집단에 자발적 자기검열을 강화하는 기제로 작동할 가능성이 크다.

59 葛兆光, 2018.6, 「"何が中國か"の思想史」, 『思想』, 6~7쪽.

60 葛兆光, 2018.6, 위의 글, 20쪽.

관련하여 근대국가이면서 천하의 제국이라는 복잡한 성격을 갖는 현대 중국은 당면한 국제질서 속에서 많은 트러블에 직면하고 있다. 이 문제 해결을 위해서는 정치가의 고도의 지혜가 필요하다고 강조한다.[61]

둘째, 왕페이링 또한 거자오광과 비슷한 문제의식을 가지고 있다. 그도 송대의 역사, 특히 한족인 송과 거란족인 요 사이에 체결된 1004년의 '전연의 맹'에 주목한다. 이것을 '베스트팔렌조약의 중화판'이라 말한다. 송은 매년 은을 보내고 요는 불가침을 약속했다. 이로써 양국은 전면적 충돌 대신에 공존을 선택함으로써 힘의 균형을 유지할 수 있었다.[62] 왕페이링에 의하면 중국에는 두 가지의 질서 모델이 있다. 하나는 진나라와 한나라 같은 전제적 정치체제의 제국모델이다. 이는 법가의 통치술에 기초하면서 천하의 통일을 구하는 모델이며 현대의 마오쩌둥이나 시진핑까지 이어진다. 다른 하나는 힘의 균형을 중시하는 국제사회 모델이다. 춘추전국 시대, 북송 시대, 아편전쟁 이후 근대까지(1840~1940년대)의 세 시대가 이에 해당한다. 두 번째 모델이 중국에서 주류가 되지는 못했지만 왕페이링은 이 모델이 진·한 식의 정치체제와 달리 보다 열린 국제질서를 보여 준다고 주장한다.[63]

이렇게 본다면 지금의 중국에서 주자 계열의 가치를 주장하는 쪽이 '신이단'이 된다. 사실 주자는 진량(陳亮)과의 논쟁에서 보듯 부강보다는

61 葛兆光, 2018.6, 위의 글, 22쪽.

62 이와 관련하여 북송 시기 '패자의 콤플렉스로서 중화사상'이 생겨났다는 주장도 있다. 일본에서 활동하는 몽골족 인류학자 양하이잉은 나중에 국가 교학이 되는 주자학이 북송부터 남송까지 북방민족의 압박이 혹독했던 시기에 형성된 것은 결코 우연이 아니라고 말한다. 양하이잉 지음, 우상규 옮김, 2018, 『반중국의 역사』, 살림, 36쪽.

63 王飛凌, 2018, 『中華秩序』, 臺北: 八旗文化, 125쪽.

인의예지를 강조했다.[64] 바야흐로 현재 중국에서 인의예지를 강조하면 '신이단'이 되는 아이러니한 형국이 펼쳐지고 있다. 이는 앞에서 말한 맹자의 철학과도 통한다. 중국의 전체 철학사를 통시적으로 보면 국가가 강해지면 철학이 죽고, 국가가 약해지면 철학이 다원화되어 질적 성장을 한 사례가 많다.

우선 춘추전국 시기 백가쟁명과 백화제방은 주나라가 여러 나라로 분열되었기에 나타날 수 있었다. 역설적이지만 다원성은 국가가 상대적으로 약화되어 위기를 맞았을 때 보장된다. 철학은 다원성이 보장되었을 때만 발전을 허락한다. 위진남북조에 대한 "중국 역사에서 가장 분열되고 혼란스러우며 전체 사회가 고통받던 시대가 오히려 사상이 가장 왕성하게 꽃피던 시절이었다. 유아독존의 유학이 곧 무너질 듯 흔들리고 비정통적인 사설(邪說)이 오히려 기승을 부렸다."[65]라는 서술이 있다. 송대의 신유학(neo-confucian)은 장기적으로는 위진남북조 시대의 소위 400년 정도의 분열의 시기가 없었다면 나올 수 없었다. '분열의 역설'로 봐야 한다. 동중서에 의해 개조된 유법 사상이 나올 수 있었던 것도 춘추전국의 분열이 있었기에 가능했다. 주자의 신유학이 나올 수 있었던 것도 위진남북조의 혼란과 당나라 때까지 융성했던 불교로 인한 위기감의 결과였다. 주자학체계는 불교와 도가에 위기를 느껴 선진 시대 유학과는 질적으로 다른 우주적 규모의 정교한 철학체계를 선보인 경우다.

19세기 말에도 서양과 일본이 중국을 침략하고 전에 없던 위기를 맞아 중국에 서구 사상이 진입했고 이로써 유교의 일원적 경전 체제는 상

64 이상익, 2007, 「朱子와 陳亮의 王霸논쟁에 대한 재검토」, 『동방학지』 138 참조.

65 이중톈, 2015, 앞의 책, 153쪽.

대화될 수 있었다. 20세기 전반기까지 신문화운동 등 사상 논쟁이 풍부했던 것도 청조의 약화와 국가의 위기 상황이 초래한 결과였다. '신계몽' 시기로 불리는 1980년대도 30년 동안 막혀 있던 절대권력의 마오 시기가 약화되면서 열린 시공간이었다. 이 시기도 서양 사상이 대거 유입되면서 단절되었던 1940년대의 중간파 지성이 다시 살아난 것으로 착각할 정도였다. 열띤 토론의 분위기는 1989년 톈안먼 민주화운동으로 반전을 맞았다. 이 시기들의 공통점은 국가권력이 상대적으로 약화되었거나 국가가 분열된 시기였다. 중국의 전 역사에서 국가의 분열과 위기는 결과론적으로 다원이 살아날 기회를 만들어 주었고 이 기회를 틈타 만들어진 소프트파워의 사상 요소들은 통일제국 시기를 버틸 만한 이데올로기가 창출되는 사상적 토대가 되어 주었다. 이것이 바로 국제사회 모델이 갖는 역설의 철학이라 할 만하다.

셋째, 중국에서 '살아 있는 이단'이라 할 수 있는 첸리췬에 대해 말할 차례다. 『1948 천지현황』의 서론에서 말한 것처럼 그는 '중국적 특색을 지닌 당대의 중국 지식분자'에 주목할 것을 주문했다. 그에 의하면 중화인민공화국 통치 75년에 중국특색의 사회주의만 만들어진 것이 아니라 같은 조건에서 '중국특색의 지식인 집단'도 만들어졌다. 그에 의하면 이 집단은 이미 독자적인 체계를 갖춘 '공화국 문화', '마오쩌둥 문화', '당 문화' 속에서 창출된 것이다.[66] 첸리췬은 이 문화를 이렇게 설명한다.

> 중국 전통문화와도 연관이 있긴 하지만 확실히 전통적인 유·불·도·법 문화 범주 밖의 '신문화'일 뿐 아니라 계획적이고 주도적이고 조직적인 선

---

66 첸리췬, 2022, 앞의 책, 15~16쪽.

> 전과 교육을 통해 장기적으로 사람들의 머리와 가슴 속에 주입되어 (중국)대륙에는 이미 민족 집단무의식, 즉 새로운 국민성이 형성되었다. 나는 『1948 천지현황』에서 이것을 그 시작점에서부터 따져 보고자 했다.

따라서 첸리췬은 중국의 정치, 경제, 사회, 사상, 문화, 학술을 객관적으로 바라보기 위해서는 '공화국 문화', '마오쩌둥 문화', '당 문화'를 새롭게 인식해야 한다고 강조한다.[67] 공산주의 문화를 배경으로 한 지식 환경과 조건을 메타 인지적으로 인식할 수 있어야 한다는 것이 그의 주장의 핵심이다.

이제 중국에서 중국공산주의 사회에 대해 거리두기가 가능하고 상대화해서 볼 수 있는 세대의 빅 스피커들이 속속 세상을 떠나고 있고, 곧 떠날 것이다. 1949년 이전의 경험을 바탕으로 한 다른 목소리를 낼 수 있는 세대가 사라지고 있다. 이후 중국사회가 마오쩌둥 시대와 덩샤오핑 시대에 성장한 세대와 시진핑 시대의 키드로만 채워질 것이다. 이미 자신들만의 앱에 갇힌 디지털 제국, 행복한 감시사회가 된 상황에서[68] 시민 개개인의 저항은 한계가 있으며 '중화민족공동체'라는 이름으로 진행되는 제국의 동일성은 더욱 심화될 것임이 불을 보듯 뻔하다.

이제까지 말한 것을 정리하여 질서모델 분류표를 만들면 〈표 1〉과 같다. 다만 이 분류표는 경향성을 강조하고자 한 것이며 도식적 측면이 있을 수 있음을 미리 밝힌다.

---

67 첸리췬, 2022, 위의 책, 17쪽.

68 Markus Gabriel · 中島隆博, 2020, 앞의 책, 52쪽; 가지타니 가이 · 다카구치 고타, 2021, 앞의 책.

〈표 1〉 질서모델 분류표

	'신정통'	'신이단'
질서모델	진, 한, (몽골), 청제국, 중화인민공화국 -제국모델(중화민족공동체)	춘추전국, 위진남북조, 북송, 청말민초, 1980년대 -국제사회 모델
시원(始原)	유가(董仲舒), 법가, 묵가(上同), 마르크스주의	공자(和而不同), 맹자(以力假仁者霸 以德行仁者王)
주창자	董仲舒	朱熹
계승자와 주요 주장 내용	康有爲: 保存中國(청의 판도)	孫文, 章炳麟 등: 驅除韃虜 恢復中華
『춘추』 해석	춘추공양전	춘추좌전학
주장 내용	화하와 이적이 일체임(공산당의 '중화민족공동체'의 주장과 일치) -소수민족에 대한 일방적 동화정책 -평등을 전제로 한 공동체가 아님 -대동아공영권의 기만적 슬로건을 떠올리게 함(政治東亞)	화이론 -중화와 이적의 구분(상호 가변성 인정이라는 점에서 보편주의적임)
현대의 주요 지식인과 주요 주장 내용	趙汀陽, 蔣慶, 汪暉(주류 지식인): 유가 또는 사회주의 레토릭을 사용하나 실제는 부국강병의 제국모델을 따라야 하는 중화인민공화국을 상정함	葛兆光, 王飛凌, 錢理群 (비주류 지식인): 북송과 요 사이에 체결된 '澶淵의 盟'에 주목-베스트팔렌조약의 중화판

V. 결론을 대신하여: 한국, 어떻게 할 것인가

시진핑 체제에서 역사, 문화, 언어, 종교에서 말살 정책이 실시되고 있어 소수민족의 다원성은 심각하게 약화되고 있다. 우선 '중화민족공동체'를 강조하는 것은 한족을 중심으로 한 인종적, 문화적 동화주의가 이전보다 강화될 것임을 예고한다. 이 때문에 필자는 중화민족공동체를 결국 '동일성의 제국'을 만들려는 기획으로 보았다. 그런데 조심스럽긴 하지만 이들이 구상하는 '동일성의 제국' 구상은 중국 내부에서 발행하는 논문과 다른 미디어의 분위기를 종합해 볼 때 조공 체제의 기억과 전혀 무관해 보이지 않는다. 소수민족과 홍콩, 타이완만이 아니라 천하로서의 '중국'을 구성했던 전통시대에 '사이(四夷)'라고 불렸던 지역에 대한 인식에서 중국의 위정자와 지식인들은 중세적 사고에서 벗어나지 못한 것으로 보인다. 즉, 중화적 종주권 관념이 아직도 중국의 정치와 사회를 '배회'하고 있다고 의심한다. 중국인이 심리적으로 이 '강박'에서 벗어나지 못하는 한, 이웃 국가들과 역사 해석상의 갈등은 끊이지 않을 것이다. 한국인이 한국의 역사만이 아니라 중국의 역사에 대해서도 공부해야 하는 이유다.

앞에서 살펴본 대로 중화민족공동체는 국제사회 모델보다는 제국모델에 가깝다. 그 사상적 원천은 대일통이다. 여기까지는 중화인민공화국이 기본적으로는 청대의 강역을 계승한 국가이기 때문에 어찌 보면 무리한 기획은 아니라고 할 수도 있다. 그런데 중국이 AI와 디지털에서 발전한 국가라는 점이 문제를 복잡하게 만든다. 디지털 테크놀로지는 친민주주의적이지도 반민주주의적이지도 않다. 테크놀로지가 어디를 향할 것인가는 '선택'에 달려 있다.[69] 마르스크주의와 공자 사상도 이 테크놀로지를 만나면 어떻게 변모할지 모른다. 물론 변모의 주체가 인간 친화적인가 아니면 국가권력 친화적인가, 자본 친화적인가에 따라 결과는 다를 것이다. 이와 더불어 환경이 자율성과 독립성이 보장되는 구조인가

69 대런 아세모글루 · 사이먼 존슨 지음, 김승진 옮김, 2023, 『권력과 진보』, 생각의힘, 503쪽.

도 중요하다. 여하튼 중국에서 디지털 테크놀로지는 인민들의 안전과 생활의 편리에 도움을 주지만 반면에 '동일성의 디지털 제국'을 강화하는 쪽으로도 활용된다는 점을 간과해서는 안 된다.

서두에서 시진핑 체제에서 '중화민족공동체'와 더불어 '아시아운명공동체'도 공식화되었다고 말했다. 이 슬로건 중에서 특히 아시아운명공동체에 대해서는 중국 정부가 말한 것이 별로 없다. 슬로건만 공허하게 던져져 있는 셈이다. 그런데 우리는 일본의 기억 때문에 순수하게 보기 힘들다. 제2차 세계대전 시기 일본이 내걸었던 대동아공영권과 오버랩되기 때문이다.[70] 대륙신유가의 대표 격인 장칭은 지금은 동아정치문명의 회귀의 시대이며 '정치동아'의 재건이 필요하다[71]고 말한다. 사실 이 문제는 국가 패러다임의 문제와 연관시켜 장기 시각에서 바라봐야 하는가의 문제이기도 하다.[72]

이런 인식의 저변에는 동아시아 각국이 아무런 저항 없이 유교문화에 기초하여 중국과 협력할 것이라는 기대가 깔려 있다. 중국 지식인의 이런 기대는 문명에서는 아직도 동아시아 다른 나라가 중국의 주변이라는 인식에서 벗어나지 못했다는 것을 확인시켜 준다. 21세기가 되고 한 세

---

70 중국과 일본의 발상들을 보면서 안중근의 『동양평화론』을 떠올리는 것은 단지 민족주의의 과잉의 발로일까. 그는 1910년의 시점에서 한중일 3국 공존공영을 위해 3국이 참여하는 동양평화회 조직, 3국 공동은행 설립과 공용화폐 발행, 3국 공동평화유지군 창설 등 구체적 제안을 한다. 삼국 간의 평등과 평화가 대전제다. 발상에서는 마치 현대의 유럽연합을 떠올리게 한다.

71 蔣慶, 2014, 『政治儒學』, 福建教育出版社, 292쪽.

72 이런 문제의식 아래 진행된 대표적 연구로 전인갑, 2020, 「국가건설 패러다임의 전환과 민족주의-'민족'과 '천하'의 길항」, 『동북아역사논총』 67 참조. 그는 '국가 건설 패러다임의 전환'이라는 100년의 시좌를 '민족'과 '천하'의 길항 관계라는 방대한 체계 속에서 살핀다. 20세기의 국가건설 과정을 지나 21세기에 이루어지는 '중국특색'의 국가건설을 문명국가 패러다임의 귀환으로 본다.

대가 지나는 시점인 지금, 19세기 이전의 전근대적 발상인 '중화적 종주권의식'에서 벗어나지 못하고 있다는 것이 여기서도 감지된다. 이들 중국의 주류 지식인 담론과 상호 침투하에서 수립한 중국공산당의 정책 또한 이 한계에서 벗어나지 못하고 있음은 당연할 것이다.

동아시아에서 유교문화는 중국을 기점으로 동심원적으로 확산되고 각 나라의 시공간을 거치면서 그 양태가 다양해지고 풍부해졌다. 미조구치 유조(溝口雄三)는 동아시아 각국으로 퍼져 나간 아시아의 유학을 중국의 '외전(外傳)'으로만 봐서는 안 된다고 강조한 바 있다.[73] 각국의 논의 과정에서 각각의 특성을 가진 유학으로 변모했음을 강조하고자 한 것이다. 이 논리에 의하면 중국의 유학도 중국의 장소성과 특수성이 반영된 중국의 유학일 뿐이다.[74] 예컨대 이탈리아가 로마를 기독교문화의 원류라고 주장하지 않듯이, 또 중심이라고 말하지 않듯이 말이다. 동아시아 문명은 동아시아인 모두가 주체자로서 발전시켜 나가야 하는 중대한 임무를 띠고 있다. 중국이 유교문명의 발원을 주장하는 것만으로는 자신들이 중세적 인식에서 벗어나지 못하는 것을 자인하는 꼴이다. 문명이든 사회 발전이든 이제는 중심과 주변을 구분해서 말하는 것은 전혀 설득력이 없다. 문명, 믄화의 평등이라는 규칙이 전제되지 않는 한 동아시아 문명에 대한 주체의식을 갖고 발전시키려는 생각으로 나아가기 힘들다.

기술만 있고 정치 리더십은 보이지 않는 시대, 미국 민주주의의 철저

73 1997년, 왕후이와 미조구치 유조의 대담.

74 조경란, 2024, 「대륙신유가 집단의 정치주장과 '레드차이나'의 부활–심성유학과 정치유학의 분기와 의미」, 김도일·홍린 엮음, 『주자학의 다양한 지평과 현대경학』 예문서원 참조.

한 부패로 인한 정치의 실종, 이러한 현실에서 중국의 경우는 자극제는 될 수 있을지라도 대안은 될 수 없다는 사실에 현금 인류의 비극이 존재한다. 적어도 '당분간', 중국이 대안이 될 수 없는 이유는 중국 최고의 인문지성이라는 이들의 현재 담론 수준만으로도 확인이 된다. 한 국가가 제일 패권국가가 될 수 있느냐의 여부는 최종적으로는 인문학으로 결정된다. 자국의 정치, 사회, 문화뿐 아니라 세계를 객관적이고 공정하게 서술할 수 있는가, 즉 비판적 접근이 가능한가, 더 나아가 이 모두에 대해 새로운 질문을 할 수 있는가의 여부로 결정되는 것이다.[75]

중국의 위상이 달라졌기에 중국은 우리가 새롭게 질문해야 하는 대상이다. 왜냐하면 어쩌면 미국을 대신하여 세계를 '지배'하게 될지도 모를 가능성을 지금으로선 완전히 배제할 수 없기 때문이다. 따라서 현재 중국공산당이 내놓는 다양한 프로젝트에 대해 한국인의 입장에서 냉정하게 살펴야 한다. 그리고 비판적으로 개입하고, 대안을 고민해야 한다. 이 대목에서 이매뉴얼 M. 월러스틴(Immanuel M. Wallerstein)의 지적을 상기할 필요가 있다. 그는 '유럽적 보편주의'의 문제를 지적하면서도 그 극복 태(態)로 어느 하나를 즉자적으로 지시해서는 안 된다고 다음과 같이 경고한다. "단 하나의 위험한 대안은 보편적 가치들에 기초했다고 주장하지만 인종주의와 성차별주의가 기존의 세계체제에서보다 십중팔구 더욱 사악하게 우리의 관습을 계속해서 지배하게 될 새로운 위계적 불평등의 세계다."[76]

한국은 무엇을 해야 하는가. 이제까지 통용되어 온 '중국인식'을 근본

---

75 조경란, 2023, 앞의 글, 65~66쪽.

76 이매뉴얼 월러스틴 지음, 김재오 옮김, 2008, 『유럽적 보편주의-권력의 레토릭』, 창비, 146쪽.

적으로 재검토하고 서방의 중국인식과도 차별화되는 한국의 '새로운 중국인식 패러다임' 재구성 작업에 돌입해야 한다. 이 작업의 구체적 방안에 대해서는 앞으로 여러 형태의 고민과 설계가 나와야 한다. 우선은 각 분야의 역할 분담이 필요하다. 인문학자들은 팩트에 근거하여 객관적으로 연구하고 비판해야 하고, 외교와 정치의 책임자들은 중국의 세계 지배 전략을 아는 바탕 위에서 현안에 따라 실리적, 포용적, 창조적 외교를 해야 한다.

중국은 단일지배 체제이지만 지도자가 누가 되느냐에 따라 변화가 적지 않다. 따라서 기민하면서도 신중한 외교를 하려면 먼저 공부가 필요하다. 한국의 진보든 보수든 최신 업데이트된 중국(미국도 포함하여)의 전략을 알아야 사안별로 신축적 대응이 가능하다. 학습 없는 정치는 위험하다.

참고문헌

가지타니 가이 · 다카구치 고타 지음, 박성민 옮김, 2021, 『행복한 감시국가, 중국』, 눌와.

거자오광 지음, 양일모 옮김, 2017, 「기상천외: 최근 대륙신유가의 정치적 요구」, 『동양철학』 48.

김승욱, 2019, 「중국 근대 역사학에서 國家 개념의 재구성」, 『역사와 담론』 89.

______, 2022, 「근현대 중국에서 민족 담론의 전개-다양한 지식 기반과 내적 긴장」, 『동북아역사논총』 78.

대런 바일러 지음, 홍명교 옮김, 2022, 『신장 위구르 디스토피아-중국의 첨단기술 형벌 식민지에서 벌어지는 탄압과 착취의 기록』, 생각의힘.

민두기, 1976, 『중국근대사론』, 지식산업사.

배경한, 2000, 「19세기 말 20세기 초 중화체제의 위기와 중국 민족주의」, 『역사비평』 2000년 여름호.

손문 지음, 홍태식 옮김, 1974, 『孫文全集』 上, 삼성출판사.

손장훈, 2023, 「'중화민족공동체' 의식의 기원과 전개 과정」, 『동북아역사리포트』 37.

양하이잉 지음, 우상규 옮김, 2018, 『반중국의 역사』, 살림.

우성민, 2022, 「한중 수교 30주년 시점에서 살펴본 중국 중고등학교 역사교과서 속의 한국사 서술 현황과 시사점」, 『中國古中世史研究』 65.

윌리엄 T. 로 지음, 기세찬 옮김, 2014, 『하버드 중국사 청-중국 최후의 제국』, 너머북스.

유장근, 2002, 「동아시아 근대에 있어서 중국의 위상」, 『근대 동아시아 국제관계의 변모』, 혜안.

이근욱, 2009, 『왈츠 이후』, 한울.

이매뉴얼 월러스틴 지음, 김재오 옮김, 2008, 『유럽적 보편주의-권력의 레토릭』, 창비.

이상익, 2007, 「朱子와 陳亮의 王霸논쟁에 대한 재검토」, 『동방학지』 138.

이중톈 지음, 심경호 옮김, 2015, 『국가를 말하다』, 라의눈.

임동욱 · 박정수 · 박영환 · 윤경우 · 신종원 · 권혁희 지음, 김인희 엮음, 2022, 『문화의 시대 한중 문화충돌』, 동북아역사재단.

전인갑, 2020, 「국가건설 패러다임의 전환과 민족주의-'민족'과 '천하'의 길항」, 『동북아역사논총』 67, 동북아역사재단.

______, 2022, 「중국 국가건설 100년의 역정과 역사학(Ⅰ)-천하 패러다임의 해체와 근대 역사학」, 『역사학보』 256.

조경란, 2016, 「중국은 '제국의 원리'를 제공할 수 있는가-가라타니 고진『제국의 구조』의 비판적 분석」, 『역사비평』 2016년 여름호.

______, 2023, 「'신냉전' 시기, '범신좌파'의 '20세기 중국' 재인식-왕후이 '단기 20세기'와 국가주의 비판」, 『중국근현대사연구』 99.

______, 2023, 「시진핑 3기와 천하주의 그리고 동아시아의 갈등」, 『동북아역사리포트』 36.

______, 2024, 「대륙신유가 집단의 정치주장과 '레드차이나'의 부활-심성유학과 정치유학의 분기와 의미」, 성균관대학교 유교문화연구소 편, 『경학방법론』 연구총서 2, 예문서원.

첸리췬 지음, 이복희 옮김, 2022, 『1948 천지현황』, 한울.

켄트 콜더 지음, 오인석·유인승 옮김, 2013, 『신대륙주의-에너지와 21세기 유라시아 지정학』, 아산정책연구원.

페이샤오퉁 지음, 장영석 옮김, 2011, 『향토중국』, 비봉출판사.

E. Jenks, 嚴復 譯, 1981, 『社會通詮』, 商務印書館.

葛兆光, 2015, 「對'天下'的想像-一個烏托邦想像背後的政治, 思想與學術」, 『思想』(台湾) 第29期.

甘陽, 2012, 『文明 國家 大學』, 三聯書店.

費孝通, 2003, 「民族研究-簡述我的民族研究經歷與思考」, 『中華民族多元一體格局』(修訂本), 中央民族大學出版.

______, 2005, 「中華民族多元一體格局, 『費孝通集』, 中國社會科學出版社.

杨念群, 2022, 『"天命"如何转移: 清朝"大一统"观的形成与实践』, 上海人民出版社.

王飛凌, 2018, 『中華秩序』, 臺北: 八旗文化.

蔣慶, 2014, 『政治儒學』, 福建教育出版社.

張植榮, 2005, 『中國邊疆與民族問題』, 北京大學出版社.

趙京蘭, 2023, 「天下秩序和儒教普遍主義的重組可能性-以大陸新儒家的論述爲主」, 干春松·安樂哲 編, 『重思天下』, 香港城市大學出版社.

Markus Gabriel·中島隆博, 2020, 『全體主義の克服』, 集英社.

葛兆光, 2018.6, 「"何が中國か"の思想史」, 『思想』.

大崎雄二, 1995, 「中華人民共和國における國民統合と民族政策」, 『法政大學教養部紀要』 94.

渡邉義浩, 2009,「儒教の'國教化'論と'儒教國家'の成立」,『中國-社會と文化』, 東京大學出版會.

鈴木隆, 2022,「'中華民族の父'を目指す習近平, あるいは'第二のブレジネフ'か'第二のプ-チンか'」, 川島眞·小嶋華津子 編,『習近平の中國』, 東京大學出版會.

劉傑·中村元哉, 2022,『超大國 中國のゆくえ 1-文明觀と歷史認識』, 東京大學出版會.

毛里和子, 2021,『現代中國 內政と外政』, 名古屋大學出版會.

福田円, 2022,「習近平は臺灣を'統一'できるのか-對臺灣政策の理念·政策·課題」,『習近平の中國』, 東京大學出版會.

山口信治, 2022,「中國の目指す覇權と國際秩序とはなにか」, 川島眞·小嶋華津子 編,『習近平の中國』, 東京大學出版會.

王柯, 2003,「帝國と民族-中國における支配正當性の視線」, 山本有造 編,『帝國の硏究』, 名古屋大學出版會.

倉田徹·熊倉潤, 2022,「中國では'人權'をどのように考えているのか-'小數派と周邊地域への歸順の强制」,『習近平の中國』, 東京大學出版會.

Fletcher, Joshep, 1978, "Ch'ing Inner Asia C.1800," *The Cambridge History of China*, Vol. 10, Part 1, Cambridge: Cambridge University Press.

Hui, Wang, 2017, "From Empire To State: Kang Youwei, Confucian Universalism, and Unity," *Chinese Vision of World Order*, Duke University Press.

Johnson, Ian, 2023, "Xi's Age of Stagnation: The Great Walling-Off of China." *Foreign Affairs*, Vol. 105 No. 5, Sep/Oct.

Ming-huei, Lee, 2014, "A Critique of Jiang Qing's "Political Ruism"," *Contemporary Chinese Thought*, Vol. 45 No. 1.

Pei, MinXin, 2024, *The Sentinel State: Surveillance and the Survival of Dictatorship in China*, Harvard University Press.

The Fundamentals of Xi JinPing Thought on Chinese Socialism in a New Era[習近平新時代中國特色社會主義思想基本問題](Beijing: CCP Central Committee Cental Party School Press, 2020).

김인희, 2022.7.20, "중국이 새로 내건 중화민족공동체",『중앙일보』.

한종구, 2022.11.1, "중국, 유엔 50개국 신장 인권탄압 규탄에 '100개국 우리 지지'", 『연합뉴스』.

"習近平: 爲實現民族偉大復興 推進祖國和平統一而共同奮鬪", 『人民日報』, 2019.1.2.

찾아보기

ㄴ

ㅂ

ㅅ

ㅇ

ㅈ

ㅊ

동북아역사재단 연구총서 149

근현대 중국의 중화민족과 그 사상

초판 1쇄 발행 2025년 11월 14일

지은이 손장훈, 지관순, 김하림, 이재령, 최은진, 장영석, 조경란
펴낸이 박지향
펴낸곳 동북아역사재단

등 록 제312-2004-050호(2004년 10월 18일)
주 소 서울시 서대문구 통일로 81 NH농협생명빌딩
전 화 02-2012-6065
홈페이지 www.nahf.or.kr
제작·인쇄 (주)동국문화

ISBN 979-11-7161-240-6 93910